KB022181

THE LESSONS

더 레슨

THE LESSONS

더 레슨

주식시장의 전설 존 템플턴, 피터 린치, 워런 버핏의 투자 클래식

John Templeton

Peter Lynch

Warren Buffett

스콧 A. 채프먼 지음 | 이진원 옮김

EMPOWER YOUR INVESTING

나를 믿어준 내 가족과 친구들에게,

우리의 생활 수준을 높여주고 기업의 성장을 이끌어

우리의 투자에 보상해준 창의적인 기업인들에게,

그리고 독자 여러분에게 진심으로 감사드립니다.

최고 투자자들의 핵심 전략을 담은 이 책이

여러분이 윤택한 미래를 일궈나가는 데

큰 힘이 되기를 간절히 바랍니다.

들어가는 말

누구나 할 수 있는 최고의 투자는 자기 자신에게 하는 투자다.

— 워런 버핏[1]

시장은 하느님처럼 스스로 돕는 사람들 돕는다. 다만 시장은 하느님과 달리 자신이 하는 일을 모르는 사람을 용서하지 않는다.

— 워런 버핏[2]

철인 3종 경기를 완주하는 법을 배우고 싶을 때 당신은 교수들이 쓴 칼로리 소모와 수화水和에 관한 논문을 읽으면서 준비하겠는가, 아니면 성공적으로 경기를 마쳤거나 우승한 사람들이 쓴 경험담과 이론을 읽으면서 준비하겠는가? 물론 대부분의 사람은 철인 3종 경기에 도전할 일이 없을 것이다. 하지만 주택, 교육, 또는 은퇴 자금을 마련하는 도전적인 여정에 관심이 없는 사람은 거의 없다. 전문 투자자는 위대한 투자자의 경험과 모범 사례에서 얻은 지혜로 무장해야 하지만, 투자업계가 투자 실무를 가르쳐주지는 않는다. 경험 많은 투자자들은 대부분 자신의 투자 비법을 가슴 속에 숨겨놓고 젊은 후배 투자자들에게는 죽든 살든 알아서 하라고 한다. 의욕은 넘치나 경험은 부족한 젊은 투자자들에게는 투자 대가들의 모범 사례를 바탕으로 쉽게 정리되고 검증된 투자 모델이 필요하다.

1989년 전문 투자자로 출근했던 첫날, 내가 받은 것이라고는 책상 하나와 전화기 한 대가 전부였다. 전무이사라는 사람은 내게 "컴퓨터처럼 쌈박한 것은 필요 없죠?"라고 말했다. 몇 년 뒤 나는 서부에 있는 다른 투자회사에서 증권분석가로 일하면서 다수의 포트폴리오 매니저를 지원하고 있었다. 특히 회사의 성장주 뮤추얼 펀드에 관심이 많았다. 1993년 내가 다니던 회사는 성과 부진을 이유로 포트폴리오 매니저 두 명을 보직 이동시켰다. 그들이 운용하던 펀드가 뮤추얼 펀드 평가 기관인 모닝스타Morningstar로부터 최저 등급인 별 하나를 받았기 때문이다. 고위 경영진은 뮤추얼 펀드 청산 여부를 두고 진지한 논의에 착수했다. 다행히 최고투자책임자CIO(Chief Investment Officer)는 가치주에 투자하는 문제의 펀드를 성장주 투자로 보완할 필요가 있다고 생각했다. 성장주 투자를 열렬히 지지하던 그는 나를 바라보며 이렇게 한 마디 던졌다. "당신이 운용해 보세요."

그 말을 듣는 순간 가슴이 터지도록 흥분됐다. 내게는 펀드를 운용할 에너지, 정열, 열정, 자격이 있었지만 포트폴리오 매니저로서의 새로운 책임감은 감당하기 버거웠다. 나는 대학에서 회계학을 전공한 후 금융 MBA 과정을 거쳐 국제 공인재무분석사CFA(Chartered Financial Analyst) 자격증도 땄고, 몇 년 동안 저녁에 CFA 시험 응시생들을 가르쳤다. 또 금융·증권분석가 경력만 13년이었지만, 최고의 운용 방법에 대한 경험과 지식은 충분하지 않았고 여전히 펀드를 운용을 하기에는 부족하다고 느끼고 있었다.

어렸을 때 나는 샌프란시스코 자이언츠의 중견수 윌리 메이스Willie Mays를 존경했다. 나는 그의 타격 자세뿐 아니라 수비할 때 그가 타자나 달라진 경기 상황별로 날아올 공의 방향을 예상하기 위해 수비 위치를 어떻게 조정했는지 등을 연구했다. 그가 어떻게 몸을 풀고, 팀 동료와 상대 선수와 심판과 어떻게 소통하는지도 연구했다. 나는 리틀 야구 경기에서 그의 최고 장점들을 모방하려고도 애썼다. 나중에 농구에 관심이 생겼을 때는 농구를 잘하는 친한 친구이자 직장 동료가 매직 존슨처럼 보였고, 플레이하는 동안 나는 래리 버드 스타일로 하려고 노력했다. 우리는 점심시간과 주말마다 농구 영웅들의 스타일을 끊임없이 모방하며 경기를 했다. 우리는 버드와 매직이 팀 분위기를 띄우는 방법을 좋아했고, 사무실뿐만 아니라 코트에서도 그들을 모델 삼아 모방하려고 노력했다. 지금도 나는 청소년들이 좋아하는 선수의 팀 유니폼을 입고 운동할 때 영웅들의 스타일을 흉내 내는 모습을 자주 본다.

젊은이들에게는 본능적으로 너무나 자연스러워 보이는 행동, 즉 운동 영웅들의 습관과 기술에 관한 연구와 모방 같은 행동이 공식적인 투자 준비 과정에서는 다소 등한시되고 있다는 게 내 생각이다. 운동, 예술, 문학, 음악, 그리고 트레이딩을 포함한 거의 모든 직업적 활동에서 젊은이가 발전하기 위해 사용하는 전통적인 방법은 바로 자신의 활동 분야에서 이미 성공을 증명한 사람들로부터 배우는 것이다.

회계사들이 따는 공인회계사 자격증과 비슷한 CFA는 투자 전문가들에게 최고의 전문 자격증이다. 이 자격증을 따려면 재무제표 분석,

채권, 경제, 윤리, 포트폴리오 운용에 대해 최소 3년은 연구해야 한다. 매년 1,000페이지가 넘는 할당된 자료를 읽어야 하는데 이 많은 자료 중 성공한 자금 매니저에 관한 연구는 안타깝게도 빠져 있다. 자료들은 매우 이론적이고, 주로 학자들이 쓴 것들이다. 많은 자료 중 최악은 바로 CFA 연구소CFA Institute의 간행물인 〈파이낸셜 애널리스트 저널 Financial Analysts Journal〉이다. CFA 연구소는 CFA 자격증을 부여하는 글로벌 투자 전문가 협회인데, 〈파이낸셜 애널리스트 저널〉에는 투자 전문가에게 도움이 되는 자료가 거의 없다. 최근 실린 4명의 교수가 작성한 논문에는 '기업의 내재가치와 주가의 상대적 괴리relative mispricing'를 계산하는 riT = Alpha + 1MKTT + 2SMBT + 3HMLT +4UMDT + ΣT란 공식이 등장한다. 이 복잡한 공식을 주가가 미래 현금흐름의 현재가치인 '내재가치' 아래로 떨어지면 저렴한 것이라는 상식적인 조언과 대조해보라.

이 공식에는 중요한 게 빠졌다. 미래의 경제적 성과를 보장해주는 적절한 정신적 틀, 원칙, 도구로 투자자들을 무장시켜 줄 가장 성공한 투자자들에 관한 실용적인 연구 과정이다. 보통 이러한 소중한 교훈은 값비싼 방법을 통해 학습된다. 바로 자신의 포트폴리오를 통해서다.

'투자의 귀재' 워런 버핏Warren Buffet도 근대과학의 선구자 아이작 뉴턴의 말을 인용해 다음과 같이 말한 바 있다. "내가 다른 사람들보다 더 멀리 봤다면 그것은 내가 거인의 어깨 위에 서 있었기 때문이다". 버핏이 말한 성공한 거인, 즉 거물 투자자들은 벤저민 그레이엄Benjamin Graham, 필립 피셔Philip Fisher, 필립 캐럿Philip Carret, 찰리 멍거Charlie Munger였다. 버핏은 "나는 살면서 올바른 영웅들을 만나는 행운을 누렸다. 당신의 영웅이 누구인지 말해주면 당신이 어떻게 그런 영웅처럼 될 것인지 알려주겠다"라고 말한 바도 있다.

나는 망가진 뮤추얼 펀드를 부활시키는 데 도움이 되는 모범 사례가 담긴 지혜를 찾기 위해 수많은 시장 주기를 거치면서 성공을 입증해 보인 세 명의 투자 거장을 찾아냈다. 바로 존 템플턴John Templeton, 피터 린치Peter Lynch, 그리고 워런 버핏이다. 나는 그들이 큰 성공을 거둔 주식들에 특별히 관심을 쏟으며 그들이 투자한 과정을 파고 들었다. 내가 MBA를 취득한 뒤 아내도 같은 대학에서 MBA 과정을 밟기 시작했다. 나는 도서관에서 아내가 야간 수업을 마치기를 기다리면서 마이크로피시microfiche(책의 각 페이지를 축소 촬영한 시트 필름-옮긴이)를 이용해 세 명의 투자자가 성공적인 투자를 한 회사들에 대한 과거 신문 기사들을 내려받아 인쇄했다. 그때만 해도 구글이 등장하기 훨씬 전이라 마이크로피시에 의지해야 했다. 나는 투자 기회에 대한 이해도를 높이기 위해 그들이 투자하던 당시의 뉴스 맥락을 재현해봤다. 이어 당시 널리 알려진 뉴스와 대중적 의견, 그들이 인터뷰에서 설명한 그 주식을 사려는 이유를 합쳐서 사례 연구를 만들었다. 나는 이렇게 만든 수십 가지 사례 연구를 파헤쳐서 오랫동안 변치 않는 투자 원리들에 대한 통찰과 함께 그 원리들이 태동하게 된 공통적인 맥락을 찾아냈다.

이렇게 찾아낸 맥락을 통해 나는 나만의 투자 원칙을 만들었고, 모닝스타가 최하위로 평가한 뮤추얼 펀드를 4년 만에 부활시킨 데 이어 뮤추얼 펀드 최고등급인 별 다섯 개를 받을 수 있었다. 몇 년 뒤 나는 같은 원칙을 활용해 다른 투자회사의 포트폴리오 매니저 두 명과 다른 뮤추얼 펀드로 다시 한번 모닝스타의 별 다섯 개 등급을 받았다.

이 투자 원칙은 복잡한 수학 공식으로 가득 차서 이해하기 어려운 이론과는 거리가 멀다. 실용적이고 상식적인 비즈니스 원칙에 기반을 두고 있다. 이 책에선 독자 여러분이 세 거장의 투자 과정 뒤에 숨겨진 동기와 논리를 더 잘 이해할 수 있도록 그들의 개인적인 배경도 소개했다. 또한, 각 투자 거장이 종목 선정에 사용했던 자료 조사 필터, 포트폴리오 운용 방법, 주식 매도 사유, 시장의 리스크와 주류 학술 이론에 대한 견해 등도 살펴봤다. 세 거장들 사이의 유사점과 차이점은 그들의 모범 투자 사례들과 함께 설명했다. 그들의 투자 과정은 여러분의 투자에도 든든한 길잡이가 될 것이다.

올바른 가이드 없이는 대학 학비를 내고, 꿈에 그리던 집을 사고, 안락한 은퇴 생활을 할 만큼 충분한 부를 축적하기가 힘들 수 있다. 풍족한 연금과 같은 재정 지원 혜택은 과거의 유물이 되어 버렸다. 미래에는 사회보장연금이 다 지급된다는 보장이 없다. 우리의 미래 재정에 대한 책임은 우리 자신에게 있다. 하지만 주식과 채권에 대한 직접 투자뿐만 아니라 401(k) 퇴직연금, 개인 은퇴연금계좌 IRAIndividual Retirement Account, 키오 플랜Keogh plan(1962년 제정된 자영업자를 위한 퇴직연금 제도-옮긴이), 뮤추얼 펀드, 상장지수펀드ETF 등 수많은 재테크 방법 중에서 똑똑하게 선택해야 한다. 이처럼 중요한 선택을 '신뢰할 수 있는' 전문가에게 위임했다가 비참한 결과를 얻는 사람이 부지기수다.

풍요로운 미래로 향하는 첫걸음은 투자자들의 성공 방식을 이해하는 것에 있다. 이 책에선 투자 대가들인 템플턴, 린치, 버핏 세 사람의 투자 이력을 아주 쉽게 정리했다. 또 그들의 모범 투자 사례도 검증된 투자 과정으로 묶어놓았다. 이 책은 추상적 이론가가 아니라 검증된 실무자로부터 배워서 실력을 키우고자 하는 진지한 투자자는 물론이고, 자신의 경제적 자립을 확보하는 데 필요한 투자 지식으로 무장하고 싶지만 그렇지 못한 아마추어 투자자가 느끼는 공허함을 채워줄 것이다.

철인 3종 경기와 평생 투자는 둘 다 쉽지 않다. 그렇기에 제대로 된 준비가 필요하다. 제대로 준비하고 떠나는 여행이 훨씬 더 만족스럽고 보람찬 법이다. 선수로서뿐만 아니라 UCLA 농구 감독으로 명예의 전당에 이름을 올렸던 존 우든John Wooden은 "준비하지 않는 것은 실패를 준비하고 있는 것"이라는 명언을 남겼다. 농구 코트와 삶에서 그가 코치로서 보여준 지혜는 가히 전설적이었다. 그의 지혜로운 말은 투자자의 일생에도 적용할 수 있다. 이 책은 여러분이 투자 거장들의 성공 방법을 이해함으로써 풍요로운 미래로 나아가는 방향을 설정하는 데 도움을 줄 것이다. 그만한 가치가 있는 여행이다.

Contents

03 워런 버핏의 레슨

01

우리가 유명인들의 삶을 알 수 없다면 유용하고 행복한 삶을 위해서 다른 모델들을 찾을 것이다. 그리고 그들의 언행을 살펴볼 때 미래 세대에게 지속적이고 영감을 주는 원칙을 찾을 수 있을 것이다.

— 존 템플턴[1]

존 템플턴의 레슨

Sir John M. Templeton 1912~2008

"자본주의의 선교사"

CHAPTER 01

개인적 배경

하느님은 우리 모두에게 약간의 재능을 주셨다. 그리고 나는 하느님이 허락하시는 한 재능을 활용하는 것이 우리의 의무임을 믿는다. 따라서 하느님께서 허락하시는 한 나는 금전적으로 뿐만 아니라 영적으로도 사람들을 도우려고 노력하며 일할 생각이다.

– 존 템플턴[2]

어린 시절과 젊은 시절 겪은 경험은 템플턴의 개인적 가치를 형성하고, 그의 투자 철학에 큰 영향을 미쳤다. 템플턴의 도덕적 나침반의 토대는 자립, 절약, 저가매수, 긍정적 사고, 책임감, 겸손함, 세속성, 영성이었다. 이러한 이정표들은 대공황 시대에 테네시주 윈체스터의 작은 시골 마을에서 자란 그가 로즈 장학생Rhodes Scholar이자 CFA 자격증 보유자[3]이자 20세기의 가장 존경받는 투자자가 되는 데 도움을 주었다. 그는 영국으로 귀화해 바하마에 거주했고, 박애주의적 활동을 인정받아 1987년 엘리자베스 2세 여왕으로부터 기사 작위를 받았다. 또 글로벌 투자의 선구자로 많은 부를 축적했고, 종교 발전을 위해 직접 설립한 템플턴 재단Templeton Foundation을 통해 수억 달러를 기부했다.

　존 막스 템플턴 경Sir John Marks Templeton은 1912년 11월 29일 하비 Harvey와 벨라Vella 템플턴 부부의 둘째 아들로 태어났다. (내가 존 경을 존 이나 템플턴이라고 부를 경우 이는 순전히 그런 호칭이 맥락에 부합하거나 다른 투자 대가들을 언급할 때와 일관성을 유지하기 위해서다. 그러나 이 책에서 존 경이 어떤 식으로 언급되건 그것은 최고의 존경심을 나타내는 표현이다.) 템플턴의 부모는 자연스럽게 아들의 습관과 통찰력에 영향을 주었다. 아버지 하비는 대학을 나오지 않았지만 변호사로 일했다. 인구 2천 명도 안 되는 작은 마을이라서 그는 조면기cotton gin(면화씨를 빼내는 기계-옮긴이)과 면화 저장 시설 운영, 뉴욕과 뉴올리언스 면화 거래소에서 면화 거래, 비료 소매 판매, 보험 영업, 농장 투기꾼과 지주 활동 등을 통해 부족한 변호사 수입을 메꿔야 했다. 하비의 법률 사무소에서는 마을 광장에 있는 카운티 법원 건물이 내려다보여서 부동산세를 내지 않아 압류된 농장들이 경매에 나오는 때를 알 수 있었다. 농장이 낙찰되지 않으면 그는 이때를 노려 헐값에 농장을 낙찰받곤 했다. 1920년대 중반까지 그는 총 6개의 농장을 낙찰받아서 그곳에 임대용으로 24채의 집을 지었다.

　템플턴은 자신의 가족이 편안하게 살 수 있었던 것은 아버지에게 기회를 놓치지 않는 지략과 기업가적 야심이 있었기 때문임을 알았다. 그의 가족이 살던 마을에서 전화와 자동차를 가진 집은 자기 집 외에 한 집밖에 더 없었다. 그의 빚에 대한 혐오감은 이런 어린 시절에 뿌리를 두고 있다. 그는 경매를 통해 수많은 농부가 갖고 있던 땅을 잃게 된 과정을 직접 본 뒤 절대 차주借主가 되지 않겠다고 다짐했다. 그래서 그는 마흔이 되었을 때까지 신용카드나 가게의 충전 카드를 소유한 적이 없었다. 한편, 그는 아버지가 다른 입찰자가 없는 경매를 잘 노려서 내재가치보다 훨씬 낮은 가격에 농장을 낙찰받고 큰 수익을 내는 모습도 지켜봤다.

하비의 모든 모험이 성공한 것은 아니었다. 그는 면화 거래소에서 면화 선물에 거액을 투자했다가 망했다는 소식을 가족에게 전하기도 했다. 저축이란 적절한 안전망도 없이 절망과 서류상의 부자를 오가는 롤러코스터 같은 삶은 템플턴의 마음에 큰 상처를 입히면서 그가 저축과 절약을 철저히 숭배하도록 만들었다.

어머니 벨라도 템플턴에게 아버지만큼 많은 영향을 줬지만, 영향을 주는 방법은 달랐다. 벨라는 1900년대 초 테네시주 시골 마을에 사는 여성치고는 드물게 교육을 많이 받았다. 그녀는 윈체스터 사범대학 Winchester Normal College에서 7년 넘게 수학과 그리스어와 라틴어를 공부했다. 졸업 후 바오로파 성직자인 오빠 존 막스John Marks 신부가 그녀에게 100만 에이커가 넘는 텍사스의 목장에서 아이들을 가르치는 일을 구해줬다. 그녀는 나중에 템플턴이 어렸을 때에도 가정교사로 일하러 혼자 텍사스로 가기도 했다. 또한 2에이커 넓이의 정원에서 식물과 꽃을 가꿨다. 다른 3에이커 넓이의 땅에서는 닭, 소, 오리, 돼지를 기르고 과일과 견과류를 재배했다. 벨라는 템플턴의 지식에 대한 갈증과 진취적인 근면성에 영향을 주었다.

템플턴이 지리적·문화적 다양성에 관심을 갖게 된 것도 어머니 덕분이다. 그가 12살이던 여름, 벨라는 그와 동생 하비 주니어를 데리고 두 달 동안 북동부 지역을 여행했다. 세 사람은 똑같이 역할을 분담해서 여행 계획을 세웠다. 그들은 하루에 100마일의 거리를 여행하고, 야영지에 머물고, 워싱턴, 뉴욕, 필라델피아에 있는 모든 박물관을 둘러보았다. 4년 후에도 벨라는 템플턴과 하비 주니어와 템플턴의 같은 반 친구와 함께 두 달 동안 미시시피강 서부에서 태평양까지 국립공원, 기념물, 유적지를 방문하는 자동차 캠핑 모험을 했다.

벨라는 템플턴이 문화적 다양성에 대한 욕망과 학문에 대한 열정 그 이상을 갖게 해줬다. 또한 그녀는 돈을 벌어서 다른 사람들을 위해 쓰면 돈이 불어나는 법이라는 지혜를 알려주었다. 그녀는 적극적으로 활동하는 컴벌랜드 장로회 신자였다. 여동생 레일라 싱글턴Leila Singleton과 함께 교회의 시간제 목사에게 급여를 주기 위해 돈을 모금했고, 감신콰Gam Sin Qua라는 이름의 중국에서 활동하는 선교사가 쓸 비용의 절반 이상을 마련해 주려고 꾸준히 돈을 끌어모았다. 그녀의 베푸는 마음씨는 템플턴에게 문화적·지리적 경계를 초월한 자비심을 선사했다.

훗날 템플턴은 "어머니는 남을 사랑하고 꾸준히 기도하는 분이셨고 '어떻게 해야 하는지를 알려주는' 유형의 책과 잡지에 나올 법한 삶을 사셨다"고 술회했다.[4] 11살이었을 때 그는 〈위클리 유니티Weekly Unity〉라는 잡지에서 영성에 대해 읽었다. 그는 "그 잡지를 읽고 돈보다 영성이 더 중요하다는 것을 배웠다"고 말했다.[5]

나중에 템플턴은 연례 주주총회를 시작할 때마다 주주들의 마음을 진정시키고 맑게 만들기 위해 다같이 기도했다. 또한 장로교 장로이자 미국성서학회American Bible Society 이사로도 활동했다. 벨라는 템플턴과 하비 주니어를 자유분방하게 키웠으나 하느님의 계시가 아들들을 올바른 길로 인도할 것이라고 믿었다. 템플턴이 기억하기로, 하비와 벨라는 결코 두 아들을 때리지 않았고, 아들의 질문에 답할 때는 답을 절반만 해주고 나머지 절반의 답을 찾아낼 수 있게 도서관에서 책을 빌려다 주었다. 이 방법은 템플턴에게 스스로 끝없이 샘솟는 호기심을 충족시킬 수 있다는 자신감과 힘을 불어넣었다. 두 아들이 엄격히 지

존 템플턴의 레슨

켜야 할 유일한 규칙은 담배나 술을 집에 들이지 않는 것이었다.

하비와 벨라의 건설적인 관용은 템플턴이 사회생활 초기에 자유롭게 진취적인 야망을 추구할 수 있는 밑거름이 되었다.

템플턴은 불과 4세에 어머니가 가꾸던 정원에서 콩을 직접 재배해 지역 상점에 팔아 이윤을 남겼다. 그는 1학년 때 첫 시험을 본 후 친구가 자기보다 더 점수가 좋다는 사실을 알게 됐다. 그는 자신이 충분히 노력하지 않은 게 분명하다고 추측하고 이제부터 반에서 최고 점수를 받겠다고 다짐했다. 그의 1학기 성적은 전 과목 A였다. 그의 뛰어난 성적을 본 아버지는 그와 거래를 했다. 템플턴이 전 과목 A를 받을 때마다 면화 한 뭉치를 주고, 만약 단 한 과목이라도 A보다 낮은 학점을 받으면 템플턴이 아버지에게 면화 한 뭉치를 주기로 했다. 이후 11년 동안 템플턴은 전 과목 A를 받았고, 하비는 아들에게 스물두 뭉치의 면화를 빚졌다.

8세인 2학년 때 템플턴은 크리스마스와 독립기념일 한 달 전에 오하이오주 신시내티에 있는 브라질 노블티 컴퍼니Brazil Novelty Company의 우편 주문 카탈로그를 보고 폭죽을 주문했다. 두 공휴일 직전에 그는 구매한 비용의 5배에 달하는 가격으로 다른 아이들에게 폭죽을 팔았다.

8학년 때는 건초 헛간에서 친구들과 놀다가 고장 난 낡은 포드차를 발견했다. 그는 차주에게 그 차를 10달러에 샀다. 이어 카운티 전체를 수색해 부품을 재활용할 수 있는 또 다른 포드차를 찾아냈고, 상태가 썩 좋지 않았던 그 차도 10달러에 구입했다. 템플턴과 친구들은 6개월 동안 방과 후와 주말에 작업하고, 지역 포드 딜러를 여러 번 찾아가 자동차 매뉴얼을 읽은 뒤 구입한 두 대 중 한 대를 달리게 만들었고, 고등학교 내내 그것을 타고 다녔다.

템플턴이 세운 목표는 고등학교 때 중대한 도전에 직면했다. 목표한 대로 예일 대학을 진학하려면 4년간 수학 강의를 반드시 들어야 한다는 것을 알게 됐기 때문이다. 고등학교 진학 전부터 그는 어른들의 대화에서 예일 대학이 뛰어난 명문 대학이라는 사실을 듣고, 그곳에 다니기로 마음먹었다. 문제는 윈체스터 고등학교가 3년 동안만 수학을 가르쳤다는 점이다. 템플턴은 학교장 프레드 나이트Fred Knight와 함께 4년 차 수학 수업을 열 계획을 짰다. 템플턴이 교사이자 학생 역할을 맡기로 했고, 수업을 여는 데 필요한 최소 8명의 학생도 모집했다. 교장이 기말고사 문제를 내고 채점했는데 학생 전원이 시험을 통과했다. 템플턴은 일찍부터 예일 대학이 특별 입학시험을 요구한다는 사실도 알고 있었다. 그는 지난 몇 년간 치러진 시험들의 사본을 구해서 시험 전 한 달 동안 매일 4시간씩 공부했다. 그리고 고등학교 때 매 학년 말에 과목 시험을 단계적으로 치렀다. 이런 부지런함과 준비성 덕분에 그는 1930년 예일 대학에 입학했다.

템플턴은 예일 대학 입학 전 여름에 테네시 시골 지역을 가가호호 방문해서 〈굿 하우스키핑Good Housekeeping〉 잡지를 팔았다. 그는 이런 식의 스트레스를 많이 받는 판매 영업을 하는 게 싫었지만 등록금을 벌어야 했기에 끈기 있게 버텼다. 그는 구독을 성사시켜 2달러를 받을 때마다 절반인 1달러의 수수료를 받았고, 여름 내내 일하면서 최소 200명의 구독자를 만들어내며 200달러의 보너스를 받았다. 그는 도전에 '올인'하고, 성공하기 위해 희생하고, 끝까지 임무를 완수했다.

예일 대학 1학년 때 템플턴은 본인의 학점이 과에서 상위 10위 안에 든다는 것을 알게 되었다. 하지만 기쁨은 오래가지 못했다. 1931년

존 템플턴의 레슨

대공황이 정점이던 때 아버지가 그에게 단 1달러의 학비도 보태줄 여력이 안 된다고 말했기 때문이다. 템플턴은 초등학교와 고등학교 시절 보상으로 받았던 스물두 뭉치의 면화를 돌려주어 아버지를 도왔다. 그는 기도했고, 다른 사람들에게 조언을 구했다.

삼촌 왓슨 템플턴Watson Templeton은 그에게 대학을 졸업할 때까지 일해주겠다는 약속을 받고 200달러를 빌려주었다. 예일 대학은 우수한 학업 성적을 감안해 템플턴에게 일부 장학금을 수여하고, 근로장학생으로 일할 수 있게 해줬다. 템플턴은 나중에 이때 아버지한테서 들은 나쁜 소식이 그에게 일어난 가장 좋은 일 중 하나였다고 말했다. 그가 근면과 절약의 의미를 배울 수 있게 됐기 때문이다. "비극처럼 보이게 만드는 것이 하느님의 자녀 교육 방식일 수 있다."[6]

템플턴은 예일 대학 연감年鑑인 〈예일 배너 앤 포푸리Yale Banner and Pot Pourri〉에서 일했고, 〈예일 레코드Yale Record〉 잡지의 광고를 팔았지만, 이 일들만 해서는 수업료, 방값, 식비를 감당할 만큼 충분한 돈을 벌 수 없었다. 그래서 그는 포커 게임을 해서 대학 경비의 25퍼센트를 채웠다. 포커는 그에게 득실을 면밀하게 '계산하고 감수한 위험calculated risk'이었다. 그는 8살 때부터 소액의 판돈을 걸고 포커를 치면서 승산을 높이기 위해 카드 수를 세는 법을 배웠다. 그는 또한 100달러 이상을 벌면 그것을 학비로 할당함으로써 번 돈을 신중히 지켰다. 템플턴은 재미로 치는 부자들과 포커를 쳤지만, 자신은 이기기 위해서 쳤다. 그는 부자들이 투자에 대해 하는 말을 듣고 그들 중 누구도 미국 이외의 지역에 투자하지 않았다는 것을 알게 됐다. 그는 "그런 투자는 근시안적 투자처럼 보였기 때문에 대학 2학년 때 나는 전 세계에 투자할 사람들을 돕는 조언자가 되는 데 집중하기로 결심했다"라고 말했다.[7]

템플턴은 항상 가장 좋은 기회는 다른 사람들이 보지 않는 곳에 있다고 믿었다. 미국 너머의 지역을 탐색한다는 생각은 그가 예일 대학 졸업장을 받기도 전부터 품었던 생각이다.

24살 이후로 그는 다시는 포커를 치지 않았다. 심지어 투자 경력을 쌓는 동안에도 도박 산업이 다른 사람들에게 미치는 중독성에 대한 혐오감 때문에 도박 회사 주식에는 절대 투자하지 말라고 주장했다.

대학을 졸업했을 때 템플턴은 다음과 같은 목표를 성취했다.

- 경제학 학위를 받고, 거의 과 수석으로 졸업했고, 파이 베타 카파회Phi Beta Kappa(미국 대학 우등생들로 구성된 친목 단체 – 옮긴이)의 예일 지부 회장을 지냈다.
- 투자 상담 전문가가 되기로 결심하고, 포커에서 딴 돈 300달러를 첫 번째 증권 계좌에 입금했다.
- 로즈 장학금Rhodes Scholarship을 받고 옥스퍼드 대학 발리올 칼리지Balliol College에서 법학을 공부해 1936년에 석사 학위를 땄다. 그는 투자 상담 시 필요한 다양한 세금과 법률 문제를 이해하기 위해 법을 공부하기로 했다. 로즈 장학금을 받고 남은 돈으로는 모험과 문화 교육에 대한 갈증을 채우기 위해 여기저기 여행을 다녔다. 첫해에는 크리스마스 휴일 동안 자기처럼 로즈 장학금을 받은 친구들과 스페인으로 여행을 떠났고, 부활절 때는 이탈리아로 갔다. 여행 전 항상 철저하게 조사하여 철도 이용권과 호텔 숙박권을 싸게 구입했다.

옥스퍼드를 졸업한 후 템플턴과 친한 친구 제임스 인크세터James Inksetter는 200파운드의 작은 예산을 들여 7개월 동안 27개국을 방문했는데, 그 돈의 절반 가까이는 학비를 지불하고 남은 돈으로 친 포커에서 딴 것이었다. 여행의 모든 부분을 미리 계획한 두 사람은 200일 간의 숙박비로 1박에 평균 25센트를 썼고, 5개 장소에 동일한 액수의 금액을 우편으로 미리 보내놓아 초과 지출과 절도의 위험을 방지했다. 그들은 1936년 올림픽이 열리던 독일은 물론이고 인도, 중국, 일본도 방문했다. 그로 인해 템플턴은 정치 제도, 생활 방식, 관습, 기회에 대 한 풍부한 지식을 축적했고, 전 세계에서 투자 기회를 찾아야 한다는 확신을 굳혔다. 미국에 본사를 둔 기업 주식만 적절한 투자처라는 종 래의 편견과 대비되는 생각이었다.

7개월간의 여행을 떠나기 전에 템플턴은 투자 사업에 대해 가장 많 이 배울 수 있을 것 같은 투자 상담 회사 100곳에 미리 편지를 써서 보 냈다. 그는 편지에서 자신의 배경과 목표를 상세히 설명하고, 여행에 서 돌아올 예정일 이후 인터뷰를 요청했다. 돌아오자마자 그는 12개 회사와 인터뷰했고, 그중 5개 회사는 그에게 취업을 제안했다.

템플턴은 뉴욕에 있는 증권사인 페너앤빈Fenner&Beane이 제시한 월 150달러라는 저임금 수습직원 일자리를 받아들였다. 페너앤빈이 훗 날 메릴린치에 합병된 투자 부서를 설립한 지 얼마 안 된 시기였다. 그 는 이 회사에서 가장 많이 배울 수 있다고 믿었다. 당시 템플턴은 야학 에 다니면서 그레이엄 밑에서 공부했는데, 그는 그레이엄에 대해 "내 가 아는 어떤 분보다도 증권분석을 과학적으로 만든 분"이라고 말했 다.[8] 템플턴은 훗날 2016년 '금융분석가' 수가 29만 6,000명을 넘었지 만 1937년에는 자칭 '증권분석가' 수가 17명에 불과했다고 술회했다.

템플턴은 1937년 4월 웰즐리 칼리지를 졸업한 주디스 더들리 포크 Judith Dudley Folk와 결혼했다. 그녀는 존과 같은 월급을 주는 광고 카피 라이터 일자리를 찾았고, 두 사람은 미래를 위해 수입의 절반을 저축하기로 약속했다.

불과 3개월 후 템플턴은 페너앤빈을 떠나 댈러스에 있는 지진계 탐사 회사인 내셔널 지오피지컬 컴퍼니NGC(National Geophysical Company)에 비서 겸 회계 담당자로 입사했다. 그곳에서 일했던 로즈 장학금 동기인 조지 맥기George McGhee의 추천이었다. 페너앤빈 경영진이 월 350달러의 임금을 제시하면서도 그들도 NGC의 제안이 거절하기엔 너무 좋다는 데 동의하며 템플턴의 이직을 지지해줬다. 템플턴은 자신이 투자 상담 회사를 차리겠다는 목표를 단 한 번도 잊지 않았다. 기회를 잡을 줄 아는 감각, NGC에서 확보한 자원, 그리고 페니앤빈에서 쌓은 인맥이 합쳐져 나중에 그는 꿈을 실현할 수 있었다.

NGC에 입사한 지 2년이 되던 1939년 9월, 템플턴은 미국이 전쟁을 막 시작한 유럽 동맹국들을 도울 수밖에 없을 것이란 결론을 내렸다. 금융시장에는 비관론이 팽배했고, 증시는 전년도에 비해 거의 반토막이 났다. 나치의 권력 장악의 충격과 미국이 또다시 경기침체에 빠질 것으로 우려하는 공감대가 형성되었다. 템플턴은 미국이 참전하면 대공황의 여파로 고통받던 많은 기업이 부활하리라고 판단했다. 그는 이런 신념에 따라 페너앤빈의 전 매니저인 딕 플랫Dick Platt으로부터 1만 달러를 빌려서 미국 증권거래소에서 주당 1달러 이하에 거래되던 모든 주식에 100달러씩 투자했다. 그는 시간이 갈수록 가치가 떨어지는 개인용품을 사기 위해 돈을 빌리는 것은 싫어했지만, 돈을 벌기 위해 돈을 빌리는 것은 합리화했다. 그리고 이것은 그가 어떤 목적으로든 돈을 빌린 유일한 사례였다.

템플턴은 몇 가지 이유로 이런 사업적 모험의 위험을 관리할 수 있다고 믿었다. 그는 앞서 2년 동안 이전 전쟁 당시 기업들이 정부에 전시 보급품, 공산품, 식량, 물류를 공급했을 때 기업과 주가가 어떻게 움직였는지를 연구했다. 그 결과, 그는 손해를 볼 가능성이 낮고, 효율성이 가장 떨어지고, 기대치가 낮은 기업이 가장 뛰어난 실적 성장세를 보이고 주가가 많이 오를 기업이라는 결론에 도달했다. 또한 정부가 전시 호황으로 점증한 수익에 대해 몰수하듯 고율의 세금을 부과하는 경향이 있다는 것도 알았다. 그러나 손실 전력이 있는 기업들은 높은 세율에서 수익을 지킬 수 있는 이른바 '결손금 이월공제tax-loss carry-forwards'를 시행할 수 있었다. 이것은 과거에 발생한 결손금을 장래에 이익이 발생한 사업연도에 다시 꺼내 들어 그 사업연도의 소득에서 공제하는 제도를 말한다. 따라서 잘 경영되는 회사들의 주식에 투자하는 것은 유리하지 않았다.

둘째, 템플턴은 확률적으로 대부분의 회사가 번창하더라도 모든 회사가 번창하지는 않을 것으로 판단했기 때문에 많은 주식에 분산투자함으로써 위험을 관리했다. 셋째, 그의 개인 투자 포트폴리오의 가치가 3만 달러 이상으로 축적된 상태였기에 자신의 이론이 틀리더라도 빚을 충당할 수 있었다.

템플턴은 페너앤빈을 통해 주문을 냈다. 그는 100곳이 넘는 회사의 주식을 매입했는데, 그중 37개 회사가 파산했지만 완전히 무가치한 회사로 드러난 곳은 4곳에 불과했다. 그는 투자 개시 1년 안에 빌린 돈을 모두 갚았고, 매입한 주식을 평균 4년 동안 보유한 후 원래 투자액의 4배인 4만 달러를 벌었다.

그는 전통적인 비관주의에 편승하여 두려움으로 자신을 마비시키기보다는 명석하고 철저한 연구와 저가매수 기회를 노리자는 생각을 통해 행동했다. 재원을 확보한 그는 투자 상담 전문가가 되고자 하는 꿈을 실현했고 "다른 사람이 낙담하여 팔 때 사고, 다른 사람이 탐욕스럽게 살 때 팔려면 상당한 용기가 필요하지만 궁극적으로 가장 큰 보상을 얻게 된다"는 평생의 좌우명을 실천할 준비를 끝냈다.[9]

전문 투자자가 된 몇 가지 동기

—

템플턴은 다음과 같은 몇 가지 이유로 전문 투자자가 되기로 결심했다.

첫째, 그는 자신이 예리한 판단력을 가지고 있다고 믿었다. 그는 투자의 강점과 약점을 판별할 수 있는 특출난 능력을 길러놓은 상태에서 자신의 판단에 따라 행동할 용기와 확신이 있었다. 또 철저한 연구 과정을 통해서 위험과 보상의 균형을 잡을 수 있다고 확신했다(이와 관련된 이야기는 다음 장에서 다룰 예정이다).

둘째, 다른 어떤 분야보다 투자 분야에서 더 많은 돈을 벌 수 있다고 믿었다. 그는 벤저민 프랭클린Benjamin Franklin과 존 D. 록펠러John D. Rockefeller의 전기를 공부했고, 특히 급여를 받아 쌓은 부는 영악한 투자와 복리複利가 가진 힘을 통해 쌓은 부에 비해 적다는 록펠러의 지적에 흥미를 느꼈다. 한 현명한 투자자 동료도 투자 분야만큼 훌륭한 아이디어를 갖고서 실행에 옮길 수 있다는 확신만으로도 엄청난 번영을 누릴 수 있는 분야는 없다고 말해줬다. 또한 연구의 부산물로 직업을 바꿔야 하더라도 자신에게 도움이 될 수 있는 충분히 많은 지식을 축적하게 된다고 느꼈다.

그가 전문 투자가가 되기로 결심한 세 번째이자 가장 중요한 이유는 사람들의 경제적 독립을 도와주고 싶어서였다. 그는 자신을 하느님의 종이라고 여기고, 자신이 가진 재능으로 경제적으로 자립할 수 없는 사람들을 도와줄 수 있는 기술을 개발했다. 그는 남을 도울 수 있다는 사실을 자랑스럽게 여기면서 이렇게 말했다. "나는 항상 모든 고객과 직원을 포함하여 만나는 사람 모두를 기쁘게 해주려고 노력했다. (중략) 나는 누구에게도 고소당한 적이 없고, 누구를 고소한 적도 없다."[10]

투자에 임하는 태도

———

템플턴이 투자와 삶에 대한 태도를 개발해 나가는 과정에서 친절함, 겸손함, 긍정적인 태도, 원칙, 그리고 목표를 성취하기 위한 열렬한 노력처럼 그에게선 몇 가지 감탄할 만한 자질이 눈에 띄었다. 목표 설정, 추가 노력, 절약, 부채 회피라는 네 가지 이슈에 대한 그의 관점은 그가 투자에 대한 태도를 개발하는 데 밑거름 역할을 했다는 점에서 더 자세히 알아볼 가치가 있다.

템플턴은 목표를 정해 행동하는 사람이었다. 학창 시절 전 과목 A를 받아 면화 한 뭉치를 벌거나, 예일 대학에 합격하기 위해 준비하거나, 학비를 대거나 무엇을 하건 그는 목표를 세우고, 그 목표를 실천하기 위해 자신만의 신념에 따라 살았다.

그는 다음과 같은 영원히 남을 만한 지혜를 알려주었다. "의식적인 변화를 만들고, 새로운 목표를 달성하고, 우리의 기술을 완벽하게 다듬는 방법은 꾸준한 공부와 부지런한 연습이다. 그러려면 자기만의 원칙을 세우고, 목표를 달성할 때까지 끈질기게 견디는 데 전념해야 한다. 쉽게 포기해선 안 된다. (중략) 기존에 있었던 곳이 아니라 가고 싶은 곳에 집중하라. 과거의 경험이나 실수에서 벗어나지 못한 채 많은 귀중한 시간을 낭비할 수 있다. 과거의 경험에서 배운 후 목표를 향해 낙관적으로 생각하며 계속 나아가라."[11]

템플턴은 일찍이 평균적인 재력을 가진 사람들이 극적으로 더 성공하고, 부유한 사람들만큼 많은 일을 해냈다는 사실을 알아냈다. 둘 사이 노력의 차이는 소위 '몇 마일 더 갈 만큼'이 아닌 '몇 온스의 무게를 더 들 만큼'의 차이에 불과했다. 그는 이런 원리를 '추가 온스의 원칙 Doctrine of the Extra Ounce'으로 부르면서, 이 원칙이 다양한 노력에 보편적으로 적용된다고 믿었다. 그는 평생 이 원칙대로 살았는데, 경력 초창기에 뉴저지주 잉글우드에 있는 자신의 집 가까운 곳에 자신이 세운 자금운용 회사를 옮겼을 때 특히 더 그랬다. 이로써 그는 저녁과 주말에 편하게 사무실로 돌아가서 '추가 온스'만큼 일을 더 할 수 있었는데, 이것이 회사의 실적에 큰 변화를 만들었다. 그는 월요일부터 토요일까지 하루에 12시간씩 일했고, 일요일에는 교회에서 예배를 본 후 다시 일하곤 했다.

템플턴은 전설적인 구두쇠였다. 어린 시절 겪은 대공황과 호황과 불황의 주기에 대한 경험은 그에게 자수성가할 수 있는 동기를 부여해줬다. 경제적 안정을 위해선 저축을 원칙으로 삼아야 했다. 앞서 언급했듯이, 부부는 결혼 초기에 수입의 절반을 저축하기로 약속했다. 부부는 월세로 100달러 이상을 내본 적이 없었고, 템플턴은 임대료 액수를 세금을 내고 저축한 뒤 남은 소득의 16퍼센트 이하로 제한하자는 목표를 세웠다. 부부는 중고 가구 경매에서 단독 입찰자로 참여해서 방 5개짜리 아파트를 불과 25달러에 꾸몄다. 1940년 템플턴은 비서에게 새 타자기는 구매 직후 가격이 30~40퍼센트 하락하니 중고 타자기만 구입하라고 지시했다. 그의 절약 목표는 돈을 버는 데 돈을 쓰기 위해서 투자 가능한 소득을 최대한 많이 확보하는 것이었다.

템플턴은 또한 소비자 부채를 피함으로써 재정적인 안정을 확보하려 했다. 그는 절대 개인적인 용도로 돈을 빌리지 않기로 결심했다. 어린 시절에 무원칙적 소비로 인해 부채의 노예가 되는 결과를 너무나도 자주 목격했기 때문이다. 그는 1944년 뉴저지에 자신의 첫 집을 현금 5,000달러란 헐값에 구입했다. 지은 지 25년이나 된 곳으로, 현재 가치로도 불과 2만 5,000달러짜리였다. 그는 5년 뒤 이 집을 1만 7,000달러에 팔았고, 그 돈을 거주 환경이 더 좋은 곳에 있는 더 큰 집으로 이사하는 데 썼다. 대출을 받을 필요는 없었다. 템플턴은 나중에 다른 사람들에게 주택담보대출은 연소득의 절반을 넘게 받지 말라고 조언했다. 그는 또한 첫 다섯 대의 자동차를 각각 200달러 미만으로 구입했는데, 동시대 사람들이 그가 쓴 돈보다 최소 5배에서 최대 25배 비싼 자동차를 구입했던 것과 대조적이다. 템플턴은 비행기를 꼭 타지 않아도 될 때는 장거리 버스를 탔고, 택시보다는 지하철과 버스를 자주 이용했다. 또 주택담보대출이 없는 탄탄한 대차대조표를 확보해놓음으로써 얻는 마음의 평화가 대출을 받았을 때 누리는 세금 혜택보다 더 크다고 믿었다.

CHAPTER 02

투자 성과

템플턴 경의 투자 목표는 "주식시장이나 유사한 펀드들의 평균적인 성과보다 훨씬 더 나은 성과를 거두자"는 것이었다.[1]

템플턴은 1940년에 맨해튼 미드타운에 위치한 작은 투자회사를 5,000달러에 샀다. 그의 회사 템플턴, 더브로 앤 밴스Templeton, Dubbrow& Vance의 전신이었다.

그는 1954년 11월 주주들의 세금을 최소한으로 줄여주기 위해 자본이득세가 없었던 캐나다에서 템플턴 성장펀드Templeton Growth Fund를 출범하면서 뮤추얼 펀드 산업에 뛰어들었다. 당시 캐나다에선 뮤추얼 펀드의 주식을 팔았을 때만 투자자들이 얻은 이득에 25퍼센트의 세율로 과세했다. 템플턴은 이 펀드로 그의 투자 전략이 전 세계에 통한다는 것을 보여주고 싶어 했다. 템플턴 성장펀드는 미국 투자자들에게 해외 주식 투자를 통한 분산투자를 모색할 수 있는 길을 열어준 최초의 뮤추얼 펀드였다.

템플턴은 1954년 11월, 660만 달러를 조달해 템플턴 성장펀드를 출범했지만 이후 3년 동안 이 펀드의 수익률은 S&P500의 수익률을 하회했다. 펀드는 조사회사인 바이젠베르거Weisenberger가 실시한 투자 실적 비교 조사 대상 133개 펀드 중 115위를 차지했으며, 1957년 말 펀드의 운용자산은 290만 달러로 줄었다. 펀드 자산은 출범 15년 후인 1969년까지도 700만 달러가 되지 못했다. 템플턴의 투자는 뮤추얼 펀드가 처음 출범한 이후 5배가량의 수익을 냈지만 당초 발행된 주식의 80퍼센트가 넘게 환매되면서 펀드 순자산은 답답할 정도로 낮은 수준을 유지했다.

템플턴의 회사 운용자산 가치는 8개의 뮤추얼 펀드를 포함하여 3억 달러 규모로 성장했다. 그는 결국 1960년대 초에 회사를 피드몬트 매니지먼트Piedmont Management에 매각하고 템플턴 성장펀드만을 보유했다. 이 펀드가 캐나다에 기반을 두고 있었기 때문에 피드몬트는 펀드 인수를 거부했기 때문이다. 또한, 미국 국민이 해외 유가증권 구매 시 과세하기로 한 미국 재무부의 결정과 비배당 소득에 대해 원천과세를 내도록 요구하는 캐나다의 새로운 결정으로 인해 미국에서 템플턴 성장펀드를 파는 게 덜 매력적이 되었다.

1969년 템플턴은 바하마로 이주함으로써 더 독자적이고 과감하게 행동할 수 있게 됐다. 일본 주식이 널리 인기를 끌기 전에 선견지명을 갖고 투자한 게 그 증거다. 1974년까지도 템플턴 성장펀드의 순자산은 1,300만 달러에 그쳤는데, 이는 인플레이션을 반영하면 20년 동안 제자리걸음을 했다는 의미다. 부단한 환매로 인해 늘지 않은 순자산 이면의 숨은 보석 같은 사실은 템플턴이 12퍼센트의 복리 수익률을 올리고 있었다는 점이다. 템플턴은 자신의 주식 선별 능력을 최대한 발휘하고, 더 많은 투자자들이 이익을 볼 수 있게 하기 위한 효과적인 분산투자와 마케팅의 중요성을 그 어느 때보다도 확신했다.

템플턴은 풀타임으로 펀드를 마케팅해주는 잭 갤브레이스Jack Galbraith와 손을 잡았다. 갤브레이스는 금융 기자이자 칼럼니스트인 루이스 루키저Louis Rukeyser의 투자 정보 프로그램인 〈월스트리트 위크Wall Street Week〉에 템플턴과 여러 번 같이 출연해 템플턴의 모범적인 운용 실적을 홍보하는 등 전면적인 홍보 활동을 수행했다. 성공적인 투자와 똑똑한 마케팅의 효과가 합쳐지면서 펀드의 순자산이 폭발적으로 성장하기 시작했다. 1980년 템플턴 성장펀드의 순자산은 4억 2,000만 달러로 불어났고, 1986년이 되자 24억 달러로 다시 6배가 증가했다.

1992년까지 템플턴 성장펀드의 연평균 수익률은 14.5퍼센트를 기록했다. 1954년 처음 1만 달러를 투자하고 배당금을 재투자했다면 1992년 투자금은 174만 달러로 늘어났을 것이다. 이에 비해 S&P500 지수는 같은 38년 동안 연평균 수익률이 10.9퍼센트에 그쳤다. 즉, 1954년 투자한 1만 달러가 38년 뒤에 52만 9,900달러가 됐다는 뜻이다.[2] 템플턴 성장펀드는 1981년까지 25년 동안 그 어떤 뮤추얼 펀드보다도 좋은 성과를 냈고, 템플턴이 운용하던 39년 중 불과 8년만 마이너스 수익률을 기록했다.

흥미롭게도, 이 눈부신 성과는 운용 첫해에 25퍼센트포인트의 격차를 포함해서 운용을 시작한 첫 10년 중 6년 동안 S&P500보다 부진한 수익률을 기록했는데도 불구하고 달성된 것이다. 템플턴 성장펀드의 첫 10년 동안(1955~1964년)의 연평균 수익률은 S&P500(12.8퍼센트)에 비해 낮은 9.5퍼센트에 그쳤다.

존 템플턴의 레슨

오늘날의 뮤추얼 펀드 투자 이사회라면 처음 10년 동안 이와 비슷한 실적을 올린 투자자에게 얼마나 인내심을 가질지 궁금하다. 템플턴 성장펀드는 38년이 넘는 기간 동안 5년 기준으로 잘라서 봤을 때 한 번도 손실을 낸 적이 없었다. 이러한 결과는 템플턴의 가치평가와 주식 선정 원칙이 얼마나 대단했는지를 입증한다.

1992년 10월까지 템플턴의 제휴사인 템플턴, 갤브레이스 앤 한스버거Templeton, Galbraith&Hansberger는 130억 달러 규모의 뮤추얼 펀드를 포함해 총 213억 달러의 자산을 운용하다가 9억 1,300만 달러에 프랭클린 리소시스Franklin Resources Inc.에 매각되었다. 인수 대금 중 존 템플턴의 지분은 4억 4,000만 달러로 평가됐다.

주로 미국 채권으로 이루어진 665억 달러의 자산을 운용해온 프랭클린은 합병 뒤 피델리티Fidelity, 메릴린치Merrill Lynch, 뱅가드Vanguard에 이어 미국에서 네 번째로 큰 뮤추얼 펀드 회사로 부상했다. 템플턴

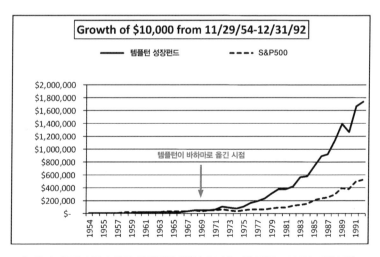

[그림 1] 1만 달러 투자 시 투자금의 변화 현황 (1954년 11월 29일~1992년 12월 31일)
출처: 템플턴 성장펀드 성과(프랭클린 템플턴 인베스트먼츠 제공)

은 합병이 있기 10년 전 프랭클린의 주식 12만 6,000주를 주당 평균 30센트에 매입해놓았다. 1992년 합병 시 이 주식은 주당 30달러로 약 100배가 뛰어올랐다. 템플턴은 프랭클린의 경영자를 만난 뒤 이 회사의 주식을 사들였다. 그는 "내가 사람을 만날 때 늘 그렇게 하듯 그에게도 100가지 질문을 던졌다"고 말했다.[3] 그는 낮은 주가와 회사의 마케팅 능력에 깊은 인상을 받았다. 그는 "프랭클린 리소시스를 10년 동안 예의 주시한 덕에 인상적인 주가 급등으로 혜택을 입자 나는 그 회사가 잘 관리되고 있다는 인상을 받았다"고 말했다.[4]

프랭클린 리소시스 합병이 마무리된 후 템플턴은 자선 사업에 대한 투자를 늘리기 위해 투자 운용에서 은퇴했다. 그는 운전기사를 두지 않고 직접 운전했고, 비행기 일등석을 타지 않았으며, 종교 프로그램을 제외하고는 평생 84시간 이상 텔레비전을 본 적이 없었다.

1999년 〈머니 매거진Money Magazine〉은 템플턴 경을 "단언컨대 21세기의 가장 위대한 글로벌 종목 선정가"라고 불렀다.[5] 그는 폐렴을 앓다가 2008년 7월 8일 95세의 일기로 수십 년 동안 거주하던 바하마의 수도 나소Nassau에서 생을 마감했다.

존 템플턴의 레슨

CHAPTER 03

템플턴의 내적 모형

우리는 '큰 회사를 살까 아니면 작은 회사를 살까?' 내지는 '미국 회사를 살까 아니면 일본 회사를 살까?'라고 자문하지 않는다. 우리는 '진정한 가치 대비 헐값에 팔리는 회사는 어디에 있는가?'라는 단순한 질문을 기억하면서 매일 투자할 회사를 찾는다.

– 존 템플턴[1]

템플턴이 쓴 투자법의 핵심은 전 세계적으로 가장 매력적인 가격의 주식을 찾는 것이다. 이는 믿기 힘들 만큼 단순하고 뻔한 방법처럼 보일지 모르지만, 선입견을 배제한 채 투자 가치가 있는 주식을 폭넓게 찾을수록 투자한 돈을 몇 배로 늘릴 기회를 찾을 확률이 높다는 점을 인식하고 그가 내린 결론이다.

오늘날 많은 전문 투자자들은 기업의 규모(소형, 중형 또는 대형)나 특정 산업(소프트웨어, 소매), 업종(내구 소비재, 유틸리티), 스타일(가치, 성장, 혼합), 지역(미국, 중국)에 따라 투자 범위를 제한하는 규정에 따라 제약을 받고 있다. 대형 연기금과 기부기금의 자산 배분을 좌지우지하는 중개업자들intermediaries은 대부분 자신의 안목으로 동종업계 최고 운용사를 골라 스타일 박스를 채울 수 있다고 맹신한다. 결과적으로 적절하게 고른 한 가지 스타일의 뛰어난 성과가, 고평가되어 있는 다른 스타일의 부진으로 인해 상쇄됨으로써 전반적으로 평범한 성과를 거두고 만다. 개인투자자들은 그런 구속을 덜 받기 때문에 더 유리한 여건에서 투자할 수 있다.

템플턴은 기회주의적으로 주식을 탐색했다. 그는 단순히 다른 사람들이 매도하고 있는 업종에서 찾을 수 있는 주식을 최고로 저렴하게 사는 전략을 지지했다. 그는 "좋은 투자처를 찾는 것은 좋은 가격을 찾는 것에 불과하다"라고 말했다. 그는 정확히 어떻게 한 것일까?

템플턴의 내적 모형에는 투자에 대한 그의 관점을 떠받치는 10개의 기둥이 있다.

1. 바겐 헌터가 돼라

———

그의 내적 모형을 떠받치는 첫 번째 기둥은 가치에 비해 싼 주식을 사는 일명 '바겐 헌터bargain hunter'의 사고방식이다. 템플턴은 "다른 사람과 똑같은 주식을 산다면 다른 사람과 똑같은 성과를 내게 될 것이다. 다른 사람보다 더 뛰어난 성과를 올리기를 바랄 수 있는 유일한 방법은 다른 사람이 사지 않는 주식을 사는 것"이라고 말했다.[2]

그는 비관론이 정점에 달했을 때 사고, 낙관론이 정점에 달했을 때 팔라는 유명한 조언을 남겼다.

사람들은 항상 전망이 좋은 곳을 묻는데, 그건 잘못된 질문이다. 올바른 질문은 "전망이 가장 나쁜 곳은 어디인가?"라는 질문이다. 당신은 투자 기업의 가치 대비 가능한 한 최저 가격으로 주식을 사려고 한다. 그런데 주식이 헐값에 팔리는 이유는 단 한 가지다. 다른 사람들이 팔고 있기 때문이다. 다른 이유는 없다. 저가매수를 하기 위해서는 사람들이 가장 두려워하고 비관적으로 보는 곳을 찾아야 한다. 모두가 겁을 먹고 당신 자신도 약간 겁을 먹을 때가 매수해야 할 때다.[3]

템플턴은 수학 공식에 지나치게 몰입하고 모든 기업의 주식, 특히 인기가 많았던 주식을 너무 속속들이 파고들어 알려고 하지 말라고 경고했다. 어부는 물고기를 남획할 정도로 구멍이 촘촘한 그물을 쓰지 않는다. 투자자도 그래야 한다는 것이다. 템플턴은 또한 투자자가 매수 후보 종목의 강점과 약점을 명확하고 간결하게 진술할 수 있어야 한다고 믿었다. 장황하게 답변한다는 것은 투자 논리를 더 잘 이해하기 위해 더 많은 분석이 필요하다는 의미일 가능성이 크다는 것이다.

템플턴은 "투자 여건이 어떻든 간에 (투자자는) 장기 가치에 비해 가격이 가장 낮은 주식에 가진 돈을 투자하고 싶어 한다. 이미 하락한 시장에 투자하라. 가치 대비 시장 가격이 가장 낮은 주식을 사라"고 말했다.

그는 이런 전략을 통해 한국의 주식, 항공사, 공매도 기술주에 투자하여 성공을 거두었다. 다음은 그의 성공 사례들이다.

한국의 주식형 펀드

템플턴은 85세였던 1997년 말에 다수의 한국 주식형 펀드에 투자했는데, 그중 하나가 매튜스코리아펀드Matthews Korea Fund였다. 이 펀드의 가치는 1996년 32퍼센트에 이어 1997년에도 65퍼센트 감소하면서 그해 수익률이 가장 낮은 뮤추얼 펀드 중 하나로 꼽혔다. 이런 부진한 실적을 거두게 된 이유는 1997년 7월 태국의 통화 평가절하에서 시작해 말레이시아, 필리핀, 싱가포르, 한국으로 확산된 연쇄 매도와 경제위기와 관련이 있었다.

템플턴은 한국의 프로젝트 투자와 높은 한 자릿수 국내총생산GDP 성장률, 수출 호조를 이끈 30퍼센트가 넘는 국내 저축률에 깊은 인상을 받았다. 일본과 마찬가지로 한국도 외국인 투자를 제한했었지만 1992년부터 외국인의 국내 투자를 허용했다. 아시아 금융위기 직후 20배가 넘던 한국 증시의 주가수익비율PER(price-earnings ratio, 특정 주식의 주당 시가를 주당 이익으로 나눈 수치로, 주가가 1주당 수익의 몇 배가 되는가를 나타낸다-옮긴이)은 10배로 반 토막 났다. 마지막으로 그는 펀드매니저 폴 매튜스Paul Matthews의 투자 전략이 자신의 투자 전략과 일치한다는 데 감명을 받았다. 매튜스코리아 펀드의 운용자산 2,500만 달러 중 4분의 1이상을 템플턴이 투자했다. 그는 PER 면에서 한국 증시가 태국이나 말레이시아처럼 심각한 경제위기를 맞은 다른 아시아 국가들의 주식보다 저렴하다고 생각했다. 매튜스코리아 펀드는 1998년에 96퍼센트 급등했고, 1999년에는 108퍼센트의 수익률을 기록하며 최고의 뮤추얼 펀드로 부상했다.

항공사 투자

2001년 9월 11일 일어난 비극적인 테러는 영원히 우리 기억 속에 남을 것이다. 공격 직후 미국을 위시해 여러 나라가 후속 공격을 대비해 고도의 경계 태세에 들어갔다. 미 전역의 민간 항공 여행이 사상 처음으로 3일간 전면 중단됐다. 패닉셀링panic selling을 막기 위해 뉴욕증권

거래소와 나스닥은 9월 11일부터 17일까지 주식시장을 폐쇄했다. 많은 사람들이 다시는 비행기를 타지 않겠다고 다짐했다. 반면 템플턴은 '비관론이 최고조maximum pessimism'에 달한 지금이 투자 기회임을 감지했다. 그는 PER가 낮은, 즉 저평가됐다고 판단되는 8개 항공사 주식 목록을 작성했고, 시장이 다시 열리자 그중 절반 이상 하락한 주식을 사들이기 위해 주문을 냈다. 그는 9.11 공격 이후 정부가 항공사들이 망하는 것을 용납하지 않을 것으로 판단했다. 그래서 아메리칸 항공American Airlines의 모회사인 AMR, US 에어웨이스 그룹US Airways Group, 콘티넨탈 항공Continental Airlines의 주식도 샀다. 2001년 11월 12일 〈포브스〉와 가진 인터뷰에서 그는 "주식시장에 팽배한 비관론이 진정되고 투자자들이 시장으로 복귀할 때까지 3사 주식을 계속 보유할 것 같다"고 말했다. 하락하던 3사 주식이 한때 저점을 경신하기도 했지만, 6개월 뒤 AMR은 61퍼센트, 콘티넨탈은 74퍼센트, US 에어웨이스는 24퍼센트씩 올랐다.

기술주 공매도

2000년 3월 시스코 시스템즈Cisco Systems는 시가총액이 5,000억 달러가 넘는 세계에서 가장 가치 있는 회사였다. 이 회사의 주가매출비율 PSR(price per sales ratio, 주가를 1주당 매출액으로 나눈 수치-옮긴이)은 29배였다. 나스닥 지수의 PER는 150배가 넘었고, 보수적 색채가 강한 S&P500 지수의 PER조차 장기 평균의 2배인 30배였다. 많은 기술 기업들의 밸류에이션은 순이익이나 현금흐름과 같은 일반적인 측정 기준보다는 눈대중으로 '도달' 가능해 보이는 시가총액 같은 새로운 시대의 측정 기준에 의해 정당화되었다. 시장에는 낙관론이 만연했다. 템플턴은 '낙관론이 최고조'maximum optimism'에 도달한 때를 이용할 기회를 감지했다. 그는 2000년 1월 기업 경영진의 주식 매각이 허용되기 11일 전에 기술주 84종목을 공매도하기로 중개인과 합의해놓았다. 일반적으로 경영진은 기업공개 뒤 6개월이 지나야 주식 매각을 할 수 있었다. 템플턴은 공모가보다 주가가 최소 3배 이상 올라서 내부 인사들이 고평가된 자사 주식을 현금화할 가능성이 큰 기술 기업을 눈여겨봤다. 그는 이런 기업들에 평균 220만 달러씩 투자했다. 그는 "88년을 살면서 기술주 PER가 100배에 이르거나 적자 기업인데도 PSR이 20배인 기업이 등장한 경우는 이번이 유일하다. 시장이 미쳐 돌아갔지만 나는 일시적인 미친 상황을 유리하게 이용했다"라고 말했다.[4] 그는 공매도를 친 종목의 절반 가까이를 샀던 가격에서 95퍼센트가 하락할 때까지 기다린 다음, 빌렸던 주식을 갚고 수익을 실현하기 위해 숏커버링short covering, 즉 환매수에 나섰다. 또는 트레일링Trailing PER가 30배로 떨어졌을 때 숏커버링에 나섰다. 트레일링 PER란 과거 1년간의 실적을 기준으로 계산한 PER다. 템플턴은 나스닥의 부풀어 오른 투기적 거품을 "인생에 단 한 번 있는 기회였다"고 말했다. 나스닥 지수는 2000년 3월 10일 5,408포인트로 정점을 찍은 뒤 2002년 말 1,139포인트로 79퍼센트 곤두박질쳤다. 이 시기에 템플턴은 매도 포지션을 잡아 9,000만 달러의 이득을 봤다.

가치평가

주가가 기업의 내재가치보다 낮은 경우에만 밸류에이션이 낮다고 볼 수 있다. 우리는 6장에서 템플턴의 투자 방법을 보여주는 구체적인 사례 연구를 살펴볼 것이다. 일단 '내재가치'에 대한 판단이 중요하지만,

기업의 가치 평가를 단순한 공식만 갖고서는 할 수 없다는 점을 이해할 필요가 있다. 기업의 가치는 자산가치, 경제적·정치적·인구통계학적 힘이 기업에 미치는 영향, 제품이나 서비스 판매를 통해 향후 정상화된 이익normalized earning 등 여러 요소를 고려해서 결정한다. 템플턴은 또한 회사 경영진의 안정성과 역량, 그리고 회사가 경쟁으로부터 직면하는 위협에 대해서도 평가했다. 그는 어떤 기업에 대해서건 가장 신뢰할 수 있는 정보는 종종 회사 자체보다는 경쟁사로부터 나온다고 믿었다. 그는 철저한 연구와 건전한 판단을 중시했다. 기업마다 적정 수준의 '실사due diligence'를 받을 자격을 갖추기 위한 요건이 따로 마련되어 있었다. 그는 광산 회사는 감모상각률rate of depletion(광산, 유전, 삼림 등과 같은 고갈성 자산 가치의 감소율-옮긴이), 석유·가스 회사는 현금흐름, 소매업체는 인구 통계를 평가했다. 낮은 PER, 대체비용replacement value(기업이 자산을 대체할 때 드는 비용-옮긴이), 주가순자산비율PBR(price book value ratio, 주가가 1주당 회사 자산의 몇 배가 되는가를 나타내는 지표-옮긴이) 등 전통적인 재무 지표의 경우는 기업 인수 건수, 활발한 자사주 매입, 연기금과 외국인 투자자와 보험사 같은 기관투자자가 투자할 수 있는 높은 수준의 현금 등 기타 유리한 지표의 맥락을 고려해서 평가했다.

2. 분산투자하라

———

템플턴의 내적 모형을 떠받치는 두 번째 기둥은 분산투자다. 템플턴은 자기 자신을 포함한 소수의 투자자만이 3분의 2 이상의 확률로 '이기는 투자'를 한다고 보았다. 그는 실수를 저지를 3분의 1 이상의 위험으로부터 자신을 지키기 위해선 개인투자자는 산업과 국가가 다른 최소

10개 이상의 종목을 포트폴리오에 담아 투자를 다변화할 것을 권고했다. 한 나라의 약세장에서 발생하는 미실현 손실은 다른 나라의 강세장에 의해 상쇄될 수 있다는 논리였다.

템플턴은 모든 자산은 본래 위험하다고 믿었다. 그는 현금을 가지고 있으면 안전하다는 생각은 자기기만에 불과하다고 생각했다. 어느 나라에서나 현금은 계속해서 구매력을 상실한다는 것이다. 그는 가장 안전한 투자법은 12개국 이상에서 36곳이 넘는 기업의 주식을 보유함으로써 광범위하게 분산투자하는 것이라고 믿었다. 또한 "소득을 생산하는 자산은 장기적으로 현금이나 금, 수집품이나 그 외 어떤 자산보다 가치를 더 잘 유지한다"고 봤다.[5]

3. 해외 투자 시 기업 활동이 자유로운
국가에만 투자하라

———

세 번째 기둥은 해외 투자 시 과도한 제약이 없이 인간의 자유와 자유로운 기업 활동을 장려하는 나라에 집중투자하는 것이다. 템플턴은 소수가 다수를 규제하는 식의 지휘통제가 지배하는 사회주의 국가를 기피했다. 예를 들어 홍콩은 기업의 자유로운 활동을 보장했기 때문에 빈곤에서 벗어나 번영하게 됐지만 인도 서벵골주州 주도인 콜카타는 그렇게 하지 않아 빈곤의 늪에 빠진 것을 목격했다. 템플턴은 다음과 같이 설명했다.

(홍콩과 콜카타의) 주요 차이점은 자유기업 체제와 사회주의의 차이에 있다. 인
도 정부는 거의 모든 것을 규제하기 때문에 진전이 거의 없는 반면 홍콩 정부

　　　　　　　　　　　존 템플턴의 레슨

는 불간섭주의를 유지하고 있다. 홍콩에서는 온갖 종류의 기업이 번창하고 있다. 홍콩의 생활 수준은 40년 사이에 10배 이상 개선된 반면 캘커타의 생활 수준은 거의 개선되지 않았다.[6]

템플턴은 통치자들에 의해 몰수 위험이 있는 외국기업과 가격 통제를 받는 국내기업에 대한 투자를 피했다.

4. 열린 마음을 유지하라
—

네 번째 기둥은 유연한 사고를 유지하고, 최근 몇 년간 이미 선방했기에 들고 있으면 마음이 편한 종목에 무작정 투자하면 된다는 식의 고정관념을 지양하는 것이다. 템플턴은 이것을 앞유리를 통해 앞을 내다보며 더욱 매력적인 가격의 주식에 투자할 기회를 보지 못하고 말 그대로 백미러로 뒤만 쳐다보며 투자하는 방식이라고 봤다. 그는 "지난 2~3년 동안 당신에게 많은 도움을 준 주식이 당신이 처음 샀을 때만큼 저렴할 수는 없다"며 다음과 같이 조언했다. "그러므로 과거에 좋은 수익을 안겨줬던 종목에 집착하지 말고, 과거에 최악의 실적을 냈던 종목을 찾아내서 지금 매입하는 방안을 고려해봐야 한다."[7]

과거에 최악의 실적을 냈던 종목을 찾다 보면 일시적이거나 구조적 요인과 무관한 이유로 부당하게 급락한 주식을 발견할 수 있다. 인기 있는 종목에 투자하고 싶은 게 인지상정이더라도 그 인기는 최근 주가가 많이 올라서 얻은 인기일 수도 있다. 그런 종목에 투자해서는 저가 매수 기회를 노리기 힘들다. 템플턴은 단지 다르게 투자하기 위해 반대로 행동하는 것을 옹호하지는 않았다. 하지만 그는 항상 투자하기 전에 철저한 조사의 필요성을 옹호했다. 그가 고수한 원칙과 끊임없이 연구하려는 노력이야말로 그의 주된 성공 요인이었다. 그는 우리가 항상 옳을 수는 없으며, 성공하려면 2년에서 5년의 시간적 여유가 필요하다는 사실을 인정했다.

템플턴은 또 중국 주식이나 소형주나 바이오주처럼 한 가지 종목에 소위 '몰빵'하는 것을 경계했다. 장기적인 성공 투자를 하는 데 가장 중요한 한 가지 전략이 뭔지를 알려 달라는 부탁을 받자 그는 이렇게 답했다. "장기적인 성공의 열쇠는 열린 마음을 유지하는 것이다. 투자에 적합한 어떤 전략이나 기술이라도 기꺼이 적용해보겠다는 마음을 가져야 한다는 말이다. 또 세상 어디서든 어떤 종류의 투자든 알아보겠다는 마음도 가져야 한다."[8]

1991년 템플턴은 컴퓨터 모델을 이용해 주식을 거래했던 드렉셀 번햄 램버트Drexel Burnham Lambert가 이끌던 정량 연구 전문 회사인 DAIS 그룹을 100만 달러에 인수했다. "그들은 기본 가치를 참조하지 않고 투자한다. 이러한 정량적 투자 방법 중 일부는 효과가 있다. 우리는 효과가 있는 한 어떤 새로운 방법이라도 개발해야 한다고 항상 생각해 왔다." 템플턴은 전 세계적으로 저가매수를 추구하는 전략을 포기하지는 않았지만, 이 인수는 다른 자금운용사들, 특히 대규모 연기금이 컴퓨터를 이용한 정량적 연구에 대한 의존도를 높일 것이라는 또 다른 예상에 베팅한 것이었다.

5. 인내심을 가져라

—

템플턴의 내적 모형을 떠받치는 다섯 번째 기둥은 인내심을 요구하는 차별화된 장기적인 시각을 유지하는 것이다. 템플턴은 특히 '비관론이 최고조에 달한 시점'에 매수할 때는 인내심이 투자 성공을 가르는 결정적인 요소라고 강조했다. 템플턴은 주식을 보유할 기간을 정해놓지는 않았지만, 돌이켜보면 그의 평균 보유 기간은 약 5년이었다. 그는 "5년 동안 (주식을) 보유할 생각은 없지만, 인기가 끔찍할 정도로 없거나 주가가 하락한 상황에서 주식을 사면 주가가 갑자기 회복하지는 않는 법이다. 인내심을 가져야 한다"고 말했다.[9]

전 프로 아이스하키 선수로 역대 최고 득점을 올리며 명예의 전당에 입성한 웨인 그레츠키Wayne Gretzky는 하키 선수들에게 "퍽이 있는 곳이 아닌 퍽이 갈 곳으로 스케이트를 타라"고 조언한 것으로 유명하다. 마찬가지로 템플턴도 군중들처럼 최근에 오른 종목에 단기적으로 집착하기보다는 기업의 전망에 기대를 걸었다. 템플턴은 그 이유를 다음과 같이 설명했다. "우리는 장기적인 시각을 가지려고 노력하는데, 그러려면 인내심을 가져야 한다. 그래서 우리는 다른 사람들이 아직 생각하지 못한 것을 사려고 노력한다. 그런 다음, 단기 전망이 좋아지고, 다른 사람들도 관심을 가지면서 주식을 매수해서 주가를 끌어올리기 시작할 때까지 기다린다."[10]

템플턴은 그가 인상적인 가치가 있다고 믿는 주식을 투자자들이 알아보려면 어떤 태도가 필요한지를 묻는 질문에 이렇게 대답했다. "무조건 인내심을 가져라. 만약 당신이 생각하는 가치의 4분의 1밖에 주지 않고 뭔가를 산다면 그것을 1년이나 5년 동안 보유해야 할지도 모른다. 그러나 장기적으로 보면 대부분 진짜 가치 수준까지 오른다."[11]

1987년 주식시장이 붕괴하자 템플턴은 투자자들에게 이렇게 조언했다.

인내하라. 장기 투자자가 돼라. 장기적으로는 보통주는 엄청난 성과를 거둘 것이니 일련의 강세장과 약세장을 헤쳐나갈 수 있도록 재정적으로나 심리적으로 대비해야 한다. 나라 전체가 더 빠르게 성장하고 있으므로 다음 강세장 때는 이번 강세장 때보다 훨씬 더 주가가 올라 거래될 것이다. 미국의 국민 총생산GNP은 적어도 다음 10년 안에 2배가 될 것이다. 우리는 지금으로부터 40년 뒤 미국의 GNP가 지금보다 64배 올라갈 것으로 본다. 그것이 기업의 판매량과 주가 이익에 반영될 것이다.[12]

템플턴은 고객들에게 약세장에 대비할 것을 조언했다. 그는 "12년마다 적어도 두 차례의 약세장이 열릴 것임을 알고 있다"고 말했다.[13] 또 너무 많은 빚을 안고 투자해서 잘못된 때에 어쩔 수 없이 팔거나 잘못된 시기에 겁먹어서는 안 된다고 충고했다.

프랭클린에 회사를 매각하고 1년이 지나서 한 인터뷰에선 투자자들에게 최고의 조언이 뭐라고 생각하는지 묻는 질문에 이렇게 답했다. "시장을 앞지르려 하지 말고, 시장을 자주 드나들지 말라. (중략) 인내심이 필요하다. 분산해서 투자해놓았고, 경영이 잘 되며 자리를 잘 잡은 기업의 주식을 보유하고 있다면, 반드시 보상이 뒤따를 것이다."[14]

6. 철저히 연구하라

———

여섯 번째 기둥은 모든 투자 기회를 철저히 연구하는 것이다. 오늘날 트레이더는 키보드를 몇 번만 두드리면 순식간에 주식을 사고팔 수 있다. 템플턴은 매수 주문 자체를 내기는 어렵지 않더라도 주식 매입을 결정하기까지 여러 장애물을 넘어야 한다고 말할 것이다. 그는 오랜

존 템플턴의 레슨

시간 읽고 조사해서 충분한 정보를 취합한 후 이에 입각한 결정을 내렸다. 실제로 어떤 노력을 하건 마찬가지겠지만 준비하고, 관찰하고, 심층분석하면서 애쓰고 기반을 다지는 것만큼 투자할 때 큰 효과를 거두는 건 없다. 템플턴은 일주일에 7일을 일했고, 일요일에는 예배를 마친 후 다시 출근했다. 그는 다음과 같이 조언했다.

"공부하고 관찰하면서 준비하라. 즉, 다른 사람들의 행동을 관찰하고, 책을 읽고, 진정한 전문가가 될 수 있는 연습을 하라. 이를 통해 투자의 기초를 쌓을 의사가 없다면 평생 좌절하고 속상해하고, 열등감에 사로잡힌 채 살아가는 사람 중 한 사람이 될 것이다. 그런 삶을 살아서는 안 된다. 노력할 의지만 있다면 그런 삶을 살지 않아도 된다. 시간과 집중력을 투자해 바닥부터 그런 기초가 될 벽돌을 쌓겠다고 각오하라. 그러면 삶을 지켜주는 벽이 세워져 당신이 죽을 때까지 당신을 지켜주고, 당신의 버팀목이 되어줄 것이다.[15]

회계·보고 기준과 원천징수세의 차이, 외환과 정치적 위험, 그리고 외국인 투자자 제한 등 해외 투자를 가로막는 장애물은 신경 쓰기 거북하니 무조건 무시해야겠다고 여길 거리가 아니었다. 템플턴에게 그들은 개방적이고 탐구적이고 기회주의적 사고방식을 갖고 객관적으로 평가하면 이득을 볼 수 있는 기회였다.

원칙을 지키는 철저한 연구는 정확히 어떤 연구를 말하는 것일까? 템플턴은 최초로 정량 분석quantitative analysis을 통해 회사들 사이의 생산성과 수익성을 비교한 증권분석가 중 한 명이다. 그는 기업의 시장 점유율 성장, 투자자본 수익률, 이익률 등 같은 정량적 척도로 경영진의 강점을 평가하는 데 관심이 많았다. 그런 다음 그는 기업의 가치를 추정해보기 위해 기업의 미래 수익력에 대한 자신의 추정치와 정량적 측정 기준을 통합했다.

> 나는 정량 분석가로 경력을 쌓았다. 우리는 정량 분석의 장점을 보여주고 설명하면서 고객 수를 늘려나갔다. 정성 분석qualitative analysis을 하는 다른 투자 상담사들과 우리가 어떻게 다른지를 보여주었다. 우리의 정량 분석은 고객을 끌어들이는 좋은 방법임이 확인됐다. 또한 뛰어난 투자 성과를 거둘 수 있는 좋은 방법이기도 했다.[16]

템플턴은 투자 잡지인 〈밸류 라인Value Line〉, 신용평가 기관인 스탠더드앤드푸어스Standard&Poors가 발간하는 〈스톡 리포트Stock Reports〉, 〈월스트리트저널〉, 그리고 자신과 거래했던 100곳이 넘는 증권사들이 내는 리서치 자료를 모두 읽었다. 〈밸류 라인〉은 그가 가장 좋아하는 자료 중 하나였는데, "최대한 많은 양의 관련 수치와 자료를 제공할 뿐만 아니라 기업들을 쉽게 비교할 수 있게 정보를 정리해주기 때문"이라고 설명했다. 템플턴은 보통 〈월스트리트저널〉 등의 신문을 뒤져 정독할 만한 기사 4~5건을 찾곤 했다. 반면에 덜 중요한 기사를 읽느라 시간을 낭비하는 것을 피했다.

템플턴은 특히 경력 초기에 광범위한 분야에서 활약하는 기업들의 고위 경영진을 다수 인터뷰하였다. 그는 그들의 과거 기록을 검토하기보다는 전략적 장기 계획에 더 관심이 많았다. 그가 인터뷰 때 가장 좋아했던 질문은 "주식을 사려고 하는데 본인 회사 주식을 살 수 없다면 경쟁사와 납품업체와 고객 회사 중 어느 회사 주식을 살 것이며, 그 이유는 무엇입니까?"였다. 그가 받은 답변은 더할 나위 없이 소중했다.

그는 이 답변을 통해 개별 회사들의 상대적인 강점과 약점을 빠르게 파악했고, 다른 임원들에게도 비슷한 질문을 던져 답변이 맞는지를 검증할 수 있었다. 그러면 경쟁 환경을 더 명확히 그려볼 수 있었고, 주식 매입 결정에 대해 더 강한 확신을 할 수 있었다.

7. 인맥을 활용하라

——

템플턴의 내적 모형을 떠받치는 일곱 번째 기둥은 꾸준히 연결된 상태를 유지한 동료와 친구 네트워크였다. 템플턴은 타고난 정감 있는 성격 때문에 수백 명의 사람들과 친밀한 관계를 유지했다. 그들이 특정 산업에 대한 해박한 지식을 가지고 있다면 그는 투자 결정 시 주저 없이 도움을 구했다.

8. 생산적으로 생각하고 행동하라

——

여덟 번째 기둥은 사고 통제다. 템플턴은 "머릿속 전체를 유용하고 생산적이라고 믿는 생각으로 채운다면 다른 생각이 들어설 자리가 없을 것이다. 당신은 시기심, 증오, 탐욕, 이기심, 비난, 복수심은 물론이고 인생의 궁극적인 목표를 향해 나아가는 데 비생산적이며 시간을 낭비하는 생각을 밀어내고 싶을 것이다"라고 말했다.[17] 템플턴은 그가 가진 에너지를 투자와 종교적 헌신에 쏟았다. 텔레비전과 영화를 보지 않았고, 살면서 더 우선적으로 처리해야 할 일들이 있어서 소설을 읽을 시간이 없다고 말했다.

그는 시간 개념이 투철했다. 시계를 10분에서 15분 정도 일찍 맞춰

놓고 회의 시간 전에 도착했다. 철저한 시간 엄수 습관은 그가 효율적으로 일했고, 다른 사람들의 일정을 존중하고 배려했다는 것을 보여준다. 그는 다른 사람들이 오기를 기다리거나 비행기나 지하철을 타면서 '아무 일도 할 수 없는 시간dead time'에 검토할 읽을거리를 항상 들고 다녔다.

그가 텔레비전 프로그램인 〈월스트리트 위크〉에 출연했을 때 패널인 프랭크 카피엘로Frank Cappiello가 투자업계에서 성공하기 위해 젊은 전문가가 어떤 자질을 갖춰야 한다고 보는지 묻자 그는 "근면함, 소박한 상식, 절약과 기도"라고 답했다.[18]

9. 긍정적으로 생각하고 낙관주의자가 돼라

———

아홉 번째 기둥은 긍정적으로 생각하고, 낙관주의자가 되고, 성공을 기대하는 것이다. 템플턴이 모든 면에서 성공한 것은 아니다. 그는 자신이 창업한 회사 중 성공하지 못한 회사가 10여 곳이 넘는다는 사실을 인정했다. 그는 이런 경험을 패배가 아니라 배움의 기회로 간주했다. 그는 "긍정적인 사고는 정신적인 성장과 인간관계뿐만 아니라 재정적인 문제와 인생의 모든 다른 활동에 있어 큰 도움이 된다고 믿는다"라고 말했다.[19] 그는 사람들에게서 단점보다는 장점을 찾았다. 〈월스트리트 위크〉에 게스트로 출연할 때마다 거의 항상 그가 보여준 낙관주의와 감사하는 태도는 대중적 비관론과 걱정을 치유해주며 원기를 북돋는 해독제 역할을 했다.

1987년 10월 19일 월요일, 다우존스 산업평균지수가 하루 만에 22.6퍼센트 폭락한 사건을 블랙 먼데이Black Monday라고 한다. 그로부터 며칠 뒤 템플턴은 〈월스트리트 위크〉에 출연해 차분하고 이성적인 목소리를 냈다. 진행자인 루이스 루키저가 템플턴에게 낙관적인 태도가 조금이라도 바뀌었는지 묻자 템플턴은 이렇게 대답했다.

> 아니다, 증시 전망이 너무 좋아서 우리 중 누구도 제대로 이해하지 못할 정도다. 전 세계가 점점 더 빠르게 발전하고 있다. 모든 과학적 발견의 절반은 지난 50년 동안 일어났고, 모든 의학적 발견의 절반은 지난 20년 동안 일어났으며, 현재 40년 전과 비교해서 10배나 많은 주주들이 있다. 개인은퇴계좌와 연기금들의 규모가 모두 빠르게 커지고 있는 반면에 매입 가능한 주식의 물량은 줄어들고 있어 장기적으로 봤을 때 주가가 그 어느 때보다 크게 오를 가능성이 크다. 지난 40년 동안 보통주에 투자해서 5년간 버티면 돈을 벌 수 없었던 적은 단 한 번도 없었다. 우리는 이미 심각한 약세장에 진입했지만 약세장이 이미 끝났을 가능성도 있다.[20]

약세장은 12월 초에 저점 돌파를 시도했지만 폭락 1년 뒤 S&P500 지수는 23퍼센트 상승했다. 템플턴은 1929년 대공황 때의 폭락과는 달리 고용보험, 은행예금 보증, 증권계좌 보험, 사회보장 등의 경제적 완충장치가 있어서 1987년 일어난 증시 약세장은 전반적인 업황 불황으로 번지지는 않을 것이라고 예견했다.

그는 인터뷰할 때마다 거의 언제나 위축되지 않은 채 명확하고 일관되게 증거까지 내세우며 자신의 낙관론을 설파했다.

> "장기적인 관점에서 볼 때 앞으로 20년 동안의 경제 발전 속도가 역대 어느 20년보다 더 빠를 것으로 본다. 인생의 가장 큰 두 가지 걱정이 대부분 사라

겼기 때문이다. 하나는 핵전쟁에 대한 두려움이다. 4년 전까지만 해도 그것은 모두에게 중요한 걱정거리였다. 다른 하나는 지구를 지배할 것이라는 공산주의자의 말대로 될지 모른다는 두려움이었다. 그들은 23개국을 점령하고 있었다. 4년 전까지만 해도 그런 나라 중 어느 곳도 자유를 얻지 못했다. 이 두 가지 중대한 위협은 우울한 영향을 끼쳤다. 이제 그들이 사라졌으니, 국경을 초월한 투자는 더 늘어나고, 해외 무역은 더 활발해지고, 군비에 낭비되는 돈은 줄고, 형제애와 종교는 더욱 확산될 것이다. 전 세계는 평화롭고 영광스러운 빠른 성장기에 접어들고 있다.

나는 감히 미국의 생활 수준이 향후 25년 안에 지금보다 2배 향상될 것이라고 믿는다고 말하고 싶다. 이는 실로 엄청난 수준이다. (중략) 세상에 알려지지 않은 좋은 일들이 너무나 많다. 예를 들어, 미국의 대학생 수는 100년 전보다 10배 더 늘었다. 현재 미국에서 박사 학위를 받는 사람 수는 60년 전보다 역시 10배나 더 많다. (중략) 1800년에는 국민의 85퍼센트가 그저 먹고 살 정도만의 식량을 생산하기 위해 농업에 종사해야 했다. 현재 미국의 농업 인구 비율은 3퍼센트가 약간 넘는 수준이지만 우리는 부족한 식량이 아니라 남는 식량에 대해 걱정하고 있다. 이런 현상이 계속해서 이어질 수 있다."[21]

나는 1998년 만찬에서 템플턴을 만나는 영광을 누렸다. 그는 모든 나라 사람들이 하느님이 주신 재능을 추구할 수 있게 허용해야 한다는 자유와 자유 경쟁의 옹호자로서의 역할뿐만 아니라 전 세계적으로 뛰어난 사업 수완, 자유 시장 기업가정신, 교육, 도덕적 원칙을 발전시키는 데 이바지한 뛰어난 공로를 인정받아 독립 연구소Independent Institute로부터 명예 훈장을 받았다. 그의 낙관주의와 겸손함은 그날 저녁 그가 했던 다음과 같은 연설에서 충분히 드러났다.

우리는 역사상 가장 영광스러운 시기에 살고 있다는 사실을 인식할 필요가 있다. 삶의 거의 모든 영역에서 여러분은 자유 경쟁을 통해 얼마나 많은 것을 이뤄낼 수 있었는지 목격할 수 있다. (중략) 지구상의 지식 양이 2배로 불어나는 데 1,000년이 걸렸지만, 현재 일부 전문가들은 지식이 3년마다 2배로 불어나고 있다고 말한다. 심지어 그보다 더 빠르게 불어나고 있다고 말하는 전문가들도 등장했다. 지식이 계속해서 3년마다 2배로 증가한다고 가정해 보자. 실은 나는 더 빠른 속도로 늘어나리라 예측한다. 하지만 지식이 3년마다 2배로 증가한다고 하더라도 약간의 산술적 계산만 해보더라도 불과 30년 뒤에는 지금보다 수천 배에 달하는 정보를 얻을 수 있다는 것을 알 수 있다. 그리고 60년 뒤에는 지금보다 100만 배나 많은 정보를 얻게 될 것이다.

오늘 밤 들은 이야기로 무척 마음이 훈훈해졌다. 하지만 동시에 나는 더할 나위 없이 겸손해질 수밖에 없다. 나는 여러분이 해준 멋진 말을 들을 자격이 없다. 그 자격은 여러분에게 있다. 여기 계신 분들이야말로 세상을 행복하게 만든 위대한 지도자이자 혁신가다. 이 방 곳곳에는 내가 할 수 있었던 것보다 훨씬 더 멋지게 일하는 분들이 계시다. 나는 여러분이 영웅이라고 믿는다. 여러분이 인류의 은인이라고 믿는다. 그리고 여러분이 하느님의 목적을 실천하고 있다고 믿는다. (중략) 끝으로 친구들아, 너희 모두를 사랑한다. 한없이, 단 한 명도 예외 없이 모두 사랑한다. 나는 한 사람도 예외 없이 모든 인간을 사랑하려고 최선을 다하며, 여러분도 나와 같은 생각이라고 본다. 그리고 만약 그렇다면 다른 모든 일이 제 자리를 잡을 것 같다. 다시 말해, 여러분은 성공과 행복과 부와 그 이상의 많은 것들을 누릴 수 있을 것이다. 모든 사람을 단 한 사람의 예외 없이 진심으로 무한히 사랑하려고 노력한다면 말이다.

그래서 오늘 밤 사랑하는 여러분, 나는 85세가 된 지금보다 더 오래 살아서 여러분 모두가 자유와 종교에 도움을 주기 위해 한 훌륭한 일들을 축하하는 멋진 연회에 참석할 수 있기를 고대한다.[22]

10. 정신적으로 준비하라

—

투자와 관련된 템플턴의 내적 모형을 떠받치는 기둥은 기도, 휴식, 아낌없는 베풂이라는 세 단계의 정신적 준비로 함께 묶여 있다.

기도

템플턴은 자신이 투자자로 성공하는 데 가장 결정적인 역할을 한 것이 기도라고 생각한다. 그는 기도를 통해 다른 방식으로 얻을 수 없었던 맑은 생각과 통찰을 얻었다. 그는 하루종일 기도하며 "주의 뜻대로 이루소서Thy will be done"라고 말하곤 했다. 템플턴은 기도는 "하느님의 지혜와 사랑을 전하는 깨끗한 통로로 당신을 이용해 달라고 호소하는 시간"이 돼야 한다고 믿었다.[23] 템플턴은 필요한 모든 정보를 수집한 후 특히 어려운 결정을 내려야 할 때는 잠들기 전에 "주여, 저는 최선을 다했습니다. 이제 제 결정을 인도해 주십시오"라고 간청했다. 그러면 다음 날 아침, 종종 전날 스스로 생각해서 얻을 수 있었던 것보다 더 나은 답을 얻곤 했다.

우리는 주주총회와 이사회를 포함해 모든 회의를 기도로 시작한다. 이렇듯 기도로 회의를 시작하면, 더 보람차고도 생산적인 회의가 될 것이다. 모든 관련자들에게 더 도움을 줄 수 있는 결정을 내릴 수 있게 된다. 기도로 회의를 시작하면 논쟁도 줄어든다. 또 기도는 보다 명확하게 생각할 수 있게 도와준다. 투자 종목을 선택하는 순간에도 기도를 하는 게 무엇보다 중요하다. 그래야 더 명확하게 생각할 수 있기 때문이다.[24]

템플턴은 처음 투자를 시작하고 20년 동안은 기도의 중요성을 강조하지는 않았다. 하지만 기도의 중요성을 강조하기 시작하면서 템플턴 성장펀드는 눈부신 성과를 냈다. 템플턴은 자칭 자본주의의 선교사가 되었다. 그는 "대부분의 종교에서 전문가라는 사람은 일상 세계에 대해 상대적으로 무지하다. (중략) 누군가가 부자가 되면 그가 다른 누군가를 밟고 올라갔기 때문이라는 생각에 사로잡혀 있다. 하지만 그건 잘못된 생각이다. 우리는 다른 사람들을 도와줌으로써 부자가 된다."[25] 그는 심지어 미국 정부가 모든 미국인을 주주로 만들어야 한다고도 주장했다. 그는 그것이 아프고 가난한 사람들에게 도움이 되고, 사람들이 사업을 이해하는 데도 보탬이 되고, 사람들에게 자존감을 심어줄 것이라고 믿었다.

휴식

휴식 원칙은 템플턴 성장펀드가 이뤄낸 위대한 성과의 밑거름이 되었다. 1951년 템플턴의 아내 주디스Judith는 안타깝게도 두 사람이 오토바이를 타고 버뮤다를 여행하던 중 사망했다. 템플턴은 1958년 12월, 이웃으로 지내던 아이린 레이놀즈 버틀러Irene Reynolds Butler와 재혼했다. 템플턴과 버틀러는 각각 세 명과 두 명의 자녀를 둔 상태였다. 1960년대가 진행되면서 템플턴은 "내 경력 초기에 사람들의 개인 재정을 돕느라 애썼지만, 그들이 영적으로 성장할 수 있게 돕는 것이 훨씬 더 중요해 보이기 시작했다"는 것을 깨달았다.

그와 아이린은 1968년 아름다운 분위기 속에서 성찰할 수 있는 시간을 가질 수 있는 평생 고향으로 바하마를 선택했다. 그곳은 종교 연구와 일을 하기에 적합하고, 월스트리트에서 느끼곤 했던 과도한 두려움과 열정에서 벗어날 수 있는 공간이었다. 뉴욕이 투자 정보에 쉽게 접근하고, 경력 초기 고객 기반을 구축할 수 있는 기회를 줬지만 그는 평온한 바하마에서 더 명료하고 창의적으로 생각하며 사는 삶을 누리기 위해 정신없이 바쁘고 많은 스트레스를 받는 월스트리트의 환경을 벗어날 때라고 느꼈다.

바하마 해변의 그늘은 정말 일하기 좋은 곳이라고 생각한다. 사무실이나 집에서 일할 때보다 훨씬 더 집중해서 일할 수 있다. 나는 하루에 많아야 한 시간 정도 해변에서 생각하고 일한다. (중략) 출장을 가지 않는 날에는 거의 매일 그렇게 한다. 계산해보니 1년에 150일은 하고 있다. 나를 둘러싼 모래와 바다를 배경으로 일할 수 있게 되자 범세계적 차원에서 생각하는 데도 도움이 되는 것 같다.[26]

템플턴은 나중에 일상의 분주함에서 벗어나 정기적인 휴식을 취함으로써 누리는 또 다른 혜택에 대해 "우리가 1,000마일 떨어진 곳에 있게 되니 다른 모든 사람과는 반대로 행동하기가 더 쉬웠다는 점"이라고 말했다.[27] 그는 일주일에 30시간을 가족의 투자와 템플턴 성장펀드를 운용하는 데 썼고, 또 다른 30시간은 종교와 자선 사업을 하는 데 할애했다. 바하마 지역은 그가 부가가치가 높고 저렴한 종목을 찾는 연구에 더 많은 시간을 할애할 수 있게 해주었다. 분위기가 산만하지도 않았고, 시간 압박을 받으며 고객 회의에 참가하거나 경영 활동을

존 템플턴의 레슨

하지 않아도 됐기에 템플턴은 증권분석의 강점을 발휘할 수 있는 더 많은 시간을 얻었다.

템플턴은 뉴프로비던스 본섬에 있는 상류층 전용 리조트인 라이퍼드 케이 클럽Lyford Cay Club에 남부 농장 스타일의 집을 지었고, 제2의 조국인 영국을 더 많이 돕기 위해 영국 시민이 되었다. 라이퍼드 케이 클럽에는 20여 개국 출신의 성공한 사업가 1,000여 명이 회원으로 가입돼 있었다. 이곳에서 템플턴은 중요 인사들부터 정보를 직접 구할 수 있었다.

2장에서 언급했듯이, 템플턴이 바하마로 이주한 후 템플턴 펀드의 운용 성과는 극적으로 향상되었다. 템플턴은 "뒤늦게 깨달은 두 가지 이유로 이처럼 성공했다고 생각한다"고 설명했다.

> 하나는 다른 사람들보다 더 좋은 성과를 내려면 그들과 같은 것을 사지 말아야 한다는 것이다. 뛰어난 성과를 거두려면 다른 증권분석가들이 하는 것과는 다른 방식으로 투자해야 한다. 그리고 1,000마일 떨어진 다른 나라에 머물고 있다면 다른 사람들이 파는 것들을 더 쉽게 사고, 다른 사람들이 사는 것들을 더 쉽게 팔 수 있다. 다시 말해, 그러한 독립이 우리가 장기적으로 좋은 성과를 내는 데 값진 도움을 준 것으로 판명 났다.[28]

템플턴은 증권분석가로서의 경력은 장관, 변호사, 의사 경력과 견줄 만한 경력이라고 믿었다.

> 타인을 위한 봉사가 삶의 동기라면 행복과 부가 찾아오기 마련이다. 증권분석 종사자는 투자자에게 훌륭한 증권, 개인적 자유, 이동성, 자립성과 관련된

혜택을 주려고 애쓴다. (중략) 부자는 기업가정신에 투자하는 반면, 빈자는 절약하고 아낀다는 건 잘 알려진 사실이다.[29]

아낌없는 베풂

템플턴의 내적 모형을 떠받치는 세 번째 기둥이 흔들리지 않게 고정해주는 역할을 한 것은 시간, 재능, 보물을 아낌없이 베푸는 태도였다. 어린 시절 템플턴은 수입의 20퍼센트를 자선단체에 기부했는데, 나이가 들어서는 기부금을 더 늘렸다. 그가 자신의 이름을 따서 만든 템플턴 재단은 '종교 발전을 위한 상Prizes for Progress in Religion'을 만들어 유명해졌다. 수상자가 받는 상금은 노벨 평화상이나 그 어떤 상의 상금보다도 컸다. 모든 종교의 발전이 다른 어떤 분야의 발전보다 중요하다는 그의 믿음이 반영된 결과였다. 템플턴은 다른 사람들이 과학적인 방법을 통해 영적인 질문에 답할 수 있게 장려하는 데 가진 재산을 씀으로써 더 많은 선행을 베풀 수 있다고 믿었다. 2013년 기준, 상금은 110만 파운드로 올라갔다. 이는 기초물리학상 재단Fundamental Physics Prize Foundation이 주는 상금에 이어 두 번째로 높은 액수다. 1973년 이 상의 첫 번째 수상자는 테레사 수녀였다. 노벨 평화상을 받기 6년 전 "(인도) 캘커타의 노숙자와 방치된 어린이들을 돕는 데 각별히 애쓴 점"을 고려해 선정했다. 그녀 외에 러시아 소설가 알렉산드르 솔제니친Aleksandr Solzhenitsyn과 미국의 침례교 목사이자 개신교계의 세계적 지도자 빌리 그레이엄Billy Graham도 종교 발전을 위한 공로를 인정받아 이 상을 수상했다.

존과 아이린은 고마움을 전달하기 위해 크리스마스 카드보다는 추수감사절 카드를 보냈다. 템플턴은 자신의 종교적 신념이 투자 철학과 성공에 영향을 미쳤다고 말했다. "사람들이 현대 생활에서 맛볼 수 있는 특별한 번영과 축복을 인식하고 감사한다면 삶은 더 행복해지고, 더 많은 돈을 벌게 될 것이다. (중략) 인생의 모든 비극을 진지하게 받아들이다 보면 기회를 의식하지 못하게 된다. 모두 자신이 찾고 있는 것만 찾게 되는 법이다."[30]

템플턴은 투자자들에게 일상적인 걱정에서 눈을 돌려 우리의 경제 발전에 감사를 표하라는 주문을 자주 했다. "매일 무릎을 꿇고 당신이 누리는 엄청난 축복에 대해 크나큰 감사를 드리지 않는다면 아직도 '큰 그림'을 보지 못하는 것이다."[31] 그는 1984년 금융분석가연맹 Financial Analyst Federation에서 한 연설에서 65년 전까지만 해도 사회보장제도나 고용보험, 증권거래위원회SEC, 자본이득세, 항공 우편제도, 항공기, 항생제, 나일론, 냉동식품, TV, 트랜지스터, 레이저, 팩스, 복사기, 원자력이 없었다고 말했다. 템플턴이 지금도 살아있다면 그는 이메일, 인터넷, 구글 검색, 생명공학, 노트북, 태블릿 컴퓨터, 휴대폰도 없었다고 말했을 것이다.

템플턴은 투자가 미치는 영향만큼이나 종교에 대해서도 열정적인 관심을 가졌다.

우리가 말하는 투자는 영적인 문제만큼 지속적이지 않다. 하지만 이 두 가지 열정은 서로 관련되어 있다. 즉, 경제적인 자유와 종교는 일맥상통한다. 나는 50년 넘게 여러 기업을 지켜봤다. 성공한 사람은 고객에게 도움이 된다. 하지만 속이는 사람은 실패한다. 금융 분야에서 성공하는 방법은 감사하는 태도를 갖는 것이다.[32]

템플턴에 따르면 예외적인 일이 예전보다 훨씬 더 빠르고 광범위하게 알려지고 있는데, 이것은 언론이 야기한 문제다.

> 그 어느 때보다 훨씬 더 빠르고 광범위하게 (부정행위에 대한) 정보를 얻을 수 있게 됐다. 그리고 월스트리트에서 활동하는 사람 1,000명 중 999명이 고지식한 사람이라는 사실은 뉴스거리가 되지 않는다. 또 곤란한 처지에 빠진 사람들의 비율이 20년이나 50년 전보다 높지 않다. 그저 사람들이 그런 소식을 더 많이 듣는 것뿐이다. 20년 전까지만 해도 월스트리트를 주제로 한 라디오나 텔레비전 보도는 없었다.[33]

템플턴은 경영대학원이 가르쳐야 할 가장 중요한 과목이 윤리라고 생각했다. 그는 하느님이 주신 재능을 최대한 오래 사용해야 한다고 믿었기에 은퇴할 의사가 전혀 없었다.

> 나는 은퇴할 의사가 없다, 루이스. 하느님께선 우리 모두에게 성격이나 양이 똑같지는 않더라도 약간의 재능을 주셨기에 허락하시는 한 우리가 그 재능을 오래 쓸 수 있기를 기대하신다고 생각한다. 그래서 나는 투자로 사람들을 계속 도울 생각이다.[34]

그는 이어 "그래서 나는 하느님이 허락하시는 한 사람들을 재정적으로뿐만 아니라 영적으로도 도우려고 노력할 생각"이라고 덧붙였다.[35]

정리하자면, 투자 과정에 대한 템플턴의 태도를 뒷받침해준 내적 모형을 떠받치는 10가지 기둥은 다음과 같다.

존 템플턴의 레슨

1. 바겐 헌터가 돼라.

2. 분산투자하라.

3. 해외 투자 시에는 기업 활동이 자유로운 국가에만 투자하라.

4. 열린 마음을 유지하라.

5. 인내심을 가져라.

6. 철저히 연구하라.

7. 인맥을 활용하라.

8. 생산적으로 생각하고 행동하라.

9. 긍정적으로 생각하고 낙관주의자가 돼라.

10. 정신적으로 준비하라.

이 10가지 기둥이 내가 생각하는 템플턴의 투자 전략이지만, 그 자신은 본인의 투자 전략에 대해 어떻게 설명했을지 흥미롭다. 단, 이 두 전략은 일부 겹치는 부분이 있다. 1992년 1월 템플턴은 〈월드 모니터 World Monitor〉에 자신이 생각하는 성공 투자를 위한 16가지 원칙을 제시했다. 이 원칙 중 일부는 다른 곳에서도 재차 등장하지만, 모두 반복적으로 논의할 가치가 있으며 세월이 흘러도 변하지 않을 원칙이다.

1. 총실질 수익(세금, 인플레이션, 거래 수수료 등을 제한 뒤의 수익)을 최대로 늘리기 위해 투자하라.

2. 단타 매매나 투기가 아닌 투자를 하라. 시장을 카지노처럼 대하면 수수료 때문에 수익이 손해 볼 수 있다. 최근 오른 종목을 사고 내린 종목을 파는 식의 '모멘텀 투자'는 밸류에이션과 위험을 무시하는 투자다.

3. 우량주, 순환주, 회사채, 전환주, 미국 국채와 현금 등 여러 종류의 투자에

대해 유연하고 열린 마음을 유지하라.

4. 저가매수하라. 이 개념은 단순하나 실행하기 어려운 주문이다. '저가매수'를 하라고 해서 반드시 가격이 싸거나 최근 가격이 하락한 주식을 사라는 뜻은 아니다. '저가매수'란 5년 후 기업의 실적과 현금흐름이 어떻게 될지를 예측해 본 뒤 추정한 기업의 내재가치에 비해 주가가 낮아졌을 때 매수하라는 뜻이다. 시장에 극도의 비관론이 퍼졌지만 시장 분위기가 완전히 꺾이지는 않았을 때 이런 일이 일어날 공산이 크다. 밸류에이션이 중요하다.

5. 우량주 중에서 저가매수할 종목을 찾아라. 판매나 기술 분야의 선두주자, 실적으로 검증된 강력한 경영진, 저비용 생산업체, 자본 건전성이 좋거나 잘 알려져 믿을 만한 소비재 브랜드 등이 좋은 사례가 될 수 있다. 특히 계속해서 예측 가능한 실적을 올리는 우량기업은 '지속력staying power', 즉 상황이 안 좋아도 잘 버틸 수 있는 능력을 가지고 있으므로 투자자들은 그런 기업의 장기 실적과 내재가치를 더 확신을 갖고 예측할 수 있다.

6. 시장 동향이나 경제 전망이 아니라 가치에 베팅하라. 지수 가중치나 경쟁자들 사이에서 인기를 끄는 주식이나 동료들의 압력이나 만연한 거시경제적 우려에 현혹되지 말고, 좋은 가치를 보이는 주식에만 투자함으로써 고객의 수익 창출을 위해 올바로 애써라.

7. 기업, 업종, 위험, 국가별로 분산투자하라. 템플턴은 "분산투자하면 안 되는 투자는 100퍼센트 맞는 투자자밖에 없다"고 말했다. 다만 분산투자하되 매력적인 가치주로 분산투자하라.

8. 투자하기 전에 조사하라. 꼼꼼하게 조사하거나 전문가의 도움을 받아라. 노력하는 것만큼 좋은 투자 방법은 없다.

9. 적극적으로 투자 상황을 모니터링하라. 변화 속도가 빠르다고 해서 매수했다가 잊어버리는 주식이 있어서는 안 된다. 주가가 너무 비싸지거나 회

사의 경쟁우위가 잠식되었을 수도 있다.

10. 공포에 질리지 마라. 주가가 비싸졌거나 더 매력적인 주식을 발견했을 때만 팔아라. 그게 아니라면 팔면 안 된다. 특히 시장이 급락했을 때는 더 팔면 안 된다.

11. 자신과 타인이 과거에 저지른 실수로부터 배워라. 무엇이 잘못되었고 어떻게 하면 같은 실수를 되풀이하지 않을 수 있는지 판단하라.

12. 더 명확하게 생각하고, 실수를 줄이고, 현명한 결정을 내릴 수 있도록 기도로 시작하라.

13. 시장 수익률을 상회하기 어렵다는 사실을 인식하라. 시장 지수는 증권분석가나 포트폴리오 매니저에게 급여를 지급하지 않으며 주식을 환매에 쓸 현금을 보유하고 있지도 않다.

14. 성공 투자는 경제, 정치 환경, 투자 세계가 항상 변화하는 만큼 새로운 질문에 대한 답을 끊임없이 모색하는 과정이다. 반짝 인기를 끄는 주식이나 산업은 결과적으로 광채를 잃을 것이다. 현실에 안주하지 마라.

15. 감정이나 전문가의 추천이나 정보에만 의존해서 투자해선 안 된다. 당신이 가진 사실과 논리가 옳다고 결론짓기 위해 애써야 비로소 확신이 생긴다.

16. 언론의 비관론에 두려워하거나 현혹되지 마라. 템플턴은 자유 시장 시스템 내에서 생활 수준을 높이려는 사회의 추진력, 독창성, 그리고 지략에 대해 끊임없이 낙관했다. 그는 다음과 같이 말했다.

우리는 여기서 자유롭게 의사소통할 수 있기에 성공적으로 의사소통하려면 끔찍한 일이 일어나길 원하는 인간의 약점에 대처해야 한다. 지금은 내가 투자 상담가가 되었을 때보다 훨씬 더 의사소통이 원활히 이루어지고 있다. 그 당시에는 텔레비전도, 투자에 관한 프로그램도 없었다. 지금은 소통이 너무나 활발하게 전개되고 있다. 그 결과, 우리에게 나쁜 소식이 쇄도하고 있다. 나쁜 소식은 그 어느 때보다도 번영이 절정에 도달한 지금, 사람들을 우울하게 만들고 있다. 우리는 매우 낙관적이어야 한다. 우리는 역사상 그 어느 때보다도 많은 축복을 받았다. 나는 특히 신문을 읽으면서 그렇다는 것을 알게된다. 신문은 거의 모든 일을 비관적 용어를 써가며 해석할 것이다. 우리는 50년 전 아시아에서 일어났을 법한 재앙과 살인 등이 여기서도 일어났다는 말을 들어본 적이 없었다. 그런데 이제 그런 일들이 신문 1면에 실린다. 우울한 기분이 들게 만든다. 그래도 나는 잘 될 거라고 믿는다. 우리는 일정한 양의 나쁜 소식만 받아들일 수 있다고 믿는다. 우리는 그런 소식에 익숙해지면서 점차 그것을 간과하는 법을 배울 것이다. 공산주의 국가의 사람들이 그들 나라 신문에 실린 일들을 무시하기 시작한 것처럼 말이다.[36]

존 템플턴의 레슨

CHAPTER 04

투자 종목 선택 방법

친구들이 "전망이 좋아서 반도체 주식을 사겠다"고 하면 그들이 투자와 관련한 헛소리를 지껄이고 있다는 것을 알아야 한다. 반도체의 미래가 정말로 밝더라도 보통주에는 일반적으로 그러한 기대가 선반영되어 있다. 그래서 그 회사 상품이 아주 미래가 밝을 거라는 기대만을 가지고 투자한다면 당신은 주식을 사야 할 때를 전혀 모르는 것이다.

- 존 템플턴[1]

3장에서 투자할 때 어떤 마음가짐을 가져야 하는지를 배웠다면 이번 장에서는 템플턴이 수많은 투자 전략 중에서 어떤 식으로 전략을 선택했는지 좀 더 자세히 살펴보겠다.

템플턴에게 '싸게 사서 비싸게 팔라Buy low, sell high'만큼 세월이 흘러도 변하지 않는 진리에 해당하는 말은 '비관론이 최고조에 이르렀을 때 사서 낙관론이 최고조에 이르렀을 때 팔라'였다. 이 격언은 아주 단순한 것 같지만 인간의 본성에 어긋나기 때문에 행동으로 옮기기가 어렵다. 템플턴은 어떤 주식이건 비관론이 팽배할 때는 최저가로 떨어질 수 있다고 봤다. 터널 끝에 빛이 들어올 때까지 기다리는 투자자는 빛을 보게 되고 그에 따라 주가도 더 올라갈 것이다. 템플턴은 투자자들에게 1841년 찰스 맥케이Charles MacKay가 쓴 책《대중의 미망과 광기Extraordianry Popular Delusions and the Madness of Crowds》를 읽어볼 것을 권했다.

이번 장에서 우리는 템플턴이 자신의 원칙을 적용하기 위해 어떻게 훈련했고, 주식의 가치를 판단하기 위해 어떤 기준을 활용했으며, 현대 학술 이론에 대한 그의 생각, 그가 사용한 자원은 무엇이고, 경영진에게 어떤 질문을 자주 던졌고, 어느 시점에 주식 매도를 결정했고, 피해야 할 흔한 실수로는 무엇을 꼽았는지를 알아볼 것이다.

템플턴은 원칙적인 삶을 살았듯이 투자 역시 원칙에 따라 평가했다. 다른 투자 대가들처럼 그 역시 공포와 탐욕에 의해 움직이는 시장의 변동성을 자신에게 유리하게 이용하려고 했다. 주식을 고르는 방법과 고르는 과정에 직관과 감정이 개입했는지 묻는 질문에 그는 "우리는 직관을 피한다. 우리는 계산을 한다. 지난 47년 동안 우리는 자칭 정량적 증권분석가 역할을 해왔다. 우리는 기분이 좋아서 무언가를 사지 않으며, 계산했을 때 다른 종목보다 전망이 더 좋아 보일 때만 산다."[2]고 답했다.

템플턴이 선호하는 밸류에이션 평가 기준

———

템플턴은 주가수익비율PER과 주가현금흐름비율PCR (price cash flow ratio, 주가를 주당 현금흐름으로 나눈 것으로, 현 주가가 기업의 자금조달 능력이나 영업 성과에 비해 어떻게 평가되어 있는가를 판단하는 데 사용한다 - 옮긴이)를 이용해 주가가 저렴한지를 판단했다. 하지만 모든 기업을 이 두 가지만으로 판단할 수는 없다는 게 그의 생각이었다. 밸류에이션을 평가할 때 수익과 자산 중 무엇을 기준으로 하는지 묻는 질문에 그는 "둘 다 기준으로 삼는다. 어느 것도 소홀히 할 수 없다. 그러나 어떤 기업을 평가할 때 대부분의 경우 우리는 현재의 수익이나 자산보다는 미래의 수익에 더 중점을 둔다"면서 이렇게 덧붙였다.

우리가 가장 자주 사용해 온 가치 평가의 척도는 '미래의 예상 수익 대비 현재 주가'다. 그 외에 우리는 현금흐름 대비 주가, 장부가치가 아닌 진정한 청산가치 대비 주가 등을 사용했다. 기업마다 살펴보는 것들이 다르다. 우리는 대체로 기술적인 것보다 펀더멘털에, 정성적 요인보다 정량적 요인에 집중한다. 그리고 현재나 과거보다 미래의 수익이 더 중요하다.[3]

템플턴은 또 영업이익률, 청산가치, 실적 증가의 일관성, 대차대조표상 재무 건전성, 숨겨진 자산 등의 변화 추세를 평가하고, 초고속 성장 기업을 피했다.

템플턴은 자신이 주식을 선택할 때 사용한 가장 기본적인 방법은 현재 주가 대비 장기적인 핵심 수익력을 계산해서 얻은 기업의 가치에 초점을 맞추는 것임을 일관되게 강조했다.

향후 예상되는 장기 수익을 고려했을 때 최저 주가를 얼마로 볼 수 있을까? 많은 요소들이 있다. 주지하다시피 우리는 수백 가지 요소들을 따져봐야 한다. 하지만 기업이 장기적으로 무엇을 벌지 예측하고, 지금 그 회사 주식을 최저가로 사는 것만큼 중요한 것은 없다.[4]

템플턴이 간판 펀드의 이름을 템플턴 밸류펀드Templeton Value Fund나 템플턴 콘트라리안펀드Templeton Contrarian Fund가 아닌 템플턴 성장펀드로 지었다는 점에 주목하라. 이 이름은 기업의 내재가치를 추정하는 데 장기적인 미래의 핵심 수익이 중요한 요소라는 그의 생각을 드러낸 것이다. 그는 그러한 가치에서 할인된 가격으로 주식을 사겠다는 원칙을 고수했다.

단순히 PER가 낮은 주식만을 찾는 투자자들이 부지기수다. 그러나 템플턴은 "낮은 PER는 저가 주식을 판단하는 한 가지 척도이긴 하나 그것은 너무 제한적인 방법에 불과하다. 그것은 우리가 활용하는 수십 가지 방법 중 하나일 뿐이다"라고 말했다.[5] PER에만 의존하는 방법이 가진 대표적 한계는, 통상 과거 1년 동안의 실제 수익이나 향후 1년 동안의 수익 추정치를 기준으로 해서 뽑은 수익을 갖고 계산하는 단기 성과에 과도하게 집중하게 된다는 점이다. 반면에 템플턴은 다른 평가 지표들과 '삼각 비교triangulating'를 할 뿐만 아니라 장기적인 지속 가능한 핵심 수익에 더 관심이 있었다. 여기서 중요한 점은 템플턴이 그레이엄이 선호하던 과거의 밸류에이션 외에 다른 기준들을 참조했다는 사실이다. 즉, 그는 과거를 참조하되 미래 추정치에 기반한 밸류에이션 지표를 선호했다.

템플턴은 다양한 접근법과 워크시트를 사용하여 특정 회사의 가치를 평가했다. 워크시트들을 정확히 어떻게 사용했는지에 대해선 구체적으로 설명해주지 않았다.

내가 쓴 방법에 대해 구체적으로 말해줄 수 없다. 특별히 성공을 거둔 방법이 있으면 그것은 우리끼리만 알고 있을 때 효과가 있다. (중략) 일반적으로 통용되는 워크시트는 없다. 그리고 그것은 계속 변한다. 그래서 공개하고 싶은 게 없다. 우리는 사용하고 있는 워크시트를 끊임없이 바꾸고 있으며 컴퓨터 활용도를 점점 더 높이고 있다. 우리는 특히 새로운 방식으로 컴퓨터를 사용할 수 있는 능력이 있는지를 보고 증권분석가를 선발한다.[6]

가치를 평가한 뒤에 주가가 그 가치보다 낮게 팔리는지를 결정하는 게 템플턴의 목표였다. 또한 상대적인 가치 평가를 통해 자신의 연구 결과를 다른 회사들과 비교하는 데 관심이 있었다.

그는 성장세가 강하지만 PER가 낮은 식으로 엇박자를 보이는 회사를 찾아냈을 때 PER는 자신이 하는 연구의 답이 아니라 시작에 불과하다는 것을 깨달았다.

나는 몇 년 전 신문에서 우연히 한국의 국민총생산GNP이 미국의 GNP보다 3배나 빠르게 성장하고 있다는 기사를 읽었다. 그러던 중 한국 증시의 PER가 4배에 불과하지만 현재 수익률이 13퍼센트라는 사실도 알게 되었다. 경제는 급성장하는 데 반해 기업들의 주가는 상당히 저평가되어 있다는 사실에 비춰볼 때 더 자세히 알아봐야겠다는 판단이 섰다. 그래서 나는 한국으로 가서 평생 그곳에서 산 은행원을 만나 이야기했고, 그때의 경험을 바탕으로 12년 전부터 한국에 대해 공부하기 시작했다. 100가지가 넘는 가치 평가 방법을 갖고 있지만, 그중 한두 개에서 뭔가 어긋난 것을 발견할 때마다 적극적으로 나서서 조사하고 더 연구해봐야 한다. 직관이 아니라 가치가 중요하기 때문이다.[7]

경영진에게 자주 묻는 질문

투자의 제1 규칙은 투자를 고려하는 대상 기업을 이해하는 것이라고 주장하는 사람들이 많다. 통계상 주가가 저렴한지를 판단하는 것은 투자 결정의 한 가지 요소다. 경영진의 전략과 기업의 경쟁 환경을 이해하는 것도 미래 현금흐름의 양과 시기를 평가하고, 투자에 필요한 확신을 얻는 데 필수적으로 거쳐야 할 단계다. 투자는 결국 투자자가 자본의 훌륭한 간사幹事 역할을 해줄 것으로 기대하는 경영진에게 신탁 파트너로서 자본을 배정하는 과정이다. 템플턴은 다음과 같은 질문을 던지는 과정을 통해 경영진과 그들의 경쟁자들을 평가했다.

1. 장기적인 계획이 있는가?

2. 연평균 성장률은 어느 정도인가?

3. (과거보다 성장률이 높다면) 왜 미래 수익은 지금보다 더 좋아질 거라고 보는가?

4. 어떤 문제에 직면해 있는가?

5. 가장 뛰어난 경쟁자는 누구인가? 왜 그런가?

6. 자사주를 소유할 수 없다면, 경쟁사들 중 어느 회사에 투자하고 싶은가?[8]

회사 경영진은 본래 자신이 경영하는 회사에 대해 낙관적인 시각을 갖는 경향이 강하므로 그들이 편향된 대답을 내놓는 건 당연하다. 그럼에도 불구하고 그들이 내놓는 답변은 솔직하건 솔직하지 않건 유익한 정보가 된다. 1960년대 초 템플턴은 그가 투자한 어느 회사로 가서 경영진을 만났다. 템플턴 성장펀드가 노스캐롤라이나주에 소재한 이 회사에 소규모 투자를 했는데, 추가로 대규모 투자를 하기에 앞서 회

존 템플턴의 레슨

사 경영진을 만나려 한 것이다. 그는 사무실로 복귀하기도 전에 그 회사 주식을 당장 팔라는 지시를 내렸다. 그는 "방금 그 회사 사장을 인터뷰했는데 그가 사무실에 대형 바bar를 차려놓고, 주식시세를 알려주는 기계를 설치해 놓았다. 그를 신뢰할 수 없으니 회사 주식을 모두 매각하라"고 말했다.[9]

경영진에 경쟁업체의 강점과 약점을 묻는 질문을 던져보면 그들로부터 경쟁 환경에 대한 꾸밈없는 소중한 시각을 얻을 수 있다. 경영진의 그런 관점을 경쟁업체, 납품업체, 유통업체 및 고객과의 대화를 통해 검증함으로써 회사의 진정한 경쟁우위를 판단할 수 있다.

벤저민 그레이엄이 준 영향

컬럼비아 대학 동기인 템플턴과 버핏은 증권분석의 할아버지 격으로 여겨지는 벤저민 그레이엄으로부터 가르침을 받았다. 그레이엄은 데이비드 도드David Dodd와 함께 1934년 기념비적인 책《증권분석Security Analysis》과 이보다 덜 전문적인 책《현명한 투자자The Intelligent Investor》를 써서 컬럼비아 대학 학생들 외 다른 사람들로부터 악평을 받았다.

템플턴은 그레이엄 밑에서 학생으로 배운 경험을 소중히 여겼지만, 버핏처럼 그의 가르침을 뛰어넘을 수 있었다. 템플턴은 다음과 같이 회상했다.

벤저민 그레이엄 밑에서 수학할 때 그는 내게 장부가치를 활용하는 방법을 가르쳐주었다. 그는 장부가치보다 낮게 팔리는 회사 주식과 순순운전자본 net-net working capital보다 낮게 팔리는 회사 주식을 사라고 가르쳐줬다. 예를 들어, 유동자산에서 부채를 뺀 결과가 시장가격보다 높으면 할인받아 현금을 벌고, 그 외 다른 모든 것은 공짜로 얻게 되는 것이라고 가르쳤다. 그렇게 해봤지만, 지금은 통하지 않을 것이다. 미국에서는 말이다. 주가가 순운전자본보다 낮게 거래되는 회사를 찾을 수 없기 때문이다. 벤은 매우 현명한 사람이었다. 그에게는 훌륭한 방법이 있었다. 그러나 그가 오늘날 생존해 있다면 더 새롭고 다양한 개념에 의지하여 다른 방법을 쓰고 있을 것이다.[10]

템플턴은 가치 판단을 위해 어떤 검증 절차를 밟는지를 묻는 질문에 이렇게 답했다. "일반적인 증권분석이다. 그레이엄 등이 가르쳐준 증권분석을 통해 기업의 가치와 주식의 가치에 대해 평가한 다음에 가치 대비 가장 가격이 낮은 주식을 매입한다."[11]

그레이엄의 밸류에이션 평가 방식은 추정오차, 즉 추정값과 참값의 차이가 없는 과거의 대차대조표 숫자에 근거한 정적인 성격을 띠었다. 다만, 순순운전자본에 의존할 경우 기업의 수익 창출 능력을 무시할 수밖에 없는 한계가 있었다. 모든 기업의 내재가치는 미래의 주요 수익 창출 능력을 반영한 미래의 현금흐름을 할인하여 산출하는 게 정석이다. 그레이엄의 방법은 저평가 주식을 찾아내서 하방 위험을 낮추는 것이었다. 버핏은 이처럼 헐값에 주식을 사서 이익을 얻는 투자 전략을 '담배꽁초 투자법cigar butt investing'이라고 불렀다. 누군가 피우다 버린 담배꽁초를 잘만 고르면 공짜로 한두 모금 정도 피울 수 있는 것처럼, 주식 투자도 아무도 거들떠보지 않는 회사를 공짜와 다름없는 헐값에 사서 작은 이익을 챙기는 방식이었다. 하지만 그레이엄의 투자 전략은 '담배' 전체에 가치를 두는 보다 종합적인 접근법을 무시한 것이었다.

존 템플턴의 레슨

다양한 자원 활용

———

템플턴은 아이디어를 창출하고 현재 보유 주식을 검증하기 위해 다양한 자원을 동원했다. 그는 의견이 아닌 사실을 위해 투자 잡지인 〈밸류라인〉을 읽었다. 또 포트폴리오 매니저들이 선호 주식에 투자하게 된 과정과 이유를 설명하는 장문의 인터뷰가 많이 실려있는 〈월스트리트 트랜스크립트Wall Street Transcript〉를 읽었다. 이 외에도 증권사 보고서를 읽으면서 사실관계를 파악했다. 다만, 보고서에 담긴 매수·매도 권고는 무시했다. 그는 증권사의 1퍼센트 정도만이 자기와 같은 방식으로 생각한다고 믿었다. 그는 증권사들에게 서면으로 분석 결과를 보내주는 건 괜찮지만 직접 전화를 걸지는 말아 달라고 부탁했다. 또한 템플턴은 다른 펀드매니저들이 보유한 주식을 연구했다. 다른 펀드들의 포트폴리오를 연구하느냐는 질문에 그는 "실제로 그렇게 한다. (중략) 약 20개 펀드를 주시하고 있고, 보고서가 나올 때마다 그들이 어떤 생각을 가졌는지를 면밀히 검토한다"고 말했다.[12]

학술 이론에 대한 코멘트

———

템플턴은 그가 활동한 세대에서 가장 위대한 뮤추얼 펀드 투자자였다. 그는 수십 년 동안 구식 바겐 헌팅과 펀더멘털 증권분석 전략을 토대로 전 세계에서 진짜 가치보다 헐값에 팔리는 소외주를 찾아내며 경쟁자들과 벤치마크 지수를 뛰어넘는 수익률을 올렸다. 그는 다른 어떤 투자자보다 지적으로 정직했고, 유연하게 처신하고 새로운 아이디어를 받아들이는 자세가 미래의 성공에 중요하다는 사실을 기꺼이 인정했다. 템플턴은 현대 포트폴리오 이론Modern Portfolio Theory, 자본자산 가격결정 모델Capital Asset Pricing Model, 효율적 시장 이론Efficient Market Theory, 옵션 이론Option Theory에 대해 모두 알고 있었지만, 그런 이론들에 의존하는 것에는 회의적이었다. 수십 년 동안 그가 쌓은 실적 자체가 '시장은 이미 알려진 모든 정보를 완벽하게 반영하고 있기 때문에 항상 효율적이며, 시장을 이기려고 해봤자 소용이 없다'라는 효율적 시장 이론을 부정하고 있었으니 말이다.

루이스 루키저는 템플턴에게 "지난 주말 나는 '누구도 주식을 분석할 수 없고, 주식은 모두 추세나 반전 신호를 찾는 노력이 허사일 만큼 무작위로 움직이고, 매우 효율적인 시장이라 사람들이 주는 조언이나 그들이 하는 분석 같은 건 가치가 없다'고 말해준 학자들과 같이 있었다. 당신이 그런 말을 들으면 뭐라고 답하겠는가?"라고 물으며, 효율적인 시장 이론에 대한 견해를 물었다.

그러자 템플턴은 "그것은 투자를 포기하겠다는 뜻이다. 테니스 게임을 보면 승자와 패자 수가 똑같지만 그렇다고 해서 테니스를 포기할 이유는 없다"라고 잘라 말했다.[13]

자본자산 가격결정 모델은 일반적으로 투자자가 기대하는 수익과 회사의 위험 사이의 상관관계를 설명해주는 이론이다. 여기서 투자자의 수익은 무위험 수익률에 주식의 위험에 붙는 프리미엄을 더한 값으로 표현된다. 위험은 베타값beta으로 정의되는데, 베타값은 일정 기간 시장 대비 주식의 과거 가격 변동성으로 정의된다. 전체 시장의 베타값은 1.00이다. 베타값이 0.80인 주식은 역사적으로 시장보다 가격 변동성이 20퍼센트 낮았다는 뜻이고, 1.30인 주식은 역사적으로 시장보다 가격 변동성이 30퍼센트 높았다는 뜻이다.

존 템플턴의 레슨

템플턴은 포트폴리오 전반의 리스크 평가 척도로 베타값을 활용했지만 개별 종목을 선정할 때는 베타값을 활용하지 않았다.

우리는 베타값이 불안정해서 전적으로 신뢰할 수 있는 투자 지표는 아니라는 것을 알고 있다. 우리는 펀더멘털 전략을 선호하지만, 목표를 달성하는 데 필요하다면 수정해 나가면서 포트폴리오의 베타값을 계산할 것이다. 우리 의견으로는 베타값의 중요성이 지나치게 부풀려져 있다. 우리는 후반 단계에서 특정 펀드 포트폴리오의 베타값이 얼마고, 지나치게 많은 위험을 감수한 포트폴리오가 하나라도 있는지 확인하기 위해 포트폴리오 매니저를 점검하는 차원에서 베타값을 사용한다. 하지만 초기 단계에서 그것을 사용하지 않는다. 대신 지속 가능한 미래 수익 대비 현재 주가나 주당 현금흐름처럼 소위 '펀더멘털한 가치 평가 방법'이라고 부르는 것을 찾는다. 누구나 현대 포트폴리오 이론을 읽어봐야겠지만, 솔직히 그것으로는 많은 돈을 벌지 못할 것이다. 현대 포트폴리오 이론만 갖고서 정말로 장기적으로 뛰어난 수익을 낸 사람은 본 적이 없다.[14]

템플턴은 베타값의 문제를 정확하게 지적했다. 그것은 실제로 회사나 산업의 전망 변화에 따라 변동성이 있을 수 있다. 베타값이 기업이 고평가됐는지 저평가됐는지에 대해 전혀 알려주지 않는다는 것도 그것이 가진 흠이다.

기술적 분석 활용
—
저평가 주식을 찾아냈을 때의 장점은 추가로 하락할 위험이 제한적이라는 점이다. 다만 상대적 성과 차원에서 나머지 시장이 상승하는 동안 기대했던 것보다 더 오랫동안 저렴한 가격을 유지할 수 있는 위험이 있기는 하다. 기술적 분석은 주식의 역사적 거래 패턴을 이해하기 위해 그것의 과거 가격과 거래량의 움직임을 연구하는 것이다. 템플턴은 기술적 분석에 따라 종목을 선정하진 않았지만 그것이 종목 선정에 약간의 영향을 미친 건 사실이다.

템플턴은 간혹 기술적 분석으로 회사에 대한 펀더멘털 분석을 보완하곤 했다. 그가 저가매수를 결정하면, 매수 전에 주가가 한 달 동안 그 주식을 상회하는 수익을 내기 시작할 때까지 기다릴 수도 있다. 이렇게 해서 그는 장기간 불어날 기미가 없는 일명 '죽은 돈dead money'을 깔고 앉는 것을 피하고자 했다. "이제 우리는 단기적으로 약간만 기술적 분석을 활용하고 있다. 우리가 모두 가격이 싸고 좋은 것처럼 보이는 12개 주식 중에서 하나를 고르려고 한다면, 기술적 패턴이 양호한 주식을 사려고 한다." 템플턴이 말했다.

주식 매도 원칙

———

템플턴의 매도 원칙은 간단했다. 갈아탈 수 있는 더 좋은 주식을 찾으면 '가장 고평가된' 주식을 판다는 것이다. 실제로 그는 새로운 후보가 갈아탈 주식보다 시장가치에서 적정가치로 오를 가능성이 50퍼센트 이상 더 크다고 판단할 때 주식을 갈아타는 것을 선호했다. "우리는 더 좋은 저평가된 주식을 찾으면 매도한다. 계속해서 이런 저평가된 주식을 찾다가 실제로 찾았는데 잉여현금이 많으면 매수한다. 잉여현금이 없을 경우엔 가지고 있는 100개가 넘는 주식들의 면면을 살펴본 후,

가장 고평가된 주식을 판다."[16]

실수를 처리하고, 실수를 피하기
—

투자할 때 실수는 불가피하다. 이때는 우리와 다른 사람이 저지른 실수로부터 배우는 자세가 중요하다. "실수를 피하는 유일한 길은 투자하지 않는 것인데, 그것이 가장 큰 실수"라는 템플턴의 말은 정확히 맞다.

투자 실수에는 수수료 실수와 누락 실수 두 종류가 있다. 수수료 실수는 투자자가 투자했다가 손해를 보거나 시장 수익률을 하회하는 수익을 내는 경우다. 템플턴은 본인이 한 투자의 약 3분의 1이 시장 수익률에 미치지 못한 것으로 추산했다.

> 우리가 내린 결정 중 3분의 1은 수익을 내지 못한 것으로 드러났다. 아무리 열심히 애써도 3분의 2 이상 정확할 것으로 기대할 수 없다. 우리가 오랜 시간 투자해 오는 동안 미국 내 다른 뮤추얼 펀드 수익률 평균보다 뒤처진 적이 8년 있었다. 미래에도 마찬가지일 것이다. 이런 일을 피할 방법은 없다. 좋은 해가 있다면 나쁜 해도 있기 마련이다.[17]

3분의 2의 경우 시장 수익률을 상회할 수 있었던 건 "대체로 저가에 샀기 때문"이란 게 템플턴의 설명이다.[18]

수수료 실수는 투자자의 인내심을 시험할 수밖에 없다. 이때는 당초 투자 논리가 여전히 합당한지, 아니면 투자에 구조적인 문제가 있는지를 판단하는 것이 관건이다. 템플턴은 1978년 포드 주가가 주당 41달러에 거래되자 공영방송에 출연해 포드 주식을 추천했다. 루이스 루키저는 1980년 템플턴에게 왜 포드 주식이 주당 33달러까지 떨어졌었다고 보는지 물었다. 템플턴은 투자자들이 너무 단기 투자에만 집중해큰 그림을 놓치고 있다고 답했다.

> 사람들은 여전히 단기적인 추세에 집중한다. 포드는 작년 미국에서 약 10억
> 달러의 적자를 봤고, 올해에도 10억 달러의 적자를 낼지 모른다. 사람들이 걱
> 정하는 점이 그것이다. 그들은 적자를 내는데 포드 주식을 사야 할 이유가 뭔
> 지를 묻는다. 내 대답은 "포드가 전 세계적으로는 적자를 내지 않을 것이기 때
> 문"이다. 포드는 해외에서 좋은 실적을 올렸다. 사실 나는 포드가 미국 외 지
> 역에서 가장 강력한 실적을 내는 자동차 회사라고 생각한다.[19]

템플턴은 3~4년 안에 포드의 주당 순익이 20달러를 넘어설 것으로예상한다고 덧붙였다.

1981년 루키저는 템플턴이 1980년 추천한 5개 종목의 평균 수익률이 35퍼센트라고 호평했다. 그러나 그가 여섯 번째로 추천한 종목이포드였는데, 포드 주식은 주당 23달러로 더 떨어졌다. 루키저는 템플턴에게 "손실을 냈는데도 버틸 것인가, 아니면 털고 나올 것인가?"라고은근슬쩍 물었다.

템플턴은 변함없이 겸손한 자세로 다음과 같이 실수를 인정했다.

> 포드는 우리가 수백 건의 실수를 한다는 것을 보여주는 좋은 사례다. 우리가
> 주식을 갈아타는 경우 최소 3분의 1은 나중에 주식을 계속 들고 가는 것보다
> 는 현명한 판단으로 드러난다. 포드는 우리나 그곳 경영진이 예상했던 것보

　　　　　　　　　　　　　　　존 템플턴의 레슨

다 훨씬 더 많은 어려움을 겪고 있지만, 지금 매도하기에는 가격이 너무 낮다. 지금 가격대라면 잃어봤자 주당 23달러이니 그냥 들고 갈 것을 권유한다. 상황이 호전되면 주당 100달러에서 150달러 정도는 벌 수 있을지 모른다. (중략) 포드가 3년 전에 그랬던 것처럼 주당 17달러의 순익을 다시 올릴 수도 있다.[20]

그로부터 4년 후인 1985년 포드의 주가는 주당 100달러를 찍었고, 이어 1986년에는 150달러, 그리고 1993년에는 315달러까지 올랐다. 주당 순익은 1988년 45달러로 증가했다.

누락의 실수는 투자자가 나중에 아주 잘나가는 주식에 투자하지 않았던 실수를 말한다. 템플턴은 "누구도 모든 기회를 이용할 수는 없으며, 누구도 몇몇 기회를 놓쳤다고 해서 불안해할 필요가 없다"고 조언했다. 본래 투자할 때는 놓치는 기회가 많은 법이다. 따라서 몇몇 좋은 기회를 잡는 게 중요하다"고 조언했다.[21]

템플턴은 투자자들에게 흔하게 저지를 수 있는 다섯 가지 투자 실수를 피하라고 경고했다.

1. 군중과 함께 투자하기

—

"군중과 다르게 투자해야 비로소 우수한 투자 성과를 거둘 수 있다. 10명의 의사가 먹으라고 하는 약을 먹는 건 현명한 행동이다. 혹은 10명의 토목기사가 권하는 방법으로 다리를 놓는 것도 그렇다. 하지만 주식을 고를 때만큼은 합치된 의견은 위험하다. 10명의 증권분석가가 각자 특정 주식을 사라고 했을 때 그것을 사면 안 된다. 그런 인기는 이미 높은 가격에 반영되어 있을 것이다."[22]

마찬가지로, 다른 투자자와 같은 주식을 산다면 그와 같은 결과를 내게 된다.

자산 선택은 다른 어떤 활동과도 천지 차이라는 사실을 알아야 한다. 의사 10명이 모두 같은 약을 먹으라고 한다면 왈가왈부할 게 없다. 그냥 그 약을 복용하면 된다. 다리를 놓으려고 토목기사 10명에게 자문을 구했을 때 그들이 똑같이 말한다면 그대로 지으면 된다. 하지만 투자 자문가 10명을 만났는데 그들이 똑같은 자산에 투자하길 권유한다면 일단 그 자산 투자는 멀리하는 게 좋다. 특정 자산이 가장 저가에 팔리는 시기는 사람들이 대부분 그것을 팔려고 할 때다. 자산이 헐값에 팔릴 다른 이유는 없다. 그리고 터널 끝에서 비추는 빛을 볼 때까지 기다린다면, 추가 가격을 지불해야 할 것이다. 그때까지 기다린다면 이미 최고로 싸게 살 기회는 사라진 다음이다.[23]

2007년 애플이 내놓은 "다르게 생각하라Think Different"는 제목의 인상적인 광고 캠페인을 보고 흡족해하며 미소 짓는 템플턴의 모습을 상상할 수 있을 것이다. 이 광고에는 토마스 에디슨, 알버트 아인슈타인, 존 레논, 마틴 루터 킹 주니어, 무하마드 알리, 알프레드 히치콕을 포함한 20세기 상징적인 인물 17명의 얼굴이 차례로 등장하면서 내레이션이 흐른다. 템플턴이 일반적인 투자 관점과 다르게 생각할 것을 권장했다는 점에서 애플이 광고에 그의 얼굴을 집어넣어도 적절했을 것이다.

2. 실사의 결여와 지나친 비관론

———

"투자자들은 대부분 충분한 지식 없이 투자하면서도 뛰어난 성과를 거두기가 아주 쉽다고 생각한다. 그래서 그들은 너무 자주, 그리고 충분한 지식도 없이 단타 매매에 치중한다. 아울러 미국에서는 확실히 사람들이 불합리할 정도로 비관론에 빠지는 게 관습처럼 되어왔다. 현재 미국의 국민총생산은 주식시장 역사상 가장 높은 수준이고, 이 외에도 투자하기에 다른 많은 장점이 많으나 대다수 국민은 이례적이라고 할 만큼 비관적이다. 미국의 비관론 지수는 상당히 올라갔다. 단기 금리가 역대 최고 수준까지 올라가서 미국인들이 분명히 너무 비관적으로 변한 게 아닌지 생각해 본다. 그런데 사람들 대부분이 비관적일 때 약세장이 시작되지는 않는 법이라서 그런 비관론은 오히려 우리를 안심시킨다."[24]

3. 지나치게 많은 현금 보유

——

현금 가치를 떨어뜨리는 인플레이션 압력이 커지면 어느 나라에서나 현금 구매력이 떨어지기 마련이다. 템플턴이 템플턴 성장펀드를 출범한 해인 1954년 3센트에 불과했던 미국 우표 한 장당 가격은 2014년 49달러로 속등했다. 이 60년 동안 우표 가격의 연평균 상승률은 4.8퍼센트였다. 1954년에는 1달러로 33통의 편지를 부칠 수 있었지만 2014년에는 겨우 2통만 부칠 수 있었다.

돈은 37년 동안 매년 구매력을 잃고 있다. 그리고 우리 연구에 따르면 향후 37년 동안에도 매년 구매력이 떨어질 것이다.[25]

내가 보기에 지금 투자자들이 저지르고 있는 중대 실수 중 하나가 채권, 현금성 머니마켓펀드MMF(money market fund), 예금증서, 채권펀드 등에 투자하려는 움직임 같다. 채권시장의 강세장이 당분간 지속될 것이라는 데는 동의하지만, 모든 증거가 주식에 투자하면 현금성 자산에 투자했을 때보다 훨씬 더 좋은 결과를 얻을 수 있다는 것을 가리킨다. 그럼에도 불구하고 오늘날 사람들은 역사상 그 어느 때보다도 더 많은 현금을 들고 있다. 가구당 평균 자산 대비 보통주 보유 규모는 과거 다른 시기에 비해 절반도 채 안 된다. 그러나 오늘날 사람들은 현금 자산을 보유함으로써 안전하다고 생각하려고 자신을 속이고 있다.[26]

현대 경제 사회 속에서 물가는 꾸준히 오르고 있다. 인플레이션은 수많은 자산 가치를 깎아내리는 부식腐蝕 효과corrosive effect를 가져오므로 투자자들은 이에 대비하고 수익을 낼 수 있게 투자 포지션을 조정해야 한다. 템플턴은 국가들이 균형 예산을 달성하는 법을 배우기 전까지는 인플레이션 현상이 점점 더 심각해질 것으로 전망했다. 그는 매년까지는 아니더라도 장기적으로 봤을 때 보통주가 인플레이션 위험을 피할 수 있는 최고의 투자처가 될 것이라고 주장했다. 템플턴에 따르면 채권은 장기 투자하기에도 적합하지 않고, 미망인과 자녀에게 물려주기에도 적합하지 않다. 그는 1995년 당시 평균 인플레이션이 5퍼센트에 높은 세금까지 내야 하는 상황에서는 이자율이 8퍼센트인 장기 채권의 실질 수익률은 마이너스일 것이라고 말했다.

4. 바닥에서 매도

누차 언급했듯이 템플턴은 "비관론이 최고조에 달한 순간 사고, 낙관론이 최고조에 달한 순간 팔라"는 유명한 조언을 남겼다.

과도한 부채에 시달리는 게 아니라면 잘못된 시간에 청산당하지 않을 것이

다. 하지만 무엇보다도 잘못된 시간에 겁먹지 않는 게 중요하다. 강제 청산
된 사람들이 있다면 겁먹는 사람들은 그보다 훨씬 더 많다. (중략) 주가가 낮
아졌을 때 매수해야 부자가 될 수 있다. (중략) 우리는 이러한 변동성을 환영
한다. 급격한 변동을 보고 불안해하는 사람들이 일부 생길 수 있다. 하지만
우리가 보기에 그런 변동성은 뛰어난 투자 성과를 낼 수 있는 가능성을 높여
줄 뿐이다.[27]

1990년 11월 다우지수가 고점에서 500포인트 가까이 하락하면서
투자심리가 냉각됐을 때 템플턴은 마켓 타이밍market timing(주식시장의 상
승과 하락을 예측하여 높은 수익률을 얻으려는 투자 행위-옮긴이)을 시도하는 게 얼
마나 덧없는 짓인지를 두고 "우리는 58년 동안 투자 상담을 해왔는데,
그 모든 시간 내내 고객들에게 약세장이 시작하거나 멈출 시기가 언제
인지 알려줄 수 없었다"고 말했다.[28] 템플턴은 미국 시장이 생긴 이래
주가는 늘 10년마다 약 2배로 뛰었다는 데 주시했다. 그는 "비관론이
가장 팽배한 업종에서 최고의 저가 매물을 찾고 있다"고 덧붙였다.[29]
그는 몬산토Monsanto, 퀀텀Quantum, 마일런연구소Mylan Laboratories, 밀리
포어Millipore, 퍼스트 아메리칸 파이낸셜First American Financial 등 내재가
치보다 주가가 할인돼 거래되던 신성장기업에 주목했다.

5. 충분히 저축하지 않고, 빌린 돈으로 투자하기
——

빌린 돈이나 내일 써야 할 돈으로 주식을 사는 건 금물이다. 템플턴은
평생 주택담보대출을 받은 적이 없었다. 약세장에서 차입금은 익사하
는 피해자에게 웨이트벨트weight belt(잠수하거나 운동할 때 무게를 더하기 위해

착용하는 벨트나 재킷-옮긴이) 같은 역할을 한다고 생각했다. 실제로 투자자들은 공황감과 투자금을 지켜야 한다는 스트레스가 정점에 이르면 자포자기 심정으로 투자한 자산을 매도하는 경우가 지나칠 정도로 빈번하다. 템플턴은 테네시주 윈체스터에 거주하는 아버지와 이웃들에게 부채가 미쳤던 파멸적 영향을 평생 잊지 않았고, 감정적인 '웨이트벨트'에 묶이지 않고 투자하고 싶어 했다. 그는 "내가 매입한 주식을 (필요하다면) 영원히 보유할 수 있기를 원한다"고 말했다.[30]

템플턴 성장펀드를 프랭클린 리소시스에 매각하기 전 열린 마지막 연례 주주총회에서 그는 다음과 같이 절약과 저축의 중요성에 대해 노골적으로 얘기했다.

- "검소한 사람이 결국에는 낭비하는 사람을 소유할 것이다."
- "부동산 투자자, 사람들, 가족, 그리고 국가 모두가 똑같이 절약하고 저축해야 한다."
- "차입금으로 주식 거래를 하는 사람은 대개 잘못된 시기에 팔 수밖에 없게 돼 나중에 전멸한다." (템플턴은 1987년 대폭락이 있고 나서도 같은 조언을 했다. 그는 대폭락 일주일 뒤 "지난주에 배운 가장 중요한 교훈 한 가지를 말해달라"는 부탁을 받고 이렇게 답했다. "당신이 절대 빌린 돈으로 투자하지 않는다면 항상 마음을 편하게 먹을 수 있을 것이다. 인간의 본성이 본래 그런 것이라 우리는 낙관론과 비관론을 느끼는 시기를 두루 거칠 것이다. 10년마다 강세장과 약세장이 열릴 것이다. 그러나 돈을 빌리지 않았다면 전혀 걱정할 필요가 없다."[31])
- "현명한 증권분석가 중 절약하는 사람은 적으며 그들 중 부자가 될 수 있는 사람은 극소수다."
- "여러 나라 역사를 연구해보면 국민이 가장 검소한 나라가 번영하고 강성

해진다는 것을 알 수 있다."[32]

1991년 5월 21일, 존 템플턴 경은 투자관리연구협회AIMR(Association for Investment Management and Research, CFA 연구소의 전신)로부터 제1회 '최고 전문가상Award for Professional Excellence'을 받았다. 이 상은 협회 회원 중 모범적 성과와 최고의 관행과 리더십과 전문가로서 최고의 직업적 역량을 발휘한 사람에게 주는 상이다. 수상 소감에서 템플턴은 "부자들은 기업가정신에 투자하지만, 빈자들은 절약한 돈을 지키려고만 한다"고 말했다. 그는 증권분석가들에게 그들이 "투자자들에게 존엄성, 개인적 자유, 이동성, 자립성을 선사하는 마음과 정신 면에서 진정한 부자들이 가진 자신감과 안정감을 안겨주고, 뛰어나고 정직한 성과를 내기 위해 부지런히 일함으로써 명예로운 사역자使役者로서의 역할을 수행하는 사람임"을 인식해줄 것을 촉구했다.

CHAPTER 05

포트폴리오 설계

회사, 업종, 위험, 국가에 따라 분산투자하라.

– 존 템플턴

템플턴 성장펀드에 대해 자세히 알아보기 전에 개인 투자자들의 포트폴리오에 대한 그의 조언을 살펴보기로 하겠다.

개인 투자자용 포트폴리오

템플턴은 1988년에 자녀 한 명을 둔 젊은 외벌이 가족을 위한 이상적인 포트폴리오가 무엇인지를 묻는 질문을 받았다. 그러자 그는 적절한 조언을 하기 위해서는 훨씬 더 많은 맞춤형 정보가 필요한 법이라면서 정보 부족을 아쉬워하면서도 다음과 같이 답변했다.

존 템플턴의 레슨

최적의 포트폴리오 구성은 개인의 소득, 예상되는 상속분, 세금 상태, 부양가족 수 등에 따라 달라질 것이다. 어떤 구성이 좋은지 잘 살펴보고 추천한 다음에 계속 수정해 나가야 할 것 같다. 다만, 이때도 몇 가지 기준이 있다. 우리는 일반적으로 현금(채권 등 유형자산 포함) 비중을 연소득의 약 25퍼센트 정도로 유지할 것을 권장한다. 현재 포트폴리오의 최대 3분의 2는 보통주에 투자하고, 나머지는 부동산과 생명보험에 투자하는 게 바람직하다. 주식은 10종목 이상 투자하되 어느 한 산업에 25퍼센트 이상, 혹은 어느 한 국가에 80퍼센트 이상 투자하면 안 된다. 이것은 오직 자산이 100만 달러가 넘는 사람들에게만 해당된다. 자산이 그 정도가 안 되면 포트폴리오의 3분의 2는 선별한 주식보다는 잘 운용되는 주식형 뮤추얼 펀드에 투자하는 게 낫다.[1]

템플턴이 개인을 대상으로 한 투자 상담에 주력하던 초창기에는 밸류에이션에 따라 개인 고객을 위해 보유하던 주식 비중이 달라지기도 했다. 즉, 주가가 과거 20년 평균 대비 PER, 대체비용 등 현재의 전반적인 시세 비율로 평가했을 때 통상적 가치보다 35퍼센트 이상 낮으면 포트폴리오의 주식 투자 비중을 최대 100퍼센트까지 끌어올리곤 했다. 반대로 전체 주가가 통상적 가치 수준보다 66퍼센트 높으면 주식 투자 비중을 10퍼센트까지 낮췄다. 그는 주가가 적정하게 책정됐을 때의 주식 투자 비중 기준을 60퍼센트로 잡고, 이 양극단 사이에서 구체적인 투자 비중을 정했다.

주식 선택이 무엇보다 중요하다

템플턴은 포트폴리오 실적을 결정하는 데 자산 배분과 주식 선택 중 무엇이 더 중요하다고 보는지를 묻는 질문에 "후자인 주식 선택이 더 중요하다"며 이렇게 덧붙였다. "우리는 저평가된 주식을 찾는 것이 훨씬 더 중요하다고 생각한다. 그런 주식이 있다면 어디 있는지 찾으러 전 세계를 돌아다니다 그것을 사들인 다음에야 비로소 보통주 투자 비중이 어느 정도인지를 말해준다."[2]

해외 투자 비중

템플턴은 개인투자자는 보유 자금의 약 20~60퍼센트를 해외 투자에 할당하라고 제안했다.[3] 그의 논리는 이랬다. "전 세계에서 거래되는 모든 보통주의 약 3분의 1만이 미국에서 거래된다. (중략) 따라서 상식적으로 봤을 때 포트폴리오 배분도 그렇게 해야 한다. (중략) 여러 연구 결과를 보면 전 세계로 분산투자한 포트폴리오가 한 나라에서만 분산투자한 포트폴리오보다 장기적으로 변동성은 더 낮고 수익성은 더 높다."[4]

경상소득에 의존하는 투자자용 포트폴리오

—

비교적 정기적이고 예측이 가능한 소득인 경상소득current income을 갖고 투자하는 투자자는 저금리 시대에 딜레마에 빠진다. 채권 투자보다 변동성이 높지만 배당수익과 시세차익을 노리고 주식에 더 많이 투자해야 할지 고민이 되기 때문이다. 템플턴은 여러 차례 자신이 선호하는 방식을 분명히 알려줬다.

성장주에 장기 투자하면 (일해서) 고소득을 추구하는 것보다 더 좋은 결과, 즉 총수익을 낸다는 연구 결과가 수없이 많이 나왔다. 그래서 진정 고소득을 원하는 사람은 성장주에 투자하고, 상승분을 일부 쓰되, 자본이득 중 일부를 소

　　　　　　　　　　　　　　　　　　존 템플턴의 레슨

득으로 간주하고 지출해야 한다.[5]

(소득이 필요한) 사람들은 잘 운용되는 보통주 펀드에 투자한 뒤 펀드에 지출할 수 있는 소득을 보내달라고 부탁하면 훨씬 더 나을 것이다.[6]

그리고 1946년 1월부터 1991년 6월까지 다우존스 산업평균지수는 세금 계산을 하지 않더라도 배당금 재투자를 포함할 시 연평균 인플레이션율 4.4퍼센트보다 높은 연평균 11.4퍼센트 상승했다. (중략) S&P500 수익률도 10년 기준으로 봤을 때 1970년대를 제외하고 인플레이션율과 단기 채권과 회사채 수익률보다 모두 높았으며, 40년 동안 항상 가장 안전한 투자처로 간주되는 미국 국채보다 수익률 면에서 앞섰다.[7]

템플턴은 소득 의존도가 높은 투자자들이 고배당주에만 집중하려는 유혹에 빠지지 말 것을 당부했다. 그가 든 이유는 이러했다.

배당, 즉 투자를 통해 얻은 수익으로 재투자할 수 있지만, 이것은 모든 방법 중 최악이다. 주식이 현재 배당금 대비 낮은 가격에 팔리는 이유는 배당이 축소될 수 있다고 예상할 만한 충분한 이유가 있기 때문이다. 현재의 높은 배당 수익률만 보고 주식을 고르는 투자자들은 배당 감소 위험뿐만 아니라 자본손실 위험에도 직면한다. 소득을 늘리는 훨씬 더 현명한 방법은 시세 대비 실적이 가장 높은 종목을 선택하는 것이다.[8]

1990년대 초에는 지역과 대도시에 소재한 은행주들의 높은 배당 수익률에 매료된 투자자들이 많았다. 은행의 익숙함을 맹목적으로 신뢰하고, 은행의 지속력을 인식하되 부풀어 오른 은행의 대출 손실과 취약한 재무 건전성을 자세히 살펴보지 않은 투자자들은 금융위기 여파로 많은 은행이 배당금을 축소하거나 없애면서 은행주가 폭락하자 아연실색했다.

템플턴은 은행주 대신 성장주에 집중하라고 조언했다. "소득 증대를 원한다면 성장주를 선택하는 것도 현명한 방법이다. 성장주는 앞으로 더 많이 오르고 배당도 늘릴 가능성이 높다. 성장기업은 보통 순자산 대비 수익률이 높다."[9] 템플턴은 자기자본이익률ROE(return on equity, 투입한 자기자본이 얼마만큼의 이익을 냈는지를 나타내는 지표-옮긴이)이 높은 성장기업을 선호했다.

ROE가 높은 기업은 상대적으로 적은 투자자본을 갖고서도 더 많은 수익과 현금흐름을 창출하기 때문에 더 가치가 있다. 모든 조건이 똑같은 상황에서 두 회사에 자본금 100달러가 주어졌는데, 첫해에 A사가 20달러의 수익을 내고 B사는 10달러의 수익을 냈다면, A사는 B사보다 더 유리한 경쟁우위를 확보할 가능성이 높다. A사의 경쟁우위가 지속가능하다면 시간이 지나면서 수익과 현금흐름, 내재가치의 연평균 성장률이 높아져 투자자들은 배당이 늘어나고 주가가 상승하는 혜택을 보게 된다.

템플턴 성장펀드의 포트폴리오

———

템플턴 성장펀드는 1954년 말에 660만 달러의 운용 자산으로 출범했다. 앞서 언급했듯이, 자본이득세가 없었던 캐나다에서 출범한 이 펀드는 미국 투자자들에게 미국 외 지역 주식 포트폴리오에 투자할 기회를 준 최초의 뮤추얼 펀드 중 하나였다. 1955년 4월 30일 기준으로 펀드는 주식에 60퍼센트, 우선주에 18퍼센트, 채권에 20퍼센트 이상을 투자했고, 캐나다 자산은 펀드의 90퍼센트를 차지했다. 27종의 캐나다 주식에 투자했고, 3분의 1은 임업과 광업 관련주였다.

템플턴은 벤치마크 지수 가중치와 상관없이 찾을 수 있는 곳 어디서나 저평가 주식을 찾는 자칭 '상향식bottom-up' 투자자였다. 이에 그는 원칙에 따라 어느 나라가 투자에 적합하다고 생각하는지를 정해놓는 '원칙적 지침'을 마련해 두었다. 가령 그는 자본주의를 수용하고 정부 간섭과 인플레이션 압력이 적은 나라를 선호했다. 또 민주주의, 규제 완화, 지방분권, 재산권 존중(저작권 보호 포함)을 포함해서 다음과 같은 특징을 가진 국가들을 예의 주시했다.

- 정부 보유 지분 축소
- 개인 지분 확대
- 국경 간 자본의 자유로운 이동
- 정부 규제 약화
- 적은 수의 강성 노조
- 명문 경영대학원
- 낮은 법인과 개인세율
- 절약과 기업가정신 문화 촉진을 위한 인센티브 제공[10]

결과적으로 템플턴은 "160개가 넘는 전 세계 국가 중 우리 주주들의 돈을 투자할 만큼 안전하다고 느낄 수 있는 국가는 30여 곳도 채 되지 않는다"고 말했다.[11] 그중 한 곳이 일본이었다.

템플턴은 1935년 처음 일본을 방문했지만 개인 투자 목적으로는 1950년대 중반 이후, 그리고 템플턴 성장펀드 투자 목적으로는 1964

년이 돼서야 일본 주식을 사기 시작했다. 일본 국민은 결연한 의지를 토대로 제2차 세계대전에서 회복한 근면한 사람들이었다. 템플턴은 일본 국민으로부터 강한 근면성, 기업과 교육에 대한 존중심, 절약하려는 성향, 저축 애호와 같은 자신의 성격과 유사한 특징들을 관찰했다.

1959년 그는 고객들에게 보낸 편지에서 일본 투자를 고민하면서 몇 가지 측면에서 깊은 인상을 받았다고 밝혔다.

- 일본의 대미 수출이 급증했다. 이는 수출에 유리한 저비용 생산을 가능하게 한 저임금 덕을 일부 봤기 때문이다. 자동차, 약, 라디오, 선박, 식기류, 카메라를 위시해 많은 제품들에서 그렇다는 사실이 명백히 드러났다.
- 일본의 산업생산은 1951년부터 1958년 사이 미국의 산업생산을 9배 이상 앞질렀다.
- 미·일 조세 조약으로 일본은 미국 투자자에게 배당세를 원천징수하지 않아도 됐다. 이 조약 덕분에 일본에서 번 배당소득에 붙는 순세금이 미국에서 번 배당소득에 붙는 순세금의 절반 이하로 줄었다.
- 일본 주식 수익률은 미국 주식의 3.3퍼센트에 비해 높은 4.4퍼센트를 기록했다. 4년 뒤 만기가 돌아오는 우량 일본 채권의 수익률은 미국의 유사 채권 수익률인 4.2퍼센트보다 높은 8퍼센트에 달했다.
- 일본 주식 중 1.6퍼센트만이 외국인 소유였다. 자본의 즉각적인 해외 송금을 가로막는 일본 내 규정 영향 때문이다.

일본에서 번 자본과 자본소득을 2년 동안 달러로 환산하는 것을 금지하는 규정 때문에 미국 투자자들은 대일본 투자를 단념했다. 당시에는 연간 고작 20퍼센트만을 달러로 환산할 수 있었다. 템플턴은 "일본

의 세계 무역 지위가 계속 강화되면 자본의 달러화 환산을 지연하게
만드는 이 규정은 없어질 수 있다"고 예상했다.[12] 실제로 1963년, 규제
가 완화되면서 일본에서 올린 수익을 미국으로 보내는 게 허용되자 템
플턴 성장펀드는 일본 주식을 매수하기 시작했다.

1967년 템플턴 성장펀드의 투자 자산 종류는 30종 미만이었으나
템플턴의 전 세계 투자에 대한 관심은 더욱 뚜렷해졌다. 펀드가 성장
하자 템플턴은 더 많은 주식을 담았다. 1983년 템플턴은 "우리 펀드는
100개가 넘는 주식에 투자하고 있는데, 모두 좋은 가치를 지니고 있
다고 생각한다"고 말했다.[13] 1994년이 되자 템플턴 성장펀드는 총 240
개 주식에 투자했다. 1967년 기준 투자 비중이 가장 컸던 건 포트폴리
오 내 비중이 13퍼센트에 달한 일본 화장품 회사 시세이도Shiseido였다.
템플턴은 또한 네덜란드 기업인 필립스Phillips와 로열더치 페트롤리움
Royal Dutch Petroleum 주식뿐만 아니라, 일본, 독일, 스웨덴, 영국 기업 한
곳씩의 주식에 투자했다.

출범 15년이 지난 1969년, 템플턴 성장펀드의 운용자산은 출범 때
에 비해 고작 20만 달러 늘어나는 데 그쳤다. 출범 이후 5배 성장한 투
자이익을 환매가 거의 완전히 상쇄해버렸기 때문이다. 1969년 이 펀
드의 밸류에이션은 워런 버핏이 투자조합을 서서히 중단하게 만들 정
도로 올라버렸다. 그러자 템플턴은 보유 주식을 20개로 줄였고, 시세
이도의 투자 비중은 14.5퍼센트로 펀드에서 가장 큰 비중을 유지했다.
해외 채권과 국채 투자가 차지하는 비중도 3분의 1이 넘었다.

템플턴은 "더 명확하고 창의적으로 생각할 수 있을 것"이라고 기대
하며 바하마로 이사했다. 이때 그는 뛰어난 운용 성과에도 불구하고
자신의 이름을 딴 템플턴 성장펀드의 자산 성장 속도가 더딘 데 대해

좌절감을 느끼고 있었는지도 모른다. 어쨌든 그는 이사 이후 다른 사람들이 투자를 꺼려하던 일본 주식에 대규모 투자를 하기 시작했다. 그의 경력이 달린 투자였다. 일본 내 저평가 주식들은 무시할 수 없을 만큼 매력적으로 보였다. "우리가 일본에 투자하기 시작했을 때 일본 증시 전체 시가총액은 IBM의 시가총액보다도 적었다."[14]

일본 내 투자 규제가 풀린 1971년부터 템플턴 성장펀드의 일본 주식 투자비중이 올라가기 시작하다가 1974년 62퍼센트로 정점에 달했다. 닛산 자동차Nissan Motors, 스미토모 트러스트Sumitomo Trust, 브리지스톤Birdgestone 등의 주가가 돋보이는 랠리를 펼쳤다. 1972년 템플턴 성장펀드는 무려 68.9퍼센트의 투자 수익을 올렸다.

이후 2년 동안 미국 증시의 고평가, 질식할 정도로 높은 인플레이션, 그리고 석유수출국기구OPEC의 석유 금수 조치가 경기둔화를 촉발하면서 미국 증시는 40퍼센트 가까이 폭락했다.

템플턴은 당시 상황을 이렇게 술회했다. "미국 증시의 평균 PER가 19배였을 당시 우리는 PER가 2~3배 정도에 불과했던 일본 주식을 매수하고 있었다. 따라서 해외 투자를 모색한다는 것은 어느 한 나라의 약세장을 피할 수 있다는 것을 의미하기도 한다."[15] 1972년부터 1974년 사이 템플턴 성장펀드는 32.6퍼센트의 수익률을 기록했다. 이 기간 S&P500 지수는 25.3퍼센트 하락했다는 점에서 수익률 차이는 거의 58퍼센트포인트에 육박했다.

템플턴 성장펀드는 선견지명을 갖고 일본 증시에 투자해 미국 증시의 약세장으로 인한 손해를 대체로 피함으로써 1970년대에 S&P500의 5.4퍼센트보다 월등히 높은 연간 19.6퍼센트의 수익률을 기록했다. 1970년에 템플턴 성장펀드와 S&P500 추종 펀드에 똑같이 1만 달러를 투자했다면 1979년 후자에 투자한 돈은 1만 7,700달러가 됐더라도 전자에 투자한 돈은 5만 5,900달러로 불어났을 것이란 뜻이 된다.

1992년 템플턴은 당시 상황을 이렇게 설명했다.

> 우리가 일본 주식을 샀을 때 평균 PER가 3배밖에 되지 않는 최고의 성장기업을 골랐다. 그들의 PER가 33배까지 오르자 우리는 다른 곳에 더 좋은 저평가된 주식이 있을 것이라 생각했다. 그래서 우리는 차츰 이익을 실현했다. 하지만 5년을 너무 앞당겨 봤다. 일본 증시의 PER가 75배까지 급등했기 때문이다.[16]

1979년이 되자 일본 증시의 PER는 미국 증시의 2배에 달했고, 템플턴의 일본 증시 투자 비중은 불과 5퍼센트로 쪼그라들었다. 1980년대 후반 일본 증시의 PER가 무려 75배까지 치솟을 무렵 그는 일본 증시를 모두 정리한 상태였다. 템플턴이 일본 주식을 비싼 수준에서 팔았으나 이후 일본 주식이 믿기 어려울 만큼 높은 수준에 도달하자 이 기간 템플턴 성장펀드의 수익률은 1974년 등장한 MSCI 세계주가지수 MSCI World Equity Index에 뒤처지게 되었다. 1974년 MSCI 세계주가지수 내 일본 주식이 차지하는 비중은 12퍼센트에 불과했으나 1989년에는 40퍼센트까지 올라갔다. 이 기간 중 일본인들은 가격이나 실적을 무시하고 수집품을 모으듯 주식을 샀다고 템플턴은 나중에 설명했다. 템플턴이 더 늦게 팔았다면 훨씬 더 많은 돈을 챙길 수 있었지만 나중에 생각해 보니 그랬다가는 저평가 주식에만 투자함으로써 자본을 지키겠다는 자신의 투자 원칙을 어긴 꼴이 됐을 것이다. 그는 또한 기관 투자자라면 지수 가중치를 포용해야 한다는 생각이 주는 압박에 굴복하여 자신의 원칙을 위반하지 않았다.

템플턴은 1970년대 중후반 북미와 유럽에서 저가매수 기회를 찾아냈고, 이때 산 주식들은 1992년 펀드를 매각할 때까지 펀드 내에서 중요한 비중을 차지했다. 1978년 템플턴은 포트폴리오의 60퍼센트를 미국 주식에, 나머지 40퍼센트는 캐나다, 일본, 영국, 독일, 홍콩, 호주 주식에 각각 할당했다. 미국 투자 비중 60퍼센트는 24년 넘는 투자 경력에서 가장 높게 취해본 비중이었다. 그는 그 이유를 이렇게 설명했다.

"우리가 미국에 60퍼센트를 투자하기로 일부러 결정한 건 아니었다. 단지 주식의 가치에 대한 판단에 따라 가능한 한 가장 낮은 가격에 살 수 있는 주식을 찾아서 전 세계 주식을 살펴보다가 미국에서 그런 주식을 발견하였을 뿐이다.[17]

템플턴은 석유, 가스, 부동산, 건설 분야에서 가장 저평가된 주식을 찾아냈다, 그는 "우리가 그들이 좋은 투자 종목이라고 판단했기 때문이 아니라, 전 세계적으로 최고의 저평가 주식을 찾던 중에 이들 업종에서 그런 주식을 꽤 많이 발견할 수 있었기 때문"이라고 설명했다.[18]

템플턴은 펀드를 청산하기 전까지 미국 증시 투자 비중을 60~65퍼센트 정도로 비교적 안정적으로 유지했다. 그는 신생 성장주와 연기금 사이에서 인기가 높은 유명 기업의 주식 사이에서 저가매수 기회가 등장하면 투자 비중을 조정하며 투자했다.

템플턴은 1982년에 다음과 같은 이유로 특히 미국 주식시장을 낙관했다.

- **저평가됐다.** 미국 증시의 PER는 다우지수가 사상 최저치를 찍었을 때와

같은 7배에 불과했다. 이런 저평가는 높은 인플레이션과 금리를 둘러싼 비관론, 석유 위기, 일본과의 저가 상품 경쟁 위협 등이 반영된 결과였다. 템플턴은 미국 증시의 PER가 결국 싱가포르의 16배, 홍콩의 18배, 일본의 20배 등 다른 나라 수준으로 올라갈 것이라고 믿었다. 1배도 안 되는 미국 증시의 주가순자산비율PBR은 대공황 때만큼 낮았다. 1982년 8월 대체비용은 주식시장 역사상 그 어느 때보다도 낮았다.

- 기업이 싸졌다는 것을 암시하는 기업 인수·합병이 다수 일어났다. 템플턴은 기업이 다른 기업의 경영권을 얻기 위해 50~100퍼센트의 프리미엄을 기꺼이 지불하려고 하는 주된 이유는 그런 프리미엄을 지불하더라도 여전히 기업을 저렴하게 인수하는 것이라고 믿기 때문이라는 논리를 펼쳤다.

- 기업들이 역사상 어느 때보다 빠른 속도로 자사주 매입에 나서고 있었다. 템플턴은 자사주를 매입하는 기업은 "그 회사를 가장 잘 아는 사람들이 현재의 주가가 정말 저렴하다고 믿고 있다는 것을 입증한다"고 믿었다.

- 템플턴은 살면서 당시만큼 투자 가능한 현금이 풍부했던 적을 본 적이 없었다. 그는 이런 억눌렸던 구매력이 결국 주가를 상승시킬 것이라고 믿었다. 보험 회사, 일본·독일·아랍계 외국인 투자자들, 그리고 6,000억 달러가 넘는 보유 현금이 12년 안에 3조 달러 이상으로 증가할 것이 예상되는 연기금은 모두 풍부한 현금을 들고 있었다. 템플턴은 이들이 가진 돈의 절반만 주식에 투자하더라도 1조 5,000억 달러의 보통주를 살 수 있을 것으로 판단했는데, 이러한 액수는 1982년 미국 전체 증시 시가총액인 약 1조 2,500억 달러보다 많은 금액이었다.

CHAPTER 06

사례 연구

사람들은 항상 전망이 좋은 분야가 어디냐고 묻는데, 그건 잘못된 질문이다. 전망이 가장 형편없는 분야가 어디인지 묻는 게 올바른 질문이다.

— 존 템플턴

템플턴 투자 전략의 핵심은 비관론이 최고조에 달해서 현재 주가가 미래 수익력이 정상화됐을 때를 기준으로 뽑은 기업의 적정가치에 비해 낮을 때 매수하는 것이다. 기업의 경영에 대한 우려가 팽배할 때 비관론이 최고조에 달한다. 통상 이때 생기는 걱정은 그 회사의 주식이 '죽은 돈'에 불과하니 더 확실한 주식에 투자하는 게 낫겠다거나, 최악의 경우 회사의 발전이 더 악화될 뿐이라고 걱정하는 투자자들이 매도 물결을 일으킬 만큼이나 심각하다. 이때 문제가 진짜로 심각한 것인지 아니면 심각하다고 간주되기만 하는 것인지 잘 판단하면 기회가 생길수 있다. 전자의 경우라면 문제가 일시적이고 고칠 수 있고 구조적인

존 템플턴의 레슨

것인지, 아니면 구조적이고 영구적인 피해를 줄지를 자문자답해야 한다. 궁극적으로 이러한 상황들은 맹목적인 낙관론에 빠져서가 아니라 연구를 통해 뒷받침되는 사실들을 갖고서 기꺼이 현재의 혼란 이후를 바라보려는 투자자들에게는 수익을 낼 수 있는 잠재적 기회를 열어준다. 이때 하는 연구의 목적은 현재 펀더멘털상의 문제가 기업의 미래 수익 창출력에 타격을 주고 그로 인해 내재가치를 떨어뜨릴지 여부를 판단하는 것이다.

우리는 몇몇 사례 연구를 보다 자세히 살펴봄으로써 비관론이 최고조에 달했을 때 템플턴이 자신이 세운 원칙을 어떻게 실행에 옮겼는지 평가함으로써 그의 주식 선별 능력의 진가를 가늠할 수 있다.

유니언 카바이드

템플턴은 "내가 한 최고의 거래 중 하나는 유니언 카바이드Union Carbide였다"고 회고한 바 있다.[1] 템플턴은 1982년에 유니언 카바이드의 주식 매입을 시작했다. 그는 당시 "1년 전에 고작 40달러에 거래되던 이 회사 주식의 주당 순익이 10달러 50센트였는데, 5년 내로 지금 순익의 2배 정도인 주당 20달러를 벌 것이라고 판단했다"고 말했다.[2]

1984년 12월 4일 〈월스트리트저널〉은 전일 인도 보팔에 소재한 유니언 카바이드의 농약 공장에서 메틸 이소시아네이트methyl isocyanate 성분의 유독 가스가 누출돼 410명이 숨지고 1만여 명이 다쳤다고 보도했다. 7년 된 이 공장의 지분은 유니언 카바이드가 51퍼센트, 인도 정부가 49퍼센트씩 각각 소유하고 있었다. 공장은 회사 수익의 2퍼센트를 기여했다. 회사 대변인은 신문에 "어떤 손해라도 보험으로 배상해주겠다"고 말했다. 12월 유니언 카바이드의 주가는 주당 50달러에서 33달러로 30퍼센트 이상 급락했다(이후 주식은 3 대 1로 분할됐기 때문에 여기서 인용된 주가는 액면분할 전 가격이다).

그러자 템플턴은 투자를 늘렸다.

1985년(실제로는 1984년) 보팔에 소재한 화학제품 생산회사인 유니언 카바이드 공장에서 끔찍한 사고가 있었던 것을 기억하는가? 뉴욕증권거래소NYSE에서 주당 50달러에 거래되던 이 회사의 주가는 희생자 가족과 친인척들이 회사를 상대로 소송을 제기하면 회사가 파산할 수 있다는 우려로 32.75달러까지 폭락했다. 그런데 우리는 이 회사 주식에 대거 투자해놓고 있던 상태였다. 그래서 우리가 어떻게 했는지 아는가? 우리는 회사 주식을 일부 더 샀고, 주가가 더 떨어지자 다시 더 샀다.[3]

1984년 12월 6일 인도 당국은 사망자가 최소 1,600명, 비공식 추산으로는 최대 2,000명에 이르며, 5만 명이 홍통, 눈 염증, 구토 등의 고통에 시달렸다고 발표했다. 의사들은 수만 명이 폐 손상, 실명, 불임과 같은 영구적인 질병을 앓을 것으로 추정했다. 공장을 찾은 인도의 바산트 사테Vasant Sathe 내무장관은 당시 이 비극을 화학 산업 역사상 최악의 재앙이라고 말했다. 그로부터 25년 뒤 그는 당시 보팔 지역 절반이 하룻밤 사이에 가스실로 바뀌었다고 회상했다. 하지만 당시 윌리엄 켈리William Kelly 유니언 카바이드 대변인은 "회사가 파산할 가능성은 없다고 본다"고 주장했다.[4] 복수의 유니언 카바이드 관계자들은 배상 금액이나 보험사에 대한 공개를 거부했지만, 손해배상 보험을 들어놨다고 거듭 주장했다. 보험사 관계자들은 보험으로 회사가 최소 2억 달

존 템플턴의 레슨

러의 배상금을 충당할 수 있을 것으로 추산했으나 광범위한 징벌적 피해에 대해서도 보험이 적용될지는 확신하지 못했다.

다음날인 12월 7일 유니언 카바이드의 건강·안전·환경 업무를 총괄하는 잭슨 브라우닝Jackson Browning 이사는 "보팔에서 전례가 없는 비극이 일어났으나 보험과 다른 가용 자원을 고려했을 때 유니언 카바이드의 재무 구조는 어떤 식으로도 위협받지 않는다고 믿는다"면서 파산 신청을 하지 않을 것임을 강조했다. 국제적인 신용평가기관인 스탠더드앤드푸어스와 무디스Moody's는 유니언 카바이드를 신용등급 강등 검토 대상에 포함시켰다고 밝혔다.

같은 날 〈월스트리트저널〉은 '월가에서 듣는다Heard on the Street' 칼럼에서 유니언 카바이드를 분석했다. 칼럼은 이 회사 지분 전량을 매각한 한 자금운용역의 말을 인용해서 "더 악화될 수도 없을 정도다. 유니언 카바이드는 석면 관련 소송으로 수년간 시달리다가 결국 파산한 제2의 맨빌Manville이 될 수 있는데, 누가 이 회사 주식을 필요로 하겠나?"라고 물었다. 칼럼은 주가 하락이 과도하다고 생각하는 다른 분석가들의 시각도 거론했다. 이들은 인도의 생활 수준이 낮아서 피해자들에 대한 배상액이 크지 않을 것이기 때문에 실제 피해에 대한 잠재적 책임은 감당 가능한 수준이 될 수 있다고 분석했다. 칼럼은 딘 위터Dean Witter 증권사의 화학 분석가인 윌리엄 영William Young의 말을 인용해서 "유니언 카바이드가 2억 달러 이상의 보험에 가입되어 있는 반면 실제 손해배상 청구액은 약 1억 달러에 달할 것이며, 징벌적 손해배상액이 2억 달러로 평가되나 여기에 보험이 적용되지 않는다고 하더라도 유니언 카바이드의 주당 순익은 1.5달러 떨어지는(이때 전체 주당 순익은 4.50달러) 데 그칠 것"이라고 예상했다. 영은 이어 "합리적으로 분석해 봤을 때 유니언 카바이드의 주식은 현재 가격보다 투자 가치가 더 있다"고 덧붙였다. 그러나 그는 이 회사 주식을 추천하지는 않았다.

1984년 12월 11일 〈월스트리트저널〉은 텍사스의 베이스Bass 형세가 주당 34~38.52달러에 유니언 카바이드 지분 5.4퍼센트를 취득했다고 보도했다. 이들이 거둔 배당금 수익률은 8퍼센트가 넘었다. 또한 미국에서 온 유니언 카바이드 기술팀의 공장 내부 출입이 허용되었다고 보도했다.

1985년 1월 11일 신문은 또 "워런 앤더슨Warren Anderson 유니언 카바이드 최고경영자가 '우리는 이번 위기를 극복할 수 있다. 우리에겐 필요한 모든 자산과 은행 계좌와 신용이 있다. 우리가 회사를 잘 운영한다면 괜찮아질 거라고 생각한다'고 말했다"고 보도했다. 그는 또한 6개월 이내에 소송이 타결되기를 바란다는 점을 강조했다. 당시 참사의 원인은 이후 3주가 지나서야 공개됐다.

1985년 9월 30일 템플턴은 약 340만 주를 보유한 화학·건축 제품 제조회사인 GAF 코퍼레이션GAF Corporation의 뒤를 이어 유니언 카바이드의 2대 주주였다. 템플턴은 이렇게 설명했다.

혹자는 내가 이성을 잃었다고 생각했다! 하지만 자초지종은 이랬다. 첫째, 우리는 보험 합의로 보팔에서 입은 피해가 상당 부분 흡수될 것으로 생각했다. 둘째, 우리가 잘 운영되고 있다고 생각한 유니언 카바이드는 계속해서 대중이 필요로 하는 제품을 생산해낼 것이다. 간단히 말해서, 우리는 보팔 사태의 파장이 조만간 가라앉을 수밖에 없다고 믿었다. 회사가 다시 수익성을 회복하거나, 아니면 누구도 부인할 수 없을 정도로 유용한 사업부가 불안해하는 다수의 매수자들에게 매각될 수 있었다.[5]

1985년 12월 10일 〈월스트리트저널〉은 매출이 유니언 카바이드의 매출 95억 달러의 7.7퍼센트인 7억 3,100만 달러에 불과한 GAF 코퍼레이션이 유니언 카바이드 지분 90퍼센트를 주당 68달러에 인수하겠다고 제안했다고 보도했다. 유니언 카바이드 측은 이 제안을 거절하고 "무슨 일이 있건 최선을 다해 위기를 벗어날 것"이라고 말했다.

템플턴은 1988년 이렇게 회상했다. "1986년 말(실제로는 1985년 말)에 GAF 코퍼레이션이 주당 68달러에 유니언 카바이드를 인수하겠다고 제안했을 때 우리는 우연히 30만 주의 주식을 갖고 있었다. 그것이 일시적인 악재를 듣고 사라는 내 말이 무슨 뜻인지 설명해준다."[6]

템플턴은 바하마 본사에 있는 동료들에게 유니언 카바이드 주식을 계속 가지고 있으라고 말했다. "너무 급하게 팔지 않는 것이 현명하다. 첫 번째 인수 제안이 마지막 제안이 아닐 수도 있기 때문이다." 이후 3주 동안 그는 하루에 한두 번만 주가를 확인하면서 기다렸다.[7]

유니언 카바이드는 자사주 35퍼센트를 주당 20달러에 환매수하겠다고 역제안했다. 1985년 12월 26일 〈월스트리트저널〉은 GAF 코퍼레이션이 인수가를 주당 74달러로 올려 제시했다고 보도했다. 12월의 마지막 며칠 동안 템플턴은 인내심을 잃고, 그해 마지막 날에 보유하고 있던 유니언 카바이드 주식 대부분을 처분했다.[8]

〈월스트리트저널〉은 1986년 1월 3일 GAF가 인수가를 주당 78달러로 올리자 유니언 카바이드가 애지중지하던 소비재 생산부서(에브리데이Everyday 배터리와 글래드Glad 비닐 봉투를 파는)를 마지못해 매각하고, 회사채 발행을 늘리고, 연간 배당금을 주당 3.40달러에서 4.40달러로 올리고, 자사주 55퍼센트를 주당 85달러의 현금과 유가증권으로 매입하는 데 필요한 자금을 조달하기 위해 지분 구조를 변경하는 식으로 복

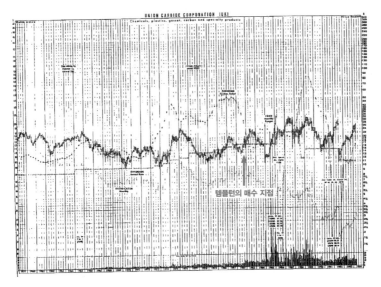

[그림 2] 유니언 카바이드의 주가(1959~1994년)

수행다고 보도했다. 유니언 카바이드의 회사채 발행 규모는 54억 달러로 2배로 늘어나고, 자본 대 부채비율debt to equity ratio은 14대 1로 올라갔다.

템플턴은 1986년 초에 "우리는 너무 빨리 (주식을) 매각했다"며 아쉬워했다.[9]

1986년 1월 9일 GAF는 주당 74달러에 유니언 카바이드를 인수하려는 적대적 M&A 제안을 포기하고 10퍼센트 지분을 계속 유지하겠다고 밝혔다.

1994년 9월 12일 유니언 카바이드는 최소 3,800명의 목숨을 앗아가고 50만 명 이상의 부상자(2006년 발표된 정부 자료)를 낸 독가스 누출 사건에 연루된 인도 법인의 지분 50.9퍼센트를 영국의 맥레오드 러셀 홀딩스McLeod Russel Holdings에 9,000만 달러를 받고 매각하기로 합의

존 템플턴의 레슨

했다. 유니언 카바이드는 독가스 누출 원인은 신원 미상의 직원이 고의적으로 저지른 업무방해 행위라고 주장하면서도 자사의 '도덕적 책임'을 인정했다. 보팔 공장은 다시는 문을 열지 못했다.

핵심 정리

투자자는 주식을 보유하고 있을 때 불가피하게 그들의 결심을 시험하는 투자 뉴스를 접하게 된다. 유니언 카바이드의 보팔 공장에서 발생한 화학 가스 누출은 3,800명 이상의 사망자와 50만 명 이상의 부상자를 낸 세계 최악의 산업 재해로 알려졌다.

템플턴은 과거에 유사 사례가 일어났을 때 어떤 책임이 뒤따르며, 유니언 카바이드가 져야 할 책임이 어느 정도일지를 이성적으로 질문하면서 대응했다. 그는 회사의 재정적 부담은 보험을 통해 상당 부분 감당이 되고, 보험만으로 안 되더라도 회사가 보팔 사건과 무관하며 수익성이 높은 사업부를 매각해 부족한 돈을 충당할 수 있다고 판단했다. '선매도하고 나중에 질문하는' 게 쉬웠을 수 있지만, 템플턴은 합리적 분석을 통해 얻은 소신에 따라 유니언 카바이드의 주식을 계속 사들이거나, 매도자의 주식을 계속 매입했다. 결과적으로 나중에 아쉬워한 부분도 있었지만, 그의 전략은 역대 최고 중 하나의 성과로 기록됐다. 유니언 카바이드가 미래 수익 창출력에 비해 저평가됐다는 템플턴의 당초 평가도 적중했다. 유니언 카바이드는 결국 1989년에 주당 15달러 가까이를 벌었다. 템플턴이 유니언 카바이드의 주식을 매입하기 시작했을 때 이 회사의 주당 순익은 7년 후와 비교해서 3배 더 낮았다.

알칸 알루미늄

1982년 5월 알루미늄 생산 업계 2위 기업인 알칸 알루미늄Alcan Aluminum은 음료수 캔 제조업체들이 많이 사용하는 제품인 알루미늄 시트 가격을 6퍼센트 인상하려던 계획을 철회했다. 다른 업체들도 알칸 알루미늄을 따라서 했다. 〈월스트리트저널〉은 한 구매자의 말을 인용해서 "알루미늄 업계가 대단히 치열한 경쟁을 벌이고 있다"고 보도했다.[10]

1982년 6월 18일 템플턴은 공영방송에 출연해 알칸 알루미늄 주식 매수를 추천했다.

> "우리가 40년 동안 투자 상담을 해오면서 보통 '신생 성장주'라는 잘 알려지지 않은 회사들 주식에서 최고의 저가매수 기회를 찾았지만, 이제 비로소 주가가 불과 주당 16달러인 알칸 알루미늄과 같은 대기업이 다음 시장 주기 때 주당 12달러를 쉽게 벌 수 있음을 알게 되었다."

템플턴은 이 거래를 결정하기 위해 어떤 기준에 의존했는지 묻는 질문을 받자 "기준은 매우 광범위하고 다양하지만, 아마도 가장 중요한 기준은 회사가 장기적으로 벌어들일 수 있는 수익 추정치에 비해 현재 주가가 얼마나 싼가 여부"라고 답했다.[11]

며칠 뒤 알칸은 자본지출 규모를 이전에 계획했던 7억 달러, 전년도의 9억 7,400만 달러에서 6억 달러로 줄이겠다는 계획을 발표했다. 회사 측은 또한 시간당 임금을 동결하고, 임금 인상을 연기했다. 알칸의 고위 경영자 141명은 그해 하반기에 2주 동안 무보수로 일하기로 했

존 템플턴의 레슨

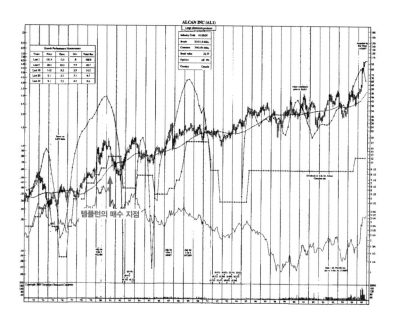

[그림 3] 알칸 알루미늄의 주가(1973~2007년)

다. 살로몬 브라더스Salomon Brothers 분석가 피터 잉거솔Peter Ingersoll은
〈월스트리트저널〉과의 인터뷰에서 "제2차 세계대전 이후 최악의 침체
기였던 1974~75년과 비교해봐도 내가 지금껏 살아오는 동안 알루미
늄 산업은 지금 단연코 최악의 시기를 보내고 있다"고 진단했다. 알칸
은 저비용 생산업체였기 때문에 이 회사의 공장 가동률은 업계 평균인
76퍼센트에 비해 높은 86.7퍼센트에 달했다.

　10월 말 알칸은 1930년대 초 이후 최초로 1,500만 달러의 분기 영
업손실을 보고했다. CEO인 데이비드 컬버David Culver는 단기 사업 전
망도 고무적이지 않다고 인정했다.

　1983년 1월 알칸, 알코아Alcoa, 레이놀드 메탈Reynolds Metals은 모두
알루미늄 가격 하락으로 분기 손실을 기록했는데, 손실 규모는 예상했

던 수준보다 더 컸다. 그러나 크로메 조지Krome George 알코아 회장은 "주요 알루미늄 가격이 다시 오르고 있는 것으로 보이며, 주문율도 약간 상승하고 있다"면서 "현재와 같은 추세가 유지된다면 1983년 더디지만 완만한 회복세를 기대할 수 있을 것"이라고 전망했다.[12]

1983년 6월 알칸은 미국 내 출하량이 1982년 4분기보다 35퍼센트 늘어나서 1983년 하반기에 흑자 전환하겠지만 1984년에는 알루미늄 수요의 증가 추세가 식을 것으로 예상했다.

같은 해 8월, 북미 4대 알루미늄 생산업체 중 두 곳이 거의 3년 만에 처음으로 알루미늄 잉곳 가격을 인상했다. 잉곳ingot은 제련된 금속을 나중에 압연·단조 등의 가공처리를 하거나 다시 용해할 목적으로 적당한 크기와 형상으로 주조한 금속 덩어리를 말한다.

9월 알루미늄 주문량은 전년 대비 22퍼센트 증가했으며, 평판 압연 알루미늄 제품의 납품까지 걸리는 시간은 2배 이상 늘어났다. 전년도인 1982년 12월 파운드당 46센트에 거래되던 알루미늄 잉곳은 이때 파운드당 72센트로 올라 거래됐다.

알칸의 주식은 15개월 전 템플턴이 공중파 TV에서 추천했던 수준보다 2배가 뛰었다. 1983년 9월 알칸은 보통주 700만 주를 발행하겠다는 계획을 발표했다.

핵심 정리

템플턴은 다양한 회사와 업종의 저평가 주식을 찾아내는 바겐 헌터였다. 그의 내적 모형을 떠받치는 10대 기둥 중 하나이자 장기적인 성공 비결은 유연하고 열린 마음을 유지하는 것이었다. 그는 알려지지 않은 신생 성장주를 선호했지만 유니언 카바이드와 알칸 알루미늄의 사례에서 봤듯이 악재가 퍼졌어도 기업의 생존을 위협할 정도는 아닐 때는 경기변동형 산업cyclical industry(시장 형편과 관련이 깊은 산업. 철강, 비철 금속, 석유, 섬유, 종이, 펄프 산업 - 옮긴이) 관련 기업들에 투자하는 것도 꺼리지 않았다.

알칸과 유니언 카바이드 모두 회사의 '미래 잠재 실적에 비해 낮은 현재의 주가'라는 템플턴이 선호하는 저평가 주식 기준에 부합했다. 템플턴이 1982년 6월 공영방송에 출연해서 알칸을 추천했을 때 그는 주가가 16달러면 다음 시장 사이클 때 알칸이 주당 12달러의 순익을 올릴 수 있을 것이라는 자신의 예측에 근거해 봤을 때 저렴한 가격이라고 평가했다. 그의 예측은 거의 맞았다. 알칸은 1989년에 다음 주기가 정점에 도달했을 때 주당 10달러를 벌었다. 템플턴은 알칸이 7년 후 벌어들인 이 주당 10달러 수익을 기준으로 했을 때 PER가 극히 낮은 1.6배로 거래되는 알칸 주식을 매입한 셈이다. 그의 추천 이후 1년여 만에 주가가 2배로 뛰었다는 점에서 주가는 수익 회복 훨씬 전부터 할인된 가격에 거래되기 시작했던 것이다.

엑손 코퍼레이션

——

1981년 1월 28일 로널드 레이건 미국 대통령은 석유 제품의 가격이 가격 통제 정책보다는 자유 시장에 의해 결정되도록 허용하는 행정명령에 서명했다. 그러자 알래스카 프루도만 유전Alaska Prudhoe Bay Oil Field 등에서 석유 생산이 활기를 띠었다. 1970년대에 일어난 에너지 위기로 인한 유가 급등에 따른 소비 감소, 에너지 절약 운동, 핵과 천연가스 같은 대체 에너지원으로의 전환, 비OPEC 회원국들의 과잉생산 등의 현상이 동시에 일어나자 1981년 6월 22일 시사주간지 〈타임〉

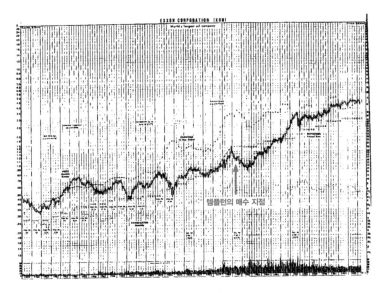

[그림 4] 엑손 코퍼레이션의 주가(1959~1994년)

은 "세계는 일시적으로 석유 과잉으로 들떠있다"라고 선언했다. 실제로 이러한 복합적 요인들은 1981년 배럴당 근 40달러에 거래되던 석유 가격을 1986년 배럴당 11달러로 떨어뜨리는 5년간의 가격 하락세를 촉발했다.

1981년 5월 템플턴은 자신이 엑손 주식을 사고 있다고 밝혔다. 매수 이유를 "엑손 주식이 세계 최고 주식 중 하나지만 PER가 5배에 불과하고, 청산가치의 절반에 팔리고 있기 때문"이라고 들었다.[13] 그는 재차 자신이 주식을 고를 때 거치는 기본적 테스트를 강조했다. "회사가 장기적으로 벌어들일 수익을 추정해서 지금 최저가로 사는 것보다 중요한 투자법은 없다."[14]

당시 엑손의 배당 수익률은 9퍼센트, 배당보상배율dividend coverage ratio(주주들에게 돌려줄 수 있는 이익이 배당금의 몇 배인지를 나타내는 지표-옮긴이)은

존 템플턴의 레슨

2배, PER는 5배에 불과했다. 다음 해 동안 엑손의 주가는 17퍼센트 하락했다. 1982년 5월 엑손, 애틀랜틱 리치필드Atlantic Richfield, 스탠다드 오일Standard Oil을 포함해 430억 달러 규모의 알래스카 천연가스 파이프라인을 후원하던 기업들은 고금리와 에너지 수요 부진을 이유로 파이프라인 건설을 2년 연기하겠다고 발표했다. 엑손 역시 합성 연료에 대한 수요가 감소했다고 확신했기 때문에 토스코Tosco와의 오일 셰일 oil shale(석탄·석유가 산출되는 지역에 널리 분포하는 검은 회색 또는 갈색의 수성암으로 이것을 부순 다음 건류하면 석유를 얻을 수 있다-옮긴이) 개발 프로젝트를 무산시키겠다고 발표했다.

1982년 5월 12일 〈월스트리트저널〉의 '월가에서 듣는다' 칼럼에 엑손에 대한 내용이 실렸다. 칼럼은 "엑손은 이익성장률이 인플레이션을 앞지른 몇 안 되는 미국 기업 중 하나지만 동사의 5년간 주식 총수익률은 인플레이션 조정 시 0.7퍼센트에 불과하고, 세금을 빼면 마이너스"라면서 "분석가들 대부분이 이 종목을 추천하지 않는다"라고 말했다.

다음 달 엑손은 비용 절감을 위한 노력을 강화하면서 위로금을 주는 조건으로 직원들을 상대로 희망퇴직과 은퇴를 실시했다. 1982년 6월 엑손은 다시 '월가에서 듣는다' 칼럼에 등장했다. 칼럼은 엑손 주식의 배당 수익률이 기업 평균의 2배이자 다우지수에 편입된 30개 기업 중 가장 높은 11퍼센트에 달한다고 보도했다.

이후 5년 동안 엑손의 PER는 5배에서 16배로 올라갔고, 주가는 350배가 급등했다. 이 기간 올린 수익에는 별다른 변화가 없었다. 배당수익률은 33퍼센트 증가하여 전체 투자 수익률을 끌어올렸다.

저평가 주식은 우리가 발견하지 못한 성장주 중에서뿐만 아니라 거시경제적 이유로 펀더멘털상 수익 창출에 지장을 받을 수 있는 강력한 시장 입지를 가진 우량기업 주식에서도 찾을 수 있다. 특히 우량기업 주식의 경우 이럴 때 실적 모멘텀이나 근본적인 주가 상승 촉매가 부족해 투자에 적기가 아니라고 보는 게 기존의 시각이었다. 엑손은 정리해고, 파이프라인 건설 중단, 합성 연료 수요 부진, 에너지 수요 둔화로 고통스러운 상황에 처했다. 그러나 건전한 대차대조표와 배당금 지급을 감당할 수 있을 만큼의 강력한 수익을 무기로 굳건히 버텼다. 템플턴은 필연적인 밸류에이션 반등을 기다리는 동안에도 9퍼센트의 배당 수익률을 올렸다. 이 기간에 실적이 개선되지는 않았지만, 투자자들이 자연스럽게 수급 균형이 이뤄지면서 결국 유가가 회복하고, 실적도 따라 좋아질 것으로 점차 더 확신하게 되면서 엑손의 PER는 3배가량 올라갔다.

몬산토

다각화된 전문 화학기업 몬산토Monsanto는 1990년 10월 석유 관련 원자재 가격 인상으로 매출은 전년 대비 소폭 늘었지만, 분기 이익은 같은 기간 41퍼센트 급감했다고 발표했다. 몬산토는 카펫용 나일론과 자동차 앞유리에 쓰이는 플라스틱을 대량 공급하는 업체로, 원재료를 석유 파생상품에 의존했다. 몬산토 역시 300명 감원 등을 포함한 농산물 사업 구조조정과 동물 사료 보조 사업부 매각 계획을 발표했다. 1990년 10월이 되자 유가는 전년 대비 84퍼센트 급등한 배럴당 35달러를

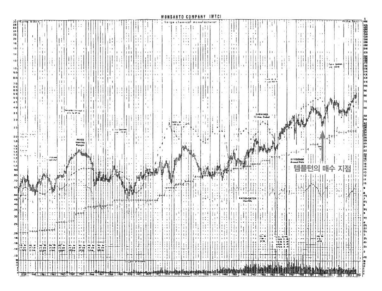

[그림 5] 몬산토의 주가(1959~1994년)

기록했고, 이라크의 쿠웨이트 침공과 그에 따른 페르시아만 위기 영향으로 2년 동안으로는 177퍼센트가 상승했다. 몬산토는 나중에 구입한 물품부터 출고한 것으로 계산하는 후입선출법LIFO(last-in-first-out) 회계 방식을 사용하여 실적을 보고하였다. 이 방법은 당시처럼 물가가 빠르게 오를 시 순이익이 과소평가되는 효과를 내기 때문에 몬산토의 실적도 부진하게 나왔다.

1990년 11월 5일 〈비즈니스위크〉는 기사에서 다우지수가 고점에서 500포인트 가까이 하락하자 템플턴은 비관론이 팽배한 업종에서 최고의 저가매수 기회를 찾고 있다고 보도했다. 이 잡지는 "템플턴의 최고의 선택은 우량주인 몬산토다. 몬산토는 가장 저평가된 주식 중 하나다. 이 회사 주가는 유가 급등으로 촉발된 매도에 의해 급락했다. 그러나 템플턴은 '장기 투자자들은 걱정할 필요가 없다'고 말한다. 고유가 현상이 지속되면 몬산토는 결국 제품 가격을 올릴 수밖에 없지만, 주가는 고점인 62달러에서 내린 42달러에 거래되는 바람에 PER가 8.4배밖에 안 된다는 설명이다."

몬산토는 높아진 비용을 상쇄하기 위해 제품 가격 인상 조치에 착수했다. 국제유가는 이후 1990년대 말까지 배럴당 10달러 중반에서 20달러대 초반 사이로 하락했다. 몬산토의 주가는 8개월 만에 78퍼센트 오르며 75달러에 거래됐다.

핵심 정리

템플턴은 자동차 앞유리에 사용되는 비산 방지 플라스틱 라이너liner인 사플렉스Saflex 필름부터 가정용 카펫의 주성분으로 나일론에 사용되는 화학물질과 라운드업Roundup 제초제에 이르기까지 다양한 제품을 생산하는 우량 전문 화학업체인 몬산토에서 저가매수 기회를 찾았다. 템플턴은 경기 반등 바람이 부는 가운데 차별화된 상품으로 가격 결정력을 갖고 있으나 향후 수익 창출 잠재력 대비로 일시적으로 주가가 하락한 회사를 찾았다. 이후 몬산토가 LIFO 회계 방법을 사용한 덕에 유가 하락에 따른 비용 부담 감소는 신속히 수익이 올라가는 것처럼 나타났다. 투자자들은 템플턴을 따라 몬산토의 실적 회복을 예상했다.

메릴린치

—

1991년 2월 템플턴은 이렇게 말했다. "우리는 인기가 없는 은행, 보험, 금융 서비스 관련주를 가장 많이 보유하고 있다. 은행 부실대출 문제로 비우호적인 여론이 형성되면서 더할 나위 없이 건전하면서 보수적으로 운영되는 이런 기관들의 주가를 부당하게 떨어뜨렸다."[15]

1991년 2월 상업용 부동산 시장의 장기 침체와 그로 인한 은행들의 대출 손실 급증으로 경제 전반에 불안감이 팽배했다. 대형 정크본드 투자회사인 드렉셀 번햄은 파산했고, 납세자들은 저축과 대출 위기로 5,000억 달러의 피해를 떠안게 되었다. 씨티코프Citicorp, 체이스 맨해튼Chase Manhattan, 뱅크오브보스턴Bank of Boston, 케미컬 뱅크Chemical Bank 등 주요 은행들은 자본 확충을 위해 배당금을 대폭 삭감했다.

템플턴은 당시 주당 21달러(차트에는 3차례에 걸쳐 2대 1로 액면분할한 가격인 주당 2.63달러가 반영)에 거래되던 메릴린치 주가를 낙관한다며 그 이유를 이렇게 설명했다. "메릴린치의 장부가액을 보수적으로 산정해도 시세보다 44퍼센트나 높다. 게다가 메릴린치는 대차대조표에 등재되지 않은 자산이 많다. 예를 들어, 1,000억 달러 규모의 뮤추얼 펀드를 운용하고 있는데, 운용자산의 1.5퍼센트가 주가에 반영돼야 한다. 이는 15억 달러, 즉 펀드만 갖고도 주당 약 14달러나 된다."[16]

핵심 정리

템플턴은 금융서비스 부문도 마찬가지로 광범위한 공포심에 휘말려 있다는 사실을 간파했다. 그는 부실 상업용 대출에 노출되지 않았지만, 주식시장에서 다른 부실 금융업체들과 같은 취급을 받은 메릴린치에서 투자 기회를 잡았다.

1990년 말 메릴린치의 실제 주당 장부가액(1주당 장부상의 가치-옮긴이)은 29.98달러(액면분할 전)로 당시 주가인 21달러보다 43퍼센트 높았다. 이는 자산이 더 낮은 공정가치fair value(현재의 시장 가격에 맞춰 평가된 자산 가격-옮긴이)로 상각되더라도 투자자들에게 완충제 역할을 수행해주었다.

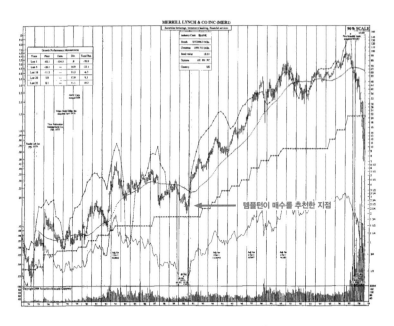

템플턴이 매수를 추천한 지점

[그림 6] 메릴린치의 주가(1974~2009년)

대출은 전체 자산과 주주 보유 지분에서 차지하는 비중은 각각 2퍼센
트와 50퍼센트에 불과했다. 템플턴이 지적했듯이 메릴린치 자산운용
의 뮤추얼 펀드 사업의 내재가치가 대차대조표상 표시된 원가의 장부
가액보다 훨씬 높아 장부가치가 과소 표시된 상태였다. 뮤추얼 펀드
사업의 가치만 해도 당시 주가의 3분의 2나 됐다.

시장에 대한 예언

——

1983년 12월 8일 템플턴은 TV에 출연해서 당시 812포인트 수준에
머물고 있던 다우지수가 향후 8년 안에 3,000포인트 위로 상승할 수
있다고 예측했다. 그는 그 이유를 다음과 같이 설명했다.

120   존 템플턴의 레슨

우리가 8년 뒤의 미래를 이야기하고 있다고 가정해 보자. 그때가 되면 국민총생산은 인플레이션 때문에 지금보다 2배로 늘어날 게 거의 확실시된다. 만약 GNP가 2배로 증가한다면, 미국 기업들의 판매량도 대략 2배로 늘어나게 된다. 이익률이 같으면 이익도 2배로 늘어난다. 이익이 2배로 증가한다면 증시는 얼마나 높은 수준까지 오를까? 예를 들어, 지금처럼 PER가 7배가 아니라 지난 80년간의 평균처럼 14배에 주가가 거래된다고 가정해 보자. 그리고 기업들의 이익이 지금보다 2배로 늘어나고 PER도 2배가 올라간다면 주가는 지금보다 4배 더 높아질 것이다. 그러면 다우존스 산업평균지수는 3,000포인트를 넘어서게 된다.[17]

증시가 8년이란 짧은 시간 안에 4배나 급등할 수 있다는 템플턴의 예측은 분명 부정적인 반응을 초래했다. 일각에서는 그의 재정적 분별력에 대해 의문을 제기했다. 하지만 그가 터무니없어 보였던 예측을 내놓은 이후 정확히 8년 15일 만인 1991년 12월 23일 다우지수는 3,000포인트를 찍었다.

템플턴의 냉철한 논리가 이겼다. 1983년 12월 이전 8년간 국내총생산GDP은 평균 10퍼센트 성장했고, 그 이후 8년 동안에도 7퍼센트 성장했다. 향후 8년 안에 GDP가 2배로 늘어날 것이라는 그의 가정은 9퍼센트 성장을 전제로 한 것이었다. 그래서 실제 성장률은 그의 예측에 약간 못 미쳤다. 그가 예측한 대로 1981~82년 사이 일어난 경기침체 이후 하락했던 PER는 반등했다.

1985년 말, 많은 주가지수가 사상 최고치를 기록했을 때 강세장은 이미 과거 강세장이 일어났을 때의 평균인 39개월 이상 이어지고 있었다. 템플턴 뮤추얼 펀드 그룹Templeton Group of Mutual Funds의 연례 주

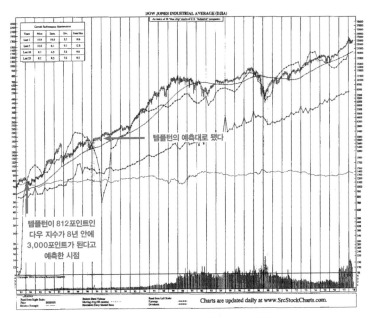

[그림 7] 다우존스 산업평균지수(1983~2018년)

총 전에 템플턴은 "다음 강세장은 놀랍게 강력할 것이라고 믿는다"고
말했다.[18] 그는 그 이유로 엄청난 주식 투자 가능 자금, 외국인들의 미
국 투자 확대, M&A와 주식 환매로 인한 미국 주식의 공급 감소, 미
국 연기금의 자산 규모가 1조 3,000억 달러에서 10년 내에 3~5조 달
러로 커질 가능성 같은 몇 가지 강세 기대 요인을 언급했다. 이후 10년
동안 S&P500 지수에 투자된 1만 달러는 연평균 15퍼센트에 달하는
수익을 올리면서 4만 달러 이상으로 불어났다.

존 템플턴의 레슨

CHAPTER 07

'자본주의의 선교사' 존 템플턴

지금처럼 급변하는 세상에서 승자를 지지하고 싶다면 현명하고 꾸준한 거북이 같은 사람을 연구하라. 그는 인내와 자제력이 결국 경주에서 이기게 해준다는 법칙을 구현해준다.

– 존 템플턴[1]

거북이 비유는 다른 많은 노력에도 어울리지만 특히 투자 분야에 더 어울린다. 인내는 끊임없이 최고의 저가 매물을 찾는 노력과 장기적으로 높은 성과를 내기 위해 장기로 투자할 때 필요한 강한 신념을 지킬 때 적용된다. 이와 관련된 자제력의 법칙은 자신이 이해하는 것에만 투자하고 시장에서 생기는 두려움과 탐욕이라는 강력한 감정에 휘말리지 않게 도와준다.

템플턴은 월가의 영웅이자 상식의 '미시시피강'이자 글로벌 투자의 수장이자 선구적인 글로벌 가치투자자로 불려왔다. 이런 모든 호칭이 적절하지만, 나는 글로벌 투자와 종교에 대한 그의 공헌을 강조하는

'자본주의 선교사'라는 호칭을 선호한다. 템플턴을 기억할 때 떠오르는 구체적인 상징은 세계적인 투자 관점과 재정적 번영과 경제적 자유와 종교적 열정이 공존할 수 있다는 그의 견해를 뒷받침해주는 여권과 성경이다. 템플턴은 해외 투자가 세계 평화를 진전시킬 것이라고 믿었다. "우리가 해외 투자를 늘릴수록 서로를 더 잘 이해하게 된다. 크렘린궁의 지도자들이 가진 돈 절반을 러시아 밖에다 투자했다고 가정해보자. 그들은 예전과 완전히 다른 방식으로 세계를 바라보게 될 것이다."[2]

수년 전 나는 이 책의 집필 계획을 알려주기 위해 템플턴에게 편지를 보냈다. 나는 그동안 모아뒀던 연구자료를 언급하며, 그에게 특별히 강조하고 싶은 점이 있는지 물었다. 그는 내 노력을 칭찬하며 "제가 최근 낸 책《열정Discovering the Laws of Life》한 부를 선물로 동봉합니다. 세미나 때 다뤄주면 좋겠네요"라며 답장을 보내왔다.

주목할 점은 그의 신간《열정》은 투자와 직접적인 관련이 없다는 사실이다. 이 책은 그가 "세계 각지의 사람들이 더 행복하고 더 유용한 삶을 사는 데 도움을 주길 바라며 여러 가지를 경험하고 부지런히 관찰하며 살아온 한평생"에 대해 적어놓은, 200가지의 주요 인생 법칙을 모아놓은 것이다. 이 200가지 법칙에는 '황금률golden rule('남에게 대접을 받고자 하는 대로 남을 대접하라'는 그리스도교 윤리의 근본 원리-옮긴이)'을 지켜라, '사랑, 기쁨, 평화, 인내, 친절함, 선함, 신실함, 온화함, 자제력을 보여주면 구원받는다', '끊임없이 기도하라', '받는 것보다 주는 것이 더 보람차다', '열정은 성취를 낳는다', '더 많이 베풀어라' 등이 있다. 템플턴은 시대를 초월한 각각의 진리에 대해 이 법칙 하나하나가 왜 자신에게 많은 도움이 됐고, 타인들에게도 도움을 줄 수 있는지를 자세히 설명

존 템플턴의 레슨

해놓았다.

책의 마지막 부분에 나오는 '역사적으로 가장 존경하는 인물을 존경하게 된 이유를 나열한 후 그 사람을 모방하라'는 법칙은 특히 더 적절하다. 템플턴은 이렇게 설명했다. "위대한 남녀의 삶을 연구하기로 했을 때 우리는 그들에게서 진정으로 가치 있는 삶의 소중한 비밀을 배우고, 그들의 삶이 우리 삶에 생명을 줄 수 있게 만들 수 있다. 특정한 남녀 영웅을 선정하여 본받는 과정을 통해 우리는 그들이 간직하고 있는 보물을 충분히 누릴 수 있을 것이다."[3]

여담이지만 나는 어리석게도 템플턴이 쓴 편지를 그가 보내준 책의 책갈피로 사용했다. 나는 국토 횡단 비행을 하던 중에 《열정》을 읽었고, 착륙 후 그의 편지가 책에서 사라졌다는 것을 발견하고는 가슴이 무너졌다. 책을 비행기 좌석 앞주머니에 넣어뒀을 때 편지가 빠진 것이 틀림없다고 생각했다.

그로부터 4년 뒤인 1998년 템플턴이 독립 연구소에서 주는 평생 공로상을 수상하는 영예를 안았을 때 나는 그를 직접 만나는 행운을 누렸다. 내가 그의 편지를 잃어버린 일에 대해 말하자, 그는 친절하게도 그에 대한 자료를 모아놓은 내 노트 표지에 사인해주었다.

그렇지만 여전히 나는 그의 편지를 잃어버린 것을 후회했고 어떻게든 다시 찾을 수 있기를 바랐다. 내가 중단했던 책 집필을 재개했을 때 템플턴의 비서에게 연락했는데 그녀는 아직도 그의 재단에서 일하고 있었다. 기쁘고도 놀랐다. 비서는 템플턴의 도서관에서 템플턴이 내게 보내줬던 편지 사본을 발견하고, 스캔본을 내게 이메일로 보내줬다. 쓰인 지 무려 20년이 지난 편지였다!

이 개인적인 사건을 통해 템플턴에 대해 더 많은 것을 알게 됐다. 그는 편지에서 "10월 8일 아시아를 다녀올 때 나를 기다리고 있던 멋진 9월 15일자 편지를 보내주셔서 감사합니다"라고 적어놓았다. 무엇보다 그가 83세의 고령임에도 불구하고 여전히 연구 목적으로 출장을 다니고 있다는 점이 주목할 만하다. 둘째, 그는 내게 자신의 저서를 동봉해 보내주면서 그가 얼마나 관대한 사람인지를 보여줬다. 셋째로, 이 책이 주로 투자 원칙을 다루지만 템플턴은 성공적인 인생을 만드는 재료를 넣지 않고서는 자신에 대한 묘사가 완전할 수 없다고 믿고 있음을 보여주는 《열정》을 내게 공유해줄 정도로 충분히 사려 깊었다. 템플턴에게 투자는 목적을 이루는 수단이지, 목적 자체는 아니었다. 마지막으로, 템플턴 재단을 위해 헌신적으로 일하면서 템플턴과 관련된 기록을 온전하게 보존하는 그의 비서가 보여준 충성심은 템플턴이 그녀와 수많은 다른 사람들에게 얼마나 긍정적인 영향을 미쳤는지를 보여준다.

세계는 템플턴을 애틋하게 그리워하지만, 그의 전 세계적인 바겐헌팅 투자 원칙과 인생 교훈과 삶의 법칙, 무한한 호기심, 직업윤리, 성실함, 관대함, 그리고 후덕함을 마음속에 새긴다면 우리는 "21세기가 큰 희망과 영광스러운 약속, 그리고 아마도 새로운 기회의 황금기를 선사할 것"이라며 그가 믿었던 가능성을 실현할 수 있기를 고대할 수 있다.[4]

존 템플턴의 레슨

02

나는 언제나 적절한 투자 기업을 발굴하는 것은 바위 밑에서 땅벌레를 찾는 것과 같다고 믿는다. 바위 10개를 뒤집으면 땅벌레 한 마리를 발견할 수 있을 것이다. 20개 넘게 뒤집으면 두 마리를 찾을 수 있을 것이다. 나는 규모가 커진 마젤란펀드에 편입시킬 종목을 찾기 위해 1년에 수천 개의 바위를 뒤집어야만 했다.

— 피터 린치[1]

가장 많은 바위를 뒤집는 사람이 게임에서 승리한다. 열린 마음을 유지하고, 많은 공을 들여야 한다는 뜻이다.

— 피터 린치[2]

피터 린치의 레슨

Peter Lynch 1944~

"지칠 줄 모르는 탐사자"

CHAPTER 08

개인적 배경

내게 너무나 중요했던 지지와 희생을 아끼지 않았던 내 아내이자 20년 넘게 가장 친한 친구 역할을 해준 캐롤린에게. 형제간은 물론이고 부모에 대한 사랑이 매우 큰 내 아이들 메리 애니, 베스에게. 각고의 노력 덕에 마젤란펀드가 좋은 성과를 냈음에도 불구하고 나로 인해 충분한 영광을 누리지 못한 피델리티 인베스트먼트의 동료들에게. 저축해놓은 돈을 내게 맡기고, 수년간 수천 통의 편지를 보내주고, 수천 통의 전화를 걸어주며 시장 하락기 동안 나를 위로해주면서 앞으로는 잘될 거라고 다독거려준 100만 명의 마젤란 주주들에게. 평생 믿을 수 없을 만큼 온갖 축복을 누리게 해주신 거룩하신 하느님에게.

– 피터 린치[3]

템플턴과 마찬가지로 린치는 인생에서 이룬 업적에 대한 공을 그의 가족, 친구, 그리고 신앙에 돌렸다. 많은 사람들은 그가 투자자로서 이룬 가장 큰 업적은 '역사상 가장 위대한 뮤추얼 펀드 투자자'라는 칭호를 얻게 된 것이라고 생각한다. 1977년부터 1990년까지 피델리티 마젤란펀드를 운용하는 동안 린치는 펀드의 주당 가치를 20배 끌어올리면서 무려 29.2퍼센트라는 연평균 수익률을 달성했다. 그가 운용한 13년 동안 1977년 2,000만 달러에 그쳤던 운용자산은 그가 은퇴했던 1990년에는 140억 달러로 불어나며 피델리티 마젤란은 미국에서 가장 크고, 가장 유명하고, 가장 성공한 뮤추얼 펀드가 되었다. 전문 투자자로서 이처럼 경이적인 업적을 이뤘음에도 린치는 아마추어 투자자도 관찰력을 이용하여 우위edge를 확보하고, 철저한 준비를 함으로써 일반 투자자도 월가 전문가들을 능가하지는 못하더라도 그들 못지않게 투자할 수 있다는 주장을 강력히 내세워왔다. 그의 경력과 조언은 더할 나위 없이 유익하다.

린치는 제2차 세계대전 중인 1944년 1월 19일 태어났다. 당시 미국인들에게는 식량 부족 사태 해결 차원에서 채소 재배가 장려되었다. 그는 주식시장에 대한 불신이 팽배한 가정에서 자랐다. 어머니는 7명의 아이 중 막내로 태어났다. 다시 말해 린치의 이모와 삼촌들은 1929년의 증시 폭락과 대공황의 영향을 직접 체험했다는 뜻이다.

린치는 아버지를 "근면한 분이자 존 핸콕John Hancock 보험회사의 최연소 수석 감사관이 되기 위해 학계를 떠난 전 수학 교수"로 묘사했다.[4] 하지만 그가 불과 10살이었을 때 아버지는 뇌종양에 걸려 비극적으로 삶을 마감했다. 어머니가 돈을 벌어야 했고, 린치는 11살 때 동네 클럽에서 골프 캐디로 아르바이트를 해서 어머니를 도와야겠다고 느꼈다. 클럽에는 피델리티 출신을 포함한 많은 기업의 임원들이 들락거렸는데, 그들 중 일부는 주식을 매입하고 있었다. 린치는 그들이 산 주식이 오르고 있다는 것을 알아차렸다. "그래서 나는 계속 지켜봤다. 내게 투자할 돈이 없었지만 1950년대에 주식시장이 아주 강세였기 때문에 전부는 아니더라도 골프를 치던 많은 사람이 주식에 대해 이야기했던 것으로 기억한다."[5] 린치가 들은 성공담은 증시는 너무 위험해서

피터 린치의 레슨

모든 것을 잃을 수 있다는 그의 가족의 두려움을 불식시켰다.

린치는 고등학교를 졸업하고 보스턴 칼리지에 입학했다. 그는 수학, 회계, 과학과 같은 대학생들이 일반적으로 듣던 수업 대신 논리학, 역사학, 심리학, 정치학, 종교, 그리스 철학 등의 교양 과목을 들었다. 그는 논리학을 월가의 비논리를 간파하고 좋은 주식을 고를 수 있는 준비를 가장 잘할 수 있게 해준 과목으로 꼽는다. 그는 많은 투자자들이 기업이 생산한 제품을 테스트하거나, 기업이 운영하는 매장을 방문하거나, 기업 자체를 확인하거나 방문하지 않고 기업의 전망에 대해 추측하는 경향을 보이는 것을 '비논리적'이라고 생각했다. "월가는 고대 그리스인들처럼 생각한다. 그들은 며칠씩 둘러앉아 말 한 마리의 이빨이 몇 개인지 토론하곤 했다. 정답을 얻으려면 말의 이빨을 직접 확인해보면 되는데도 말이다."[6] 그는 이렇게 꼬집었다. 또 투자는 과학이 아닌 예술이며, 경직된 정량적 통계에 의존하는 건 근시안적인 태도라고 믿었다. 린치는 "주식시장에서는 4학년 수준의 수학 실력만 있으면 된다"고 말했다.[7]

캐디로 일하면서 들은 성공담에 고무된 린치는 일하면서 번 돈과 장학금과 대학을 다니는 동안 저축한 돈을 합쳐 충분한 투자금을 마련한 후 대학 2학년 때 항공 화물 수송 회사인 플라잉 타이거 라인Flying Tiger Line 주식을 주당 7달러에 샀다. 생애 첫 주식투자였다. 이 회사는 베트남 전쟁 당시 태평양에서 군대와 화물을 수송하면서 번창했다. 주가는 2년도 안 돼 32.75달러로 4배 이상 올랐다. 린치는 주가가 주당 80달러까지 오르는 동안 분할 매도해서 얻은 수익금으로 펜실베이니아 대학 와튼 경영대학원 등록금에 보탰다. 린치는 플라잉 타이거 투자에 운이 따랐다는 점을 인정했다. 그는 단순히 회사가 항공 화물 수송 업계 업황이 좋아지면 수혜를 볼 거라고만 생각했지, 이후 베트남전에 관여하여 사업이 급성장할 것이라고는 전혀 예상하지 못했기 때문이다. 린치는 "주가가 9배에서 10배까지 올라서 나도 처음으로 10배 수익을 거뒀다"고 말했다.[8] 주식으로 돈을 불릴 기회를 얻을 수 있다는 것을 알게 된 그는 더 많은 기회를 찾기로 마음먹었다.

린치는 보스턴 칼리지 4학년 때 학교 총장과 8년 동안 캐디를 맡았던 고객인 조지 설리번George Sullivan의 권유로 피델리티에 여름 인턴으로 지원했다. 피델리티는 뛰어난 마케팅과 네드 존슨Ned Johnson이 운용하는 피델리티 트렌드펀드Fidelity Trend Fund와 게리 차이Gerry Tsai가 운용하는 피델리티 캐피털펀드Fidelity Capital Fund의 투자 성공으로 명성을 얻고 있었다. 린치는 75명의 인턴 지원자 중 3명에 들어 피델리티에 입사했다. 그가 취업 면접을 본 건 그때가 유일했다.

와튼 졸업 후 그는 1967년부터 1969년까지 2년간 텍사스와 한국에서 포병 부대 소위로 복무하며 ROTC 복무를 마쳤다. 그는 1969년 한국에서 돌아와 피델리티에 정규직 분석가로 재입사했다. 그는 섬유, 화학, 금속 산업 분석과 보고서 작성 업무를 맡았고, 1만 6,000달러의 연봉을 받았다. 1974년 6월에 연구 책임자로 승진했고, 1977년 5월 33세의 나이로 자산 2,000만 달러에 40개 주식에 투자한 피델리티 마젤란펀드를 운용하기 시작했다. 네드 존슨이 25개 종목에만 집중투자하라고 조언했지만, 린치는 6개월 안에 투자 주식 수를 100개로, 곧바로 다시 150개로 늘렸다. 그는 당시 도처에 저평가 주식이 즐비했다고 회고했다. 1990년이 되자 포트폴리오 내 개별 주식 수는 1,400개로 불어났다. 린치는 46세에 은퇴했는데, 아버지가 돌아가셨을 때와 같은 나이였다. 그는 가족과 자신의 종교적·교육적 관심사들과 자선 사업을 위해 더 많은 시간을 투자하려고 일주일에 80~85시간 일했다. 은퇴하기 전 그의 주치의가 어떤 운동을 하느냐고 묻자 그는 "운동에 관한 질문을 받고 생각나는 것이라고는 밤에 치실질을 하는 것뿐"이라고 말했다.[9]

1990년 이후 린치와 아내 캐롤린은 가족 재단을 관리했다. 이 재단은 두 사람이 사회 문제 해결에 좋은 효과를 낼 것이라고 보는 박물관, 가톨릭 자선단체(특히 보스턴 도심 학교), 의료, 교육 네 가지 분야에 관련된 일들에 많은 신경을 썼다. 1999년 린치 부부는 보스턴 칼리지에 1,000만 달러 넘게 기부했는데, 이는 학교가 그때까지 받은 기부금 중 가장 큰 액수였다. 캐롤린은 2015년 숨을 거둘 때까지 가족 재단을 관리했다.

린치는 특히 동료들이 켄터키 프라이드 치킨에 투자해서 20배의 수익을 올리면서 투자 전 미리 주가가 오를 것으로 예상하는 이유를 설명하는 모습을 보고 와튼을 비롯한 학계에서 통용되는 효율적 시장 이론을 점점 불신하게 되었다. 효율적 시장 이론은 알려진 모든 정보가 즉각적이고 합리적으로 주가에 반영되기 때문에 투자자가 부지런히 연구해서 이익을 내려고 해봤자 헛수고라는 믿음이다. 이 이론의 주요 지지자들이 바로 학자들이다. 그런데 그들 중 대부분은 직접 투자해본 경험이 없어서 결과적으로 두려움과 탐욕 등의 자연스러운 감정 때문에 어떻게 주가가 회사의 펀더멘털과 완전히 별개로 움직이게 되는지를 경험해보지 못했다.

린치는 템플턴과 마찬가지로 현대 학문 이론을 경멸했다. 그는 랜덤워크 이론에 대해 어떻게 생각하느냐는 질문을 받자 다음과 같이 답했다(랜덤워크 이론은 주가가 무작위적이고 예측 불가능하게 움직이며, 추가적인 리스크를 감수하지 않고서는 시장을 상회하는 수익을 내기 불가능하다는 이론이다).

랜덤워크는 말도 안 되는 생각이다. 랜덤워크를 믿는다면 피델리티의 여러 동료들의 노력과 내가 거둔 성공이 요행이라고 믿어야 한다. 켄터키 프라이드 치킨에 투자해서 20배의 수익을 올렸으면서 투자 전에 이 회사 주가가 오를 것이라고 미리 설명한 사람을 알고 있다면 시장이 합리적이라고 말하는 랜덤워크 이론을 지지하기는 어렵다.[10]

이번 주말에 100만 명이 두 명씩 짝을 이뤄 테니스 경기를 한다면 50만 명이 지고 50만 명이 이길 것이다. 그러면 사람들은 테니스 연습을 해서는 안 되고, 서브를 연습해서도 안 되고, 백핸드 연습을 하지 말아야 하나? 문제는 왜 우리가 패자보다 승자가 되지 못하느냐는 것이다. 대차대조표를 보고, 회사가 무슨 일을 했는지 알고, 보유한 정보를 활용한다면 더 나은 투자자가 될 수 있다. (중략) 학자들은 사람들이 투자를 잘못했으니 투자하면 안 된다는 식으로 말한다. 학자들은 사람들에게 돈을 딸 확률이 낮다고 믿게 만들어 그들이 카지노에 있는 것처럼 행동하게 만든다. 투자를 시작한 사람들은 옵션을 사는데, 그것은 요행을 바라는 것과 같다. 카드를 보지 않고 포커를 하는 것과 같다. (중략) 그것은 조사하지 않고 투자하는 것과 같다.[11]

피터 린치의 레슨

CHAPTER 09

투자 성과

매년, 아니 장기간에 걸친 나의 목표는 시장을 4~5퍼센트 이기는 것이다. 나는 그것이 정말 적절한 목표라고 생각한다. 내가 이 목표를 이룰 수 있다면 정말 행복할 것이다. 나는 그것이 내 주주들을 위해 이룬 업적이 될 것이라고 생각한다.

— 피터 린치

린치는 피델리티 마젤란 뮤추얼 펀드를 13년 동안 운용하며 자산 규모를 2,200만 달러에서 130억 달러 이상으로 불리는 가히 엄청난 성과를 냈다. 그는 이 펀드의 연평균 수익률을 S&P500 지수의 15.4퍼센트에 비해 2배 가까이 높은 29.2퍼센트로 끌어올렸다. 똑같이 1만 달러를 투자했다면 13년 뒤 S&P500는 6만 4,000달러가 되겠지만 피델리티 마젤란에 투자했다면 28만 달러가 됐을 것이다. 이 펀드의 13년간 총수익률은 2,780퍼센트로 S&P500보다 4배 이상 높았다. 마젤란은 13년 동안 매년 플러스 수익을 냈고, 11년 동안 S&P500보다 높은 수익률을 달성했다. 또 13년 연속 뮤추얼 펀드 평균 수익률을 상회했

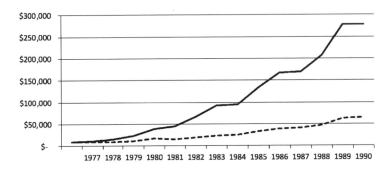

1만 달러 투자 시의 변화

──── 마젤란 펀드   ---- S&P500

[그림 8] 마젤란 펀드에 1만 달러를 투자했을 경우
(1977년 4월 30일~1990년 3월 31일)

	마젤란 펀드	연 수익률	S&P500	총 수익률	초과수익률
77/5/31	$10,000		$10,000		
77/12/31	$11,375	13.75%	$9,984	-1.06%	14.81%p
78/12/31	$14,982	31.71%	$10,543	6.56%	25.15%p
79/12/31	$22,732	51.73%	$12,487	18.44%	33.29%p
80/12/31	$38,631	69.94%	$16,545	32.50%	37.44%p
81/12/31	$44,986	16.45%	$15,731	-4.92%	21.37%p
82/12/31	$66,606	48.06%	$19,121	21.55%	26.51%p
83/12/31	$92,309	38.59%	$23,435	22.56%	16.03%p
84/12/31	$94,183	2.03%	$24,905	6.27%	-4.24%p
85/12/31	$134,786	43.11%	$32,807	31.73%	11.38%p
86/12/31	$166,784	23.74%	$38,932	18.67%	5.07%p
87/12/31	$168,452	1.00%	$40,976	5.25%	-4.25%p
88/12/31	$206,791	22.76%	$47,782	16.61%	6.15%p
89/12/31	$278,300	34.58%	$62,924	31.69%	2.89%p
90/12/31	$278,160	-0.05%	$64,318	2.22%	-2.27%p
CAGR(연평균 수익률)	29.2%	2,782%	15.4%	643%	

[표 1] 린치가 올린 성과

피터 린치의 레슨

고, 1990년에는 이전 10년 동안 없었던 뮤추얼 펀드 최고 수익률 기록을 세웠다. 앞서 5년 동안에도 마젤란은 국내 최대 펀드임에도 불구하고 S&P500의 118.0퍼센트보다 훨씬 높은 154.4퍼센트의 수익을 내면서, 전체 펀드의 99.5퍼센트보다 높은 수익률을 나타냈다. 13년 동안 미국인 100명 중 1명은 마젤란에 투자했다.

한 가지 언급하고 넘어가야 할 사항이 있다. 1963년 출범 당시 마젤란은 피델리티 내부에서 직원들이 투자하는 인큐베이터 펀드incubator fund였다. 이 펀드는 1981년까지 일반 대중에게 공개되지 않았다. 마젤란이 인큐베이터 펀드여서 린치는 상장 뮤추얼 펀드가 받는 압박과 노출에 제약을 받지 않고 투자할 수 있었다. 마젤란에 일반인의 투자가 가능해진 9년 동안 린치가 이뤄낸 성과는 여전히 주목할 만했다. 이 기간 마젤란의 연수익률은 21.8퍼센트로 S&P500의 16.2퍼센트보다 높았고, 린치가 은퇴하기 전 5년간 마젤란의 수익률은 주식형 뮤추얼 펀드 99퍼센트의 수익률을 앞질렀다.

CHAPTER 10

투자 철학

주식시장은 확신이 없는 자를 희생시킬 만큼 확실한 확신을 요구한다.

– 피터 린치[1]

피터 린치는 전문 투자자로서 두드러진 성과를 냈지만, 아마추어 투자자가 전문 투자자보다 우위에 설 수 있다는 굳건한 신념을 가지고 있었다. 1994년 그는 워싱턴에 있는 각국 신문·방송·통신 특파원들의 단체인 내셔널 프레스클럽National Press Club에서 한 연설에서 이와 같이 말했다.

나는 아마추어 소액 투자자가 언론, 인쇄 매체, 라디오, 텔레비전의 영향으로 자신에게 기회가 없고, 온갖 컴퓨터와 학위를 딴 인재와 거금을 가진 기관들만 항상 우위를 얻을 거라고 확신하는 것이 미국의 비극이라고 생각한다. 그것은 전혀 사실이 아니다. 사람들은 그것이 옳다고 확신하면 그에 따라 행동

피터 린치의 레슨

하게 된다. 그렇게 믿으면 일주일 동안 주식을 사다가 옵션을 사고, 이번 주에 칠레 펀드에 투자했다가 다음 주에는 아르헨티나 펀드에 투자한다. 그리고 그런 변덕스러운 투자에 비례해 성과를 얻는다. 그것은 매우 성가신 방식의 투자다. 나는 대중이 주식시장에서 아주 투자를 잘 할 수 있다고 생각한다. 나는 오늘날 기관들이 시장을 지배하는 것이 아마추어 투자자들에게는 긍정적인 일이라고 생각한다. 기관은 주식을 이례적으로 낮은 수준까지 밀어내리거나 이례적으로 높은 수준으로 끌어올려서다.[2]

린치는 아마추어 투자자들에게 되도록 전문 투자자들이 가진 기술과 지혜를 과대평가하지 말라고 촉구했다. 그의 전설적인 직업윤리와 습관이 그의 성공에 어떻게 기여했고, 그가 왜 '지칠 줄 모르는 탐사자 The Tireless Prospector'라는 별명을 얻을 자격이 있는지 이해한다면 그가 한 말을 더 잘 이해할 수 있다. 기업에 대한 이해를 잘 활용하는 아마추어적 사고방식을 린치의 직업윤리 일부와 합치는 것이 바로 아마추어 투자자가 '이기는 조합'이다.

린치의 일하는 습관의 핵심은 경쟁자들보다 우위를 점하려는 욕구에 있다. 그는 많은 경쟁자들에 대해 '오만한 전문가'라고 조롱했다. 린치는 투자 대상 기업에서 진가를 인정받지 못한 덕목을 발견하고, 그 회사 주식이 인기가 없거나 색다르더라도 그것에 투자하려는 의지를 갖는 데 필요한 확신을 갖는 데 주력했다.

린치의 일상은 오전 6시 15분 그를 태우러 온 2~3명의 의사 친구와 함께 출근하는 것으로 시작했다. 친구들 덕분에 린치는 사무실로 가는 차 안에서 연구자료를 읽고 도표를 작성할 수 있었다. 그는 오전 6시 45분에 사무실에 도착해서 전날 다른 피델리티 매니저들의 매수와 매도 내역을 검토하고, 전날 피델리티 분석가가 낸 의견을 읽고, 〈월스트리트저널〉을 오전 7시 30분까지 모두 읽었다.

린치는 피델리티의 '끊임없이 움직이자'는 문화의 화신 그 자체다. 분석가 출신인 그는 오전 7시 30분에 전화를 걸어 올림픽 출전 선수 같은 속도로 트레이드를 연습한다. 그는 오래 집중하지 못하고, 회사의 전망에 서둘러 결론을 내리려는 동안 끊임없이 메모한다. 그는 어느 기업 임원과 짧은 대화를 나눈 후 그 회사가 속한 전체 산업에 대규모 투자한 것으로 유명하다.[3]

린치는 1982년 이후로 토요일은 물론, 일요일 오전 교회에 가기 전까지 포함하여 매주 80시간에서 85시간을 일했다. 그는 "나는 토요일마다 하루에 받는 50인치 길이의 편지를 꼼꼼히 읽었다. 그중 90퍼센트를 버렸지만, 어떤 10퍼센트를 읽을지 결정하기 위해선 그것을 모두 살펴봐야 한다"고 말했다.[4] 그는 왜 그렇게 오랜 시간 일했을까? 그는 이 질문에 "내가 40퍼센트 정도 더 일하면 경쟁자들보다 10퍼센트 더 잘할 수 있을 것 같았다"고 말했다.[5] 그는 한 달에 평균 12~13일은 출장을 다녔다.

린치는 하루 종일 끊임없이 주식 차트를 확인했다. 그는 기업의 펀더멘털을 가장 중시했지만 기업의 실적 추세에 비해 주가 추세가 어떠한지를 평가하기 위한 점검 차원에서 장기 차트집을 살펴보기를 좋아했다. 그는 "나는 중대한 사건과 변변찮은 사건을 모두 상기하기 위해 사무실 내 자리 옆과 집에 장기 차트집을 별도로 비치해놓고 있다"고 말했다.[6]

린치의 사무실은 '어수선한 책상은 천재의 징표'라는 격언 그대로의 모습이었다. "린치의 집은 연차 보고서와 분석가들의 보고서들이 쌓여 창문을 일부 막고 있고, 수백 개 기업에 대한 메모로 가득한 종이로 뒤덮인, 한 마디로 혼란스럽다는 게 뭔지를 알려주는 기념비적 장소였다."[7] "방 안의 파일 캐비닛들에는 서류와 책들이 2피트 높이로 겹겹이 쌓여있다."[8]

린치는 1997년 "나는 컴퓨터가 없다. 컴퓨터를 켤 줄도 모른다"고 인정했다.[9] 그는 주가 시세와 뉴스를 제공하는 단말기를 사용했다.

그는 좋은 방향이건 나쁜 방향이건 사업 방향의 변화를 조기에 감지하기 위해 주요 산업군의 대표와 매달 한 번 이상 대화를 나누는 것을 개인적 목표로 삼았다. 경영진과 대화를 마치면서 그들이 가장 존경하는 경쟁사가 누구이며, 그 이유는 무엇인지를 묻곤 했다. 이를 통해 종종 경쟁사의 주식을 사들였다.

1982년, 린치는 1년에 보통 200곳 이상의 회사(1986년까지는 570개 회사)를 방문했고 700편이 넘는 연례 보고서를 읽었다고 말했다. 그는 "기본적으로 그것은 힘든 일이다. 99퍼센트 땀 흘린 결과"라고 말했다.[10] 평일에 회사들을 방문하고 주말에 아내와 함께 있는 게 린치에게는 휴가였다. 피델리티 본사가 자신을 홍보하는 기업들의 회전문 역할을 해서 그는 귀중한 정보를 공짜로 얻는 호사를 누렸다. 린치는 회사들에 직접 방문함으로써 그들이 문화적으로 보여준 겸손함이나 오만함의 신호가 세간의 관심을 끌 수 있을지 없을지를 판단할 수 있었다.

린치는 피델리티 내에서 책임감을 지고, 최고의 아이디어를 공유하는 방법을 혁신했다. 전통적인 방식대로라면 펀드매니저는 분석가의 추천에 따라 투자할 종목을 선택했기 때문에 투자 실적 부진의 책임을 분석가에게 돌릴 수 있었다. 린치는 펀드매니저들에게 독립적으로 수행하는 연구뿐 아니라 결과에도 책임질 것을 요구했다. 그는 그들이 소매를 걷어붙이고 손수 연구에 뛰어들게 만들었다. 현실과 동떨어진 이론가들이 설 자리는 없었다. 분석가와 펀드매니저들이 일주일에 한 번씩 만나 최고의 선택지를 발표했다. 린치는 3분 동안 발표를 주재하고 시간을 쟀는데, 이후 발표 시간은 1분 30초로 단축됐다. 그는 추가 피드백을 허용하지 않았다. 청취자들은 발표를 끝까지 듣거나 자유롭게 무시할 수 있었다. 결국 펀드매니저들에게 결과에 대한 책임이 돌아갔다.

1998년 10월 15일 전미투자자협회National Investors Corporation에서 개인투자자들을 상대로 한 연설에서 린치는 세 가지 중요한 핵심에 대해 조언했다. 그는 이것이 20일 전에도 그랬지만 20여 년 뒤에도 똑같이 중요할 것이라고 강조했다. 첫 번째는 자신이 가진 주식에 대해 잘 알아야 한다는 것이고, 두 번째는 경제, 금리, 주식시장 예측을 피하라는 것이었다. 세 번째는 투자 과정에 인내심을 가지라는 것이었다. 이 세 가지와 그가 다른 곳에서 강조한 다른 몇 가지 사항이 그의 투자 원칙의 근간을 이룬다.

린치는 성공적으로 투자하려면 다음과 같은 7가지 습관을 기르라고 강조했다.

1. 잘 알고 있는 기업에 집중하고 확신을 가져라
—

린치는 "주식시장에서 누구에게나 가장 중요한 단 한 가지는 자신이 가진 주식에 대해 잘 아는 것이다. (중략) 10살짜리에게 2분 이내에 당신이 특정 주식을 보유한 이유를 설명할 수 없다면 그 주식을 소유해서는 안 된다. (중략) 주식은 복권이 아니다. 모든 주식 뒤에는 회사가 존재한다."[11]

또한, 본인이 잘 이해하는 주식, 즉 '잘 알고 있는 주식'에만 투자해야 한다는 데 강경한 입장이었다.[12] 이익을 내지 못하고 가치를 매기기 어려운 기회를 따르기보다는 실제로 수익을 내고 있는 낯익은 기업에도 매력적인 투자 기회가 많으니 그것을 좇으라는 것이다. 린치는 "낯선 적자투성이 벤처기업에 투자하느라 낯익은 흑자 기업을 무시해서는 안 된다"고 조언했다.[13] 후회하게 될 약속만 남발하는 얄팍한 남녀보다 옆집에 사는 익숙한 남녀와 사귀는 게 더 안전한 선택이라는 식의 논리다. 린치는 이렇게 말했다.

'속 빈 강정'이란 말을 들어봤을 것이다. 나는 그런 종류의 승산 없는 시도로 본 전치기도 한 적이 없다. 그런 시도는 대부분 승리할 가망이 없기 때문이다.[14] 사람들이 투자하길 좋아하는 회사를 하나 소개하겠다. 이 회사는 아주 간단하면서도 이해하기 쉬운 제품을 만든다. 1메가비트, SRAM, CMOS, 양극성 리스크, 부동 소수점 데이터 IO 어레이 프로세서에 최적화된 컴파일러, 16비트 듀얼 포트 메모리, 이중 디퓨스 금속 산화물 반도체 모놀리식 논리칩, 유닉스 운영 체제, 4개의 숫돌 메가플롭 폴리실리콘 이미터, 높은 대역폭 (이것이 특히 중요한 이유는 대역폭이 낮아서 안 되기 때문이다), 6기가헤르츠, 이중 금속화 통신 프로토콜, 비동기 역호환성, 주변 버스 아키텍처, 4방향 메모리, 토큰 링token ring(근거리 통신망LAN을 실현하는 회선 구성의 하나 - 옮긴이) 상호교환되는 뒤판, 15나노초 기능이 결합된 제품이다. 행여 이런 쓰레기를 가지고 있으면 절대 돈을 벌 수 없다. 누군가가 더 많은 메가플롭과 더 적은 메가플롭, 더 큰 방출량, 더 긴 나노초를 제시하며 등장할 것이다. 이런 걸 만드는 회사 주식을 12

달러에 샀는데 8달러가 되면 어떻게 하는가? 초자연적 핫라인에 전화를 거는가? 주가가 내려가면 어떻게 하는가? 나는 운이 좋게도 던킨도너츠나 스톱앤샵Stop'n Shop(식료품 체인점-옮긴이) 같은 주식을 사서 돈을 벌 수 있었다. 나는 그들을 잘 알고 있었다. 불경기가 닥쳤을 때 그들에게 무슨 일이 벌어질지 걱정할 필요가 없었다. 나는 매장에 가서 사람들이 여전히 찾고 있다는 것을 확인할 수 있었다. 시장이 수시로 하락하지만 그럴 때마다 해외 저가의 수입품을 사야 할지 걱정하지 않아도 된다는 것은 반가운 일이다. 두 회사는 살아남을 것이다. 이것이 내게 단 하나의 거대한 원칙이다. 즉, 자신이 소유하고 있는 주식에 대해 아는 게 무엇보다 중요하다. [15]

그는 재차 이렇게 강조했다.

투자하는 회사가 무슨 일을 하는지 알고 있어야 한다. 주식을 10달러에 샀는데 15달러가 되어도 별일 아니라고 말하기 쉽다. 하지만 주가가 항상 그렇게 오르는 것은 아니다. 10달러에 산 주식이 12달러가 됐다가 6개월 후에 6달러가 되는 일도 허다하다. 투자한 기업이 무슨 일을 왜 하는지 모르고 있다면 투자금을 2배로 늘려야 할지, 동전 던지기를 해서 더 투자하든가 팔아야 할지를 알 수 없다. 따라서 모르는 회사 주식을 소유해서는 안 된다. 우위를 확보해야 한다. (중략) 내가 은퇴한다면 하루 다섯 군데가 아니라 일주일에 한 군데 정도 전화를 걸 것이다. [16]

피델리티에 있었을 때 나는 카이저 인더스트리Kaiser Industries라는 회사 주식에 투자했다. 분석가로 일한 지 얼마 안 됐을 때였다 내가 산 주식은 31달러에서 16달러로 떨어졌다. 우리는 미국 증권거래소 역사상 최대 규모의 블록딜block deal(대량 매매-옮긴이)로 매수했다. 700~800만 주를 주당 14.75달러에 샀다. 약 두 달 뒤 나는 어머니에게 전화를 걸어 "엄마, 카이저 인더스트리 주식을 사셔야 해요. 31달러에서 10달러로 빠졌어요. 더 이상 내려갈 데가 없을 것 같아요"라고 말했다. 그런데 다행히도 어머니는 내 말을 듣지 않았다. 카이저 인더스트리 주가는 이후 9달러, 8달러, 7달러, 6달러, 5달러, 4달러까지 계속해서 내려갔다. 그나마 다행히 하락 속도는 더뎠다. 그렇지 않았다면 나는 스톱앤샵에서 짐을 싸고 있었을 것이다. 하락은 약 5개월에 걸쳐 일어났다. 내가 16달러에 산 게 좀 성급했다고 말했는데, 여기서 우리가 투자한 내역을 살펴보자. 카이저 인더스트리의 주가는 현재 4달러이며 유통 중인 주식 수는 2,500만 주다. 1억 달러 상당의 가치다. 회사에는 빚이 없었다. 이것이 중요하다. 빚이 없다면 파산하는 것은 거의 불가능하기 때문이다. 회사는 카이저 스틸Kaiser Steel의 지분 60퍼센트, 카이저 알루미늄Kaiser Aluminum의 지분 40퍼센트, 카이저 시멘트Kaiser Cement의 지분 37퍼센트, 카이저 샌드앤그래벌Kaiser Sand and Gravel의 지분 100퍼센트를 소유하고 있었다. 이 밖에 7개 TV 방송국을 소유하고 있었다. 그들은 현재 크라이슬러 소유인 지프 브랜드를 소유하고 있었다. 또 카이저 파이버글래스Kaiser Fiberglass 외에도 많은 회사들을 소유하고 있었다. 그들은 결국 모든 주식을 일반 투자자에게 넘겼다. 모든 부서도 매각했다. 만약 당신이 자신이 투자한 회사에 대해서 모른 채 주가가 얼마나 더 내려갈 수 있을지 묻는다면, 주가가 12달러에서 10달러를 거쳐 8달러로 내린 뒤 다시 6달러를 지나 4달러까지 빠질 때 어떻게 했을까? 시장을 떠났을 것이다. 그래서 "얼마나 더 빠질 수 있을까?"라고 묻는 것은 아주 큰 실수다.[17]

주가가 올라야 하는 이유를 알아야 한다. 린치는 모든 투자자는 다른 투자자의 눈에 확실히 보이기 전에 여러 동향을 관찰할 수 있다고 진심으로 믿었지만, 그런 동향을 무시하고 전혀 이해하지 못하는 회사 주식을 매수하는 실수를 저지르는 사람들이 많다. 그렇게 산 회사들의 주가가 떨어지면 투자자는 자신이 투자한 회사에 대해 모르기 때문에 겁에 질려 보유 주식을 매도함으로써 좋지 않은 결과를 낸다. 투자한 회사를 잘 알고 있고, 그렇게 잘 알고 있는 것을 자기 것으로 만들어야 한다. 그렇게 안 하고 하는 투자는 도박일 뿐이다.

2. 저평가된 보석을 찾기 위해 끈질기게 노력하라

———

투자는 숫자 게임이다. 이것은 구직활동과 비슷하다. 린치는 바위를 많이 뒤집을수록 발견되지 않던 땅벌레를 더 많이 발견할 것으로 생각했다. 마찬가지로 합리적인 가격의 훌륭한 기업을 찾아냈다면 그 회사 주식을 저가에 살 기회를 놓쳤다고 말하고 싶은 유혹에서 벗어나라. 훌륭한 기업이라면 언제 투자해도 절대 늦지 않다. 린치는 투자자는 주식시장에서 훌륭한 기업에 투자할 수 있는 충분한 시간이 있다고 자주 말했다.

> 월마트가 상장되고 10년이 지난 이후에라도 샀다면 30배는 벌 수 있었다. 다만 상장하던 해에 샀다면 300배는 벌 수 있었을 것이다. 마이크로소프트가 상장되고 나서 4년 후에 샀더라도 50배의 돈을 벌 수 있었을 것이다. 홈디포Home Depot가 상장되고 나서 8년 후에 샀더라도 10배의 돈을 벌 수 있었을 것이다. 훌륭한 기업에 투자할 시간은 많다. 그런데도 사람들은 너무 서두른다.[18]

린치는 소비자들이 자동차나 주요 가전제품을 구입할 때 시간을 들여 품질과 기능을 신중하게 따져보면서도 그보다 더 많은 돈을 써서 투자할 때는 충동적으로 행동하여 부진한 결과를 내는 아이러니한 상황에 대해 종종 의아해하곤 했다. 신중하게 투자 자산을 고른다면 여러 대의 자동차를 살 수 있는 돈을 벌 수 있다. 따라서 투자할 때도 최고의 가치가 있는 대상을 연구하는 데 자동차나 가전제품을 살 때만큼이나 많은 시간을 할애할 가치가 있다.

3. 자주 접촉하라

——

"한 번 어떤 기업 주식을 사면 그것을 다시 찾아보는 일은 극히 드물다. 그냥 전화를 걸어서 어떻게 되고 있는지를 확인할 뿐이다."[19] 전술했듯이, 린치는 적어도 한 달에 한 번은 각 주요 산업 그룹의 대표들과 대화를 나누기를 원했다. 그들 회사 상황이 호전되기 시작하거나 월가가 간과하고 있던 다른 진전들이 있는 경우 그랬다.

4. 자세하게 메모하라

——

린치는 기업을 방문해서 경영진과 대화를 나누면 날짜, 대화를 나눈 사람 이름, 현재 회사의 주가를 모두 포함해서 꼼꼼하게 일기를 작성했다. 이 메모들은 경영진이 계획을 제대로 이행했는지 확인하는 후속 대화에서 매우 유용한 참고 자료가 되었다.

5. 기업에 집중하라

린치는 부적절하거나 알 도리가 없는 문제에 몰두하는 박학다식한 척하는 오만방자한 사람들을 경멸했다. 그는 "세상의 모든 경제학자들을 다 이어붙여 놓아도 전혀 나쁜 일이 아닐 것"이라고 비꼬았다.

경제학자들은 지난 9차례의 경기침체 중 36차례를 예상했다. 1년에 13분을 경기 예측에 쓴다면 10분의 시간을 낭비하는 것이다. 나는 경제적인 사실을 말하고 있는 것이 아니다. 내가 만일 호텔을 소유하고 있다면 몇 개의 호텔이 공사 중인지 알고 싶을 것이다. 그 정도의 문제는 내가 알아서 처리할 수 있다. 하지만 5년간 경제가 팽창했는데 사람들이 내년에는 경기가 침체될 것이라고 말한다면, 그것은 일기 예보와 같다.[20]

경제 예측을 이해하려고 애쓰기보다는 개별 사업과 관련된 사실에 초점을 맞추라는 말이다. 그는 그래야 하는 이유를 이렇게 설명했다.

증시가 아닌 기업에 투자하라. 증시의 단기 방향을 예측하려고 해봤자 헛수고다(다른 사람들이 본인만큼 좋은 실적을 내지 못하는 이유에 대한 린치의 설명). 음, 큰 그림을 예측해 보려고 많은 시간을 쏟는 사람이 많은 것 같다. 경제가 어떻게 될지, 금리는 또 어떻게 될지 등에 대해서 말이다. 앨런 그린스펀Alan Greenspan이 연방준비제도이사회Federal Reserve 의장을 맡았을 때도 그는 금리가 어떻게 움직일지 몰라서 금리 정책에 그렇게 많은 시간을 할애했다.[21]

린치가 기업에 집중하는 한 가지 방법은 증권 리서치 컴퍼니Securities

피터 린치의 레슨

Research Company가 발행하는 차트집을 참조하는 것이었다.[22] 거기에는 개별 기업들의 12년치 수익과 35년치 주가가 들어있었다. 그는 "주식을 사기 전, 그리고 이어 6개월마다 차트집을 참조하는 게 좋은 생각"이라고 말했다.[23] 수익과 주가가 완전히 따로 논다는 건 투자자들이 회사에 대해 갖고 있는 생각을 더 많이 연구해볼 기회가 생겼다는 것을 암시했다.

차트상 기업의 주가가 수익 추세선 아래에서 헤맨다고 해서 그 주식을 자동 매수해서는 안 된다. "때로는 싼 주식은 그럴 수밖에 없는 이유가 있다. 회사에 여러 문제가 생긴 것이다. 어느 기업에나 걱정거리가 있지만 어떤 걱정거리가 유효하고 유효하지 않은지가 문제다."[24] 연구 결과 그런 걱정거리가 일시적이면서 단기적이고 구조적이고 장기적인 걱정거리가 아닌 것으로 나타났을 때 수익 추세선 아래에 있는 주식을 매수하면 일석이조의 효과를 누릴 수 있다. 다시 말해서 주가가 지금보다 더 높은 평균 PER로 되돌아감으로써 이익을 얻을 수 있고, 이후에도 실적 호조에 따라 상승해 이익을 얻을 수도 있다.

주식 투자 성공의 열쇠는 수익이라고 해도 과언이 아니다. 시장에 어떤 일이 일어나건 수익이 결과를 좌우할 것이다. 30년 만에 존슨앤드존슨Johnson& Johnson(이하 J&J)의 수익이 70배가 증가하자 주가도 70배나 올랐다. 베슬리헴 스틸Bethlehem Steel은 오늘날 30년 전보다 못 벌고 있다. 그렇다면 이 회사 주가는 어떻게 됐을까? 주가는 30년 전보다 낮은 가격에 거래되고 있다.[25]

6. 열심히 노력하라. 투자는 마술이 아니다

——

린치는 "주식으로 투기를 하느냐?"는 질문을 받자 이렇게 답했다. "'투기'는 부정적 뉘앙스를 가진 용어다. 그뿐만 아니라 위험한 용어이기도 하다. 투자자들은 주식 거래가 재미있다는 것을 알지만, 그것이 투기는 아니다. 투기를 하면 거래가 꽤 빨리 끝난다. 몇 시간 안에 끝나기도 한다. 투자는 보통 즐겁지만, 투기는 불쾌할 수 있다."[26]

린치의 지칠 줄 모르는 끈기는 피델리티의 동료들, 고객들, 그리고 경쟁자들에게 영감을 주었다. 그는 자신의 우량주 발굴 능력을 겸손하게 묘사했다. "내가 찾아낼 수 있었던 모든 화려한 주식들이 주는 미덕은 아주 분명했던 것 같다. 전문가 100명이 자유롭게 그들의 포트폴리오에 그 주식들을 추가할 수 있었다면 99명이 그렇게 했을 거라고 확신한다."[27]

한때 내 펀드에서 가장 큰 비중을 차지했던 것은 레그스L'eggs(스타킹 브랜드-옮긴이)를 소유한 헤인즈Hanes(스포츠 캐주얼 웨어 브랜드-옮긴이)였다. 헤인즈 주식은 엄청난 주식이었다. 이 회사는 결국 콘솔리데이티드 푸즈Consolidated Foods에 매각된 후 그곳의 최고 사업부가 되었다. 헤인즈는 레그스에 대해 독점 판매권을 갖고 있었다. 레그스는 대성공을 거두었고, 나는 누가 다른 신제품을 들고 나올지도 알고 있었다. 속옷과 양말류 제조업체인 카이저-로스Kayser-Roth가 노 넌센스No Nonsense 스타킹 브랜드를 출시했다. 이 제품이 레그스보다 더 나은 것 같아 걱정됐지만, 무슨 일이 일어날지 알 수가 없었다. 그래서 나는 슈퍼마켓으로 가서 색깔과 모양을 달리해 노 넌센스 스타킹 62짝을 샀다. 슈퍼마켓 점원들은 내가 집에서 무슨 일을 하는지 궁금했을 것이다. 나는 스

피터 린치의 레슨

타킹들을 사무실로 가져와서 남자든 여자든 원하는 사람들에게 나눠줬다. 집에도 가지고 가서 제품이 어떤지 말해달라고 했다. 약 3주 뒤 제품 품질이 그다지 좋지 않다는 말을 들었다. 이런 걸 바로 조사라고 한다. 나는 헤인즈 주식을 붙잡고 있었다. 그것은 엄청난 주식이었다.[28]

헤인즈는 콘솔리데이티드 푸즈에 인수된 후 현재 사라 리Sara Lee 산하에 있다. 린치는 "피인수만 안 됐다면 헤인즈는 10루타가 아니라 30루타는 쳤을지도 모른다"고 말했다.[29]

7. 마음을 열고, 융통성 있게 행동하고, 아마추어처럼 생각하라

───

린치는 "투자하기에는 회사 규모가 너무 작다", "과거 실적이 없다", "노조가 너무 많다", "성장 산업군에 속하지 않는다"라는 말로 싸잡아서 성급하게 판단하는 것을 피했다. 그는 투자를 잘못하는 것처럼 보이는 것을 피하려고 인기 종목에서 은신처를 찾기보다는 잘 알려지지 않았거나 관심을 덜 받는 기업에도 기꺼이 투자했다. 그렇게 한 이유는 이랬다. "월가에서 성공하는 것도 중요하지만 실패하더라도 투자를 잘못하는 것처럼 보이지 않는 게 더 중요하다. (중략) IBM의 상황이 안 좋아졌는데 당신이 IBM 주식을 샀다면 고객과 상사들은 최근 IBM에 무슨 일이 있는지 묻겠지만, 모텔 체인점인 라 퀸타 모터 인스La Quinta Motor Inns 같은 회사의 상황이 안 좋아졌는데 당신이 그 회사 주식을 샀다면 당신이 산 이유에 대해 추궁을 당할 것이다." 린치는 투자를 위해 열린 플랫폼을 운용했다. 은행에서 인기 있는 '승인 주식 목록' 같은 고정된 메뉴에 얽매이지 않았고, 스몰캡 성장주 같은 뮤추얼 펀드 스타일을 고수하지도 않았다. 그는 "눈가리개를 한 채 따분한 유틸리티나 형편없는 항공사나 고객이 아이들밖에 없는 사탕 제조업체와 같은 온갖 범주의 회사들을 무시한다면 몇몇 좋은 거래를 놓칠 수 있다"고 말했다.[30]

그는 또한 노조가 있는 기업이나 생기가 없는 산업에 종사하는 기업에는 당연히 투자하길 꺼려야 한다는 편견에서 벗어날 것을 권고했다. "홈디포는 끔찍한 산업에 속해있었으나 주가가 100배 뛰었다. 셔윈-윌리엄즈Sherwin-Williams(페인트 기업-옮긴이)도 마찬가지로 끔찍한 산업에 속해있었으나 (1998년까지) 지난 20년 동안 20배나 올랐다. 온갖 편견과 편향이 문제다. 융통성 있게 행동하라. 어디에나 훌륭한 주식들이 있다. 그저 그것들을 찾기만 하면 된다." 린치는 이렇게 말하며 다음과 같이 덧붙였다. "노조가 있는 회사를 피하다니 정말 큰 실수다. 나는 크라이슬러에 투자해서 엄청난 돈을 번다. 존 디어John Deere(농기계 제조업체-옮긴이)와 보잉에 투자해서도 엄청난 돈을 번다. 항공사와 철도주에 투자해서는 손해를 봤지만, 모두 합쳐보면 노조가 있는 기업에 투자해서 많은 돈을 벌었다."

낙관주의와 자본주의에 대한 믿음

—

린치는 투자에 성공하기 위해 중요하다고 믿었던 15가지 덕목을 찾아냈는데, 바로 인내심, 자립심, 상식, 고통에 대한 관용, 열린 마음, 초연함, 지구력, 겸손함, 유연함, 스스로 조사하려는 의지, 실수를 인정할 줄 아는 의지, 일반적인 공포와 비관론을 무시하는 능력, 정보에 입각한

　　　　　　　　　　　　　　　　　피터 린치의 레슨

결정을 내릴 수 있는 능력, 확신, 그리고 지속적인 믿음과 낙관론이다.

처음 14가지 덕목은 따로 설명이 필요 없을 것이다. 15번째 덕목은 미국의 자본주의 체제가 제품 혁신, 일자리 창출, 생활 수준 향상, 부의 창출에 도움이 된다는 낙관론을 말한다. 린치는 혁신적인 신제품을 생산하고, 생활 수준을 향상시키며, 주주들에게 부를 창조해줄 수 있는 자유시장 경제에서 활동하는 기업인들의 회복력과 독창성에 대한 믿음이 템플턴만큼 낙관적이었다. 두 투자자 모두 덜 알려졌지만 역동적인 기업들이 주는 일자리와 부의 창출 기회가 고객들과 소통하지 않는 오래된 기업들과 관련된 부정적인 기사로 인해 가려지는 경우가 지나치게 많다고 믿었다. 린치는 이렇게 설명했다.

1980년대에 500대 대기업이 300만 개의 일자리를 없앴지만 미국은 1,500만 개의 일자리를 새로 창출했다. 1990년대에도 500대 대기업이 다시 300만 개의 일자리를 없앴지만 미국은 1,700만 개의 일자리를 새로 창출했다. (중략) 성장하고 있는 작은 기업들에서 일자리가 생겼다. 미국이 위대한 이유는 이 때문이다. 미국은 환상적인 시스템을 가지고 있다. 하지만 사람들은 항상 그것을 헐뜯는다. (중략) 사람들은 미국이 서투르고 게으르다고 말한다. 미국인은 독일인보다 주당 평균 11시간, 일본인보다 주당 평균 4시간 더 일한다. 우리는 부모 세대보다 일주일에 12시간 더 일하고 있다. 그런데도 사람들은 우리가 게으르다고 말한다. 우리는 세계 여러 산업을 지배하고 있다. 디즈니는 세계 1위 종합 엔터테인먼트 회사다. 음반과 우주 산업은 모두 세계 1위다. 우리는 진정 엄청난 나라에 살고 있다. 믿거나 말거나 그렇다. 이 사실을 믿지 않는다면 주식이나 뮤추얼 펀드에 투자하지 않으면 된다. 반대로, 이를 믿는다면 투자 기회를 놓치는 것은 큰 실수다.[31]

신념 유지와 주식 선별 문제를 연결해서 함께 얘기하는 경우는 드물다. 하지만 후자의 성공 여부는 전자에 달려있다. 당신이 대차대조표나 PER 분석 면에서 세계 최고의 전문가가 될 수도 있겠지만 신념이 없다면 부정적인 뉴스를 믿는 경향이 있을 것이다. (중략) 내가 지금 무슨 신념을 말하고 있는 것일까? 그것은 오래된 기업이 성장 동력을 잃고 사라지더라도 월마트, 페덱스, 애플 컴퓨터처럼 흥미진진한 새로운 기업이 등장해 그들의 자리를 대신할 것이라는 신념이다. 미국은 근면하고 창의적인 사람들로 이루어진 나라라는 신념이다. 그리고 나는 현재 내가 그리고 있는 '큰 그림Big Picture'에 대한 의심과 절망에 직면할 때마다 훨씬 더 큰 그림에 집중하려고 노력한다. 이런 큰 그림은 우리에게 지난 70년 동안 주식은 소유자들에게 연평균 11퍼센트의 이익을 올려줬지만, 단기재정증권과 채권과 양도성예금증서CD(certificate of deposit, 은행의 정기예금 중에서 해당 증서의 양도를 가능하게 하는 무기명 상품–옮긴이)는 그 절반에도 못 미치는 수익률을 냈을 뿐이라고 말해준다. [32]

자유시장경제의 회생 능력을 믿는다면 시장이 필연적인 하락을 맞더라도 이를 겁 많은 전문가들이 언론에 나와서 떠들어대곤 하는 '대재앙의 시작'이 아닌 매수 기회로 볼 수 있도록 하는 기반이 된다.

1928년부터 2015년까지 87년 동안 통상적으로 시장이 조정 국면에 진입했다고 말하는 '10퍼센트 하락'을 경험한 적이 93차례 있었다. 이 기간 '약세장bear market'이라고 부르는 '20퍼센트 이상 하락'은 34차례였다. 다시 말해 조정은 평균적으로 최소 1년에 한 번, 약세장은 평균적으로 3년에 한 번 정도 일어난다고 볼 수 있다. 린치는 조정과 약세장을 예측하려고 해봤자 헛수고라고 조언했다. 대신 겨울이 지나면 봄이 오듯이 투자 기업이 더 높은 수익을 올리고 현금흐름이 개선되면 그에 따라 주가도 올라갈 것이라고 믿고, 그런 조정과 약세장을 필연적으로 일어날 수밖에 없는 일로 인식하면서 그것을 매수 기회를 활용하라고 말했다.

주식 투자를 할 때는 인간의 본성, 자본주의, 나라 전체, 미래의 전반적인 번영에 대해 기본적인 신념을 가지고 있어야 한다. 내 경우 지금까지 그런 신념을 흔들 만큼 강력한 것은 없었다.[33]

CHAPTER 11

주식 선별 방법

새로운 종목을 고를 때 적어도 새 냉장고를 고를 때만큼의 시간과 노력을 투자하라.
— 피터 린치[1]

대단한 종목이 저 바깥에 있다. 당신을 기다리고 있다. 눈만 크게 뜨고 찾으면 된다.
— 피터 린치[2]

린치는 주식 투자의 적기는 좋은 가격에 주식을 살 수 있는 탄탄한 회사를 찾았다고 확신했을 때라고 말했다. 이러한 투자 철학은 그의 주식 선별 방법을 이해할 수 있는 확실한 기반이다. 린치는 템플턴처럼 광범위한 관점에서 기업의 주가에 영향을 주는 장기적인 수익 창출 능력을 예의 주시한다. 그는 "지난 20년 동안 제약회사 머크Merck와 코카콜라Coca-Cola의 수익이 15배 증가하는 동안 양사의 주가는 15배 상승했다"면서 "이렇듯 기업의 수익과 주가에는 직접적인 상호관련성이 있으므로 그 점에 집중해야 한다"고 조언했다.[3]

린치는 마젤란을 성장주 펀드로만 간주하는 것은 실수라고 말했다. 그는 고정관념에 사로잡히지 않고 다방면에서 수익 기회를 찾고자 했다. 그는 성장주만 사겠다는 사람도 있지만 성장주가 고평가되면 문제가 생긴다고 말했다. 또 어디에나 좋은 주식과 나쁜 주식이 있다고 믿으면서 "주식 선별의 핵심은 사람들이 많은 다양한 업종을 두루 살피지 못하게 막는 편견과 편향에 빠지지 않는 것"이라고 강조했다.[4]

템플턴과 린치 모두 두 가지 종류의 회사를 좋아하는데, 우량 회사와 더 큰 기업으로 성장할 수 있는 소규모 성장기업이다. 린치는 그 이유를 이렇게 설명했다.

> 나는 기본적으로 두 가지 유형의 회사를 찾으려고 노력한다. 하나는 업황 부진으로 당장은 수익 창출에 문제를 겪고 있으나 미래 언젠가는 수익이 회복될 대기업이다. 확실히는 몰라도 반년이 지나거나 다음 해 정도면 수익이 극적으로 반전하면서 주가에 큰 변화가 일어날 그런 회사 말이다. 두 번째는 장시간에 걸쳐 대기업 규모로 성장할 성공한 작은 회사다.[5]

그는 규모가 비교적 작더라도 업계를 선도하고 있고, 이미 흑자를 내며, 부채가 거의 혹은 전혀 없을 만큼 대차대조표가 건전한 기업들의 주식에 투자해야 최고의 이익을 낼 수 있다고 말했다.

그는 다음과 같은 특징을 가진 성장주를 선호했다.

- 이미 일관된 실적을 내고 있는 회사
- 사실상 독자 운영이 가능한 단순한 회사
- 지속 가능한 성장을 할 수 있는 고유한 무언가를 가지고 있는 회사

• 잘 경영되고 있고 대차대조표가 깨끗하지만 주가는 낮은 회사

소매업체

———

린치는 항상 소매업체를 좋아했다. 특히 전국 곳곳에 있는 경쟁사에 의해 무너지지 않고, 모니터링이 용이하며, 반복적인 자체 복제로 확장 잠재력이 큰 업체를 좋아했다.

소매업체들의 경우 경쟁사들이 생기는 것을 눈으로 확인할 수 있다. 또한 그들이 온갖 쇼핑몰과 거리 모퉁이에 점포를 내서 포화 상태에 이른 때가 언제인지도 알 수 있다. 그때가 주식 매도를 고민할 시점이지만, 그 시점에 도달할 때까지 성공한 체인점은 매출과 수익을 기하급수적 속도로 늘릴 수 있다. 이러한 현상이 계속 되풀이된다.[6]

소매업체에 투자할 때 린치는 다음과 같은 점을 확인했다.

• **동일 점포 매출 증가**

• **현실적인 확장 계획**(연간 100개 점포 미만으로 확장하는지 여부)

• **강력한 대차대조표**(부채가 거의 혹은 전혀 없는지 여부)

• **매장 방문 시 느끼는 긍정적인 경험**

• **경쟁업체와의 비교**

    – 평방 피트당 매출

    – 가격

    – 경영 경험

피터 린치의 레슨

– 전략

– 사업의 경제성(자기자본이익률ROE)

– 경쟁력 차이

– 걱정거리 발생 시 본사와의 소통 능력

– 성장률보다 낮은 PER

주식 검색에 필요한 7단계

다음은 린치가 이기는 주식을 찾을 때 거치는 7단계다.

1. 아이디어를 내라.
2. 제품의 영향을 확인하라.
3. 회사를 분류하라.
4. 수익에 집중하라.
5. 회사를 평가하라.
6. 2분짜리 스토리텔링을 개발하라.
7. 이야기를 확인하라.

각 단계에 대해 자세히 부연설명하자면 다음과 같다.

1. 아이디어를 내라

린치는 투자자들에게 "투자할 주식에 대한 단서를 집 근처, 쇼핑몰, 일터에서 찾아라"라는 유명한 조언을 남겼다. 투자할 회사가 월가에서

널리 인정받기 전에 실물 경제를 읽을 수 있는 곳에서 그 회사에 대해 직접 겪어봐야 투자에 우위를 점할 수 있다는 논리였다.

린치는 이런 식으로도 주식 선별에 필요한 일부 아이디어를 얻었지만, 집요하리만큼 회사에 전화를 걸어서 얻어낸 정보로 많은 아이디어를 얻었다. 그는 규모나 업종과 상관없이 매년 수백 개 회사에 연락해 본 뒤 성장 가능성이 크다고 판단되는 기업을 찾곤 했다.[7] 린치는 연락하기 전에 회사의 연례 분기 보고서를 모두 읽었다. 그는 무엇보다 무자비할 정도로 계속 전화했다.

처음 방문해서는 잘 모른다. 납품해야 할 수주 잔고가 기록적으로 많은데, 경쟁사들은 막 파산했고, 주가는 55달러에서 5달러로 떨어진 회사를 찾기란 극히 드문 일이다. 그런 일은 좀처럼 일어나지 않는다. 기업에 연락해보면 대개 부정적인 재료와 긍정적인 재료를 5개씩 얻을 수 있는데 계속 연락하다가 보면 몇 가지 문제가 사라졌다는 것을 알게 된다. 그럴 때 나는 회사가 선전하고 있는데도 불구하고 주가는 우연히 떨어진 것이라고 생각한다. 그러니 무작위로 통화하는 게 중요한 것 같다. 계속 연락하면 그만한 보상을 받는다.[8]

2. 제품이나 서비스가 회사에 미치는 영향을 확인하라

———

새로운 제품이나 서비스의 예상되는 기여도가 구체적이지 않거나 회사의 전체 운영 규모에 비해서 크지 않다면 그런 새로운 것에 괜히 흥분하며 시간을 낭비해서는 안 된다. 관심 있는 제품이 회사에 중요한 제품인지 확인하라.

관심 있는 특정 제품이 회사의 매출과 수익에 의미 있는 비중을 차지할 것인지 물어라.

3. 기업을 다음 6가지 중 하나로 분류하라

1) 저성장주 slow grower

- 배당 수익이 주요한 수익원이다.

- 배당금의 일관성과 배당 성향dividend payout ratio에 집중하라. 배당 성향은 기업에서 해당 회계기간 동안 창출한 수익에서 주주에게 배당으로 얼마만큼을 환원하는지를 나타내는 비율이다. 비율이 낮을수록 좋다.

- 유틸리티 혹은 공익기업은 일반적으로 평균 이상의 배당 수익률을 노리는 투자자들에게 인기가 좋고, 성장 속도가 더디며 규제를 받는 독점 기업이다. 린치는 공익기업 주식에 투자할 적기를 경기가 침체기에 접어들고 금리가 하락하고 있을 때라고 말했다. 금리가 낮을수록 공익기업의 높은 배당 수익률은 투자자들에게 더 매력적으로 보인다. 린치는 또한 공익기업이 배당금 지급을 유예하는 바람에 주가가 빠져서 고수익을 추구하는 투자자들이 매도할 때 공익기업 주식 매수를 고려해야 한다고 말했다.

2) 대형 우량주 stalwart

- 성숙하고 꾸준한 성장세를 보이는 기업.

- 매입 가격에 특별히 신경 써라.

- 장기 보유를 위해서는 이익률이 높은 회사를 선호하라. 그런 회사가 경쟁력이 좋기 때문이다.

- 이전 경기침체 때 회사의 상태가 어땠는지 확인하라.

- 린치가 '다악화diworsification'라고 부른 '매력적인 핵심 사업에서 벗어나 다
각화하는' 대형 우량기업을 경계하라.

3) 고성장주 fast grower

- 비성장 산업에서 이미 수익을 내면서(20~25퍼센트 정도) 적당히 빠른 속
도로 성장하는 기업은 이상적인 투자처다.
- 틈새시장을 확보한 회사를 찾아라.
- 지속 불가능한 성장세(50퍼센트 이상)를 보이는 회사를 경계하라.
- 부채가 적거나 없어 대차대조표가 깨끗한 회사를 찾아라.
- 소매업체라면 회사의 사업 모델이 복제 가능한지 확인하라.
- 회사가 성장할 수 있는 여지가 있고, 성장 속도가 느려지기보다 빨라지는
지 확인하라.
- 회사에 투자한 기관들의 수가 적을수록 더 좋다.
- 복리 효과로 인해 PER가 20배이고 20퍼센트 성장하는 회사가 PER가
10배이고 10퍼센트 성장하는 회사보다 투자 가치가 높다.

4) 경기순환주 cyclical

- 경기에 민감하게 반응하는 임의소비재나 석유, 구리, 옥수수와 같은 상품
판매에 대한 의존도가 높아 기업의 실적이 경제 상황이 좋을 때와 나쁠 때
에 따라 확연히 달라지는 주식이다.
- 투자 타이밍이 무엇보다 중요하다. 경기에 민감하지 않은 회사들과 달리
이런 민감한 회사 주식은 PER가 높아졌을 때, 즉 주기상 수익이 감소했을
때에 매수하라.
- 재고를 주시하라. 판매량보다 빠른 속도로 재고가 증가하지 않는지 확인하

피터 린치의 레슨

라. 그랬다가는 자칫 나중에 폭탄 세일로 이어질 수 있다.

- 수익이 줄었으나 대차대조표가 튼튼하고, 영업이익에서 설비투자와 배당금을 뺀 현금흐름이 양호한 불황기가 매수하기에 최적기이다.

- 시간이 지나면서 수익이 회복하면 PER는 하락할 것으로 예상하라.

- 린치가 생각하는 경제가 회복하고 있다는 걸 알려주는 가장 좋은 신호는 무엇이었을까? 그는 "나는 항상 중고차 가격을 좋은 지표로 생각해 왔다"면서 "그것이 매우 좋은 지표라고 생각한다"고 말했다.[9]

5) 자산주asset play

- 자산주는 시장에서 인정받지 못하는 가치 있는 자산을 보유하고 있는 회사의 주식이다. 여기서 말하는 자산은 부동산, 다른 회사의 소유 지분, 결손금 이월공제이다. 모기업과 자회사를 단일기업으로 간주하여 작성한 연결재무제표 방식이 아닌 각 기업 가치를 따로 합쳤을 때 더 가치가 커 보이는 기업 주식도 자산주에 속할 수 있다.

- 숨겨진 자산의 가치를 확인하라.

- 부채가 자산의 가치를 떨어뜨리고 있는가?

6) 회생주turnaround

- 어떻게 회복하고 있는가?

- 당장 도산 가능성을 확인하라. 회사가 문제를 해결할 수 있을 만큼 충분히 오래 버틸 수 있을 정도로 대차대조표 상태가 양호한가? 현금은 얼마나 확보하고 있는가? 빚은 얼마나 많은가? 시간은 빚보다 현금이 더 많은 회사 편이다.

- 성공적인 회생을 기대한다면 상대적으로 이윤이 적은 회사를 선호하라.

- 수익성이 없는 부서를 정리했는가?

- 사업이 회복되고 있는가?

- 비용을 줄이고 있는가?

- 회사에 감당할 수 없을 만큼 과도한 연금지급 의무가 없는지 확인하라.

- "특정 산업의 업황이 더욱 악화됐다는 의견이 우세할 때까지 기다렸다가 그곳에 속한 기업 중 가장 강력한 기업의 주식을 사라. (중략) 조용히 돌아다니는 사실들이 업황이 개선될 것임을 말해주지 않는다면 주가가 빠진 기업에 투자한다는 것은 무의미하다."[10]

4. 현재 수익과 다음의 방식을 통한 실적 개선 전망에 집중하라

———

- 가격 인상

- 비용 절감

- 시장 점유율 확대나 시장 성장으로 인한 제품 판매량 증가

- 실적 부진 사업장의 정리나 매각을 통한 사업 활성화

지난 20년 동안 내가 배운 가장 중요한 교훈은 기업 실적과 주가의 관계다. 마치 마술인 듯 지난 20년 동안 다우존스 산업평균지수가 3배 오르는 동안 지수 편입 기업들의 이익도 3배 증가했다. 이것은 기업의 이익과 주식 사이에 직접적인 상관관계가 있다는 것을 보여준다. 또 다른 중요한 예를 들자면, 지난 20년 동안 머크와 코카콜라의 수익이 15배 증가하는 동안 양사의 주가는 15배 상승했다. 이 점에 집중해야 한다.[11]

5. 회사를 평가하라

다음과 같은 질문과 방법을 통해 회사 주가가 합리적인지 판단하라.

- PER가 성장률뿐만 아니라 동종업계 타기업들에 비해 낮은 편인가?
- 절대적 기준에서 봤을 때 PER가 과도하게 높은가? 만약 그렇다면, 모든 면에서 회사의 운영이 잘 되더라도 투자 수익을 내지 못할 수도 있다.
- 차트상 주가와 수익 추세선을 비교하라. 둘 사이에 장기적 상관관계가 있어야 한다. 수익 추세선에 비해 주가가 터무니없이 높아서는 안 된다.
- 주당순현금net cash(현금이나 현금성 자산에서 비유동 부채를 차감한 후 발행 주식 수로 나눠서 계산)이 얼마인지 확인하라.

6. '2분 안에' 끝낼 수 있는 스토리텔링을 만들어라

12살 어린이라도 이해할 수 있도록 당신이 특정 주식을 선호하는 이유를 엘리베이터를 타고 이동하는 정도의 매우 짧은 시간 안에 설명할 수 있어야 한다. 회사가 성공하기 위해서 해야 할 일은 무엇이고, 어떤 위험에 직면할 수 있는지를 2분 안에 모두 설명할 수 있어야 한다.

7. 이야기를 확인하라

린치는 이 작업을 숙제를 하는 것에 빗대서 말했다. 의사가 환자의 건강상 문제를 조기에 진단하기 위해 맥박과 혈압을 정기적으로 점검하듯이 투자자도 회사의 재무 건전성을 진단하는 첫 단계로 회사의 재무

서류를 검토해야 한다는 것이다. 의사가 환자를 직접 보지 않고서는 건강검진을 완벽히 끝냈다고 여기지 않듯이 투자자도 직접 회사의 재무 상태를 확인하고 점검해야 진단을 끝낼 수 있다.

연례 보고서 등의 자료를 읽어라

- 잉여현금흐름free cash flow은 긍정적인가? 이와 관련 린치는 이렇게 말했다. "나는 자본지출을 하지 않는 회사에 투자하는 것을 선호한다. (중략) 당신이 주식을 사야 하는 이유로 현금흐름을 거론한다면, 그들이 말하는 것이 잉여현금흐름인지 확인하라. 잉여현금흐름은 정상적인 자본지출을 빼고 남은 돈이다."[12]
- 수익 실적이 일관적인지 불규칙적인지를 확인하라.
- 지난 10년 동안 유통 주식 수의 변동 추이를 확인해 보라. 회사가 주식을 환매수해서 주식 수가 꾸준히 감소하고 있는가, 아니면 경영 자금을 조달하거나 직원들에게 스톡옵션을 줘서 주식 수가 증가하고 있는가?
- 대차대조표는 얼마나 튼튼하고, 신용등급은 어떻게 되나? 보유 현금과 시장성 유가증권marketable securities(매매 가능한 증권-옮긴이)이 부채보다 많은가? 총자본 대비 부채 비율(순 현금)이 낮은가?
- 업계 내 세전이익률(예상 이익을 매출로 나눈 값)을 확인하라. 일반적으로 세전이익률이 가장 높은 회사가 비용이 가장 적은 회사이며, 경영 여건이 악화되더라도 생존 가능성이 높다. 장기적으로는 상대적으로 이익률이 높은 기업에 투자하고, 성공적인 반전을 노린다면 상대적으로 이익률이 낮은 기업에 투자하라.
- 부채 구조를 평가하라. 요구 시 갚아야 할 단기 부채가 많은 기업은 부정적이다. 임의 상환 요구가 금지된 장기 부채는 긍정적이다.

피터 린치의 레슨

- 재고 수준을 확인하라. 재고가 가급적 매출보다 더딘 속도로 증가하면 괜찮다. 재고가 매출보다 빠르게 증가한다면 회사는 재고를 정리하기 위해 할인 판매에 나설 수 있다.

- 배당 기록을 확인하라. 배당이 꾸준히 늘어나고 있고, 수익으로 잘 충당이 되고 있는가? 린치는 포트폴리오 일부를 우량 배당주로 구성하는 것을 좋아했다. 우량주는 위기 상황에서 하락하더라도 더 강한 회복탄력성을 보여주기 때문이다.

- 특허, 브랜드명, 투자, 결손금 이월공제, 토지 가치 등의 숨겨진 자산이 있는지 확인하라.

- 연금 부채가 감당하기 벅찰 만큼 크지 않은지 확인하라.

- 경영진이나 회사가 주식을 사는가? 경영진이 상당한 지분을 가지고 있는 기업을 선호하라. 몇몇 개별 경영자가 동시에 주식을 매입할 때 투자하는 게 이상적이다. 꾸준히 자사주를 매입하는 회사를 찾아라. 린치는 이렇게 말했다. "투자자들은 임직원이 주식을 매입하는지 유심히 봐야 한다. 그들은 매우 쉽게 정보를 구할 수 있다. 그들은 자사 주식을 사들이는 기업이나 내부자가 누구인지 알 수 있다. 나는 그런 움직임이 매우 훌륭하고 신뢰할 수 있는 투자 지표라고 생각한다."[13]

- 기관의 지분율이 낮은가?

회사에 연락하라 (회사를 직접 방문하면 더 좋다)

- 당신의 이야기나 투자에 대한 회사의 반응을 확인하라.

- 당신이 이미 숙제를 다 끝냈음을 보여주는 질문을 던져라.

- 분석가가 마지막으로 방문한 적이 언제인지 질문하라.

- 점검하라. 제품이나 서비스를 사용해 보라. 린치는 라 퀸타 주식을 사기 전

에 이 회사가 운영하는 모텔에서 3박을 했고, 픽앤세이브Pick 'N' Save, 펩 보이즈Pep Boys, 토이저러스Toys "R" Us 주식을 사기 전에 그들 매장을 방문했다. "나는 아메리칸 모터 인스American Motor Inns, 호스피탈리티 인스Hospitality Inns, 유나이티드 인스United Inns 등에 투자하면서 그들에게 누가 가장 강력한 경쟁자인지 물었다. 그랬더니 그들은 라 퀸타 모터 인스라고 답했다. 나는 라 퀸타를 방문한 뒤 대규모로 투자해 큰 성공을 거두었다. 나는 라 퀸타 주식을 7~8년 동안 보유했다."[14]

• 경쟁 제품을 테스트하라. "연례나 분기 보고서를 읽는 것으로 끝나서는 안 된다. 크라이슬러 주식을 소유하고 있다면 누군가가 더 개선된 지프나 미니밴을 가지고 등장하는지 알아봐야 한다. 그것은 보고서를 읽어서 알 수 있는 게 아니라 출시될 신차를 직접 운전해봐야 알 수 있는 사실이다."[15]

이야기를 재확인하라

• 주기적으로 투자해야 하는 합리적인 이유를 확인하라.

• 분기와 연간 보고서를 확인하고, 매장을 방문해 보고, 경영진 인터뷰와 분기 실적 회의 기록을 읽어라.

완벽한 주식의 특징

—

린치는 저서《전설로 떠나는 월가의 영웅One Up on Wall Street》에서 '완벽한 주식'의 특징을 설명했다. 일반적으로, 고객 기반이 안정적이지만 경쟁은 거의 없이 꾸준히 성장하는 사업을 하는 회사의 주식이다. 그런 주식은 따분하면서 지루한 이름을 가지고 있고, 따분하면서 지루한 사업을 하고, 불쾌하거나 우울한 사업을 하고, 분사된 자회사이고,

피터 린치의 레슨

기관들이 보유하고 있지 않거나 증권회사의 분석 대상에서 빠져 있고, 근거 없는 소문에 시달리고, '성장하지 않는' 업종에 속하고, 틈새 제품이나 서비스를 제공하고, 반복 구매가 요구되는 제품을 만들고, 기술을 만들기보다는 활용하고, 내부자들이 주식을 사고, 회사가 자사주를 매입하는 주식이다.

특히 분사分社는 모회사가 산하 사업부 중 한 곳의 주식을 발행하고 공모를 통해 소액의 지분을 매도할 때 일어난다. 남은 지분은 결국 주주들에게 분배된다. 새로 독립한 회사가 더 기업가적 기질을 발휘하고 집중을 통해 이익을 볼 수 있기 때문에 분사된 자회사 주식이 일반적으로 모회사 주식을 뛰어넘는 수익률을 나타내는 경향이 있다. 그들의 현금흐름은 모회사 프로젝트에 자금을 대는 것에서 벗어나 혁신 프로젝트와 자본 건전성 개선에 자금을 대는 쪽으로 전환될 수 있다. 예를 들어, 미국 법무부는 1983년에 AT&T에 8개 회사로 기업 분할을 실시할 것을 명령했는데, AT&T는 장거리 서비스만 제공하고, 흔히 베이비 벨Baby Bell이라고 불리는 지역 벨 전화회사 7개는 지역 서비스만 제공하게 했다. 결별 후 7년 동안 베이비 벨 주식의 수익률은 349퍼센트로 AT&T 주식의 수익률 159퍼센트보다 2배 이상 높았다.

CHAPTER 12

실수하지 않고 주식 매도하기

내 생각에 투자자들이 저지르는 가장 큰 실수는 제대로 연구하지 않는다는 점이다. 사람들은 전자레인지에 대해 궁금하면 도서관에 가서 엄청나게 연구하다가도 밖에 나와 버스에서 우연히 들은 정보를 갖고서 한 주식을 1만 달러어치나 덥석 사버린다.

– 피터 린치[1]

주식 매도

린치는 처음에 어떤 주식을 사게 된 이유를 안다면 매도 시점도 자연히 잘 알 것이라고 말했다. 린치가 주식을 살 때는 1) 그 주식을 좋아하는 이유, 2) 회사가 성공하기 위한 조건, 3) 회사가 직면할 수 있는 위험을 정리한 2분짜리 원고를 만들었다는 사실을 명심하라. 당신이 자신의 주식 투자 이유에 어긋나는 주식을 샀는데 그 회사가 발전한다면 매각 결정은 더 쉬워질 것이다. 반면에 악화하는 상황을 다시 합리화했다가 위험한 상황은 점점 더 나빠질 것이다.

피터 린치의 레슨

주식 매도의 이유는 여러 가지 있으나 린치는 일반적으로 다음 셋 중 하나에 해당하면 매도했다.

1. 회사 성장률보다 PER가 높다

– "경험의 법칙상 주식의 PER가 회사 성장률이나 그 이하일 때 팔아야 한다."[2]

2. 구매 이유에 어긋난다

– "나는 실수하면 팔려고 애쓴다. 내가 어떤 일이 일어나거나, 시장에서 통하는 제품이 등장하거나, 사업이 더 나아지기를 기다리고 있다면 내 생각이 틀린 것이 명백하다. 핵심은 팔아야 하는데도 팔기 어렵다는 사실이다. 그러나 당신은 몇 년을 기다릴 수 있다는 이유로 그저 상황이 나아지기를 바라고 그렇게 되라고 기도만 하고 싶지는 않을 것이다."[3]

– "주식을 살 때는 사는 이유를 적어놓아야 한다. 그 점을 명심하라. 나는 일본 자동차 회사인 스바루Subaru 주식을 샀다. 10달러에 살 수 있기를 바라고, 15달러에 살 수 있기를 바랐다. 3달러에서 올라서 PER가 10배에서 거래됐다. 스바루는 주당 20달러의 현금을 가지고 있었다. 시장에서 큰 틈새시장을 확보해놓았고, 4륜 구동 차량을 생산했고, 가격도 적정했고, 경쟁사도 없었다. 스바루는 직접 차를 만들지는 않았다. 단지 유통만 했다. 후지중공업Fuji Heavy Industries이 대신 스바루 차량을 만들었는데, 나중에 스바루가 후지를 인수했다. 스바루는 환상적인 주식이다. 주가는 5달러에서 150달러로 올랐다. 나는 15달러에 이 회사 주식을 샀다. 하지만 이후 그 회사 주식을 팔았다. 내가 판 이유는, 어느 날 포드가 에스코트Escort를 출시했기 때문이다. 갑자기 가격은 저렴하고 품질은 우수한 경쟁 제품이 등장한 것이다. 이때 엔화가 강세를 보이자 스바

루 차량의 가격이 상승했다. 더 이상 스바루 차량이 팔리지 않았다. 이때 무슨 일이 일어났을까? 이 회사 주식을 사려는 사람이 없었다. 이때 나도 스바루 주식을 팔았다. 이야기는 그렇게 끝났다. 이야기가 엉망진창이 됐을 때가 주식을 매도할 때다."[4]

3. 더 나은 대체품이 출현한다

- "나는 다른 주식이 더 매력적으로 보일 때 (내가 가진 주식을) 판다. 주식 A가 주식 B보다 그냥 더 매력적으로 보일 때 말이다."[5] "그러나 십중팔구 나는 A 회사 이야기가 B 회사 이야기보다 더 좋고, 특히 후자의 이야기가 가능성이 희박하게 들리기 시작할 때도 판다."[6]

또한 다음과 같이 주식에 따라 구체적인 매도 이유가 달랐다.

저성장주 매도

린치가 저성장주를 많이 소유하지는 않았지만 소유한 주식의 경우 30~50퍼센트 오르거나 주가가 하락하고 펀더멘털도 나빠졌을 때 매도했다.

대형 우량주 매도

대형 우량주는 보통 시가총액이 매우 큰 회사들이라서 투자자들은 이런 주식들이 단기간에 몇 배 상승하리라고 기대해서는 안 된다. 린치는 PER가 역사적 범위를 훨씬 넘어서 올랐을 때 대형 우량주를 팔고서 보통 더 합리적인 가격의 또 다른 대형 우량주로 교체했다. 다른 매도 신호로는 최근 1년간 주식을 사들인 경영진이나 이사가 없고, 회사가 원가 절감을 통해 실적 성장세를 유지했고, 향후 원가절감 기회가 제한적인 경우일 때다. 특히 역사적 추세에 부합하는 수준의 실적 성장을 보고하지만, 기타소득의 증가, 일시적인 세율 인하, 차입금 증가를 통한 주식수 감소 등 이례적인 이유로 수익이 늘어났다면 대량 우량주 투자에 조심해야 한다.

경기순환주 매도

주가는 미래를 선반영한다. 특히 경기순환주 투자자들은 보통 경기주기의 반전이 실제로 일어나기 전에 미리 포지션을 잡는다. 경기순환주는 종종 주기가 전환됐다는 걸 알려주는 가시적인 신호가 등장하기 전부터 시장 수익률을 상회하기 시작하고, 반대로 펀더멘털이 강한 상태를 유지하는 동안에조차 시장 수익률을 하회하기 시작한다.

린치는 "경기주기가 끝날 때를 제외하고, 경기순환주를 매도할 적기는 실제로 무언가가 잘못되기 시작했을 때"라고 말했다.[7] 그는 다음과 같이 여러 가지 신호들을 매도를 경고하는 신호로 여겼다.

- 비용이 올라가기 시작한다.
- 공장이 완전가동되고 있다.
- 재고가 증가하고 있다.
- 상품 가격은 하락하고 있다.
- 경쟁사들이 시장 점유율을 확보하기 위해 가격을 인하했다.
- 노사 계약이 만료될 예정인 가운데 노조 지도자들이 사측에 과거보다 훨씬 더 많은 요구를 하고 있다.
- 수요가 둔화되고 있다.
- 외국 생산업체들은 국내 원가 이하로 판매하고 있다.

- 과도한 자본지출 계획을 세웠다.

고성장주 매도

린치는 PER가 터무니없을 정도로 높아졌을 때 고성장주를 매도했다. 가령 에이본Avon이나 폴라로이드Polaroid의 PER가 50배에 이르렀을 경우다. 또 PER가 회사의 지속가능한 수익 성장률보다 훨씬 더 높아졌을 때도 고성장주를 팔았다.

린치에 따르면 가장 주목해야 할 시기는 2단계 고도성장의 막바지다. 그때는 다음과 같은 신호들이 등장한다.

- 지나치게 낙관적인 월가 분석가의 매수 권유
- 기관 지분의 대폭적 증가
- 전국 언론의 비위 맞추기식 호평
- 펀더멘털의 악화
- 동일 점포 판매 감소
- 고위 경영진의 사임 후 다른 회사로의 이직

회생주 매도

회생주 매도의 적기는 회사가 다시 살아나고, 모든 주요 문제들이 해결되었고, 모두가 이런 사실을 알고 있으며, 회사가 다시 예전으로 돌아갔을 때다. 이때 주주들은 거리낌 없이 회사에 재투자하려고 한다. 다른 매도 신호들은 다음과 같다.

- 몇 분기 연속 감소하던 부채의 증가 전환

피터 린치의 레슨

- 매출 증가 속도보다 빠른 재고 증가 속도

- 수익 전망에 비해 부풀려진 PER

- 대고객 판매 둔화

자사주 매도

행동주의 투자자가 경영진을 압박해서 자산 매각이나 인수, 레버리지 바이아웃leveraged buyout(매수할 기업의 자산을 담보로 돈을 빌린 뒤 이를 통해 인수 대상 기업의 모든 주식을 매수하는 것-옮긴이)을 통해 자산 가치를 실현하게 할 때까지 기다릴 필요도 종종 있다. 자산주는 자산이 예상보다 낮은 가격에 매각되거나, 혹은 회사가 인정받지 못하는 자산 가치를 희석해버리는 저평가 주식으로 자금을 조달해서 합병에 나서겠다고 발표하는 식으로 '다악화'할 때도 매도할 수 있다.

손절 주문

———

투자자 중에서는 '10퍼센트' 같이 미리 정해놓은 비율의 손실을 냈을 때 주식을 매도하는 사람이 있다. 그런 사람들은 손실을 제한해야만 80~90퍼센트란 끔찍한 손실을 막을 수 있고, 이렇게 해야 여전히 다른 회사에 재투자할 충분한 자본을 갖고 있을 수 있다고 믿는다. 그러나 린치는 손절 주문을 '혐오'한다고 말했다. 시장 변동성이 정상적이면 투자자는 매도할 수밖에 없을 것이다. 린치는 투자자가 손절 매도했을 때 그들을 사실상 현재 가치보다 더 낮은 가격으로 주식을 매도할 것임을 인정하는 격이라고 지적했다. 그는 또한 2배로 오른 주식을 파는 것도 어리석은 짓이라고 생각했다. 주가가 미래의 전망에 대한 당신의 견해를 좌우하지 못하게 해야 한다. 당신의 원래 투자 논리가 합당하고 밸류에이션이 적정하다면, 미래에 이익을 낼 수 있게 그 주식을 계속 보유하라.

피터 린치가 기피하는 주식

—

주식을 매수해놓고 몇 년 동안 기다렸더니 높은 수익을 내고, 기다리는 동안 팔아야 할 이유가 생기지 않는 게 가장 이상적이다. 하지만 중간에 회사의 경쟁우위가 약화되고, 경영진이 경영을 엉망으로 하고, 경쟁사들이 공세를 강화하고, 투자 이유가 충분했던 주식을 팔아야 팔 경우가 자주 생긴다. 이렇듯이 애초에 절대 매수해서는 안 되는 주식들이 있다. 린치가 기피하는 주식은 다음과 같다.

- **가장 뜨거운 산업에서 가장 뜨거운 주식**

  린치는 "만약 내가 단 하나의 주식을 기피할 수 있다면, 그것은 모두가 말하는 가장 뜨거운 산업에서 가장 뜨거운 주식일 것"이라고 말했다.[8] 뜨거운 산업에는 시장을 나눠 먹기 위해 혈안이 된 똑똑한 경쟁사들이 대거 몰린다. 이런 산업에서는 직관적으로 분명한 수요 증가 추세로 인해 판매가 매력적인 비율로 늘어날지 모른다. 하지만 경쟁사들이 시장 점유율을 높이기 위해 할인 가격 판매에 나서면 이익은 종종 늘지 않기 마련이다. 뜨거운 기업에 대해선 좋은 업황과 주가 상승 모멘텀이 지속되리란 기대감이 커진다. 하지만 분기 실적 추정치를 웃돌았더라도 향후 수익이나 매출 전망이 기대에 미치지 못한다면 그런 기업의 주식이라도 험한 꼴을 당할 수 있다.

• '다음 기대주'라고 광고하는 주식

'제2의 애플'이나 '제2의 마이크로소프트'로 광고하는 주식이 그렇게 되는 법은 거의 없다. 모방에 나선 기업은 대개 모방 대상 기업 수준에 미치지 못한다. 린치는 누군가가 어떤 기업을 다음 기대주라고 광고했을 때 그것은 종종 모방에 나선 기업뿐만 아니라 그곳과 비교되는 모방 대상 기업의 번영도 같이 끝날 수 있음을 의미한다고 말했다.

• '다악화'하는 기업

다른 기업을 인수해 사업을 다각화하는 수익성 높은 기업일수록 과대한 대가를 지불하고, 핵심 역량을 넘어서 사세를 키우는 경우가 많다. 그런데 무능한 경영으로 인해 내야 할 수업료는 전적으로 주주 몫이다. 월가 분석가들은 일반적으로 판매 시너지 효과를 낼 기회가 생겼다거나 중복 비용이 제거됐다면서 인수를 호평한다. 그러다가 인수에 나섰던 회사가 결국 구조조정 형태로 소화불량을 겪다가 앞서 거액을 주고 인수했던 곳을 헐값에 털어내면 월가 분석가들은 이런 상각 조치를 '일회성' 비용으로 치부하면서 회사가 스스로 몸집을 줄임으로써 핵심 사업에 더 집중할 수 있게 됐다고 칭찬한다. 두 경우 모두 회사가 승리한 것처럼 보이지만 실제 승자는 중간에서 거래를 중개한 투자은행가들이다. 회사 입장에서는 차라리 좋은 가격으로 자사주를 되사는 것이 더 낫다.

• 소문주

인수 대상이 됐다는 소문이 돌아 붙여진 일명 '소문주whisper stock' 매수는 이야기는 훌륭하더라도 실속은 없는 투자가 될 수 있다. 보통 자기가 투자한 기업이 인수 대상이 됐다는 소문은 '믿기 힘들 만큼' 좋게 들리는 법이다. 그런 소문은 종종 은밀하고 비밀리에 퍼진다. 린치는 "소문주가 종종 석유 부족, 마약 중독, 에이즈 문제 등 최신 국가적 문제를 막 해결해줄 것 같다"면서 "그런 해결은 상상 속에서만 가능하거나 인상적일 만큼 복잡하다"고 지적했다.[9] 소문주 기업은 약속을 남발하지만 실적은 보잘 것 없다. 그들은 보통 아예 수익을 내지 못한다. 린치는 회사가 수익을 실현했다는 것을 검증할 수 있을 때까지 기다리라고 조언했다. 그는 "의심이 생길 때는 미뤄뒀다 나중에 관심을 가져도 된다"고 말했다.[10]

실적이 없어 투자 위험성이 크지만 과대 선전된 신규 기업들의 기업공개 IPO(Initial Public Offering)도 대부분 마찬가지다. 다른 회사에서 분사했고, 신설법인이라도 검증된 실적이 있는 곳의 IPO 때 투자하는 것은 안전하다. 신설법인은 IPO를 통해 조달한 자금을 이전 모회사로부터 의붓자식처럼 무시당한 보유 상품에 재투자함으로써 그것의 판매를 다시 활성화하는 데 새로 초점을 맞추기 때문이다.

• 주요 고객사에 지나치게 의존하는 기업

수익의 상당 부분을 주요 고객에 의존하는 기업은 협상 면에서 불이익에 처할 수밖에 없다. 예를 들어, 자동차 회사인 제너럴 모터스가 납품업체 중 한 곳에 뛰어내리라고 한다면, 납품업체는 얼마나 높은 곳에서 뛰어내려야 하는지 물어볼 것이다. 납품업체는 항상 납품 단가를 양보해야 할 위험에 처해 있고, 다른 업체로 대체된다면 재난이 닥칠 것이다.

• 흥미로운 이름을 가진 주식

린치는 화려한 회사 이름이 투자자들에게 잘못된 안전의식을 심어준다고 지적했다. 그는 "회사 이름에 '고급advanced', '선도leading', '극소micro'라는

피터 린치의 레슨

단어가 들어가거나, 이름 중간에 'x'가 있거나, 이름이 헷갈리는 약어로 되어있다면 사람들은 그것에 빠져들 것"이라고 말했다.[11]

피터 린치가 손실을 처리하는 방법

린치는 "주식은 당신이 자신을 소유하고 있다는 것을 모른다"고 말했다. 주식이 매입 가격 아래로 떨어지면 당신은 개인적인 모욕감을 느낄 수 있다. 그렇지만 이런 실수는 피할 수 없다는 사실을 받아들여야 한다. 린치는 자신이 보유한 주식 중 35~40퍼센트에서 손해가 난 것으로 추정했다.[12] 그는 "누구나 실수한다. 당신이 10번 중 6번만 맞아도 정말 거래를 잘하는 것이다. 어떤 방법도 당신이 돈을 잃지 않을 것이라고 보장해주지 않는다. 내가 가진 주식도 11달러에서 7센트까지 떨어지기도 했다"고 말했다.[13]

실수는 피할 수 없을지 모르나 린치는 한 주식만 수익을 내도 다른 많은 주식의 손실을 상쇄할 수 있다는 말로 투자자들을 거듭 안심시켰다.

주식의 묘미는 한 주식에 1,000달러를 투자했을 때 잃어봤자 1,000달러라는 점이다. 나는 그렇다는 사실을 여러 번 증명해주었다. 반대로 당신의 판단이 옳다면 5,000달러도, 1만 달러도 벌 수 있다. 절반이나 옳을 필요도 없다. 10번 중 3번만 옳고, 그 회사가 잘 돌아가고 있다는 것을 인식하고, 그들이 하는 일을 이해하고, 추가로 투자하고, 기회를 잘 이용하면 많은 돈을 벌 수 있다.[14]

시장 조정은 정상적인 일이고, 반복적으로 일어난다. 비록 조정이 일어나는 타이밍을 예측할 수 없고 직접 겪으면 속이 뒤틀릴 수 있지만, 조정은 매년 계절이 바뀌는 것만큼이나 정상적이다. 이때는 채권, CD, 현금에 비해 장기적으로 좋은 실적을 내는 주식에 집중할 수 있느냐가 관건이다.

금세기에 증시가 10퍼센트 이상 빠진 적이 50차례 있었다. 약 2년마다 시장은 10퍼센트 이상 조정을 받았다. 이 50차례의 조정 중 15차례는 시장이 25퍼센트 이상 빠졌다(1929년과 1987년에는 33퍼센트 하락했고, 이처럼 시장이 큰 폭으로 하락하기 전에는 개인과 외국인 매수와 신주 발행 급증 현상으로 특징지어지는 투기적 징후가 농후했다). 그런데 겨울에 미니애폴리스의 기온이 영하로 떨어져도 아무도 당황하지 않지만, 시장이 몇 년마다 하락할 때는 TV에서 떠들어대고, 택시 운전사들은 기분이 상한다. 사람이라면 본래 그럴 수밖에 없는 것 같다. 보통은 투자한 주식이 빠져도 빠지는 이유를 찾기 힘들다. 그냥 빠진다. 좋은 주식도 빠지지만, 그것은 아주 좋은 기회다. 그때는 매수할 준비를 하라. 18달러일 때 사고 싶었던 주식이 12달러까지 내려가면 '기막히게 좋은' 기회가 생긴 것이다. (중략) 이때는 (만일 보유주가 내렸다면) 참고 이겨내거나 아니면 바라건대 더 많은 돈을 찾아서 약간의 추매를 하라.[15]

시장은 평균적으로 2년에 한 번은 10퍼센트, 그리고 6년에 한 번은 25퍼센트 이상 각각 하락한다.[16]

다시 말해서, 준비하고 있어라. 시장이 하락하더라도 공포에 질리지 말고 기회주의자가 돼라.

1987년 10월 린치와 아내 캐롤린은 8년 만에 처음으로 아일랜드로

피터 린치의 레슨

휴가를 떠났다. 두 사람은 10월 14일 목요일에 휴가를 떠났는데, 그날 다우지수는 58포인트(2.4퍼센트) 하락한 데 이어 금요일에는 108포인트 (4.6퍼센트) 급락했다. 피터는 캐롤린에게 "월요일에도 시장이 하락한다면 집에 가는 게 좋겠다"고 말했다. 부부가 아일랜드에서 주말을 보낸 뒤 다우는 508포인트(22.6퍼센트) 급락하자 부부는 집으로 돌아갔다. 린치가 할 수 있는 일은 많지 않았지만, 그때 골프를 치고 있기보다는 사무실에 있는 모습을 보이는 게 더 낫다는 생각에 서둘러 집으로 돌아간 것이다. 영업일 기준 이틀 만에 그의 펀드 자산은 120억 달러에서 80억 달러로 3분의 1이 사라졌다.

린치는 1987년 일어난 폭락 사태에 대해 말하면서 1982년 777포인트였던 다우지수가 1986년 1,700포인트로 급등했다는 사실을 언급했다. 4년 만에 지수가 1,000포인트 상승했다는 뜻이다. 이어 1987년, 9개월 만에 지수는 1,000포인트 더 뛰어 2,700포인트를 찍었다. 그리고 두 달 만에 1,000포인트 하락했다. 마지막 날 하루에만 500포인트가 내렸다. 지수로만 보면 시장은 사실상 12개월 동안 변동이 없었던 셈이다. 그러나 모두가 당시 일어난 극적인 하락을 기억하고 있다. 린치는 당시 상황을 이렇게 기억했다.

투자자들과 언론은 '오, 세상에, 증시가 붕괴됐다. 모든 게 다 끝났다. 이제 200포인트로 내려갈 것이고, 나는 사과와 연필을 팔며 살아야 할 것이다'라고 떠들어댔다. 당시 폭락은 기업들이 잘 나가고 있었다는 점에서 특이한 현상이었다. 회사들에 연락해봐도 "이유를 알 수 없다. 우리 상태는 좋다. 주문량이나 대차대조표 모두 양호하다. 우리는 방금 자사주 매입 계획을 발표했다. 왜 그렇게 주가가 하락했는지 알 수 없다"는 답변만 들을 수 있었다. [17]

린치는 두려워하지 않았다. 그는 회사의 펀더멘털에 집중했고 시장에 대해 적절한 시각을 갖고 있었기 때문이다.

투자자가 저지르는 13가지 실수

—

린치는 투자자가 가장 흔하게 저지르는 실수 13가지를 찾아냈다. 이러한 실수를 인식하고, '어쩔 수 없이 저지르는 실수'를 경계한다면 손실 위험을 최소화하는 데 크게 도움이 될 것이다.

1. 모르는 주식에 투자하기

투자하려는 주식이 뭔지 알려면 조사해 봐야 한다. 다른 지름길은 없다. 사전 조사를 하지 않으면 소신이 부족해지고, 이는 필연적으로 닥칠 하락기를 헤쳐나갈 의지력 부족으로 이어진다. 린치는 이렇게 말했다. "투자자가 할 수 있는 최악의 일은 아무것도 모르는 회사에 투자하는 것이다. 무지한 채 '소꿉놀이'하듯 주식을 산다는 것은 아무 일도 하지 않고 즉각적인 만족감을 찾는 것과 매한가지다. 당신이 이해하는 것에 투자하라."[18]

2. 실적이 아닌 잠재력을 보고 투자하기

모르는 주식에 투자하는 게 가장 큰 실수라고 한다면, 그에 못지않게 중대한 실수는 무언가의 잠재력만 보고서 투자하는 것이다. 잠재력에 대한 멋진 이야기가 들리더라도 그 안에 실적 이야기가 빠져 있을 수 있다. (중략) 내 생각에 당신은 어떤 잠재력에 기대어 주식을 사고 싶어 하지는 않을 것 같다. 실적에 기대어 주식을 사길 원할 것이다.[19]

피터 린치의 레슨

1999년 5월 19일 린치는 인터넷 부문에 조정이 필요하다며 그곳을 '환상의 세계' 내지 '꿈나라'라는 뜻을 가진 '라라랜드La-La land'라고 불렀다. 그로부터 10개월 후 인터넷 주식 거품이 터지면서 많은 주식이 살아남지 못했다.

3. 최저가를 노려서 사기

월가의 전문가들은 종종 "주가 하락을 매수 기회로 삼아라buy the dip"라고 말한다. 그렇지만 펀더멘털 상황이 바뀌었는지 모른 채 가격이 떨어진 주식이라고 해서 무작정 사는 것은 셔츠에 흠집이 있는지 살펴보지도 않고 판매대에 전시된 셔츠를 사는 것과 같다. 주가가 하락한 데는 그럴 만한 이유가 있을 수 있고, 하락했다고 해도 여전히 가치가 매력적이지 않을 수도 있다.

> 주가가 X에서 X의 3분의 2로 떨어졌다는 이유만으로 주식을 사는 것은 실수다. (중략) 에이븐 프로덕츠라는 주식은 150달러에서 90달러까지 떨어졌는데, 이렇게 떨어졌다는 이유만으로 사람들이 주식을 샀다가 알다시피 주가가 18달러까지 빠졌다. 펀더멘털이 양호한데도 불구하고 하락한 주식은 괜찮다. 하지만 주가가 빠졌다는 이유만으로 주식을 사는 것은 매우 위험한 행동이다.[20]

4. 조바심 내기

주식 매수는 단기적인 만족을 채우는 데 권장할 만한 방법은 아니다. 건전한 투자에는 인내심과 장기적인 집중력이 요구된다. 린치는 주식 매수 후 첫 주나 첫 달이 아닌 2년이나 3년, 4년 지나서 크게 버는 경향이 있다고 말했다. "나는 정말로 장기 투자에 집중했다. 내가 얼마나 많은 시간을 거래에 투자했는지 놀라울 정도다. 내가 투자한 최고의 주식은 소유한 지 3~4주가 아니라 3~4년 지난 주식이었다. 훌륭한 회사들은 결국 승리하는 법이다."[21]

오르는 주식은 그대로 오르게 내버려 둬라. "어떤 주식이 20~30퍼센트 상승하면 사람들을 그것을 정리하고, 개 같은 주식을 보유한다. 그것은 잡초에다 물을 주고 꽃은 잘라버리는 것과 비슷한 짓이다. 오르는 종목은 계속 오르게 하라. (중략) 크게 오른 주식이 당신이 저지를 실수를 만회하게 놔둬야 한다."[22]

5. 옵션에 베팅하기

옵션 투자 시 시간은 당신 편이 아니다. 시간은 항상 빠르게 흘러가고, 만기가 다가올수록 옵션의 만기일이 남아있음으로 인한 시간적 가치 time value는 빠르게 줄어든다. 린치는 옵션보다 차라리 날씨에 돈을 거는 게 낫다고 말했다. 그는 평생 선물 옵션에 투자하지 않았다.

그는 "옵션에 투자한 돈은 한 푼도 회사로 가지 않는다. 옵션은 그냥 내기일 뿐이다. (중략) 그것이 투자자나 국가에 도움이 된다고 생각하지 않는다"며 이렇게 덧붙였다.[23] "옵션 투자는 해봤자 전혀 도움이 안 된다. 적절한 투자 대상 회사를 골라서 3개월 뒤 특정 가격에 팔 수 있는 권리인 풋옵션put option에 1만 달러를 투자했는데, 6개월 뒤 그 회사가 살아난다면 그것은 비극일 것이다."[24]

린치는 라 퀸타 모터 인스, 크라이슬러, 포드, 패니 메이Fannie Mae 등 그가 투자했던 주식은 투자 후 3년, 4년, 5년이 지나서야 많이 올랐다는 말을 종종 했다. 옵션이 만료되는 3개월이나 6개월 뒤에 그렇게 오른 것은 아니었다. 그는 투자자가 3개월 옵션에 투자한다면, 주가가 오르는 이유를 맞췄더라도 오르는 데 3개월이 아니라 1년이 걸렸다면 그것은 비극이라고 말했다. 주식에 투자하면 몇 배를 벌 수 있는 것을 괜히 옵션에 투자했다가 모든 것을 잃게 될 수 있다.

6. 시장을 예측하기 위해 애쓰고, 거시경제 걱정에 연연하기

린치는 "마켓 타이밍을 맞춰 투자하려는 노력은 시간 낭비라고 생각한다. 그것은 헛된 시도이며 비효율적"이라고 말했다.[25] 그는 또 투자의 성공은 투자가 성공할 수 있을 만큼 오랫동안 세상에 대한 걱정을 무시할 수 있는 능력을 가지고 있느냐 여부에 달려있다"고 덧붙였다.

> 사람들은 항상 무언가에 대해 걱정한다. 사람들이 석유가 배럴당 100달러까지 오르면 불황이 시작될 거라고 했던 때를 기억한다. 그리고 같은 사람들이 석유가 5달러가 되면 불황을 겪을 것이라고 말했다. 우리는 통화 공급량도 걱정한다. 다들 M1(협의통화)과 M3(총유동성) 같은 통화량 수치에 대해 걱정하던 목요일 밤을 기억나는가? 돈이 너무 빨리 늘어나서 우리가 불황을 겪을 것 같다고 말하던 바로 그 사람들이 이제는 돈이 너무 더디게 늘어나고 있다고 말하고 있다. (중략) 항상 걱정할 거리가 있긴 하나 이런 것들을 걱정해봤자 쓸데없다.[26]

린치는 미래를 예측하느라 시간을 낭비하지 말고 현재의 사실에 집중해야 한다고 믿었다. "나는 미래를 예측하지 않고 현재 사실을 다룬다. 미래를 내다보게 해주는 수정 구슬 같은 걸 찾아봤자 소용없다. 쓸모없는 짓이다."[27]

거시경제 걱정에 연연하는 실수와 관련된 것이 마켓 타이밍이 가능하다고 믿는 어리석음이다. 린치는 1996년 중반 "지난 95년간 시장은 53차례의 '조정', 즉 10퍼센트 이상의 하락을 경험했다"고 말했다. 이들 중 15차례는 최소 25퍼센트 이상 빠진 약세장이었다.

그래서 평균적으로 2년에 한 번 시장은 10퍼센트 하락하고, 평균 6년에 한 번은 25퍼센트 이상 주저앉는다. 아무도 언제 그런 하락이 일어날지 예측할 수 없다.

> 시장 하락에 대비하고 있지 않다면, 당신은 주식시장에 있을 필요가 없다. 여기서는 배짱이 중요하다는 말이다. 머리가 중요한 게 아니다. 이런 종류의 하락을 감수할 만한 배짱이 있는가? 당신은 1년을 내다보고 투자하는가, 아니면 10년이나 20년을 내다보는가? 1~2년 뒤 시장이 어떻게 될지 아무도 모른다. 장기적 관점에서 투자해야 비로소 증시에서 시간은 당신 편이다.[28]

린치는 1965년부터 1985년 사이 미국 증시에 투자한 세 명의 투자자를 비교했다. 첫 번째 투자자는 연중 고점에, 두 번째 투자자는 연중 저점에, 그리고 세 번째는 연초에 투자했다. 20년 후에 첫 번째, 두 번째, 세 번째 투자자가 거둔 수익률은 순서대로 11.7퍼센트, 10.6퍼센트, 11.0퍼센트로 거의 차이가 없었다.[29] 2001년 9월 11일의 비극 직후 린치는 단기적으로 시장 변동성이 커질 수 있다고 인정하면서도 이렇게 말했다. "다음 1,000포인트가 어느 쪽으로 움직일지는 아무도 확실히 예측할 수 없다. 시장에서 다음 1,000~2,000포인트가 어느 쪽으로 움직일지는 아무도 모른다. 다만 나는 시장이 1만, 2만, 4만 포인트가 움직인다면 위쪽으로 움직일 것이라고 확신한다."[30] 그는 의료, 제조, 기술 분야에서 혁신적 발전이 일어나고 공산주의의 종말로 일자리를 창출하고 세상을 더욱 번창하게 해줄 자유시장이 부상할 것으로 기대했다.

7. 지나치게 빠르게 포기하기

인내심을 가지고 장기 투자에 집중하라. 린치는 자신이 투자한 최고 주식은 투자하고 난 뒤 3~4일이 아니라 3~4년이 지나서 랠리를 펼쳤다고 말했다. 그는 오를 주식에는 인내심을 가지라고 조언했다.

> 반대로, 주가가 많이 올라서 얼마나 더 올라갈지 의심이 된다면, 그건 꽃을 자르고 잡초에 물을 주겠다고 생각하는 격이다. 1989년에 나는 밤 8시경에 워런 버핏으로부터 걸려온 전화를 받았다. 그는 "저는 오마하의 워런 버핏입니다. 당신이 쓴 책을 좋아합니다. 아주 많이 좋아합니다. 책에 나오는 꽃을 자르고 잡초에 물을 준다는 말이 너무 마음에 들어서 연례 보고서에 이 말을 쓰고 싶습니다. (당신이) 네브래스카에 왔다가 오마하에 들르지 않으면 당신의 명예가 실추될 것입니다." 그래서 나는 가서 버핏을 직접 만났다. 그는 자신이 보유한 가장 위대한 주식은 다른 사람들이 판 주식이라고 말했다. 그가 산 코카콜라 주식은 500배나 올랐다. 중요한 것은 주가가 올랐다고 주식을 파는 것은 큰 실수라는 점이다.[31]

버핏이 내 책을 읽으면서 고른 그 한 구절은 나의 가장 큰 실수에서 나왔다. 나는 처음 지어진 홈디포 4곳을 방문한 뒤 그곳에 투자했다. 이후 홈디포 주가가 3배로 오른 후에 팔았는데, 이후 추가로 50배나 올랐다. (중략) 대기업의 경우 시간의 흐름이 주가에 매우 긍정적으로

작용한다.[32]

8. 근시안적으로 집중하기

기존의 성장 영역 외로 투자 범위를 확장하라. 넓은 시각을 유지하되 잘 아는 회사 주식에 투자하라.

9. 주식보다 채권 투자를 선호하기

린치는 국가가 투자하는 돈의 90퍼센트가 채권, CD, 머니마켓 계좌, 현금 등 고정자산 상품에 묶여 있다는 사실에 경악했다. 린치는 종종 주식, 채권, 재무부증권 사이의 장기 수익률 격차를 비교하곤 했다. 1926년부터 1990년까지 64년 동안 주식은 연간 10.3퍼센트의 수익을 올린 반면, 같은 기간 장기 국채의 수익률은 4.8퍼센트에 그쳤다. 지난 70년 동안 채권 투자 수익률이 주식 투자 수익률을 앞지른 것은 단 10년뿐이었다. 1926년 장기 국채와 S&P500에 10만 달러를 투자했다고 치면 1990년이 됐을 때 투자한 돈은 각각 160만 달러와 2,550만 달러로 불어났다. S&P500에 투자했을 때 비교도 안 될 만큼 고수익을 올린 것이다.

10. 주식 매수 타이밍을 놓쳤다고 생각하기

회사가 자유시장에서 활동할 기회를 누리고, 시장이 포화 상태에 있지 않으며, 주가가 합리적 수준이라면 주가가 추가로 상승할 기회는 얼마든지 더 있다.

린치는 월마트 주식이 1970년 IPO를 실시한 이후 1980년까지 20배 상승했다는 점을 언급했다. 당시 월마트는 여전히 미국 내 15퍼센트 지역에 276개 점포만을 운영하고 있었다.

게다가 그 15퍼센트의 지역도 포화 상태가 아니었다. 따라서 이런 기업을 뭘 더 따져봐야 할지 궁금할 정도다. 최저 비용으로 효율적으로 운영되고, 경쟁 업체들은 모두 월마트가 파는 제품, 서비스, 대차대조표가 모두 훌륭하다고 치켜세우고 있고, 자체 조달 능력도 갖고 있는데 말이다.[33]

1980년에 월마트 주식을 살 수 있었다면 1990년까지 30배의 수익을 올릴 수 있었다. 1991년에 월마트의 주식은 또다시 60퍼센트 급등하며 11년 만에 '50배' 상승한 주식이 되었다.

11. 주식 호가창을 보는 것을 연구 활동이라고 생각하기

린치는 자신을 포함한 사람들이 하루 종일 어떤 주식이 오르고 내리는지 지켜보며 몇 시간을 보낸다고 말했다. 그는 "완전한 시간 낭비다. 훌륭한 회사는 알아서 잘 돌아가고, 수익도 좋다. 이런 주식의 1~2주 내 움직임은 중요하지 않다. (중략) 주가는 회사 수익이 늘어야 오르는 것이지, 매수자와 매도자 때문에 오르는 것이 아니다. 그건 너무 지나친 생각이다"고 말했다.[34]

12. 사실보다 소음과 감정에 집중하기

소음을 듣지 말아라. 소음을 차단하라. 소음은 유용하지 않다. 그보다 사실을 봐야 한다. 자동차 회사 주식을 가지고 있다면 중고차 가격에 무슨 일이 일어나는지, 철강 가격에 무슨 일이 일어나는지, 가격이 저렴해지면 무슨 일이 일어나는지 등에 신경 써야 한다. 그런 점들을 주시해야지 누가 차기 대통령이 될지, 의회나 대법원이나 중동에서 무슨 일이 일어나고 있는지 등에 대해 걱정해서는 안 된다. 당신이 걱정해봤자 어떻게 할 도리가 없는 일들이기 때문이다.[35]

워런 버핏도 같은 충고를 한 입장이라서 사무실을 네브래스카 오마하에 계속 두기를 원했다. 버핏은 린치와 마찬가지로 "투자자들은 자신과 관련이 없고 알 수 없는 것이 아니라 자신과 관련이 있고 알 수 있는 일에 집중해야 한다"고 주장했다.

경기침체는 불가피하지만, 린치는 경제학자나 유명 언론사 논객의 의견에 의존하기보다는 세 가지 지표를 활용해서 업황의 회복을 예견했다. 첫째는 중고차 가격이다. 그는 "나는 항상 중고차 가격을 훌륭한 지표로 간주해왔다"고 말했다.[36] 둘째, 기업은 사회보장연금과 의료혜택 등에 추가로 들어가는 비용 부담 때문에 경기하강 이후 재고용에 소극적일 수밖에 없다. 그래서 그들이 재고용에 나선다면 사업이 긍정적으로 전환됐음을 알려주는 신호다. 린치는 "주당 평균 근무시간은 매우 좋은 지표"라고 말했다.[37] 마지막으로 재고 대 매출 비율ratio of inventory to sales이 극도로 낮은 수준에 이르렀을 때 그것은 재고를 재확충하기 위해 투자가 늘어났음을 암시한다고 봤다.

13. 특출난 기업의 주가가 헐값이 될 때까지 기다리느라 좋은 기회를 놓치기

린치는 다음과 같이 지적했다.

액면분할 후 조정된 주가가 27년에 걸쳐 주당 16센트에서 23달러로 급등하는 동안 월마트는 전체 시장에 비해 결코 싸 보이지 않았다. 월마트의 PER는 20배 아래로 좀처럼 떨어지지 않았지만 수익은 매년 25~30퍼센트씩 성장하고 있었다. 명심해야 할 중요한 사실은 (매년) 25퍼센트씩 성장하는 기업의 PER가 20배라는 건 그다지 투자하기 부담스러운 수준이 아니라는 점이다. [38]

기술적 분석

기술적 분석은 과거의 주식 가격과 거래량의 변동 및 이동평균을 연구하면 향후 가격 움직임을 판단하는 데 도움이 된다고 믿는 투자의 한 형태다. 린치는 "기술적 분석의 문제는, 누군가가 12달러였을 때 사랑하던 주식을 6달러로 내려갔을 때 싫어할 수 있게 되는 것"이라고 말했다. [39] 그는 주가가 바닥을 쳤을 때를 알아내는 데 기술적 분석을 하는 것을 선호했다. 그는 펀더멘털 연구를 통해 추가로 분석할 필요가 있는 기업 목록을 생성하는 데 이 분석 방법을 사용하곤 했다.

> 떨어지는 주식을 사는 것은 수직 낙하하는 칼을 잡는 것과 같다. 50달러에 거래되던 주식이 8달러로 떨어졌다가 다시 12달러나 15달러가 되면 싸 보인다. 그래서 당신은 칼이 나무에 박혀있기를 바랄 것이다. 칼이 나무에 박혀 더 이상 부르르 떨지 않을 때 살 수 있다. 나는 순전히 기술적인 관점에서 그렇게 해야 한다고 생각한다. 그때 비로소 뭔가가 보이기 때문이다. [40]

린치는 기업 목록이 매수 주식 목록이 아니라 재무 건전성과 경쟁사의 위협 등에 대해 추가 조사하기 위한 연구 목록임을 강조했다.

CHAPTER 13

포트폴리오 설계

현재 주가로는 기업의 미래 전망을 전혀 알 수 없다. 주가가 펀더멘털과 반대 방향으로 움직이는 경우도 있어서. 내가 보기에 주가에 의존하는 것보다 더 나은 전략은 이야기와 관련하여 일어난 주가의 변화에 따라서 이 주식 저 주식을 돌아가며 사고파는 것이다.

– 피터 린치[1]

이번 장에서 우리는 린치가 어떻게 이익을 극대화하고 위험을 최소화할 수 있게 포트폴리오를 설계했는지를 알아볼 것이다. 린치는 자신의 목표는 장기간에 걸쳐 연평균 4~5퍼센트 정도 시장을 이기는 것이라고 말했다. 린치는 주식 연구에 드는 시간과 수수료와 연구 간행물에 쓰는 돈을 고려했을 때 적극적인 투자자는 연평균 12~15퍼센트의 수익을 올려야 노력한 가치가 있다고 생각했다. 직접 하는 주식 투자의 대안으로 저비용 인덱스 펀드에 투자하는 방법이 있는데, 인덱스 펀드 투자도 장기적으로 연 9~10퍼센트의 수익을 낼 수 있다고 봤다. 린치는 "숙제를 하거나 연구를 할 의향이 없는 사람은 러셀 2000이나 월

서 5000이나 S&P500 인덱스 펀드에 투자해야 한다고 생각한다"고 말했다.[2]

린치는 개인들에게 투자 결정을 내리기 전에 다음 세 가지 질문에 자문자답해보라고 조언했다.

1. 내가 집을 가지고 있나?

   만약 그렇지 않다면, 주식보다 먼저 집을 사라. 레버리지로 살 수 있으며 과세소득을 유예받을 수 있다. 부동산은 인플레이션에 대한 헤지 수단이고, 전반적인 여론이 부정적이더라도 주식과 달리 부동산은 공포에 질려 팔지 않는 편이다.

2. 내게 돈이 필요한가?

   린치는 개인에게 가까운 미래의 일상생활에 어떠한 영향도 주지 않으면서 잃어도 감당이 되는 액수만큼만 투자하라고 권한다.

3. 성공하기 위해서 필요한 자질을 갖추고 있는가?

   여기서 말하는 자질로는 인내심, 자립심, 상식, 고통에 대한 인내, 독립적인 연구를 하려는 의지, 실수를 인정하는 의지, 일반적인 공황 상태를 무시할 수 있는 능력, 완전한 정보 없이도 결정할 수 있는 능력, 펀더멘털 상황이 변하지 않는 한 보유 주식을 가져갈 수 있는 확신, 미국의 자본주의 체제에 대한 믿음과 낙관주의 등이다.

주식 수

린치는 이해하고 추종할 수 있고, 가격이 매력적이고, 앞 장에서 설명한 테스트를 통과한 만큼의 주식만 소유하는 것이 좋다고 조언했다.

그는 소형 포트폴리오의 경우 3~10종 사이의 주식을 소유하는 것이 좋다고 조언했지만, 정해진 수의 주식에 연연하지 말고 사례별로 주식을 평가하라는 주의를 줬다.

많은 주식을 소유했을 때 기대보다 훨씬 더 좋은 성과를 내는 주식을 보유할 확률이 올라가고, 주식들을 돌아가며 투자하는 식으로 투자의 유연성을 높일 수 있다는 장점이 있다.

린치는 연령에 맞게 포트폴리오를 설계해야 한다는 점을 인정했다. 투자 지평이 짧거나 투자 수익에 의존해서 사는 고령의 투자자는 고위험·고수익 기업에 대한 투자를 늘릴 수 있는 젊은 투자자와는 포트폴리오 내 자산 배분율이 서로 다를 것이다. 린치는 어느 경우든 원래 가졌던 매수 근거가 유효한 한 25퍼센트 하락한 주식을 '추가 매수'할 수 있는 자신감을 기르는 것을 지지한다.

펀더멘털의 가치에 따라 포트폴리오 구성에 변화를 줄 수 있는 능력은 위험을 최소화하기 위한 린치 포트폴리오 설계의 핵심 요소다. 그는 보통 포트폴리오의 30~40퍼센트를 성장주에, 10~20퍼센트를 대형 우량주에, 10~20퍼센트를 경기순환주에, 그리고 나머지를 회생주에 배분했다. 그는 모든 분야에서 끊임없이 가치를 찾았다. 예컨대 시장 조정이 일어나면 안전자산 역할을 해주는 대형 우량주 일부를 팔고, 수익금을 상대적으로 가치가 하락한 변동성이 큰 성장주에 투자할 수 있었다. 반대로 시장이 낙관론으로 팽배할 때는 고평가된 성장주나 경기순환주를 일부 팔고, 상승장에서 상대적으로 소외됐을 가능성이 높은 대형 우량주에 대한 투자를 늘렸다.

나는 피델리티 마젤란을 두 부분으로 나눈다. 하나는 장기간 보유하기를 바

피터 린치의 레슨

라는 소규모 성장주와 경기순환주인데, 이들은 상당히 심한 움직임을 보인다. 다른 하나는 상대적으로 보수적인 주식이다. 시장이 무너져서 내가 정말 좋아하는 주식이 18달러에서 9달러로 떨어지면 보수적인 주식을 팔 수 있다. (중략) 그러나 포트폴리오 주식 모두가 18달러에서 9달러로 떨어지면 큰 진전을 거두지 못한다.[3]

1981년 피델리티 마젤란이 신규 투자자들에게 공개되었을 때 펀드에는 200개 기업 주식이 있었다. 린치는 펀드 규모가 커지자 주식 수를 늘렸다. 1983년에는 900개 기업으로 늘었고, 1987년에는 1,800개로 정점을 찍은 뒤 1990년 그가 은퇴했을 때는 다시 1,400개로 줄었다. 린치는 작은 포지션일지라도 주식을 소유하고 있다면 그것을 더 잘 감시할 수 있다고 믿었다. 또 대규모 환매에 맞추기 위해 매도를 해야 한다면 소수의 선별 종목으로 구성된 대형 블록 단위보다는 2,000주짜리 포지션을 많이 매도하는 게 더 쉬울 수 있다고 판단했다. 린치는 자신이 마젤란을 운용하기 시작한 지 첫 3년 동안 주식의 3분의 1이 상환되었다고 말했다. "펀드에 대한 사람들의 관심이 매우 적었다는 뜻이다. 사람들은 그것에 신경도 안 썼다. 시장은 잘 돌아가고 있었고 마젤란은 높은 수익률을 내고 있었다. 사람들은 50년대와 60년대 입었던 손실로부터 회복하고 있었다. 그래서 내가 마젤란을 운용하기 시작하고 첫 3년 동안 주식의 3분의 1이 상환되었다."[4]

린치는 1,800개 기업 주식을 소유했지만, 마젤란 펀드에서 상위 100개 주식 비중은 50퍼센트였고, 상위 200개 주식 비중은 최대 75퍼센트에 이르렀다. 하위 500개의 B급 주식이 포트폴리오에서 차지하는 비중은 1퍼센트에 불과했다. 이런 500개 소형주 중 하나의 밸류에이션이 개선되면 린치는 그것의 투자 비중을 A급 주식만큼 늘렸다.

린치는 주식시장이나 경제를 예측하려고 하지 않았고, 항상 마젤란 펀드 투자에 100퍼센트 올인했다.

현금과 채권

———

피터 린치는 1985년 2월 루이스 루키저로부터 수중에 현금이 있었던 적이 있는지를 묻는 질문을 받았다. 그러자 그는 "전혀 없었다"고 대답했다. 루키저가 다시 "지금 포트폴리오 내 현금 비중이 몇 퍼센트냐?" 고 질문하자, 린치는 "1퍼센트"라고 답했다.[5]

그는 현금 대신 보수적인 주식에 투자했다.

나는 현금 대신에 펀드의 25~35퍼센트를 보수적인 주식에 투자한다. 나는 (포트폴리오의) 30~35퍼센트를 보수적 주식에 투자한 다음에 그것을 팔고 싶을 때 팔아서 최근 많이 오르지 않은 다른 보수적 주식을 산다. (중략) 시장이 하락하고 경제 상황이 나빠지면 포트폴리오에서 보수적인 주식들을 줄이면서 매력적인 성장주를 추매하는 경향이 있다.[6]

1982년 린치가 마젤란에서 몇 달 동안 가장 큰 포지션을 취하고 있던 자산은 13~14퍼센트의 수익률을 올려준 장기 국채였다. 그는 투자자가 일반적으로 주식에서 기대하는 수익률 이상을 내줬기 때문에 장기 국채에 투자했다고 말했다. 린치는 장기간에 걸쳐 주식이 채권보다 훨씬 수익률이 높다고 자주 언급해왔다. 1989년 그는 "6년 전에 보통주에 1,000달러를 투자했다면 회사채에 투자했을 경우보다 15배, 재무부증권에 투자했을 경우보다 30배 이상 높은 27만 2,000달러의 수익을 냈을 것"이라고 말했다. 60년 동안 주식은 연평균 9.8퍼센트, 회사채는 4.9퍼센트, 국채는 4.4퍼센트, 재무부증권은 3.3퍼센트의 수익률을 기록했다. 린치는 주식 투자가 위험하지만, 금리 상승기에는 채권 투자도 위험하다는 사실을 인정했다. 다만 주식의 장기 기대수익률에 비해 채권의 수익률이 충분히 괜찮다면 그때는 채권에 투자하는 것도 합리적이라고 했다. 린치는 투자자들에게 주식에서 채권으로 전환할 시기를 정하는 것에 대해 "장기 국채 수익률이 S&P500의 배당 수익률보다 6퍼센트포인트 이상 높을 때 주식을 팔고 채권을 사면 된다"고 말해주었다.[7]

기술주

—

린치는 기술주를 잘 알지 못했고, 기술주를 사면 항상 손해를 많이 봐서 그것을 소유하는 것도 선호하지 않았다.

나는 기술주에 투자한 적이 거의 없다. 나는 기술주가 정말로 뜨거울 때 사는 편이다. 1983년 시장이 최고점에 근접했을 때가 아마도 내가 투자한 기술주가 최고점을 찍었을 때였던 것 같다. (중략) 과거 내 펀드에서 기술주 비중은 3~10퍼센트 정도였는데, 지금은 4~5퍼센트 정도라서 실제로 그것에 전념하고 있다고 말하기는 힘들다. 당신이 반도체 회사 주식을 일부 가지고 있다면, 다른 누군가가 더 나은 반도체 주식을 가지고 있지 않은지 어떻게 알 수 있을까? 주가가 3분의 1로 빠지면 포지션을 2배로 늘려야 할지 팔아야 할지 모르겠다.[8]

CHAPTER 14

사례 연구

린치의 투자 성공 비결 중 하나는 그가 기회주의적이었기 때문이다. 즉, 그에게는 마음을 열고, 유연한 사고를 유지하고, 최대의 수익을 창출할 수 있다고 판단되는 곳에 투자할 능력이 있었다. 그는 주목을 못 받던 소형 성장주, 회생주, 꾸준히 성장하는 대형 우량주, 심지어 국채까지 다양하게 투자했다. 이제부터 소개할 그의 주목할 만한 투자와 각 투자의 배경을 보여주는 사례들은 우리가 앞으로 린치와 비슷한 상황에 처했을 때 투자를 통해 이익을 낼 수 있게 해줄 것이다.

라 퀸타 모터 인스

———

1978년 린치는 홀리데이 인Holiday Inn의 최대 가맹사업본부인 유나이티드 인스의 부사장과 전화 통화를 하던 중, 부사장에게 홀리데이 인의 가장 버거운 경쟁사가 누구인지 질문하면서 라 퀸타 모터 인스라는 회사를 알게 되었다. 린치는 아메리칸 모터 인스와 호스피탈리티 인스 주식을 소유하고 있었는데, 양사 모두 라 퀸타를 가장 존경하는 경쟁사로 평가했다. 린치는 곧 라 퀸타의 CEO에게 전화를 걸었고, 이 회사가 비슷한 품질의 객실을 홀리데이 인보다 30퍼센트 저렴한 요금을 책정하면서도 결혼식 공간과 주방 공간, 회의실, 대형 접견장, 레스토랑 등을 없앰으로써 여전히 흑자를 내고 있다는 사실을 알고 감명받았다. 직접 관리할 필요가 없는 데니스Denny's 같은 식당 옆에 모텔을 여는 전략도 마음에 들었다. 이 외에도 라 퀸타가 아직 무풍지대나 마찬가지였던 중산층 비즈니스 여행객의 호응을 받고 있다는 점에도 끌렸다.

홀리데이 인은 고속도로 진입로 옆에 위치하여 여행객을 대상으로 영업을 한 반면, 라 퀸타는 상업지구, 병원, 산업단지 근처에 주로 위치했다.

린치는 라 퀸타가 4~5년간 운영한 기록과 연수익이 50퍼센트씩 성장하고 있는 모습에도 흔들렸다. PER는 10배에 불과했고, 3개 증권사만이 회사에 대한 보고서를 내고 있었고, 기관들의 지분율이 20퍼센트도 채 되지 않았다. 모텔은 저성장 산업이었지만, 라 퀸타는 틈새시장을 찾아내어 매년 가맹점이 20퍼센트씩 늘어나고 있었다. 라 퀸타는 텍사스에서 운영을 시작했는데, 아칸소와 루이지애나에서도 자사의 전략을 성공적으로 복제했다. 린치는 투자하기 전 라 퀸타의 모텔에서 3일 밤을 보냈는데, 그때 회사 내부자가 현재 주가의 절반 가격에 매도하는 바람에 주식 매입을 거의 포기할 뻔했다. 게다가 전년도에 주가가 2배로 오른 상태였지만 린치는 라 퀸타 주식을 매수했고, 회사가 에너지 생산 주(州)들이 경기하강 여파로 고통받기 전까지 10년 동안

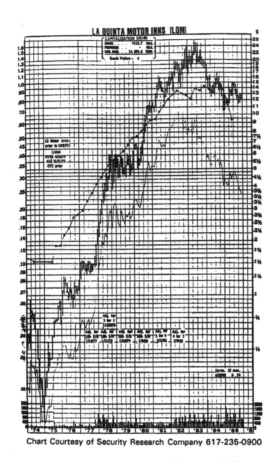

[그림 9] 라 퀸타 모터 인스의 주가(1974~1986년)

제공: 증권연구회사Security Research Company

11배의 수익을 올렸다. 린치는 "나는 라 퀸타 모텔을 직접 방문해 본 뒤 대규모 투자를 했다. 투자는 대성공을 거두었다"고 말했다.[1]

핵심 정리

린치가 유망한 신주를 찾을 때 가장 쓰기 좋아하는 기술 중 하나는 누가, 어떤 이유로 가장 강력한 경쟁사인지를 물어보는 것이다. 이것은

피터 린치의 레슨

템플턴이 가장 좋아하는 질문 중 하나이기도 했다. 린치는 이 방법을 통해 라 퀸타를 발굴한 뒤 직접 이 회사의 제품(모텔)을 경험해 보는 등의 광범위한 실사를 통해 자신이 찾아낸 결과가 맞는지 재확인했다. 라 퀸타는 이미 자사의 성장 공식이 복제 가능하다는 사실을 입증한 상태였고, 경쟁사가 없는 틈새시장에서 영업했고, 저마진 공간을 제거함으로써 차별화된 가치를 제공했고, 흑자를 내면서 빠르게 성장하고 있었고, 추격해오는 업체도 없었으며, 주가도 저렴했다.

크라이슬러

—

린치는 크라이슬러가 마젤란에서 가장 중요한 주식이라고 말했다. 다른 어떤 주식도 마젤란에서 크라이슬러만큼 큰 비중을 차지하지 않았기 때문이었다. 린치는 크라이슬러의 주가가 오른 덕에 마젤란 주주들에게 1억 달러의 이익을 안겨주었다(그는 포드에 투자해서도 1억 달러를 벌었다). 크라이슬러의 주가는 상장 후 2년도 안 되어 5배, 린치가 소유한 동안 15배 이상 상승했다.

배경(1978~82년)

리 아이아코카Lee Iacocca는 1946년에 포드에서 사회생활을 시작했다. 그는 영업과 마케팅에 뛰어났고, 결국 1970년 포드의 사장이 되었다. 그는 포드 머스탱Ford Mustang, 링컨 컨티넨털Lincoln Continental, 마크 IIMark II, 포드 에스코트Ford Escort를 포함해서 성공을 거둔 여러 자동차의 디자인에 참여했다. 또한, 미니밴과 케이카K-car처럼 나중에 크라이슬러가 출시했을 때 성공을 거뒀지만 포드는 거부했던 아이디어들을 지원했다. 그는 포드에 20억 달러의 수익을 안겨다 줬으나 헨리 포드 2세와 사이가 틀어지는 바람에 1978년 7월 포드 사장에서 해고되었다. 이후 그는 크라이슬러의 사장이 되었다.

크라이슬러는 닷지 아스펜Dodge Aspen과 플리머스 볼라레Plymouth Volare의 리콜로 2억 500만 달러의 손실을 입었다. 아이아코카는 훗날 이 두 차에 대해 "절대 만들면 안 됐던 차"라고 평가했다. 그는 즉시 적자 공장을 매각하거나 폐쇄하고 감원에 착수했다. 소비자들은 과거 크라이슬러의 주요 수익원이었던 '기름 먹는 하마' 같은 차량에 등을 돌리고 있었다. 1979년 일어난 이란 혁명(1979년 2월 11일 팔레비 왕조를 무너뜨리고 이슬람 원리주의에 입각한 이란 이슬람공화국을 탄생시킨 혁명-옮긴이)으로 석유 부족 현상이 나타나고 고유가 위기가 터지자 소비자들은 연비가 좋은 차량을 선호하기 시작했다.

1979년 말 의회에서 통과된 크라이슬러를 지원하기 위한 15억 달러 규모의 연방 구제금융법안 초안 마련을 도왔던 전 정부 관계자에 따르면 크라이슬러는 이때 파산 위기에 직면한 상태였다. 크라이슬러는 구제금융 지원을 받는 대가로 비용을 절감하고 일부 장기 프로젝트를 포기해야 했다. 크라이슬러 직원, 은행원, 납품업체 모두 동등한 희생을 감수해야 했다.

1980년 가을 크라이슬러는 당시 인기가 높던 고연비 차량 시장을 겨냥해서 연비가 좋은 소형 케이카 라인을 출시했다. 하지만 크라이슬러는 연말까지 17억 1,000만 달러의 적자를 내는 바람에 정부에 4억 달러의 추가 대출 보증을 요청했다. "정부는 요청을 승인하기 전에 크라이슬러가 살아남을 수 있다는 것을 확인해야 했다."[2] 크라이슬러는

피터 린치의 레슨

20억 달러를 지원받는 대신에 자본지출을 줄이기로 합의했다. 하지만 크라이슬러는 손실 억제와 현금 잔액 유지와 관련해 법적으로 정해진 목표를 거듭 지키지 못했다. "그때마다 정부는 처벌 수위를 높였다."[3]

블루칼라 노동자들은 일을 멈추고 진심으로 아이아코카를 응원했다. 금리가 내리고, 기름값이 더 저렴해지고 기름 공급량이 늘어나자 아이아코카는 '국산품 이용' 홍보 사절로 TV 광고에 출연해 유명해졌다.

1981년 12월 크라이슬러는 하반기 자동차 판매 실적이 개선되고, 경기부양을 위해 추진된 연방세 감면에 대한 소비자 반응이 좋을 것이란 전망에 따라 1982년이 되면 1977년 이후 처음으로 흑자 전환할 것으로 예측했다. 1982년 2월 대부분의 은행들이 우대 대출금리를 16.5퍼센트로 0.5퍼센트포인트 내렸다.

1982년 린치가 크라이슬러에 투자한 이유

린치는 이러한 분위기를 고려했을 때 지금이 자동차주를 구입하기에 적기라는 결론을 내렸다. 그는 크라이슬러가 정부로부터 구제금융을 지원받을 때까지 기다렸다. 그는 이후 크라이슬러의 파산이 임박했을 때 이 회사 주식을 샀다면 20배의 수익을 올릴 수 있었지만, 반대로 투자금을 모두 잃을 수도 있었다고 말했다. 그는 상황이 다 정리된 뒤에 크라이슬러의 주식에 투자했기에 10배의 수익밖에 건지지 못했지만 투자 위험을 덜 수 있었다.

당시 경제에 대한 전반적인 시각은 상당히 암울했지만 린치는 소비자들이 자동차 전시장으로 돌아올 것을 믿었다. 1977년 1,540만 대였던 미국의 자동차 판매량은 1982년이 되자 1,050만대로 감소했다. 그는 중고차 가격 상승과 억눌린 수요라는 두 가지 신뢰할 수 있는 지표로 인해 자동차 판매 감소폭이 제한됐다고 판단했다. 린치는 〈기업 이코노미스트Corporate Economist〉라는 크라이슬러의 간행물을 읽고 이 두 지표가 중요하다는 것을 알아냈다.

린치는 포드와 대화를 나눈 뒤 크라이슬러를 우연히 발견하게 되었고, 시장 상황이 바뀌면 크라이슬러가 더 많은 이익을 얻을 것이라고 확신하게 되었다. 린치는 크라이슬러의 액면분할 전 주식이 6달러일 때 주식 매입을 시작했다. 그는 크라이슬러가 제너럴 다이내믹스 General Dynamics에 탱크 사업부를 매각하고 받은 10억 달러의 현금을 보유하고 있어 최소 2년 이상 생존할 수 있다는 사실에 깊은 인상을 받았다. 미국 정부도 크라이슬러의 생존을 보장했다. 심각한 파장을 우려했기 때문인 것으로 보인다. 당시 한 크라이슬러 경영자는 "크라이슬러가 무너지면 은행, 도시, 심지어 일부 국가까지 같이 무너질 수 있었다"고 말했다.

린치는 판매가 지지부진하더라도 손익분기점 부근에서만 버틸 수 있다면 판매량이 회복할 때 크라이슬러가 판매량을 대폭 늘릴 수 있다고 판단했다.[4] 이때 로버트 밀러Robert Miller 크라이슬러 금융부문 전무 이사는 "만약 1981년에 손익분기점인 141만 3,000대(실제 판매량은 128만 3,000대)보다 적은 124만 대를 출하하더라도 1982년에는 손익분기점에 도달할 수 있다"고 말했다. 크라이슬러는 하반기 경기 회복을 전망하며 1982년 139만 9,000대를 팔 수 있을 것으로 예상했다.

1982년 4월 크라이슬러는 1분기 영업적자가 8,900만 달러로, 전년도의 2억 8,900만 달러나 전문가들의 전망치보다 호전됐다고 발표했다. 감가상각비가 1억 500만 달러였던 데 비해 자본지출은 1,600만 달러에 불과했다. 아이아코카는 "금리가 소폭 하락하고 자동차 업계 판매가 다소 호전되면서 연중 남은 기간 크라이슬러의 영업실적이 대폭 개선될 것"이라고 말했다.

린치는 1982년 6월 크라이슬러 본사를 방문했다. 그는 "그날은 아마도 21년 투자 경력에서 가장 중요한 날이었을 것"이라고 회상했다.[5] 3시간으로 계획했던 인터뷰는 7시간 동안 진행되었고, 아이아코카와 짧게 나누려던 대화는 2시간 동안 이어졌다. 린치는 크라이슬러가 생존할 수 있다고 확신했고, 닷지 데이토나Dodge Daytona, 크라이슬러 레이저Chrysler Laser, G-124 터보카, 그리고 아이아코카가 "자동차 산업에서 20년 만에 가장 새로운 차"라고 묘사한 미니밴에 깊은 인상을 받았다. 린치가 1982년 봄과 여름에 크라이슬러 주식을 샀을 때 월가의 셀사이드 분석가들sell-side analysts(개인투자자를 위해 주식 투자 보고서를 작성하는 분석가-옮긴이)은 크라이슬러 주식이 너무 형편없이 떨어져 있는 상태라며 분석 자체를 포기했다. 6월이 되자 크라이슬러 주식은 린치가 가장 크게 투자한 주식이 됐다. 그리고 7월이 되자 린치는 크라이슬러의 지분율은 증권거래위원회SEC 보고 기준인 5퍼센트에 도달했다. SEC는 개인이나 집단이 한 회사의 주식을 5퍼센트 이상 소유할 경우 이를 보고하도록 한다.

7월 19일 〈월스트리트저널〉은 '월가에서 듣는다' 칼럼에서 크라이슬러에 대해 다뤘다. 칼럼 제목은 '크라이슬러의 분기 이익이 주가에 호재지만 그것을 장기 전망 신호로 보기 힘들다'였다. 이 칼럼 내용은 크라이슬러의 생존이 의문시된다는 분위기와 판박이였다. 칼럼은 "주가는 금요일 연중 최고치인 8.25달러(액면분할 전)로 마감했지만 2분기 수익은 크라이슬러의 장기적인 생존 가능성이 있다거나 투기 목적이 아니고선 주식의 투자 가치가 있는지에 대해 많은 것을 알려주지 않는다"라고 주장했다.

다음날 크라이슬러는 출하량이 전년 대비 10퍼센트 감소했음에도 불구하고 1억 700만 달러의 수익을 올렸다고 발표했다. 기름값이 하락하면서 중형차와 심지어 대형차의 소비 수요를 자극한 영향을 받았다. 중형차와 대형차는 판매량이 각각 143퍼센트와 74퍼센트씩 증가했다. 아이아코카는 "이 회사의 미래에 대해 지금처럼 자신만만한 적이 없었다"면서 연간 전체 영업이익이 1억 5,000만 달러에 달할 것으로 전망했다. 반면, 다음 달 포드의 북미 자동차 사업 부문 전무이사인 해롤드 폴링Harold Poling은 "기간 산업이 좋지 않은 상태라 회사가 생존할 수 있을지 궁금하다"라고 발언했다.[6]

1982년 10월 29일 린치는 루이스 루키저가 진행하는 〈월스트리트 위크〉에 처음으로 출연했다. 이때 린치는 크라이슬러를 추천했다. 나중에 그는 친구와 친척들로부터 "어떻게 크라이슬러를 추천할 수 있느냐? 크라이슬러가 파산하고 있다는 것을 모르나? 내 친구와 친척들이 '그건 미친 소리처럼 들린다'라고 말한 걸로 기억한다"와 같은 반응을 들었다.[7]

린치는 크라이슬러에 투자한 이유를 다음과 같이 설명했다.

소비자 수요와 자동차 산업 부활에 대한 긍정적인 시각

음, 나는 소비자에 대해 매우 낙관적이다. 현재 경제 상황을 보면 기업 부문은 20년 만에 최악의 상태에 있지만 소비자 수요는 아주 좋은 상태라고 본다. 지금 소비자들은 많은 경우 경기가 최악의 상태에 있는 것을 깨닫지 못한다. 인플레이션 압력이 둔화되고 있고, 소득 수준은 높고, 많은 빚을 갚고 있어서 소비자들이 조금이나마 기분이 나아지면 약간이라도 소비를 늘릴 것

피터 린치의 레슨

이라고 생각한다. 그러면 큰 변화가 일어날 것 같고, 나는 소비자를 상대로 하는 기업들, 대표적으로 자동차 기업이 특히 많은 영향을 받을 것이라고 강조하고 싶다. (중략) 실제로 올해 1978년 이후 처음으로 자동차 운전자 수가 고점을 찍었다. 사람들이 차를 몰고 있다. (중략) 그래서 경제 상황이 개선되면 자동차 산업이 가장 큰 수혜를 볼 것이라고 생각한다.[8]

개선된 차량 라인업

나는 모든 자동차 회사 주식을 매수하지만, 특히 크라이슬러 주식을 중점적으로 매수하고 있다. 크라이슬러가 위험한 상황에 처해 있더라도 나는 그 위험을 기꺼이 감수할 용의가 있다. 크라이슬러를 보면, 레바론LeBaron, 릴라이언트Reliant, 뉴요커New Yorker 등 뛰어난 자동차 라인업을 갖추고 있다. 내년에도 두 대의 환상적인 자동차를 출시할 예정이다. 특히 정지 상태에서 0.5초 안에 시속 60킬로미터에 이르는 포르쉐보다 더 빠른 스포츠카도 나온다. 그리고 일본인들은 그들의 차에 넣는 작은 잔디깎이 엔진 같은 엔진을 보다가 크라이슬러 엔진을 보면 아주 곤란해질 것이다.[10]

크라이슬러는 더 이상 할아버지 세대가 타던 자동차를 만드는 회사가 아니었다.

충분한 유동성

나는 크라이슬러의 파산 위험성에 대해 우려하지 않는다. 그들은 10억 달러의 현금을 가지고 있다. 린치는 나중에 또 이렇게 말했다. "그 유명한 구제금융 협상에서 핵심 요소는 정부가 일부 스톡옵션을 받는 대가로 14억 달러의 대출을 보증한 것이다."[10]

낮은 손익분기점과 성공적인 비용 감축

지난 2년 동안 크라이슬러의 자동차 판매량에는 변화가 없었지만 그들은 손실을 7억 달러 줄이는 데 성공했다. 그들이 할 수 있는 만큼 충분히 잘 해냈다고 생각한다.[11]

보상 잠재력

하지만 크라이슬러 주가는 52달러(액면분할 전 10달러)에서 떨어져서 반등 여지는 상당했다. 회사는 신문에서 보는 것만큼 위험하지 않았다. 내가 크라이슬러를 샀을 당시만 해도 모든 일이 잘 풀리면 4배의 수익을 거둘 수 있고, 반대로 모든 일이 잘 풀리지 않더라도 투자금만큼만 손해를 보면 된다고 생각했다. 투자할 때는 이런 계산쯤 해놓아야 한다. 결과적으로 기쁘고도 놀랍게도 나는 크라이슬러 주식으로 15배의 수익을 거뒀다.[12]

이후 일어난 사건들

1982년 12월 크라이슬러 주가는 주당 18.50달러(액면분할 전)를 찍었고, 회사는 1981년 연방 구제금융 이후 은행과 보험사가 보유하고 있던 11억 달러어치의 우선주를 소각하는 대가로 채권단에 보통주를 주기로 합의했다. 크라이슬러는 기존 주식 7,900만 주의 3분의 1에 가까운 2,920만 주의 보통주를 새로 발행했고, 이 영향에 기존 주주들의 주식 가치는 3분의 1 이상 희석됐다. 크라이슬러는 또한 1983년 7월까지 최소 870만 주의 채권단 보유 주식을 주당 12달러에 매각하기로 합의했다. 1983년 1월 17일 〈월스트리트저널〉의 '월가에서 듣는다'는 린치가 보통주와 우선주를 모두 소유하고 있다고 밝혔다.

한 달 뒤인 1983년 2월 18일 같은 신문은 '자동차 제조업체들, 가속

페달 밟다. 다만 두 명의 분석가는 거의 달릴 만큼 달렸다고 믿어'라는 제목의 칼럼에서 투자은행 페인 웨버Paine Webber의 분석가 메리앤 켈러Maryann Keller의 말을 인용하여 "역사는 자동차 주식을 일찍 포기하는 게 지혜로운 행동임을 보여주었다"고 말했다. 칼럼은 또한 "켈러와 드렉셀 번햄의 분석가인 데이비드 힐리David Healy는 크라이슬러가 최근에 발표된 재무 구조조정이 상당한 주가의 희석을 초래할 것이란 점 때문에 크라이슬러에 대한 투자의견을 밝히지 않고 있다"면서 "그들은 1983년 크라이슬러의 수익을 주당 2달러로 예상한다"고 밝혔다.

크라이슬러의 주식은 5년도 안 되어 10배 뛰었다. 크라이슬러는 2억 2,200만 달러어치 푸조 지분 15퍼센트를 상각했음에도 5.79달러의 주당순이익EPS(earnings per share, 기업이 벌어들인 순이익을 그 기업이 발행한 총주식 수로 나눈 값-옮긴이)을 기록했다. 또 연초 21억 달러였던 부채는 10억 달러 미만으로 줄였고, 10억 달러의 현금을 보유했다. 게다가 미니밴 등 일부 차량은 수요를 맞추지 못할 정도로 주문이 몰려들었다.

크라이슬러는 1985년 EPS가 18.88달러라고 보고했다. 원가 절감과 가격 인상, 그리고 일본 차량에 대한 수입할당제import quota(특정 상품에 대해 수입할 수 있는 최대한의 양을 정해 놓고 그 이하로 수입하는 것을 허용하는 제도-옮긴이) 시행과 더불어 고기능·고마진 미니밴과 스포츠카 판매 호조로 1분기 순익만 7억 600만 달러를 기록해 전년도 전체 순익을 넘어섰다.

1986년 아이아코카는 연방선거관리위원회Federal Election Commission 에 자신이 대통령 선거에 출마하지 않겠다고 밝히면서 그를 대통령 후보로 추대하려던 두 명의 선거인단의 활동에 공개적으로 거부 의사를 나타냈다. 크라이슬러는 이때 30억 달러의 현금을 보유하고 있었고, 유통주식 1억 4,700만 주의 4분의 1에 달하는 3,750만 주를 환매수할 계획을 세웠다. 경기가 호전되면서 크라이슬러의 유통주식 수는 줄어들고 있었다.

1987년 크라이슬러는 르노가 보유하고 있던 아메리칸 모터스 American Motors의 지분을 사들였고, 이로 인해 6억 7,500만 달러 가치의 현대식 생산공장과 1,300개 딜러를 갖춘 지프·르노 유통망을 확보했다. 새 공장 인수로 크라이슬러는 공장 가동 부담을 덜 수 있었다. 크라이슬러의 공장가동률이 100퍼센트에 육박하고 있었기 때문이다. 1987년 4월 아이아코카가 전년도인 1986년 연봉, 보너스, 주식 그랜트stock grant(직원들에게 주식을 공짜로 주는 제도-옮긴이), 스톡옵션을 합쳐서 포드의 CEO 도널드 피터슨Donald Petersen이 받은 440만 달러보다 몇 배가 많은 2,060만 달러를 벌었다는 사실이 언론을 통해 알려졌다. 화이트칼라 직원들에 대한 보상을 줄이는 등의 방식으로 비용을 삭감하

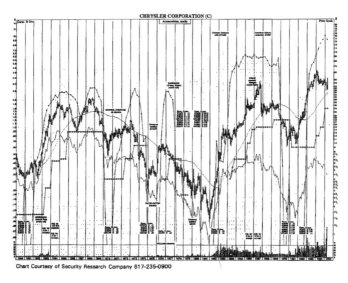

[그림 10] 크라이슬러의 주가(1960~1995년)
제공: 증권연구회

피터 린치의 레슨

고 있었을 때 그렇게 많은 돈을 받은 이유가 뭔지 설명해 달라는 질문에 아이아코카는 "그것이 미국의 방식"이라며 "어린아이들이 돈을 벌기를 갈망하지 않는다면 도대체 이 나라가 무슨 소용이 있겠는가? 그들에게 롤모델을 보여줘야 되지 않겠는가"라고 응수했다.

린치는 1988년에 크라이슬러와 포드와 기타 자동차 주식 비중을 줄였다. 그 이유에 대해 그는 "1980년대 초에 시작된 엄청난 자동차 구매 열풍이 조만간 끝날 것임을 감지했기 때문이다. 그들은 빚을 갚았고, 악화됐던 상황은 말끔히 정리됐고, 크라이슬러는 경기에 민감한 견고한 자동차 회사로 돌아왔다"고 말했다.[13] 1980년대 초반 억눌렸던 수요는 5년 동안 7,400만 대의 신차 구매를 통해 충족되었다. 린치는 회생주를 매도할 최적의 시간은 회사가 회생하고, 모든 문제가 사라지고, 모두가 그 사실을 인지할 때라는 자신이 만든 격언대로 행동했다.

핵심 정리

린치가 크라이슬러에 한 중대한 투자는 사실과 논리와 회사의 경영진과 제품에 대해 개인적으로 겪어온 경험을 통해 만들어진 확신이 회사가 파산할 수 있다는 두려움을 압도했음을 보여줬다. 린치는 주가가 1년 전에 2배로 올랐어도 크라이슬러의 주식 매수를 단념하지 않았다. 그는 주식 투자 가능성을 타진할 때 늘 주가의 과거 움직임을 개의치 않았기 때문에 크라이슬러에 투자할 때도 주당 5~7달러를 벌 수 있는 회사 주식이 6달러에 거래되고 있다는 데 초점을 맞췄다고 말했다. 다른 어떤 주식보다 린치의 크라이슬러 투자는 비관론이 극에 달했을 때 매수하라는 템플턴의 조언과 남들이 욕심을 부리면 두려워하고, 다른 사람이 두려워할 때 욕심을 부리라는 워런 버핏의 조언과 일맥상통했다. 린치는 확신이 있었기에 통념에 반해 크라이슬러를 매수할 수 있었고, 주가가 최고조에 도달할 때까지 내내 반대론자들의 경고에도 불구하고 포지션을 유지해야겠다는 확신을 가질 수 있었다.

패니 메이

—

1987년 린치는 경제 회복이 너무 오래 지속됐다고 믿고 자동차 산업에 대한 투자 비중을 줄여나가기 시작했다. 하지만 전문가들은 자동차 주에 대한 기대를 버리지 않고 있었다. 린치는 대신 금융 회사, 특히 패니 메이와 저축과 대출에 자신의 비중을 늘렸다. 린치가 운용한 마지막 3년 동안 패니 메이는 피델리티 마젤란 포트폴리오에서 가장 큰 비중을 차지했다. 피델리티 주주들은 패니 메이의 주식과 주식워런트증권equity linked warrant(자산을 미리 정한 만기에 미리 정해진 가격에 사거나 팔 수 있는 권리를 나타내는 증권-옮긴이)으로 10억 달러 이상을 벌었다. 린치는 1986년 투자 전문 매체 〈배런스Barrons〉와의 인터뷰에서 패니 메이를 "미국 최고의 회사"라며 극찬했다.[14] 이후 〈배런스〉와 가진 연례 라운드테이블 인터뷰에선 패니 메이를 10년 연속 추천했다.

공식 명칭인 연방모기지협회Federal National Mortgage Association보다 패니 메이로 잘 알려진 이 회사는 1938년에 설립되었다. 1968년에 처음으로 대중에게 주식을 판 국책 모기지 업체다. 금융권으로부터 주택담보대출 채권을 매입해서 보증을 덧붙인 후 주택저당증권MBS(mortgage-backed securities)으로 증권화해 MBS 거래 시장을 확대하는 역할을 했다.

은행들은 패니 메이에 주택담보대출 채권을 매각해 혜택을 보고, 보유 자산을 추가 대출에 재투자하고, MBS에 투자한 투자자들에게 지리적 분산투자의 혜택을 줄 수 있다. 패니 메이의 기능은 은행으로부터 주택담보대출 채권을 사들여 주택담보대출 시장에 유동성을 공급하는 것이었다.

린치는 패니 메이가 1997년 단기채 발행을 통해 빌린 돈을 금리가 더 높은 고정금리 주택담보대출 채권에 투자하던 때에 처음 투자했다. 그는 몇 달 후 금리가 오르는 것을 보고 패니 메이 주식을 다시 팔았다. 그는 금리 상승이 이자 마진과 성장에 위협이 된다고 보았다. 아니나 다를까, 1978년 패니 메이가 1970년대 중반에 발행한 장기 MBS로 7~11퍼센트의 수익을 올리고 있는 동안, 이 회사의 자금조달 시 금리는 단기 금리 급등 여파로 12~16퍼센트까지 뛰어올랐다. 패니 메이의 주가는 2달러로 떨어지면서 회사가 파산할 것이란 소문이 돌았다.

린치는 금리가 하락하자 1982년 말 패니 메이 주식을 다시 사들였다. 마젤란펀드를 통한 매수였다. 미국 금융기관이 신용도가 가장 좋은 고객에게 대출할 때 적용하는 우대 금리는 전년도에 20퍼센트를 넘었지만, 이제는 15퍼센트로 떨어졌다. 연초 보험위원을 지낸 변호사 데이비드 맥스웰David Maxwell이 패니 메이의 회장 겸 CEO로 영입됐다. 그는 단기로 자금을 차입해서 장기로 빌려주던 관행을 없애고, 패니 메이와 마찬가지로 주택금융을 제공하고 있는 프레디맥Freddie Mac(연방주택담보대출공사Federal Home Loan Mortgage Corporation)이 하는 식으로 대출 패키징loan packaging(차주가 요구하거나 필요로 하지 않는 서비스 비용까지 포함한 대출-옮긴이)을 통해 회사 수익을 보다 안정적이고 신뢰할 수 있게 만들겠다는 의지가 강했다.

1983년 패니 메이는 여전히 600억 달러 규모의 주택담보대출 채권을 통해 9.2퍼센트의 수익을 올리고 있었으나 감당해야 할 부채 비용은 11.9퍼센트였다. 이때 이 회사 주식이 마젤란에서 차지하는 비중은 0.1퍼센트에 불과했다. 1984년 패니 메이는 3년, 5년, 10년 만기 채권을 고금리로 발행해 자금을 조달하기 시작했다. 이것이 단기 실적에는 부정적으로 작용했지만, 금리 상승에 따른 위험은 사라졌다. 연말이 되자 마젤란 내 패니 메이의 비중은 0.37퍼센트로 높아졌다.

1985년 5월 워싱턴에서 데이비드 맥스웰을 만난 뒤 린치는 마젤란 내 패니 메이의 투자 비중을 다시 2퍼센트로 늘렸다. 이제 패니 메이는 마젤란의 10대 투자 자산에 이름을 올릴 수 있었다. 린치는 1,000억 달러 포트폴리오 스프레드(금리 격차)가 1퍼센트포인트만 돼도 주당 7달러를 벌고, MBS 발행 수수료 수입으로 간접비용을 충당하면 패니 메이의 PER는 1배에 불과할 것으로 예상했다. 1984년 주당 87센트 적자를 냈던 패니 메이는 1년 뒤인 1985년 52센트 흑자로 돌아섰다.

1986년 패니 메이가 새로운 주택담보대출 채권에 대한 매입 기준을 대폭 강화하자 이 회사의 EPS는 1.44달러로 올라갔다. 1월 〈배런스〉와 가진 인터뷰에서 린치는 마젤란펀드에서 세 번째로 많은 포지션을 잡고 있던 패니 메이에 대해 "미국에서 가장 좋은 기업"이라고 호평했다.[15] 그는 이렇게 생각하는 이유를 다음과 같이 설명했다.

- 직원 수가 1,200명에 불과해서 간접비가 낮았다. 간접비가 전체 비용에서 차지하는 비중이 20퍼센트에 그쳤다. 린치는 나중에 저서 《이기는 투자Beating the Street》에서 패니 메이 직원 수가 피델리티의 4분의 1밖에 안 되지만 순익은 10배를 내고 있다고 밝혔다.
- 국채 금리보다 불과 0.1퍼센트포인트 높게 미국에서 최저 비용으로 돈을 빌릴 수 있었다.

- 린치는 2년 안에 패니 메이의 자산수익률ROA(return on asset, 기업의 당기순이익을 자산총액으로 나눈 수치-옮긴이)이 1퍼센트에 도달할 수 있다고 믿었다. 이는 환산하면 10억 달러, 세전 주당 16달러에 해당하는 수익이다. 린치는 패니 메이가 지난 4년 동안 발행한 MBS만으로도 이미 ROA가 1퍼센트가 된다고 지적했다.
- 린치는 패니 메이가 발행해 판매한 MBS 관련 서비스를 제공하는 사업으로 1985년 주당 1.00~1.25달러, 1986년 1.50달러, 1987년 1.75달러를 벌 것으로 추산했다. 그는 이 사업만으로도 주당 20달러의 가치가 있다고 생각했다.

그로부터 몇 달 후 데이비드 맥스웰은 〈월스트리트저널〉과 가진 인터뷰에서 "낮은 이자율, 회사의 부채와 자산 간 만기 매치 개선, 그리고 특정 수수료 수입에 대한 의존도 제고 덕분에 1986년에 패니 메이가 전년도에 비해 매우 건강하게 성장했을 것"이라고 전망했다.[16]

1987년이 마젤란의 포트폴리오 내 패니 메이 비중은 1년 내내 두 번째로 큰 2~2.5퍼센트 수준을 유지했다. 린치의 목표 주가는 80달러였지만 당시 패니 메이의 주가는 여전히 13달러였다. 맥스웰은 10월 린치에게 금리가 3퍼센트포인트 상승하더라도 회사의 주당 수익은 50센트 하락에 그칠 것이라고 말했다. 패니 메이의 자금조달 상황은 순조로웠고, 회사의 변화는 더 꾸준하면서도 질적으로 우수한 수익에서 분명할 것으로 기대됐다. 게다가 패니 메이의 90일 연체율은 하락하고 있었는데, 이것은 주택 압류 건수가 최고조에 달했다는 걸 보여주는 주요 지표였다. 1987년 주식시장이 폭락한 후, 패니 메이는 최대 500만 주의 자사주 매입 계획을 발표했다.

1988년 내내 마젤란펀드에서 패니 메이가 차지하는 비중은 3퍼센트로 포드와 함께 가장 큰 투자 비중을 차지했다. 린치는 2월 8일 〈배런스〉와 가진 인터뷰에서 다음과 같은 점들 때문에 자신이 패니 메이를 좋아하게 됐다고 설명했다.

- **저비용 생산**

  린치는 "패니 메이는 국채 금리보다 불과 15~20퍼센트포인트 높은 금리로 돈을 빌려도 차입 비용은 12~15bp밖에 되지 않는다"고 설명했다.

- **실적의 질 향상**

  린치는 패니 메이가 올리는 수익의 질이 "극적으로 개선됐다"고 평가했다. 분기당 3,000만~1억 달러로 변동성이 심했던 패니 메이의 약정 수수료가 회계처리 방식 변경으로 15년 평균치로 바뀌면서 분기 실적의 변동성도 완화됐다는 것이었다.

- **시장 잠재력**

  린치는 "주택담보대출 산업 규모는 거대하다. 주식시장보다 더 큰 것 같다. 10년 전만 해도 은행들은 담보로 잡은 대출을 영원히 안고 가곤 했다. 그런데 그들은 그것을 패니 메이에 팔 수 있게 됐다. 은행들은 대출을 이리저리 계속 팔고 있다"고 말했다.

- **밸류에이션**

  린치는 패니 메이가 5년 전인 1988년에 단기로 차입해서 장기로 빌려주는 게 좋은 사업 모델은 아니라는 점을 깨달은 뒤 사정이 훨씬 더 나아졌다고 생각했지만, 주가는 그때나 지금이나 변화가 없다는 사실에 주목했다. 린치는 1988년에 EPS가 5달러 이상, 1989년에 주당 7달러 이상일 것으로 추정했다. 그는 패니 메이의 수익이 꾸준히 성장하고 있는 이상 이 회사 주가

피터 린치의 레슨

는 지금보다 10배의 가치가 있다고 생각했다.

1989년 린치는 마젤란 내에서 패니 메이의 투자 비중을 5퍼센트까지 끌어올렸다. 그는 버핏이 패니 메이의 주식 220만 주를 소유하고 있음을 지적했다. 투자자들이 마침내 패니 메이의 변신을 이해하고 시장에서의 성장 잠재력을 인정하자 1989년에 주당 16달러였던 주가는 주당 42달러로 260퍼센트 급등했다. 1985년 5월 린치가 맥스웰과 중요한 인터뷰를 한 뒤 1990년에 그가 은퇴할 때까지 패니 메이의 주가는 6배 이상 상승했다. 린치는 1995년까지 〈배런스〉와 연례 라운드테이블 인터뷰를 할 때마다 패니 메이를 계속 추천했는데, 이 기간 주가는 2배 이상 뛰었다. 1988년 린치가 예상했던 대로 주당 7달러 이상으로 수익이 급등한 영향이 컸다.

핵심 정리

린치는 감시 레이더를 계속 가동하기 위해 마젤란에서 소규모 포지션을 많이 쌓아두기를 좋아했다. 그는 그들이 마치 마이너 리그에서 메이저 리그로 올라갈 유망주인 것처럼 펀드 내 그들의 비중을 유지한 채 계속해서 움직임을 감시했다. 패니 메이의 투자 비중도 처음에는 0.1퍼센트에 불과했다. 하지만 린치는 패니 메이를 방문한 뒤 투자해야겠다는 강한 확신을 가졌고, 결국 마젤란 펀드 내 패니 메이의 투자 비중은 가장 높아졌다. 하지만 여전히 패니 메이에 대한 지배적인 의견은 변동성이 크고 취약한 회사라는 것이었다. 패니 메이는 단기 부채로 돈을 빌린 뒤 은행들로부터 이보다 고금리인 고정금리 주택담보대출 채권을 사는 전략을 썼다. 단기 금리가 급등하면 패니 메이의 구조적 약점이 드러났다. 패니 메이가 주택담보대출 투자 만기를 비슷한 만기의 부채로 맞추기 위해 변신하려고 하자 투자자들은 이를 회의적인 시선으로 바라봤다. 그 이유는, 만기를 맞추는 과정이 1970년대에 불리한 금리로 투자한 주택담보대출의 만기 일정에 의해 제약을 받았기 때문이다. 이러한 변화를 통해 패니 메이는 진화했다. 또한 파산 직전까지 내몰리면서 입은 상처는 많은 의구심을 남겼다. 높은 장기 금리로 차입하게 되자 패니 메이의 단기 수익은 타격이 불가피했다. 투자자들에게는 이익을 볼 때까지 장시간 기다려줄 인내심이 없었다. 린치는 그들과는 차별화된 관점을 가지고 있어서 결국 보상을 받았다. 그는 저서 《이기는 투자》에서 이렇게 말했다.

일반 투자자들보다 시장을 더 잘 꿰뚫고 있어야 하며, 자신이 알고 있는 것을

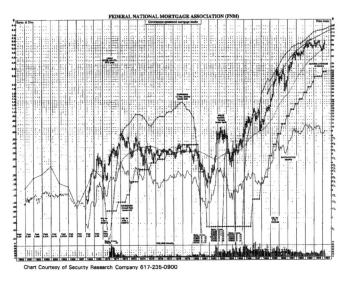

[그림 11] 패니 메이의 주가(1960~1995년)

제공: 증권연구회

피터 린치의 레슨

믿어라. 주가가 예상보다 오르려면 회사가 전반적으로 과소평가 상태에 있어야 한다. (중략) 지배적인 의견이 당신 의견보다 더 부정적이고 나쁠 때 당신은 자신이 어리석게 낙관적이지 않다는 확신을 갖기 위해서 끊임없이 사실을 확인하고 재점검해야 한다.[17]

제너럴 퍼블릭 유틸리티즈

———

1979년 3월 28일에 미국 펜실베이니아주에 있는 스리마일섬Three Mile Island의 원자력 발전소에서 가압 냉각수형 원자로의 노심 용해 meltdown(원자력 발전소에서 사용되는 원자로의 노심에 있는 핵연료가 과열이나 이상으로 인해 내부의 열이 급격히 상승하여 연료 집합체 또는 노심 구조물이 용해돼 파손하는 것을 가리키는 현상-옮긴이) 사고가 일어났다. 제너럴 퍼블릭 유틸리티즈 General Public Utilities(이하 GPU)가 소유한 원자로였다. 1980년 2월 GPU는 배당을 생략했다. 상황이 안정되고 수익이 회복되자 린치는 GPU 주식을 매수했다. 그는 비극이 실제보다 더 심각하게 인식되고 있다고 생각했다. 미국 원자력학회American Nuclear Society에 따르면 사고가 난 원자력 발전소에서 10마일 이내에 사는 사람들의 평균 방사선 피폭량은 흉부 엑스레이에서 나오는 방사선 피폭량과 맞먹는 수준이었다. 다양한 역학 연구들이 사고가 장기적으로 관찰 가능한 수준으로 건강상의 영향을 미치지는 않는다는 결론을 내렸다. 린치는 1985년 GPU가 자매 원자로를 가동할 계획이며, 다른 공익기업들이 노심 용해 피해를 정리하는 데 드는 비용을 공유할 예정이라고 발표한 후 이 회사 주식을 매수했다. 린치는 GPU가 어려움을 이겨내고 살아남고, 폐업하지 않을 것이며, 여전히 회복할 수 있는 여지가 많다고 생각했다 마젤란

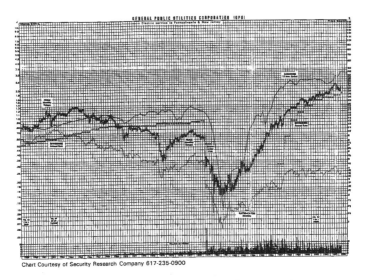

Chart Courtesy of Security Research Company 617-235-0900

[그림 12] 제너럴 퍼블릭 유틸리티즈의 주가(1959~1994년)
제공: 증권연구회

은 결국 GPU 주식에 투자해서 6,900만 달러를 벌었다.

핵심 정리

린치는 곤경에 처한 기업에서 투자 기회를 찾기 위해 상황이 반전될 가능성을 항상 염두에 두고 있었다. 그는 노심 용해가 일어난 후 몇 년 동안 스리마일섬의 상황을 냉정하게 주시했다. 린치는 GPU가 배당금 지급을 누락하고 몇 년 뒤 수익이 회복되자 GPU 주식을 매수했다. GPU는 수익 회복 후 2년이 지나자 배당금 지급을 재개했다. 린치는 GPU 투자는 투자자들이 좋은 성과를 내려고 서둘러 투자할 필요가 없으며, 배당금 지급을 하지 않은 공익기업에 투자해도 얼마나 좋은 수익을 누릴 수 있는지를 보여주는 사례로 제시하기를 좋아했다.

머크

제약회사 머크는 린치가 마젤란의 핵심 대형 우량주로서 좋아했던 안정적이고 의지할 만한 고품질 우량주의 대표적인 사례다. 린치는 투자자들이 관심을 잃고 머크 주식을 정리했을 때 밸류에이션을 믿고 투자했다. 1985년 7월 그는 이렇게 말했다.

나는 지난 6개월 동안 많은 제약주에 투자해왔다. 현재 마젤란에서 그들이 차지하는 비중은 7퍼센트에 이른다. 제약주는 작년엔 랠리를 펼쳤으나 10년 기준으로 보면 상당히 부진했다. 머크의 주가는 10년 전에 100달러(차트에선 액면분할 조정 후 5.55달러)였고, 4개월 전에도 100달러였다. 그러나 머크의 수익은 그동안 4배가 증가했다. 그리고 재차 말하지만 나는 달러가 약세를 보이

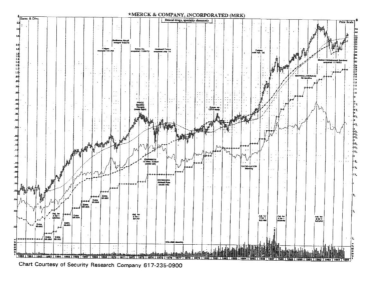

[그림 13] 머크의 주가(1960~1995년)
제공: 증권연구회

기를 바라고 있다. 그것이 제약주에 긍정적 재료이기 때문이다.[18]

코카콜라

린치는 코카콜라를 폭풍우가 몰아치는 시장에서 안정감을 제공하는 또 다른 고품질의 성숙한 대형 우량주로 꼽았다. 그러나 1992년에 린치는 훌륭한 회사 주가가 반드시 매력적인 것은 아니라고 말했다.

내가 보기에 대기업 주식들은 휴식이 필요하다. 지난 10년 동안 코카콜라 주가는 15배나 올랐다. 무려 15배! 수익은 5배가 뛰었다. 정말 좋은 회사다. 나는 10년 안에 코카콜라 주식을 소유하고 싶다. 하지만 내년 예상되는 수익기준 PER가 25배라는 점에서 주가는 휴식이 필요하다. 수익이 주가를 따라

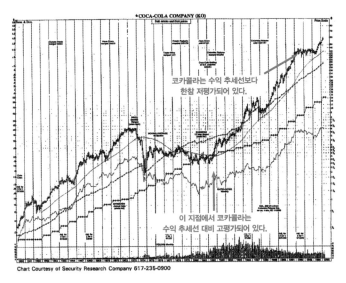

[그림 14] 코카콜라의 주가(1960~1995년)
제공: 증권연구회

피터 린치의 레슨

잡아야 한다.[19]

코카콜라 주가는 이후 1년 반 동안 횡보하다가 수익이 70퍼센트 증가한 이후 4년 동안 4배나 올랐다. 주가는 1998년 아찔할 정도로 오르는 바람에 16년이 지난 2014년이 되어서야 겨우 주가는 이전 고점을 되찾았다.

핵심 정리

정리하자면, 좋은 브랜드 회사들의 주식도 가격이 중요하다. 아울러 린치는 과거 수익에 비해 주식이 저평가됐는지 고평가됐는지를 알려주는 도구로써 차트를 즐겨 참조했다.

존슨앤드존슨

———

1993년 빌 클린턴 미국 대통령은 첫 임기 과제로 의료제도 개혁을 추진했다. 그는 이를 위해 아내이자 영부인 힐러리에게 의료개혁 태스크포스를 이끌어줄 것을 요청했다. '힐러리 케어'라고도 불리는 클린턴의 의료제도 개혁안의 골자는 모든 미국인이 의료보험 혜택을 누리게 하고, 인플레이션율보다 2배나 더 높이 오르는 의료보험료 상승을 억제하며, 기저질환이 있는 사람의 가입을 거부하지 않는 등 책임 있는 의료보험 제도를 촉진하겠다는 것이었다. 힐러리는 1993년 9월 의회에서 의료제도 개혁 법안을 옹호했다. 의회를 민주당이 장악하고 있었지만 본 법안은 지나치게 관료적이고, 복잡하고, 강압적이며, 환자의 선택권을 제한하고, 금지 규정과 지침으로 가득 차 있다는 이유로

[그림 15] 존슨앤드존슨의 주가(1993~2018년)
제공: 증권연구회

부결되었다. 1994년 8월에 상원 다수당 원내대표인 조지 미첼George
Mitchell 의원이 발의한 타협안도 지지를 얻지 못했다.

이런 상황에서 린치는 1995년 1월 〈배런스〉와의 연례 인터뷰에서
존슨앤드존슨J&J과 화이자Pfizer를 추천했다. 그는 다음과 같은 이유를
달았다.

두 종목 모두 5년 기준으로 봤을 때 상대적으로 많이 빠졌다. 1991년 J&J는
58달러였지만 지금은 54달러다. 1992년 J&J는 2.46달러를 벌었지만 올해
는 최소 50퍼센트 더 높은 수익을 올릴 것이다. 내년에는 주당 순이익이 4달
러 이상일 것이다. 결론적으로, 수익은 극적으로 늘어난 반면에 주가는 지

피터 린치의 레슨

난 3~4년 동안 제자리걸음을 걸었다. 투자하기에 정말 멋진 회사다. J&J에게는 수익의 1퍼센트를 넘게 올리는 제품이 6퍼센트를 올리는 타이레놀 하나뿐이다. 미국에서는 판매량이 성장하지는 않지만 해외에서는 성장하고 있다. J&J는 연구·개발R&D에 매년 13억 달러 정도를 쓴다. 아기용 샴푸와 일회용 반창고를 개발하는 데는 많은 R&D 비용이 필요하지 않다. 그래서 J&J는 그들이 만드는 약에 많은 돈을 투자하고, 훌륭한 의약품 라인을 가지고 있으며, 비용을 절감하고 있다. (중략) J&J와 화이자 모두 '특허가 만료된 off-patent' 약에 대한 의존도가 높지 않다. 양사 모두 순현금을 보유하고 있다. 그들의 대차대조표는 멋지다. 그들은 선전할 것이다.[20]

J&J의 주가는 이후 7년 동안 6배 이상 뛰었다.

슐럼버거

———

피델리티 마젤란 운용에서 손을 뗀 린치는 〈워스Worth〉 잡지에 시장에 대한 자신의 견해를 표현하고 구체적인 주식을 추천하는 일련의 기사를 기고했다. 1995년 2월에 그는 '차세대 석유 붐The Next Oil Boom'이라는 제목의 칼럼에서 석유 산업이 공급 과잉 상태라는 일반적인 견해와 달리 공급 부족 상태에 훨씬 더 가깝다는 주장을 펼쳤다.

그는 이전의 석유 붐이 일어난 지 10년 이상의 시간이 지났다고 언급했다. 1994년 말 유가는 4년 연속 하락하여 누적으로 3분의 1이 빠지며 배럴당 15.66달러까지 주저앉았다. 1980년 가격과 비교해서는 60퍼센트 가까이 하락했다. 석유수출국기구OPEC가 생산 할당량을 고수할 수가 없는 가운데 이라크가 증산에 착수하면 하루 300만 배럴의

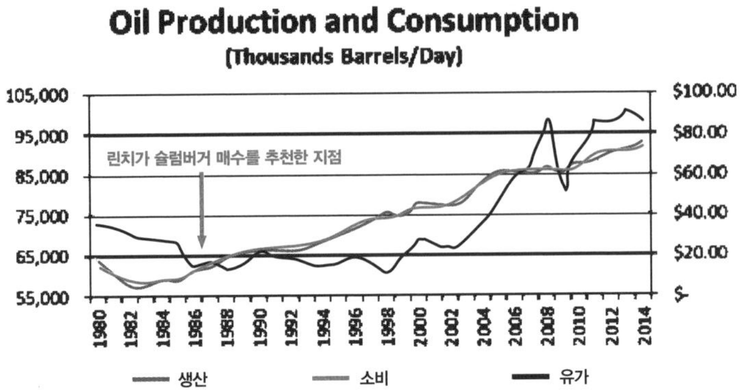

Oil Production and Consumption
(Thousands Barrels/Day)

린치가 슬럼버거 매수를 추천한 지점

| | 생산 | 소비 | 유가 |

[그림 16] 석유 생산과 소비 (단위: 1,000배럴 / 1일 기준)

석유가 시장에 추가로 쏟아져 들어올 것이라는 게 지배적인 의견이었다.[21]

다만, 린치는 세계 석유 소비가 매년 1.5퍼센트씩 증가하고 있다는 점을 정확히 지적했다. 이는 수요를 충족시키기 위해 석유 공급이 하루 100만 배럴 늘어나야 한다는 의미였다. 이라크의 증산으로 석유 공급이 크게 늘더라도 3년 안에 완전한 흡수가 가능했다. 1981년 4,000개가 넘었던 북미 석유 시추공 수는 1994년이 되자 약 1,100개로 무려 75퍼센트나 감소했다. 이처럼 시추공 수가 급격히 줄어들었다는 것은 시추공 소유사에게는 좋은 전조였다. 석유 수요가 반등할 때 가격 결정권을 가질 수 있기 때문이다. 시추공 건설에 드는 돈은 이미 지불했으므로 국제유가 상승은 시추공 소유사의 수익에 곧바로 반영될 수밖에 없었다. 린치는 유가 반등에 따라 가장 큰 수혜를 볼 수 있는 위치에 있는 기업은 3차원 지진 지도 제작, 수중 암반 윤곽을 가로지르거나 우회해서 움직이는 더 똑똑해진 드릴처럼 첨단 기술 역량을 갖춘 석유 채굴 서비스 기업이라고 평가했다. 그런데 이 분야 1등 업체가

피터 린치의 레슨

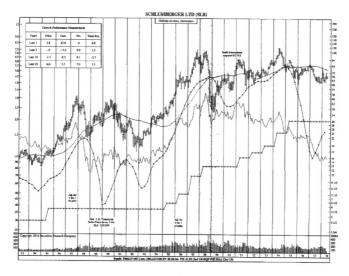

[그림 17] 슐럼버거의 주가(1993~2018년)

제공: 증권연구회

바로 슐럼버거Schlumberger였다. 슐럼버거는 흑자였고, 자사주를 매입하고 있었고, 지진 서비스 분야의 선두 업체인 지오퀘스트GeoQuest를 인수한 상태였다. 그런데 슐럼버거의 주가는 지난 몇 년 동안 거래되던 50~70달러 범위의 최하단에 머물고 있었다.

하지만 슐럼버거의 주가는 이후 2년 반 동안 14달러에서 46달러로 3배가 급등했다. 린치는 나중에 "결국 생존한 기업들은 녹을 털어내고 대차대조표를 말끔히 정리한 것으로 밝혀졌는데, 이는 슐럼버거 투자자들에게는 유쾌한 놀라움이었다"고 말했다.[22]

핵심 정리

반전을 앞둔 산업에서 당신이 확인한 사실이 맞다면 대차대조표가 깨끗하고 지구력이 강한 최고 우량 회사에 투자하는 것이 이득이다. 슐럼버거는 린치가 투자할 당시 이미 흑자 회사였고, 주가가 3배로 뛰기 전에 자사주를 사들였다. 빚이 없는 기업은 파산하기 어렵다는 말이 있다. 그런 기업은 특히 되살아날 가능성이 높다. 슐럼버거가 자사주를 다시 매입하고 있었다는 사실은 회사의 재무 건전성이 양호하고, 자사의 주식이 저평가되었다고 믿고 있다는 걸 보여주는 신호였다.

CHAPTER 15

'모범적인 투자자' 피터 린치

지금까지 살펴본 바와 같이 린치는 아마추어 투자자들에게 투자 도구와 지식을 제공해주는 것만큼이나 '지칠 줄 모르는 탐사자'로서 투자자라는 자신의 직업윤리를 지키는 데에도 열정적이었다. 그는 아마추어 투자자들도 상식적 투자를 통해서 전문가보다 오히려 더 좋은 투자성과를 낼 수 있다고 생각했다. 그가 가장 중요하게 생각했던 원칙은 다음 세 가지다.

- 타고난 관찰 능력을 자신에게 유리하게 사용하라.
- 자신이 투자하고 있는 것과 왜 그것에 투자하고 있는지를 알아라.
- 투자하는 기업이 지속적인 경쟁우위를 가지고 있다는 확신을 갖기 위해 필요한 연구를 수행하라.

린치의 제자 중 한 사람인 피델리티 콘트라펀드Fidelity Contrafund를 운용한 윌 다노프Will Danoff는 린치의 직업윤리와 개방적인 투자 방식에 대해 "피터는 특출난 사람이다. 그는 정말 열심히 일하고, 똑똑하고, 훌륭한 사람이다. 그는 기업에 대한 지식과 비즈니스 역사를 모두 다 아는 걸어 다니는 백과사전이다"라고 힘주어 말했다.

다노프가 분석가로 일하면서 주식을 추천하던 때에 포트폴리오 매니저들은 투자 기업에 직접 연락해서 그 기업에 대해 더 많은 정보를 얻는 데 관심이 없었다. 하지만 다노프는 린치는 그들과 달랐다고 말했다.

> 그러나 피터는 "그거 재미있겠네. 기업에 직접 전화해 보자고"나 아니면 "다음에 회사에 전화할 때 내가 통화 내용을 들을 수 있게 나한테도 전화한다는 것을 알려 달라. 같이 방문해 보면 어떨까?"라고 말하곤 했다. 피터는 또 늘 다음과 같이 말하곤 했다. "의심스러우면 회사에 전화하라. 사실을 알아내라. 사실을 알게 되면 더 나은 결정을 내릴 수 있다. 유연성을 유지하라. 앞만 봐라. 회사에 연락하라."[1]

린치가 사실 확인 과정을 거치는 주요 목적은 회사가 재정적으로 건전한지를 판단하기 위해서였다. 그는 회사에 부채보다 현금이 더 많은지, 수익을 내고, 현금흐름이 자유로운지, 아니면 그저 회사에 대한 기대만 있는 건지, 분위기는 어떤지 등을 알아내고 싶어 했다.

그는 투자하려는 주식이 저평가되어 가격이 매력적이라고 판단할 때만 투자했다. 그는 보상 대 위험 비율이 최소 3 대 1인 주식을 찾았다. 불필요한 위험을 감수하고 너무 일찍 매수했다가 실망을 자초하기보다는 회사가 자신을 증명한 후, 즉 야구로 치면 경기 시작 후 3회 정

피터 린치의 레슨

도가 돼서 투자하는 것이 낫다고 생각한 것이다.

린치는 시장과 미국의 자본주의 경제를 신뢰했다. 그는 투자자들이 낙관주의자가 되고, 장기적 관점에서 생각하고, 시장이나 경제를 예측하지 말 것을 당부했다. 린치는 "증시는 이 나라(미국)에 대한 믿음을 보여주는 지표다. 사람들은 시장이 3개월 동안 하락하면 세계가 종말을 고할 것이라 생각하지만, 경제에 대한 믿음의 전조 역할을 하는 것은 시장의 장기적인 추세다"라고 말했다.[2]

1997년에 그는 이렇게 첨언했다.

> 우리는 제2차 세계대전 이후 9차례의 경기침체를 겪었고, 두 분의 대통령이 총격을 받아 한 번은 숨지고, 레이건 대통령은 살아남았다. 대법원도 바뀌었고, 의회도 바뀌었으며, 전쟁도 겪었다. 제2차 세계대전 이후로 온갖 일들이 벌어졌다. 그런 와중에도 주식시장은 상승했다. 따라서 이러한 모든 사건을 예측하려는 시도 자체가 가치가 없는 일이다.[3]

피델리티의 전 포트폴리오 매니저이자 동료였던 조지 밴더하이든 George Vanderheiden은 린치에 대해 "그는 항상 긍정적인 태도를 보였다. 그는 늘 주가가 2배로 오르고, 내년에는 2배로 뛸 주식이 있다고 느끼며 출근하곤 했다"라고 말했다.[4]

린치에게 가장 큰 수익을 안겨준 주식은 그가 매수한 뒤 3~4년 차에 가장 크게 오른 주식들이다. 그는 항상 투자자들에게 1,000달러를 투자하면 1,000달러만 손해를 볼 수 있지만, 예상이 적중한다면 1,000달러의 몇 배를 벌 수 있다는 사실을 상기시켜줬다. 장기적으로 기업의 실적과 주가 사이에는 강력한 상관관계가 있다. 2001년 린치는 이

상관관계에 대해 "제2차 세계대전 이후 일어난 9차례의 경기침체와 다른 많은 경제적 후퇴에도 불구하고, 기업의 이익은 63배, 증시는 71배 상승했다"고 말했다.[5]

린치가 피델리티에서 그랬던 것처럼 우리가 일주일에 6일 이상 투자 연구에 전념할 시간이 없을 수도 있지만, 그러면 아마도 1,500개 주식에 투자하고 있지도 않을 것이다. 우리는 또 린치처럼 배우자와 첫 데이트를 할 때 오로지 흥미로운 회사에 대해서만 말하는 식으로 주식시장에 집착하며 살지 않을 수도 있다. 그러나 린치는 개인투자자가 10개 정도의 기업만 예의 주시하고 그들에 대해 잘 알면 된다고 말했다. 그 정도 수의 주식이라면 투자가 전업이 아니더라도 충분히 운용할 수 있기 때문이다. 린치의 말처럼, 평생 좋은 주식 몇 개만 갖고 있어도 충분하다.

뮤추얼 펀드매니저로서 린치가 이뤄낸 업적은 타의 추종을 불허하지만, 그의 정직하고 겸손한 태도 역시 그만큼 뛰어나다. 유명 투자자이자 컨설턴트인 피터 타누스Peter Tanous는 자신의 저서 《투자의 구루들Investment Gurus》에서 정오에 피델리티 사무실에서 린치를 만나 인터뷰할 때 그로부터 작은 갈색 가방에 넣어 집에서 들고 온 샌드위치를 같이 먹지 않겠느냐는 제안을 받았다고 회상했다.

나는 1998년 전미투자자협회에서 린치가 한 프레젠테이션에 참석한 뒤 도서 사인회를 열고 있던 그를 만났다. 그는 밝고, 재치 넘치고, 긍정적이며, 통찰력이 있었고, 평범한 미국의 개인 투자자들에게 힘을 실어주기 위해 자신이 가진 투자 지혜를 공유하는 데 대해 진심으로 열의를 보였다.

린치는 사람들에게 돈을 조심하라는 가르침을 주려고 노력한 사람으로 기억되고 싶다고 말했다. 그는 "주식을 소유하면 회사도 일부 소유하게 된다. 주식은 복권이 아니다. 회사가 잘 되면, 주식도 잘 된다"고 말했다.[6] 그는 투자자들에게 투자를 잘하지 못할 거면 아예 하지 말라고 당부했다.

인정받는 투자자인 린치가 보기에 영웅이 누구냐는 질문을 받은 적이 있다. 그는 통찰력 있고 교훈적인 대답을 내놓았다. 그는 자신에겐 사업을 시작하는 사람들이 영웅이라고 말했다. 그들은 무명의 영웅들이다. 하지만 그들 중 몇몇은 위험을 무릅쓰다가 실패하지만, 다수는 중소기업에서 시작하여 중견 기업, 심지어 대기업으로 성장한다. 대기업은 현실에 안주하고, 게으르며, 현실과 동떨어진다는 비판을 자주 받는다. 그들이 생산성을 높이기 위해 구조조정하면 영혼이 없으며 탐욕적이라는 비난을 받으면서 언론 1면에 보도된다. 그러나 언론은 일자리를 창출하고 미국을 강하게 만드는 이런 역동적인 기업들이 경제 성장에 얼마나 많이 기여하는지를 무시한다. 린치는 1980년대 10년간 1,800만 개의 일자리가 창출됐고, 1990년대에는 500대 기업이 10년마다 최대 300만 개의 일자리를 없앴음에도 1,700만 개의 일자리가 창출됐다는 사실을 되풀이해 말하기를 좋아했다. 일할 기회를 제공하는 기업의 리더들은 미국을 위대하게 만드는 무명의 영웅들이다. 린치는 자신이 피델리티에 입사했을 때 60명의 직원이 있었지만 1995년이 되자 직원 수가 9,000명으로 불어났다고 말했다. 그는 미국의 자본주의 체제가 잘 작동하고 있지만 일반 대중은 그렇지 않다고 믿고 있다고 지적했다.

린치는 자신이 평범한 미국인들의 금융 생활에 큰 변화를 일으켰다는 사실을 알고 더 겸손해지고 더 열심히 일하겠다는 동기를 부여받았다고 말했다. "공항에서 만난 사람들이 나 덕분에 7,000달러를 벌었다면서 매우 기분 좋아했다. 그 돈은 그들의 삶에 변화를 가져왔다. 그런 분들을 만날 수 있어 뿌듯했다. 그것이 내가 열심히 일한 이유다."[7]

마젤란 주주들의 삶에 긍정적인 변화를 주고, 자선 활동에 열심히 나서준 린치에 감사드린다. 책, 기사, 인터뷰, 강연 등을 통한 아낌없는 가르침으로 아마추어 투자자들에게 영감을 주고 힘을 실어주고, 그들의 변호인으로서 시간과 정성을 쏟아 준 점도 정말 감사하다. 린치의 모범적 사례 덕분에 투자자들은 더 현명해지고 부유해졌다.

피터 린치의 레슨

03

나는 인생에서 엄청난 수의 영웅들을 만날 수 있어서 정말로 운이 좋았다. 그들 중 누구도 나를 실망시키지 않았다. 제대로 된 영웅을 만날 수 있다면 운이 좋은 삶을 산 것이다.

– 워런 버핏[1]

워런 버핏의 레슨

Warren Buffett 1930~

"비교 불가한 존재"

CHAPTER 16

개인적 배경

오늘 누군가가 그늘에 앉아 쉴 수 있는 이유는 누군가가 오래전에 나무를 심었기 때문이다.

– 워런 버핏

버핏은 단언컨대 역대 최고의 투자가이며, '비교 불가한 존재'로 불릴 자격이 충분하다. 1956년 버핏이 세운 투자회사 버핏 투자조합Buffet Partnership에서 했던 100달러의 투자는 회사 문을 닫은 1969년 2,500만 달러 이상의 가치로 성장했다. 이런 놀라운 성장은 버핏이 버핏 투자조합의 연수익 중 받기로 한 25퍼센트를 재투자했기에 가능했다. 1957년부터 1969년까지 버핏 투자조합의 연평균 수익률은 29.5퍼센트로 같은 기간 다우지수의 연평균 수익률 7.4퍼센트보다 약 4배 높았다. 버핏은 1964년에는 파산 직전까지 내몰렸던 섬유회사인 버크서 해서웨이Berkshire Hathaway를 인수해서 미국에서 시가총액이 가장 큰 5대 기업 중 하나로 성장시켰다. 2018년까지 54년 동안 버크셔의 시가총액은 S&P500의 연평균 수익률인 9.7퍼센트의 2배가 넘는 연평균 20.5퍼센트씩 증가했다. 1965년 버크셔에 1,000달러를 투자했다면 2018년에는 2,400만 달러가 되었을 것이다.

버핏은 놀라운 투자 기록만큼이나 성실한 사업 자세, 관대한 자선 활동, 사업과 투자 지혜를 가르쳐주는 교사로서의 역할, 매니저들 사이에서 충성심을 고취시키는 능력, 그리고 투자 철학을 알릴 때 명확하고 영리한 비유를 사용하는 것으로 유명하다.

버핏은 1930년 8월 30일 네브래스카주 오마하에서 어머니 레일라 스탈Leila Stahl과 아버지 하워드 버핏Howard Buffet 사이에서 태어났다. 아버지 하워드는 4선 하원의원이었고, 평소 매우 검소했다. 하워드는 정부가 더 많은 돈을 써야 한다고 생각해 1만 달러에서 1만 2,500달러로 인상된 급여의 인상분을 정부에 돌려주기도 했다. 하원의원으로서 4번째 임기가 끝나자 그는 증권사 스미스 바니Smith Barney의 전신인 해리스 업햄Harris Upham으로 복귀했다. 그는 〈데일리 네브래스칸Daily Nebraskan〉 신문의 편집장이기도 했다.

버핏의 어머니 레일라는 가족이 운영하는 인쇄소에서 활자를 맞췄고, 그녀의 아버지는 네브래스카 웨스트포인트에서 주간지 사장이자 편집장이었다. 버핏은 부모를 통해 신문의 영향력을 직접 목격했고, 지역 신문이 사실상 독점으로 가진 힘에 공감하게 되었다.

버핏에게는 누나와 여동생이 있었다. 그의 뛰어난 사업가적 기질은 일찍부터 형성되었다. 그는 6세라는 어린 나이에 쥬시 프루트Juicy Fruit 껌 5개들이 한 팩당 2센트의 이윤을 내며 팔기 시작하면서 사업가로서 경력을 쌓기 시작했다. 또한 할아버지의 식료품점에서 코카콜라 6개들이 팩을 팩당 25센트에 사서 병당 5센트를 받고 팔아서 팩당 5센트씩

워런 버핏의 레슨

을 벌었다. 버핏은 자신이 6세 때 처음으로 투자 서적을 읽기 시작했다고 말했다.[2] 7세 때는 크리스마스에 산타클로스에게《채권 판매기술Bond Salesmanship》이란 책을 선물로 달라고 부탁했다.[3]

11세가 됐을 때는 아버지의 회사 이사회실 슬레이트 위에 가격을 적어놓고 있었고, 오마하 공공도서관에 있는 투자나 주식시장에 관한 모든 책을 읽었다. 제2차 세계대전이 한창이던 1942년 4월에는 자신의 첫 번째 주식을 샀다. 시티즈 서비스Cities Services 우선주 3주를 주당 38달러에 샀다. 또한 여동생에게도 같은 주식 3주를 사도록 설득했다. 두 사람이 산 주식이 곧바로 주당 27달러로 떨어지자 여동생은 매일 잔소리를 했다. 그러다 주가가 40달러로 오르자 두 사람은 주식을 팔았다. 그들이 판 우선주는 2년 뒤에는 212달러에 거래되었다. 버핏은 "우리가 판 뒤 얼마 지나지 않아 주당 212달러에 거래되었다"면서 "그래서 나는 그때부터 내가 한 일에 대해 아무에게도 말하지 않고 혼자만 알기로 결심했다"고 말했다.[4] 버핏은 당시 세 가지 교훈을 얻었다. 첫 번째는 다른 사람들이 하는 말에 흔들리지 말아야 한다는 것이고, 두 번째는 고객을 받더라도 그에게 무엇을 사고팔고 있는지 말하지 말아야 한다는 것이다. 세 번째는 투자에는 인내심이 필요하다는 것이다.

버핏은 13세가 되었을 때 처음으로 세금 신고를 했는데, 이때 자전거를 35달러의 경비로 공제했다. 그는 골프장에서 소위 '로스트볼'이라고 하는 골퍼들이 잃어버린 공을 찾아서 판매하는 특이한 일을 했고, 〈워싱턴 포스트〉와 〈워싱턴 타임즈 헤럴드〉 신문을 하루 500부씩 배달했으며, 스테이블 보이 셀렉션Stable Boy Selections이라는 경마 예상표를 내기도 했다.

〈워싱턴 포스트〉를 팔아서 한 달에 175달러씩 벌던 15세에는 1,200달러를 모아서 네브래스카주 오마하에 40에이커의 농장을 샀다. 17세 때는 친구 도널드 댄리Donald Danley와 함께 윌슨 코인 오퍼레이티드 머신 컴퍼니Wilson Coin-Operated Machine Company라는 이름의 회사를 창업했다. 두 사람은 핀볼pinball(동전을 넣어 작동시키는 전자오락기-옮긴이) 게임 기계를 25달러에 사서 이발소에 설치했다. 기계를 몇 대 설치하자 곧 주당 50달러를 벌었다. 버핏은 나중에 "사는 게 그렇게 좋을 수 있을 것이라고는 꿈에도 생각하지 못했다"고 회상했다. 그가 이 모든 일과 농장에서 벌어들인 총수입은 9,000달러가 넘었고, 이 돈으로 자신의 대학 등록금을 냈다.

버핏은 1947년부터 1949년 사이 펜실베이니아 대학 와튼 스쿨 경제학부에서 배우다가 네브래스카 대학으로 옮겨 〈링컨 저널Lincoln Journal〉 발행 담당자로 일했다. 그는 1950년에 졸업했다. 이 기간 그는 포인트 앤 피겨point and figure(시간 차원 없이 가격의 방향을 집중 조명하는 분석법-옮긴이) 기술적 분석을 포함한 많은 투자 방법을 연구하고 시도했다. "나는 모든 것을 다 해봤다. 차트를 모아서 모든 기술적인 내용을 읽었다. 조언도 들었다. 그리고 19살 때(1950년 졸업반 때) 벤저민 그레이엄의 《현명한 투자자》를 읽었다. 마치 어둠 속에서 빛을 보는 것 같았다."[5] 그는 이렇게 덧붙였다. "종교적인 광신도처럼 말하고 싶지는 않지만, 그 책에 정말로 흠뻑 빠졌다."[6]

버핏은 하버드 경영대학원에 지원했지만, 10분간의 인터뷰 끝에 불합격했다. 그는 하버드가 자신에게 잘 맞지 않으리라는 것을 알았지만, 아버지를 실망시키지 않으려고 억지로 지원했다. 버핏은 아버지에 대해 "아버지는 내게 무조건적인 사랑과 무조건적인 믿음을 베풀어 주

셨다"라고 말했다.[7]

다음 해에 버핏은 컬럼비아 대학에서 벤저민 그레이엄과 데이비드 도드 밑에서 수학했다. 버핏은 그들 밑에서 배우기로 한 것이 인생 최고의 결정이었다고 믿는다. 그는 1951년 컬럼비아 대학에서 MBA 학위를 받았다. 그는 그레이엄으로부터 전 과목 A+를 받은 유일한 학생이었다. 그레이엄과 도드는 가치투자의 바이블로 일컬어지는《증권분석Securities Analysis》의 공저자들이다. 도드가 93세의 일기로 세상을 떠나자 버핏은 이렇게 말했다. "그가 가르쳤던 학생들의 성취가 그가 가진 재능의 증거다. 다른 어떤 투자 선생님도 그처럼 특출한 성공을 거둔 많은 사람을 배출해낸 적이 없다. 데이비드의 수업을 들은 학생들은 평생 현명하게 투자할 준비가 되어 있었다. 그가 가르쳐준 원칙들은 단순하고, 유용하며, 지속적으로 효과를 냈기 때문이다."[8]

컬럼비아를 졸업한 버핏은 가장 존경하는 두 사람인 아버지와 그레이엄으로부터 조언을 구했다. 두 사람 모두 당시 200포인트에 머물던 다우지수가 지나치게 높다고 생각했고, 버핏에게 잠시 기다릴 것을 당부했다. 그로부터 몇 년 후 버핏은 당시 두 사람의 조언대로 했다면 수중에 있던 1만 달러를 그대로 가지고 있었을 것이라고 회상했다. 버핏은 그레이엄이 뉴욕에 세운 회사인 그레이엄-뉴먼Graham-Newman에서 무급으로 일하겠다고 제안했지만, 그레이엄은 그의 제안을 거절했다. 그러자 버핏은 오마하로 돌아와서 아버지의 증권회사 버핏-포크Buffet-Faulk에서 투자상품 영업사원으로 일했다. 그는 계속해서 그레이엄과 서신을 주고받으며 자신의 투자 아이디어에 대해 이야기를 나눴다.

버핏의 인내심은 1954년 그레이엄이 뉴욕에서 연봉 1만 2,000달러의 분석가 자리를 제안했을 때 빛을 발했다. 당시 그레이엄의 회사는

600만 달러의 고객 자산을 운용하고 있었다. 2년 뒤 그레이엄이 은퇴하면서 버핏과의 파트너십은 끝났으나 버핏의 저축액은 9,800달러에서 14만 달러로 늘어나 있었다.

버핏은 아내 수잔Susan과 함께 오마하로 돌아와 3만 2,500달러를 주고 집을 샀다. 오마하에서 일하면 몇 가지 유리한 점이 있었다. 첫째, 시급하거나 유행하는 것보다 중요한 일에 집중할 수 있었다. 둘째, 3시간이면 뉴욕이나 로스앤젤레스에 도착할 수 있었다. 세 번째로 유리한 점에 대해서 버핏은 이렇게 말했다. "오마하는 살기 좋은 곳이다. 여기선 생각을 할 수가 있다. 즉, 시장에 대해 더 잘 생각할 수 있고, 쓸데없이 많은 이야기를 듣지 않아도 된다. 그리고 그냥 앉아서 책상 위에 있는 주식을 보면 된다. 여기선 많은 것들에 대해 생각할 수 있다."[9] 그는 또한 이렇게 덧붙였다. "월스트리트 같은 곳에서 들리는 온갖 잡음과 소음을 듣지 않아도 된다. 몇 년 동안 일해봤지만 그곳에선 사람들이 10초마다 등장해서 내게 속삭여댔고, 나는 과도하게 자극을 받았다. 1년에 단 하나의 좋은 아이디어만 있으면 충분하다. 오마하는 그런 아이디어를 얻기에 좋은 장소다."[10]

버핏은 1956년 5월 5일 25세의 나이로 10만 5,000달러의 자본금을 갖고 버핏 어소시에이츠Buffet AssociateS라는 투자 조합을 세웠다. 그는 기업 경영에 완전한 권리를 행사하고 무한책임을 부담하는 무한책임 조합원general partner이었고, 가족 4명과 친한 친구 3명이 유한책임 조합원limited partners을 맡았다. 버핏은 무보수로 일했지만, 연간 6퍼센트를 초과하는 이익의 25퍼센트를 가져갔다. 6년 동안 그는 집에 있는 남는 침실에서 혼자 일했다. 그에게는 계산기가 없었고, 고객의 제안이나 걱정으로 시간을 낭비하고 싶지 않아서 보유 주식을 공개하지 않았다.

그는 나중에 그런 식의 공개는 외과 의사가 수술 중에 환자와 계속 대화하는 것과 같다고 말했다. 그는 "나는 골프를 끝내고 나올 때에나 스코어카드를 제출하고 싶을 뿐이다. 사람들이 계속 따라다니면서 이번 홀에서 3번 아이언이 생크shank(임팩트 시 공이 클럽페이스 정중앙에 맞지 않고 클럽에 안쪽에 맞아 엉뚱한 방향으로 날아가는 것-옮긴이)가 나거나 다음 홀에서 퍼팅을 짧게 하는 걸 구경하길 원하지 않는다"고 말했다.[11]

버핏이 29세가 되었을 때 친구 에드윈 데이비스Edwin Davis가 그를 찰리 멍거에게 소개해줬다. 나중에 멍거는 버핏의 유명한 사업 파트너이자 버크셔 해서웨이의 부회장이 되었다.

1961년 버핏은 31세의 나이로 버핏 어소시에이츠, 버핏 펀드Buffet Fund, 데이시Dacee, 엠디Emdee, 글레노프Glenoff, 모버프Mo-Buff, 언더우드 Underwood 등 총 7개 합명회사partnership(무한책임 조합원만으로 구성되는 회사-옮긴이)를 고향에서 경영했다. 이 회사들의 가치는 족히 수백만 달러에 이르렀다. 버핏은 처음으로 100만 달러를 투자해서 농기구와 수도 시스템을 제조하는 회사 뎀스터 밀 매뉴팩처링 컴퍼니Dempster Mill Manufacturing Company의 주식을 샀다. 1958년에는 주가가 45달러였을 때 투자한 지도회사 샌본 맵Sanborn Map의 이사에 올랐다. 이 회사에만 투자해서 번 돈은 주당 65달러였다.

1962년에는 합명회사들을 합병하여 버핏 투자조합으로 개명했다. 멍거는 버핏을 해리 보틀Harry Bottle 뎀스터 CEO에게 소개해줬다. 보틀은 비용 절감과 인력 감축을 통해 뎀스터를 회생시킨 인물이었다. 버핏은 운전자본이 주당 19달러였던 매사추세츠에 소재한 섬유회사인 버크셔 해서웨이 주식을 주당 8달러에 매수하기 시작했다. 그 가격이면 버크셔의 고정자산을 공짜로 살 수 있었고, 결국 버핏 투자조합은 버크셔의 최대 주주가 되었다.

1963년 버핏은 뎀스터 지분을 매각해서 원래 투자금의 3배인 230만 달러를 벌었다. 1964년과 1965년에는 아메리칸 익스프레스와 월트 디즈니 지분 5퍼센트씩을 인수했다. 이 두 회사에 관해서는 사례 연구를 다룬 장(20장)에서 자세히 얘기하겠다.

1965년에는 버크셔의 지분을 100퍼센트 인수했고, 이듬해 버핏 투자조합에 신규 투자했다. 그가 투자한 돈은 총 680만 달러였는데, 2년 후 버핏 투자조합의 가치는 6,500만 달러로 늘었고, 버핏의 개인 지분의 가치는 1,000만 달러가 됐다. 아메리칸 익스프레스에 1,300만 달러를 투자해 2,000만 달러를 번 것이 지분 가치 상승에 기여했다.

1969년 버핏은 2년 동안 강력한 강세장 속에서 더 이상 좋은 투자처를 찾을 수 없다고 아쉬워하다가 버핏 투자조합을 청산했다. 이때 버핏 투자조합의 가치는 1억 400만 달러였고, 그의 몫은 2,500만 달러였다. 그는 당시 유한책임 조합원들에게 청산 상황을 이렇게 설명했다.

나는 현 상황에 맞지 않는다. 사람들은 게임이 더 이상 뜻대로 되지 않을 때 새로운 접근법이 모두 잘못되었고 문제를 일으킬 수밖에 없었다고 말하곤 한다. (중략) 하지만 한 가지 분명히 언급하고 싶은 사실은 내가 이해하는 전략(비록 그것을 적용하기 어렵더라도)을 포기하지는 않겠다는 것이다. 내가 완전히 이해하지 못하고, 성공적으로 실행해본 적도 없는 전략을 수용함으로써 쉽게 큰 이익을 얻는 것을 포기하는 일이 있더라도 말이다. 그리고 그런 전략은 상당한 영구적 자본손실로 이어질 수 있다.[12]

버핏은 네 가지 이유로 버핏 투자조합을 청산했다. 첫째, 시장이 고

평가되어 있다고 판단했다. 둘째, 자신이 좋아하는 몇몇 기업을 팔기 싫었다. 그는 "나는 우리 회사 운영자들과의 관계를 발전시키고 있었고, 아침마다 내가 특별히 좋은 인수 제안을 받았는지 여하에 따라 그들이 계속 일할 수 있을지가 결정되기를 원하지 않았다"고 말했다.[13] 셋째, 유한책임 조합원 수가 100명이 넘어갈 경우 투자 자문사로 등록해야 했다. 그러면 거래를 공개해야 해서 버핏의 투자 스타일이 제약을 받을 수밖에 없었다. 끝으로, 버핏은 유한책임 조합원들을 관리해야 하는 부담에서 벗어날 수 있었다.

3년 후 증시는 수십 년 만에 가장 심각한 하락을 겪었다. 1973년과 1974년 약세장 때 버핏은 "성욕에 가득 찬 남자가 하렘에 있는 기분"이라며 몇몇 주식을 저가매수했다.[14]

버핏과 수잔 사이에는 두 아들 피터와 하워드(할아버지 이름을 따서 지음)와 딸 수잔(아내의 이름을 따서 지음)이 있다. 하워드는 사업가이자 농부이자 환경보호론자다. 그는 2010년부터 코카콜라 이사, 1992년부터는 버크셔의 이사직을 각각 맡았다. 버핏이 죽으면 하워드가 비상임 회장이 될 것이다. 피터는 음악가이자 작곡가이자 작가이자 자선사업가다. 그는 에미상 수상자이자 〈뉴욕타임스〉 베스트셀러 작가이기도 하다. 수잔은 세 사람 중 가장 나이가 많고, 공교육과 사회정의를 위해 기부하는 자선사업가다. 흥미롭게도, 세 남매 모두 대학을 졸업하지 않았다.

버핏과 수잔은 1970년대에 별거에 들어갔지만, 두 사람은 2004년 수잔이 사망할 때까지 결혼 생활을 유지했다. 수잔은 가끔 카바레 가수로 활동했고, 시민권, 낙태, 인구 조절 문제를 중심으로 활발한 자선사업을 펼쳤다. 가수 닐 세다카Neil Sedaka가 그녀에게 가수의 길을 걸

으라고 격려했고, 1977년 수잔은 버핏을 떠나 샌프란시스코로 이사했다. 그러나 두 사람은 계속해서 함께 휴가를 보내고 부부로서 공적 행사에 참석했다. 1978년 수잔은 애스트리드 멩크스Astrid Menks에게 버핏을 소개해줬고, 멩크스는 그와 오마하의 집에서 같이 살게 됐다. 2004년 수잔이 죽고 2년 뒤에 버핏은 멩크스와 재혼했다. 수잔이 숨지기 전 세 사람은 크리스마스카드에 "워런, 수지, 아스트리드"라고 서명했다. 생전에 수잔은 버크셔 해서웨이의 이사였고 버핏 재단의 회장이었다.

버핏은 정크푸드와 햄버거뿐만 아니라 하루에 체리 맛 콜라 5잔을 먹는 것으로 유명하다. 1985년 그는 48년 동안 마시던 펩시에서 체리 콜라로 갈아탄 뒤 이것을 버크셔의 공식 음료로 지정했다. 그가 코카콜라에 투자해서 큰 성공을 거두기 4년 전 일이었다.

투자에 대한 지적 능력 면에서 버핏만큼 존경받는 사람은 없다. 따라서 버크셔의 연례 보고서는 고전으로 여겨진다. 나 자신을 포함한 많은 사람들이 이 연례 보고서를 읽는 것을 2년짜리 MBA 과정을 수료한 것만큼의 가치가 있다고 생각한다.

버크셔의 주가에 따라 버핏은 세계 최고 부자 자리에 오르곤 한다. 그는 죽으면 재산을 사회에 환원할 생각이라고 줄곧 말했지만, 빌 게이츠와 멜린다 게이츠는 그때까지 기다리지 말라고 설득했다. 버핏은 한평생 가능한 한 많은 부를 축적했다가 마지막에 그것을 나누어 준다면 사회를 위해 가장 좋은 일을 할 수 있다고 믿어왔다.

나는 부자나 부자 자녀들이 생활 보조금을 받는 어머니들에게 식권을 나눠 줘봤자 소용없다고 말하는 것을 듣는다. 식권을 나눠주면 영원히 계속 그래야 하는 끔찍한 일이 벌어진다는 것이다. 하지만 아주 부유한 아이나 많은 돈을 물려받게 될 아이도 평생 식권을 받는다. 그들이 받는 식권은 주식과 채권이다. 그런데 그런 특정한 형태의 식권을 그들에게 평생 줘봤자 효과가 떨어진다는 사실을 아무도 눈치채지 못하는 것 같다. 내가 단거리 육상선수가 된다면 제시 오웬스Jesse Owens(베를린 올림픽에서 육상 4종목 금메달을 획득하고 세계기록을 세웠던 미국의 단거리 육상선수-옮긴이)의 자식이라서 50야드 앞쪽에서 출발하게 해주겠다고 할 때보다, 출발선을 동시에 떠나는 다른 선수들을 상대로 전력 질주한다면 살면서 더 나은 단거리 선수가 될 것이라고 생각한다.[15]

1990년 버핏은 "사회에 재산을 돌려줘야 한다고 생각한다. 내가 50년 동안 부채질이나 하면서 사람들에 둘러싸여 있을 부자 왕조를 만들어야 할 이유가 없다"고 말했다.[16]

1996년 세계 최고 부자였던 버핏은 버크셔의 모든 주식을 자선재단에 기부하기로 약속했다. 그는 자신의 재산 99퍼센트를 기부하겠다고 약속했는데, 이는 빌&멜린다 게이츠 재단Bill&Melinda Gates Foundation에 들어올 역대 최다 기부금이다. 게이츠 재단은 의료 서비스 개선, 빈곤 감소, 교육 기회 확대, 정보 기술 접근성 확대에 전념하고 있다. 버핏은 일정 기간 매년 기부하는 방식을 통해 버크셔의 클래스B 주식 1,000만 주를 게이츠 재단에 주기로 약속했다. 단, 버핏은 세 가지 조건을 붙였다. 첫째는 빌이나 멜린다 게이츠가 살아서 그 돈을 관리해야 하고, 둘째는 재단이 자선단체 자격을 계속 유지해야 한다는 것이다. 셋째, 매년 재단은 버핏으로부터 받은 전년도 기부금에 재단 자산 최소 5퍼센트를 합친 것과 같은 액수만큼을 기부해야 한다는 것이다. 게이츠 재단은 매년 7월에 배정된 남은 주식의 5퍼센트를 받는다. 버핏은 또한 그가 아이들을 위해 세운 재단에 20억 달러 규모의 버크셔 주식을 주겠다고 약속했다. 인구 조절과 핵무기 억제는 버핏이 개인적인 자선 활동을 통해 이루고자 하는 목표들이다.

버핏은 일주일에 10시간 온라인으로 브리지 게임을 하는 것을 제외하고는 거의 전적으로 사업에 집중한다. '오마하의 현인'은 겸손하고 자신을 내세우지 않으면서 상냥하다. 사교성이 넘치는 태도와 미소는 그가 날카로운 집중력과 분석적 사고, 그리고 사진을 찍는 듯한 기억력을 가진 사람임을 잊게 한다. 그는 사업 파트너에게서 자신이 가장 중요하게 여기는 세 가지 기준인 성실함, 지능, 에너지를 빠르게 분별해 내는 특별한 능력을 갖고 있다. 80곳이 넘는 버크셔 산하 기업의 사장들은 이미 많은 돈을 벌어 일할 필요가 없지만 버핏을 위해 일하는 게 즐거워서 일하고 있는 전형적인 창립 멤버들이다. 그들은 사업을 키우는 데 열정적이고, 버핏의 신뢰가 두터워 그의 간섭 없이도 회사를 운영할 수 있다. 또 버크셔에 의무 은퇴 제도가 없어서 여전히 일하고 있다. 그들은 매우 충성스럽다. 버핏은 매니저들이 초과 현금흐름을 자신에게 돌려주도록 동기를 부여하기 위해 자본 비용을 청구하여 그것을 새로운 투자에 할당한다. 버핏은 출근하는 게 너무 즐거워서 탭댄스를 추며 출근한다고 말했는데, 그의 투자자들도 분명 지그jig(속도가 빠르고 변화가 많은 춤-옮긴이)를 취왔을 것이다.

1930년생으로 이미 90세를 훌쩍 넘긴 버핏은 여전히 그가 사랑하는 일을 하고 있다. 그는 버크셔 해서웨이란 윤리적으로 뛰어난 모범적 기업을 이끌면서 생기는 무한한 호기심을 채우고 경영의 지혜에 대한 갈증을 해소하기 위해 매일 방대한 양의 독서를 하고 있다.

워런 버핏의 레슨

CHAPTER 17

투자 성과

세월이 흐르면 나는 평균보다 1년에 10퍼센트 정도 더 좋은 성과를 내는 데 꽤 만족하게 될 것이다.

– 워런 버핏[1]

버핏은 버크셔 해서웨이의 CEO이자 자본 배분가capital allocator(기업이 최대의 이익을 얻도록 기업 자본을 여러 가지 사업에 적절히 배분하는 사람-옮긴이)로서 놀라운 성과를 올린 것으로 유명하다. 그는 버크셔 전에 이미 버핏 투자조합의 무한책임 조합원으로서 이뤄낸 놀라운 성과로 명성을 얻었다.

1956년 그레이엄이 그레이엄-뉴먼 투자조합을 청산하자 버핏은 오마하로 돌아와서 가족과 친구들을 위해 첫 번째 버핏 투자조합을 결성했다. 버핏은 무한책임 조합원이었고, 그의 투자자들은 유한책임 조합원들이었다. 유한책임 조합원들은 매년 6퍼센트의 이자와 6퍼센트 기준을 넘은 이익의 75퍼센트를 받았다. 반면 버핏은 계속해서 이익의 25퍼센트를 가져갔다. 손실이 발생하면 버핏은 손실의 25퍼센트를 흡수하는 한편, 누적 손실액을 반드시 갚아야 6퍼센트가 넘는 이익의 25퍼센트를 가져갈 수 있었다.

버핏 투자조합의 연간 총수익률(유한책임 조합원들에게 드는 비용을 제하기 전)은 29.5퍼센트로, 다우지수의 7.4퍼센트에 비해 높았다. 매년 유한책임 조합원들에게 돌아가는 수수료를 제한 평균 수익률은 여전히 23.8퍼센트로 상당히 높았다. 버핏이 투자조합을 운영한 13년 동안 다우지수가 5년에 걸쳐 마이너스 수익을 냈음에도 불구하고 투자조합은 매년 플러스 수익을 기록했다. 1957년 초 버핏과 함께 1만 달러를 투자했던 유한책임 조합원들은 투자조합이 청산된 1969년 16만 달러

	버핏 투자조합 수익률	유한책임 조합원 수익률	다우지수
1957	10.4%	9.3%	-8.4%
1958	40.9%	32.2%	38.5%
1959	25.9%	20.9%	20.0%
1960	22.8%	18.6%	-6.2%
1961	45.9%	35.9%	22.4%
1962	13.9%	11.9%	-7.6%
1963	38.7%	30.5%	20.6%
1964	27.8%	22.3%	18.7%
1965	47.2%	36.9%	14.2%
1966	20.4%	16.8%	-15.6%
1967	35.9%	28.4%	19.0%
1968	58.8%	45.6%	7.7%
1969	6.8%	6.6%	-11.6%
CAGR(연평균 수익률)	29.5%	23.8%	7.4%

[표 2] 버핏 투자조합과 조합원, 다우지수 수익률 비교

워런 버핏의 레슨

이상을 가져갔다. 1969년 버핏 투자조합의 자산 가치는 기적처럼 높은 수익률과 파트너 투자의 추가 유입 덕에 1억 달러 이상으로 불어났다. 이 해에 은퇴할 때 버핏의 개인 지분 가치는 2,000만 달러에 상당했다. 버핏이 밝힌 은퇴 이유는 다음과 같았다.

저가매수할 주식의 부재

버핏은 "그레이엄의 정량적 방법을 사용하여 찾아낼 수 있는 저가매수 기회가 지난 20년 동안 꾸준히 줄다가 마침내 사라졌다"면서 "증권분석가들의 수가 폭발적으로 늘어나면서 증권 이슈들에 대한 조사가 몇 년 전과 비교해 강화됐다"고 말했다.[2]

규모

버핏은 "운용자산 규모가 1억 달러로 커지자 큰 규모 때문에 '상당 부분이 척박해 보이는 투자 세계'에 투자하기 더욱 힘들어졌다"고 말했다. 버핏은 청산 가치 이하로 거래되고 있는 주목을 못 받는 무명의 회사들 속에서 보석 같은 회사를 많이 찾아냈다. 전술했듯이, 헐값에 주식을 사서 이익을 얻는 '담배꽁초 투자'는 소액을 갖고 했을 때는 효과가 좋았다. 버핏은 2014년 쓴 버크셔 주주 서한에서 다음과 같이 인정했다.

내 담배꽁초 투자 전략은 소액을 관리하는 동안에는 아주 효과가 좋았다. 실제로 1950년대에 공짜나 다름없이 산 수십 개 주식 덕에 10년 동안은 상대와 절대 수익률 면에서 역대 최고의 실적을 거둘 수 있었다. (중략) 그러나 이 전략이 가진 치명적인 약점이 점차 명백해졌다. 담배꽁초 투자는 어느 정도 선까지만 확장 가능했다. 투자금이 많았을 때는 제대로 작동하지 않았다.

버핏은 300만 달러 이하의 투자는 버크셔의 실적에 실질적인 영향을 미치지 못한다고 설명했다. 그가 말한 큰 규모의 회사에는 시가총액 1억 달러 이하의 기업은 해당되지 않았다.

투기 광풍

———

버핏은 점점 더 단기 차익만을 노리는 투기적인 시장에 맞닥뜨렸다. 이는 경계심이 없는 사람은 구분하기 힘든 함정이었다. 버핏은 1968년 7월 주주 서한에서 당시 금융시장 상황에 대해 "우리는 논리적으로 믿도록 설득해야 하는 사람들이 아니라, 믿을 구실만을 찾으며 헛된 희망을 드러내고, 잘 속고, 탐욕스러운 사람들이 모여 사는 투자 세계에 살고 있다"고 꼬집었다. 1969년 1월 보낸 주주 서한에서는 10억 달러의 자산을 운용 중인 한 투자 매니저의 말을 인용해서 "증권은 분 단위로 연구해야 한다"라고 강조했다. 그렇게 해야 하는 게 신기하기도 하고 섬뜩하기도 했던 버핏은 농담조로 "이런 종류의 변화는 내가 펩시를 마시러 나갈 때 죄책감에 사로잡히게 만든다"고 말했다. 그는 선견지명을 가진 듯 "나는 이런 시장 환경에 적응할 수 없고, 그저 영웅으로 알려지기 위해 이해되지도 않는 게임을 하려고 해서 (지금까지 쌓아온) 괜찮은 성과를 망치고 싶지 않다"고 말했다.

몇 년 후인 1973년 1월부터 1974년 12월까지 다우지수는 40퍼센

워런 버핏의 레슨

트 이상 폭락했다. 맥도날드, 코카콜라, 에이븐 등 소위 '니프티 피프티 50Nifty Fifty(S&P500 지수에 편입된 종목 가운데 상위 50종목군을 일컫는 말-옮긴이)' 에 속한 꾸준히 성장하는 우량주들의 PER은 각각 83배, 63배, 47배로 놀랄 만큼 높았다. 그로부터 2년이 채 못 돼 시장이 바닥을 쳤던 1974년 10월이 되자 맥도날드, 코카콜라, 에이븐의 주가는 각각 72퍼센트, 69 퍼센트, 85퍼센트씩 폭락했다.

개인적 고려

—

1967년 10월 9일 주주 서한에서 버핏은 투자 목표를 바꾸는 데 가 장 중요한 영향을 미치는 요소가 자신의 개인적 고려라고 말했다. 그 는 다우지수 대비 10퍼센트포인트 높게 잡았던 목표 수익률을 9퍼센 트포인트 아래나 다우지수 대비 5퍼센트포인트 위로 낮췄다. 그는 "내 개인적인 관심사로 인해 나는 젊고 날씬했을 때보다 뛰어난 투자 결과 에 덜 강박적으로 변했다"고 말했다. 버핏은 사업 분석에 흥미를 느꼈 고, 자신이 100퍼센트 소유한 기업의 경영자들과 만족스러운 관계를 즐겼다. 본인 말대로 "짜증, 약오름, 분노를 감수하면서나, 심지어 고수 익을 거둘 수 있을지 모른다는 가능성만을 위해 이런 경험을 포기"하 는 게 내키지 않았다.[3] 아이러니하게도, 그는 1969년 5월 서한에서 "나 는 한평생 투자 토끼를 앞지르는 데만 전적으로 몰두하길 바라지 않는 다. (중략) 환갑이 되면 20세 때 우선순위로 삼았던 것과는 다른 개인적 인 목표를 성취하려고 애써야 한다는 것 또한 안다"고 말했다.

버핏 투자조합 청산 조건

———

버핏은 버핏 투자조합을 청산하고 자산을 유한책임 조합원들에게 이전하면서 세 가지 선택지를 제시했다. 첫째, 자신은 여전히 가격과 전망이 마음에 들지만, 원하는 사람 누구나 현금으로 바꿀 수 있게 유동화가 쉬운 증권과 현금 중 하나를 유한책임 조합원들이 택하기를 원했다.

둘째, 투자자와 사람으로서 모두 존경했던 두 명의 투자 자금 매니저를 추천했다. 빌 루안Bill Ruane과 데이비드 샌디 고츠먼David Sandy Gottesman이었다. 고츠먼은 버크셔의 초기 투자자였고, 루안은 버핏의 컬럼비아 대학교 동창이자 그레이엄의 제자였다. 버핏은 그들의 성실함, 능력, 기질, 똑똑함에 감탄했다. 버핏은 또한 1959년 만난 멍거도 고려했지만, 멍거는 투자 사업 확장에는 관심이 없었다. 루안은 1970년 7월 투자 규모와 상관없이 누구나 투자가 가능한 세쿼이아 뮤추얼 펀드Sequoia Mutual Fund를 설립했다. 처음 몇 년 동안은 세쿼이아의 수익률이 S&P500에 미치지 못했지만, 2005년 10월 타계한 루안이 올린 장기 수익률은 모범적이었다. 연평균 수익률은 16퍼센트로 S&P500의 수익률 11.7퍼센트에 비해 높았다.

셋째, 버핏은 유한책임 조합원들이 버핏 투자조합이 지배하는 두 회사인 다이버시파이드 리테일링 컴퍼니Diversified Retailing Company(이하 DRC)와 버크셔에 대한 비례 지분을 유지할 수 있는 선택권을 갖기를 원했다. 이 회사들의 주식은 자유롭게 시장에서 거래할 수 없었지만, 버핏은 그것에 버금가는 만큼의 현금을 가져갈 수 있는 선택권도 제시했다. 그러나 그는 자신이 좋아하고, 경영진을 존경하며, 사업이 자극

워런 버핏의 레슨

적이고, 사업의 자본이익률이 양호하다고 판단되는 사업을 팔기를 꺼렸다. 버핏은 "나는 우리가 통제하는 기업을 운영하는 모든 사람들을 정말로 좋아한다"면서 "내가 좋아하고 존경하는 사람들이 운영하는 잘 통제된 사업을 고작 높은 가격만을 받으려고 팔고 싶지는 않다"고 말했다.[4]

버크셔 해서웨이를 장악한 버핏

버핏은 1962년 주당 7.60달러에 버크셔 주식을 매수하기 시작했고 1965년 봄에는 주당 평균 14.86달러에 대량 매수하여 이 회사의 지배주주가 되었다. 버크셔의 순운전자본 가치(공장과 장비 가치를 제외한)가 주당 19달러였으므로 이것은 그레이엄이 강조한 대로 대차대조표상의 가치를 잘 따져본 전형적 사례였다. 이론상으로 현금, 매출채권, 부채를 뺀 재고의 청산가치를 1달러어치 가치당 78센트에 산 것이라 공장과 장비를 공짜로 얻는 셈이었다.

1969년 버핏은 섬유회사였던 버크셔 해서웨이의 자본을 가지고 소규모 섬유회사 한 곳, 내셔널 인뎀너티National Indemnity와 내셔널 파이어앤마린National Fire&Marine의 보험 사업, 그리고 일리노이 국립은행Illinois National Bank과 일리노이 국립신탁Illinois National Trust이 운영하는 은행 한 곳을 인수했다. 버핏은 버크셔의 자본수익률이 자본비용을 밑돌아서 만족스럽지 못하다는 점을 인정하면서도 어려운 여건 속에서 사업개선을 위해 열심히 노력해준 경영진에 충실했다. 버핏은 섬유산업이 당시 수준 정도만 해주면 사업을 그대로 유지할 수 있으리라고 기대했다. 버핏은 보험과 은행 사업을 합치자 '성장 전망이 우수한' 13

퍼센트의 실물자본 수익률return on tangible capital(경제주체가 기계장치 등 실물
자산에 투자할 경우 얻을 수 있을 것으로 기대하는 수익률-옮긴이)을 창출했다고 밝
혔다.

버핏은 절제된 표현으로 유한책임 조합원들에게 이렇게 조언했다.

내 개인적인 의견으로는 DRC와 버크셔의 내재가치는 시간이 지나면서 상
당히 올라갈 것이다. 미래는 아무도 모르지만, 성장 속도가 매년 약 10퍼센
트 정도가 아니라면 나는 실망할 것이다. (중략) 나는 두 회사 주식이 모두 매
우 괜찮은 장기 보유주라고 생각하고, 내 순자산의 상당 부분을 양사에 투자
하게 되어 기쁘다. 나는 DRC와 버크셔에 대한 투자를 장기간 유지할 가능
성이 매우 높다고 생각한다.[5]

버핏의 이 조언을 귀담아듣고 버크셔를 보유했던 투자자들은 50년

버크셔 대 S&P500 수익률 비교

	연간 수익률 (단위: %)		
	버크셔의 주당 장부가치	버크셔의 주당 시장가치	배당금 포함 S&P500 수익률
1965	23.8	49.5	10.0
1966	20.3	(3.4)	(11.7)
1967	11.0	13.3	30.9
1968	19.0	77.8	11.0
1969	16.2	19.4	(8.4)
1970	12.0	(4.6)	3.9
1971	16.4	80.5	14.6
1972	21.7	8.1	18.9
1973	4.7	(2.5)	(14.8)
1974	5.5	(48.7)	(26.4)
1975	21.9	2.5	37.2
1976	59.3	129.3	23.6
1977	31.9	46.8	(7.4)
1978	24.0	14.5	6.4

워런 버핏의 레슨

1979	35.7	102.5	18.2
1980	19.3	32.8	32.3
1981	31.4	31.8	(5.0)
1982	40.0	38.4	21.4
1983	32.3	69.0	22.4
1984	13.6	(2.7)	6.1
1985	48.2	93.7	31.6
1986	26.1	14.2	18.6
1987	19.5	4.6	5.1
1988	20.1	59.3	16.6
1989	44.4	84.6	31.7
1990	7.4	(23.1)	(3.1)
1991	39.6	35.6	30.5
1992	20.3	29.8	7.6
1993	14.3	38.9	10.1
1994	13.9	25.0	1.3
1995	43.1	57.4	37.6
1996	31.8	6.2	23.0
1997	34.1	34.9	33.4
1998	48.3	52.2	28.6
1999	0.5	(19.9)	21.0
2000	6.5	26.6	(9.1)
2001	(6.2)	6.5	(11.9)
2002	10.0	(3.8)	(22.1)
2003	21.0	15.8	28.7
2004	10.5	4.3	10.9
2005	6.4	0.8	4.9
2006	18.4	24.1	15.8
2007	11.0	28.7	5.5
2008	(9.6)	(31.8)	(37.0)
2009	19.8	2.7	26.5
2010	13.0	21.4	15.1
2011	4.6	(4.7)	2.1
2012	14.4	16.8	16.0
2013	18.2	32.7	32.4
2014	8.3	27.0	13.7
2015	6.4	(12.5)	1.4
2016	10.7	23.4	12.0
2017	23.0	21.9	21.8
2018	0.4	2.8	(4.4)
CAGR(1965~2018년)	18.7%	20.5%	9.7%

[표 3] 버크셔 해서웨이와 S&P500의 수익률 비교

이상 연평균 20퍼센트 이상의 수익을 냈다.

다음 장에서는 버핏 투자조합을 경영하는 동안 버핏의 투자 과정이 어떻게 발전했고, 그가 버크셔를 경영하던 기간 중 놀랍도록 성공적인 자본투자의 기틀을 어떻게 마련했는지를 살펴보겠다.

버핏이 말하는 인기 펀드의 실적이 부진한 이유

—

버핏은 유한책임 조합원들에게 보낸 서한에 자신의 실적과 함께 부진한 실적을 기록했을 뿐만 아니라 수억 달러의 수수료를 부과하고, 똑똑하고 에너지 넘치는 사람들이 운용했음에도 불구하고 다우지수보다 높은 수익률을 올리지 못한 대형 뮤추얼 펀드 4곳과의 비교를 잔뜩 집어넣곤 했다. 그는 1965년 1월 쓴 주주 서한에서 그런 뮤추얼 펀드들의 실적 부진을 다음 다섯 가지 요인 탓으로 돌렸다.

1. **집단 사고**

   버핏은 "규모와 상관없이 모든 당사자가 의사결정에 적극 참여하면 뛰어난 투자 운용 성과를 기대하기란 불가능에 가깝다"고 믿었다.

2. **순응**

   많은 신탁회사와 대형 투자회사들은 자신들이 가진 지속력과 인기 때문에 '안전'하다고 널리 여겨지는 인증된 주식들만을 고수한다.

3. **안전하다고 여겨지는 클로짓 인덱싱** close indexing(시장 평균 수준에 준하는 수익률을 얻기 위하여 여러 가지 종목을 대상으로 포트폴리오를 구성하는 투자 방법—옮긴이)

   많은 기관이 지수 추종 상품을 안전하다고 여기고 지수에서 너무 멀리 벗어나지 못하게 막는다. 실제로 많은 기관이 활성 위험 수준을 정량적으로

워런 버핏의 레슨

모니터링하고 허용 범위를 벗어난 투자자에게 불이익을 준다. 지수 수익률을 넘어서기 위해선 투자자는 지수와 무관하게 투자해야 한다. 그러나 많은 경우, 지수보다 부진한 성과에 대한 벌칙은 지수보다 뛰어난 성과에 대한 보상보다 훨씬 더 크다.

4. 비이성적인 분산투자

많은 기관이 버핏이 '비이성적irrational'이라고 말한 분산투자 정책을 고수한다. 예를 들어, 혹자는 관리되지 않는 지수와 동일한 섹터 가중치로 투자하면서도 개별 주식 선택을 통해 더 나은 성과를 거두기를 기대한다. 버핏은 "분산투자는 무지에 대한 위험회피 수단이다. 자신이 무지하다고 느끼지 않는다면 분산투자할 필요성이 급격히 줄어든다"고 말했다.[6]

5. 타성inertia

일부 투자회사들은 기초 증권조차 이해하지 못한 채 늘 해왔던 대로 다양한 국가나 스타일별로 엄격히 배분하는 원칙을 고수함으로써 고객에게 좋은 서비스를 제공한다고 믿는다.

전통적 vs. 보수적 투자

—

버핏은 고객들이 그의 집중투자 방식에 대해 가질지 모를 우려를 전통적 투자와 보수적 투자에 대한 비교·설명을 통해 희석시키려고 애썼다. 그는 자신의 투자 방식이 보수적인 투자 방식이며, 그것은 많은 사람들이 동의하는지 아니면 중요 인물들이 동의하는지 여부에 따라 좌우되지 않는다고 말했다. 버핏은 특히 시장 하락기에 투자자의 논리와 그가 알아낸 사실이 옳았음이 증명됐는지 여부에 따라 보수적 투자가 평가돼야 한다고 믿는다. 그는 보수적 투자는 포트폴리오 집중 여부와는 별로 상관이 없다고 주장한다. 보수적 투자는 투자자에게 훨씬 적은 가치 손실을 입히는 것을 의미한다.

1965년 1월 버핏은 유한책임 조합원들에게 자신이 찾아낸 사실과 논리가 정확할 확률이 높고 영구적인 가치 손실의 위험 확률이 낮다고 믿는다면 하나의 주식에 포트폴리오의 최대 40퍼센트까지 투자할 수 있다고 알렸다. 버핏이 이 정도 수준의 집중투자를 결심하게 된 건 아메리칸 익스프레스 투자에 그만큼 자신이 있었기 때문이다. 포트폴리오의 하락을 다우지수 하락의 절반 이하로 제한하겠다는 게 버핏의 목표였다.

투자회사들이 우리보다 더 전통적 방식으로 투자하고 있다는 것은 의심할 여지 없는 사실이다. 많은 사람들은 전통적 방식을 보수적 방식과 구별하지 못한다. 내가 볼 때 이는 잘못된 사고로 이어질 수 있다. 전통적인 접근법이나 비전통적인 접근법 중 어느 것도 그 자체로 보수적이지 않다. 진정 보수적 행동은 지적인 가설, 올바른 사실, 그리고 건전한 논리에서 비롯된다. 이러한 특성들이 전통적인 행동으로 이어질 수 있지만, 그들이 비전통적인 행동을 초래하는 경우가 많았다. (중략) 중요한 사람들, 목소리 큰 사람들, 또는 엄청난 수의 사람들이 우리 생각에 동의한다는 이유로 우리가 위안을 얻는 건 아니다. 그들이 그렇게 하지 않는다고 해서 우리가 위안을 얻는 것도 아니다. 여론조사는 생각을 대신할 수 없다.[7]

투자 매니저들의 자질

—

몇 년 후 버핏은 버크셔 해서웨이의 투자 운용 부서장으로 토드 콤스

Todd Combs, 테드 웨슐러Ted Weschler를 고용할 때 자신이 찾는 사람들이 가져야 할 자질을 명시했다. 버핏은 이러한 자질들을 알려줌으로써 투자 매니저를 선정하는 기준과 어떤 투자자에게나 필요한 성공하기 위한 자질은 물론이고 간접적으로는 본인 자신에 대해 설명하고 있었다. 그는 주식을 사업으로 보고 위험을 평가할 수 있는 훌륭한 실적을 낸 사람을 찾는다.

난 그들의 과거 실적을 봤다. 단순히 투자 실적만이 아닌 그런 실적을 이뤄 낸 과정을 살핀다. (중략) 토드와 테드는 투자를 나와 아주 비슷한 시각으로 본다. 그들은 주식을 주식으로 보지 않는다. 그들은 주식을 기업의 일부로 보고, 주식을 평가한다. 그들은 기업 분석가처럼 행동하고, 분석이 끝나면 결과를 투자 결정에 반영한다. (중략) (토드와 테드는) 둘 다 펀더멘털이 튼튼하다. 건전함과 명민함을 동시에 갖췄다. 누구나 이 두 가지를 모두 갖춘 기업에 투자하길 원한다. 그리고 그들은 아직 일어나지 않은 문제들을 고려한다. 그들은 '그림의 떡' 같은 위대한 프로젝트를 꿈꾸기보다는 부정적인 면을 먼저 생각한다.[8]

CHAPTER 18

투자에 대한 영향과 관점

오늘 누군가가 그늘에 앉아 쉴 수 있는 이유는 누군가가 오래전에 나무를 심었기 때문이다.
– 워런 버핏

버핏은 자신이 민주주의가 득세하고, 자본주의가 보상받고, 인종이나 성별의 장벽을 극복해야 할 필요가 없고, 경제가 발전이 한창이던 1930년 미국에서 태어난 행운을 '난소복권ovarian lottery'에 당첨됐다고 표현했다. 버핏은 자신이 좋은 조건에서 태어났다는 사실을 인정했지만, 사실 같은 해에 태어난 수백만 명의 사람들도 그만큼 운이 좋았다고 할 수 있겠다. 하지만 그가 이뤄낸 업적은 그 누구보다 특별하고 뛰어나다. 버핏은 난소복권에 당첨된 덕에 축복을 받았을 수도 있겠지만 그는 다섯 명의 영웅들로부터 배우려는 간절한 열망뿐 아니라 그렇게 배울 수 있는 능력 면에서 두각을 나타냈다. 버핏이 투자자로 성공하는 데 도움을 준 다섯 명의 영웅은 하워드 버핏, 벤저민 그레이엄, 필

캐럿Phil Carret, 필 피셔Phil Fisher, 그리고 찰리 멍거다.

하워드 버핏

—

버핏이 태어나기 전 하워드 버핏은 유니언 스트리트 은행Union Steet Bank에서 증권 세일즈맨으로 일하다 집안을 어렵게 만들었다. 유니언 스트리트 은행은 버핏이 태어나기 2주 전 일어난 대공황의 제물이 됐다. 하워드와 그의 파트너였던 조지 스크레니카George Sklenicka는 버핏, 스크레니카 앤 코Buffet, Sklenicka&Co를 세워 주식과 채권을 팔았다. 그들의 사무실은 유니언 스테이트 뱅크와 같은 건물 안에 있었다.

하워드의 아버지이자 버핏의 할아버지 어니스트는 인색한 식료품 점주였고 주식 투자를 바보나 하는 게임이라며 경시했다. 사회봉사와 세계 평화를 표방하는 실업가와 전문직업인들의 단체인 로타리 클럽 Rotary Club의 회장이기도 했던 어니스트는 클럽 회원들에게 아들이 주식에 대해 잘 알지 못한다고 주장하며 주식 투자를 맡기지 말라고 조언했다. 버핏이 어린 시절 하워드는 유가증권 수수료 수입을 거의 올리지 못해 가족이 굶을까 걱정했다. 그러자 어니스트는 "먹고사는 문제는 걱정하지 말아라, 아들아. 내가 청구서 비용은 내주마"라며 아들을 위로했다. 하워드는 아버지로부터 빚에 대한 혐오를 물려받았다. 버핏의 어머니 레일라는 가족을 부양하기 위해 교회 모임에 나가지 않고 식사를 거르기도 했다.

하워드는 자신처럼 구두쇠 아버지에게 창피를 당하기보다 훨씬 더 나은 경험을 하게 하며 아들을 키우겠다고 결심했다. 하워드는 버핏이 존경하는 원칙적이고 도덕적인 삶을 살았다. 그는 흡연과 음주를 하지 않았고 주일학교에서 가르쳤으며 지역 교육위원회와 미국 의회에서 봉사활동을 했다. 하워드는 심지어 고객들이 주식 투자를 하다가 손해를 입었을 경우 자신의 계좌로 문제의 주식을 환매수하여 고객들에게 환불해주기도 했다. 하워드는 버핏을 불덩이 내지 화구라는 뜻의 '파이어볼fireball'이라는 애칭으로 불렀다. 그는 버핏이 10살이 되자 오마하 국립은행Omaha National Bank 빌딩으로 이전한 자신의 증권회사에 찾아오게 했다. 버핏은 같은 건물에 있는 해리스 업턴Harris Upton 증권회사도 방문했는데, 그곳 사람들은 토요일 오전 2시간 동안 시장에서 거래가 일어날 때 버핏이 주식 가격을 칠판에 적어볼 수 있게 해줬다. 버핏은 〈배런스〉의 '더 트레이더The Trader' 칼럼과 아버지의 책장 위에 놓여있던 투자 서적을 전부 탐독했다.

하워드는 세 자녀가 각각 10세가 되었을 때 함께 뉴욕으로 여행했다. 그때 버핏은 월스트리트에서 만들 수 있는 '부'에 대해 두 가지 긍정적인 인상을 강하게 받았다. 하워드는 버핏을 골드만삭스의 선임 파트너인 시드니 와인버그Sidney Weinberg에게 소개해줬다. 30분간의 대화 끝에 시드니가 "어떤 주식을 좋아해요, 워런?"이라고 물어봐 줄 만큼 신경을 써주자 느꼈던 감동을 버핏은 결코 잊지 못했다. 그 후 하워드와 버핏은 뉴욕증권거래소를 방문하여 거래소 직원과 점심을 먹었다.

버핏은 아버지를 평생 존경했다. 그의 눈에 비친 아버지는 성실하면서도 다른 사람들이 자신을 어떻게 생각하든 상관없이 올곧이 자신의 길을 가는 분이셨다. 아버지 덕에 부와 독립의 가능성을 알게 되면서 버핏은 놀라운 깨달음을 얻었다. 그는 "그때의 깨달음 덕에 나는 독립적인 인간이 될 수 있었다. 이후 인생에서 내가 하고 싶은 일을 할 수 있었다. 그리고 내가 가장 하고 싶었던 일은 나 자신을 위한 일이었다.

워런 버핏의 레슨

나는 다른 사람들이 내게 이래라저래라 지시하는 것을 원하지 않았다. 내가 하고 싶은 일을 매일 한다는 생각이 내게 중요했다"고 말했다.[1] 이듬해 11세 때 생애 처음으로 시티즈 서비스 우선주를 사면서 자립을 향한 여정을 시작했다.

벤저민 그레이엄

버핏은 "나에게 그레이엄은 저자나 교사 그 이상이었다. 아버지를 제외하면 다른 어떤 사람보다도 내 인생에 많은 영향을 미쳤다"고 말했다.[2]

그레이엄은 1894년에 태어났다. 아버지는 그가 9살이었을 때 사망했고, 어머니가 모아둔 돈은 1907년 미국에서 공황이 발생했을 때 모두 써버렸다. 가난을 경험한 그레이엄은 잡일을 하면서도 열심히 공부하며 가정에 보탬이 되려고 애썼다. 1914년 20세의 나이로 그는 컬럼비아 대학을 과 차석으로 졸업했다. 그는 컬럼비아 대학 3개 과, 즉 영어, 수학, 철학과에서 강의해보지 않겠느냐는 제안을 받았으나 모두 거절했다. 대신 학장의 조언을 듣고 월스트리트에서 경력을 쌓기 시작했다.

그레이엄도 처음에는 버핏처럼 칠판에 주가를 적어보는 것으로 월스트리트에서 일을 시작했다. 그 당시에는 증권분석가가 없었고, 통계학자만 있었다. 그럼에도 불구하고 그레이엄은 주식이 순자산에 비해 싼지 체계적으로 판단하기 위해 정량적 접근법을 추구했다. 1929년 9월부터 연말까지 다우지수가 35퍼센트 폭락했던 대공황 이후 최악의 상황은 끝났다고 생각한 그는 거액의 신용대출을 받아 주식에 투자했지만, 다우지수는 1930년 또다시 34퍼센트 하락했고, 1931년에는 추가로 53퍼센트가 빠졌다. 1929년 9월 고점인 381포인트에서 1932년 7월 바닥까지 다우지수는 89퍼센트나 폭락했다. 1932년이 되자 그레이엄의 포트폴리오는 70퍼센트 쪼그라들었다. 당시 그의 파트너인 제롬 뉴먼Jerome Newman이 아량을 베풀어 주지 않았더라면 그는 회사를 그만뒀을 것이다. 뉴먼은 회사를 살릴 수 있도록 7만 5,000달러를 기부했다.

저가 가치주 발굴보다는 모멘텀 투자와 시장 예측 투자가 만연했던 1930년대 초 투자 환경에서 그레이엄과 데이비드 도드는 주식의 가치를 합리적으로 평가할 수 있게 해주는 안내서《증권분석》을 공동 집필했다. 이 책보다 더 간결하게 초보 투자 전략을 수립하고 실행할 수 있도록 정리해서 안내해주는 투자서인《현명한 투자자》는 1949년에 출간되었다. 버핏은 대학 졸업반이었던 1950년 초에 이 책을 읽었다. 버핏은 도서관에 있는 모든 투자서를 탐독했지만,《현명한 투자자》는 그의 삶을 영원히 바꾸어놓았다. 버핏은 "지금까지 나온 최고의 투자서"라며《현명한 투자자》를 극찬했다. 그레이엄의 책들은 도박적 사고방식에 물든 시장에 대한 새로운 구조적 접근의 필요성을 가르쳐줬다.

폭락의 여파로 현금 가치보다 낮은 가격에 거래되는 일부 주식을 포함하여 많은 주식이 기업의 청산가치보다 낮은 가격에 거래됐다. 그레이엄과 도드의 책들은 투자자들에게 혼탁한 투자 세계를 항해할 수 있는 논리적이고 체계적인 지침을 제시했다. 버핏은 나중에 이 책들에 대해 "무질서하고 혼란스러운 (투자) 활동에 체계와 논리를 부여했다"고 말했다.[3] 투자자들은 처음으로 근본적인 사업 가치를 변덕스러운 시장가격과 구분해주는 건전한 정량적 분석을 바탕으로 투자할 수 있는 '틀'을 갖게 됐다.

워런 버핏의 레슨

그레임과 도드는 증시 하락 시 투자자들을 보호해줄 수 있는 '안전마진margin of safety(어떤 주식이 가지고 있는 내재가치와 현재 주가의 차이 – 옮긴이)'의 중요성을 강조했다. 투자에 있어 가장 중요한 것은 한몫을 잡겠다는 유혹에 빠지지 않고 투자 자본을 지키면서 잃지 않는 것이었다. 두 사람은 기업은 거래되는 주가와 별도로 구분되는 물리적 자산에 기초한 내재가치를 가지고 있다고 설명했다.

버핏은 "투자에 대해 배운 가장 가치 있으면서 오래 남는 교훈은 그레이엄으로부터 배웠다"고 말했다.[4] 《현명한 투자자》는 그가 해온 모든 것에 영향을 준 세 가지 기본적인 교훈을 주었다고 말했다.

1. 주식을 기업의 지분으로 보기

첫 번째 교훈은 주식을 오르락내리락하는 종목코드ticker symbol가 아닌 기업의 일부로 봐야 한다는 것이다. 주식은 기업의 지분 일부에 해당하므로 투자자가 전체 기업을 사기 위해 지불하고자 하는 것의 일부에 대한 소유권이라는 뜻이다. 그레이엄은 "투자는 가장 사업적으로 할 때 가장 현명하게 할 수 있다. (중략) 모든 기업의 주식은 특정 기업에 대한 소유권 내지는 거부권으로 보는 게 가장 적절하다"고 썼다.[5] 날카롭고 통찰력 있는 설명이다.

2. 안전마진을 확보하기

두 번째 교훈은 버핏이 투자에 있어서 가장 중요하다고 생각하는 '안전마진'이다. 투자자는 50센트를 주고 1달러짜리 지폐를 사듯이 폭넓은 안전마진을 늘 고려해야 한다는 것이다. 버핏은 "만약 당신이 1만 파운드 무게의 트럭을 몰고 다리를 건널 작정이라면, 1만 파운드가 아니라 1만 5,000파운드를 견딜 수 있도록 다리를 만들어야 한다"고 말했다. 이러한 안전망은 적정가치까지의 유의적인 상승을 용인해주면서 하방위험으로부터 투자자를 보호해준다. 그레이엄은 주가가 운전자본에서 주당 장기 부채를 차감한 순운전자본의 3분의 2 이하에서 거래되는 주식을 사라고 권유했다. 그는 상황이 더 나빠져서 주가가 기업의 유동자산을 청산하고 부채를 갚았을 때 남는 가치보다 낮으면 이론적으로 투자자는 공장과 장비나 기타 장기자산을 공짜로 받는 셈이 된다고 봤다. 주가와 기업의 순운전자본 사이의 차이가 클수록 안전마진은 커진다.

3. 시장은 당신의 종이다

시간이 가도 변하지 않는 세 번째 교훈은, 시장은 본래 투자자에게 변동성이 큰 시세를 제공하기 위해 존재하므로 투자자는 그러한 변동성을 두려워할 것이 아니라 그것을 이용해야 한다는 것이다. 그레이엄은 시장을 우울하고 침울해하다가 흥분하고 행복해하는 등 감정이 오락가락하는 '미스터 마켓Mr. Market'으로 의인화했다. 그레이엄은 이렇게 조언했다.

> 건전한 주식 포트폴리오를 운용하는 투자자는 주가가 요동칠 것으로 예상한 채 큰 폭의 하락을 보고 우려하거나 큰 폭의 상승을 보고 흥분해서는 안 된다. 시세는 투자자가 그것을 이용하든 무시하든 본인이 편리하게 이용할 수 있게 하려고 존재한다는 사실을 명심해야 한다. 투자자는 주가가 올랐기 때문에 주식을 사거나 주가가 떨어졌기 때문에 주식을 팔아서는 절대 안 된다.[6]

버핏은 자신이 배운 교훈을 "미스터 마켓은 당신의 주인이 아니라 종이다"와 "다른 사람이 두려워할 때 욕심을 부리고, 다른 사람이 욕심을 부릴 때 두려워하라"는 유명한 말로 요약·정리해주었다. 시장의 어리석음에 동조해서 피해자가 되기보다는 그것을 이용해야 한다는 것이다.

네브래스카–링컨 대학을 졸업한 버핏은 대학원 안내 책자를 훑어보던 중 그레이엄과 도드가 컬럼비아 대학 교수로 재직 중이라는 사실을 알게 됐다. 버핏은 대학원에 등록했다. 그는 수업이 시작하기도 전에 《증권분석》을 사실상 암기하고 있었다.

> 사실 내가 도드보다 그 책 내용을 더 잘 알고 있었다. 나는 책의 어떤 부분이라도 인용할 수 있었다. 나는 말 그대로 800페이지나 되는 그 두꺼운 책에 나온 모든 예를 알고 있었다. 그 책 내용을 이미 내 것으로 만들어놓았다.[7]

버핏은 뛰어난 학생이었다. 그는 자신의 영웅에 대해 가능한 한 많이 배우고 싶었다. 그는 《후즈후Who's Who》 인명사전에서 그레이엄을 찾아보다 그레이엄이 자동차 보험을 전문으로 하는 미국 보험회사 가이코GEICO(Government Employees Insurance Company)의 회장이라는 것을 알아냈다. 버핏은 그레이엄에 대해 더 많은 것을 알고 싶은 마음에 토요일 아침 워싱턴 DC행 기차를 타고 가이코로 가서 건물 경비가 대답할 때까지 잠긴 문을 두드렸다. 그는 자신이 그레이엄의 제자라고 설명하면서 가이코의 사업을 설명해줄 수 있는 사람이 있는지를 물었다. 경비는 버핏을 6층으로 데려가서 가이코의 재무 부사장인 로리머 데이비슨Lorimer Davidson을 만나게 해주었다. 데이비슨은 그레이엄을 봐서 버핏과 5분 동안만 같이 대화를 나누려 했다. 하지만 버핏의 성숙하면서도 통찰력 있는 질문에 감탄한 데이비슨은 버핏과 4시간 동안 대화를 나누었다. 훗날 그는 당시 상황을 이렇게 회상했다.

> 버핏이 10분에서 12분 정도 내게 질문을 던졌을 때 나는 내가 대단히 범상한 한 청년과 이야기를 나누고 있다는 것을 깨달았다. 그가 내게 던진 질문은 경험이 풍부한 보험주 분석가가 했을 법한 질문들이었다. 그의 후속 질문도 전문적이었다. 그는 어려 보였다. 그는 자신을 학생이라고 했지만, 마치 오랜 세월을 살아온 사람처럼 말하고 있었고, 많은 것을 알고 있었다. 버핏에 대한 내 생각이 바뀌었을 때 나는 그에게 질문하기 시작했다. 그리고 그가 16세가 되어 성공한 사업가가 되었다는 것을 알게 되었다. 그는 14세 때부터 시작해서 매년 소득세를 신고했다. 그는 작은 회사들을 여러 개 경영하고 있었다.[8]

버핏은 그레이엄에게 흠뻑 빠져서 졸업 후 그의 회사에서 무급으로 일하겠다고 제안했으나 그레이엄은 이를 거절했다. 1950년대 월스트리트는 유대인을 고용하지 않았고, 이런 상황이었기 때문에 그레이엄은 그들을 위해 몇 안 되는 자리를 남겨두었다. 버핏은 오마하로 돌아와 아버지 회사인 버핏-포크 앤 코에서 증권 중개인으로 일했다.

버핏은 거시적인 문제에는 관심이 없었고, 자신이 산 뒤 다른 사람들에게도 사라고 설득할 수 있는 저가 주식에 더 관심이 많았다. 증권 중개인으로서 다른 사람들에게 그가 좋아하는 주식을 사도록 설득하는 데 애를 먹었다. 사람들 눈에 그는 너무 어리고 경험이 없어 보였기 때문이다. 버핏은 잡담하는 것을 좋아하지 않았고, 장기적인 이익을 위해 주식을 보유하라는 식의 양질의 조언보다는 주식 거래량에 따라 과금되는 수수료에 따라 중개인에 보상해주는 이해충돌 소지가 있는 방식은 더더욱 좋아하지 않았다. 그는 수수료가 아니라 성과를 더 중시했고, 고객과 갈등을 빚지 않고 고객의 편에 설 수 있기를 원했다. 그는 저가매수 종목을 찾아서 신용평가사인 무디스가 발행하는 투자 안내서인 〈무디스 매뉴얼Moody's Manual〉을 꼼꼼히 읽었했다. 버핏은 이렇게 말했다. "나는 〈무디스 매뉴얼〉을 한 페이지도 빼놓지 않고 처음부터 끝까지 읽었다. 1만 페이지에 달하는 〈무디스 산업·소송·은행·재무 매뉴얼Moody's Industrial, Transportation, Banks and Financial Manuals〉은 두 번 읽었다. 일부 기업은 아주 꼼꼼히 볼 필요는 없었지만 사실상 모든 기업에 대해 살펴봤다."[9] 몇 년 후 버크셔 연례 주총에서 한 주주가 버핏에게 어떻게 그렇게 엄청난 지식의 데이터베이스를 구축할 수 있는지 묻자, 버핏은 "기업 목록 A부터 시작하세요"라고 격려했다.

버핏은 저평가주를 찾으면 그레이엄에게 편지로 그것에 대해 알렸다. 그의 끈기는 1954년 9월 그레이엄의 회사에 채용됨으로써 결실을 맺었다. 그는 자신의 우상과 일할 수 있게 된 것에 너무 흥분해 공식 입사일 한 달 전부터 회사에 출근했다.

버핏은 그레이엄의 가치투자의 복음을 믿었지만 두 사람의 투자관에는 많은 차이가 있었다. 버핏은 혹시 있을지 모를 가치함정value trap(구매한 주식이 꾸준히 저평가되는 상황-옮긴이)으로부터 자신을 보호하기 위해 100종이 넘는 주식에 과도하리만큼 분산투자를 해놓는 그레이엄의 방식에 동의하지 않았다. 버핏은 가이코에 투자했을 때도 그랬지만, 아주 신뢰할 수 있는 회사에 베팅하는 것을 선호했다. 그레이엄은 가치의 정량적 계산에만 관심이 있었고, 경영진을 신뢰할 수 없다고 믿어 그들과 만나는 것을 꺼려했다. 버핏은 경영진을 만나 회사의 경쟁우위와 경영진의 성격에 대해 최대한 많이 알려고 했다.

1956년 봄, 그레이엄은 캘리포니아로 가서 UCLA에서 가르치고, 글을 쓰고, 스키를 타고, 고전을 공부하겠다는 은퇴 계획을 파트너들에게 알렸다. 그의 이전 11년간의 투자 성과는 S&P500과 비슷했다. 그러나 그레이엄-뉴먼의 주주들에게 분배된 가이코 주식까지 포함하면 투자 수익률은 S&P500 수익률의 2배에 달했다. 그레이엄이 버핏에게 회사의 유한책임 조합원이 될 기회를 제안했지만, 버핏은 뉴욕을 좋아하지 않았고, 제리 뉴먼의 아들 미키Mickey의 주니어 파트너로 일해야 한다는 것은 더더욱 마음에 들지 않았다.

버핏은 주식 투자, 차익거래 상황, 청산, 헤지(전환사채를 매입하는 동시에 보통주를 매각하는 방식으로) 시 하방 위험이 제한적인 저가매수 기회를 찾아내는 그레이엄-뉴먼의 방식을 관찰하며 얻은 경험으로 무장한 상태에서 자신 있게 집중투자하는 성향을 가미함으로써 고향 오마하에서 자신의 기술을 적용할 준비를 끝마쳤다.

필립 캐럿

———

버핏은 1991년 "필(캐럿)은 미국 내 누구보다 긴 장기 투자 기록을 갖고 있다"고 말했다. 2년 후 그는 캐럿에게 보낸 편지에서 "당신은 투자 업계의 루 게릭Lou Gehrig(베이비 루스 시절 뉴욕 양키스의 강타자-옮긴이)이며, 그와 마찬가지로 당신이 세운 기록은 절대 잊혀지지 않을 것"이라고 썼다. 버핏은 투자 매니저들의 명예의 전당이 존재한다면 캐럿이 그곳에 입회하게 될 것이라고 말했다.

캐럿은 다우지수가 처음 생긴 1896년 태어났고 1998년 5월 101세의 나이로 세상을 떠났다. 그는 30년 동안 투자하면서 강세장과 약세장을 각각 30회와 20회 이상 겪었다. 경기침체도 20회 이상 경험했으며, 대공황과 두 차례의 증시 붕괴를 목격했다. 그는 전깃불도, 증권거래위원회도, 연방준비제도이사회도 없었던 때를 기억했다.

그는 1917년 하버드 대학 화학과를 졸업하고 공군의 전신인 육군통신부대Army Signal Corps에 입대했지만, 그가 참전하기 전에 제1차 세계대전이 끝났다. 전쟁이 끝난 후 그는 〈보스턴 뉴스 뷰로Boston News Bureau〉과 〈배런스〉에서 금융 담당 기자로 일했다. 1928년에는 친구와 가족들로부터 2만 5,000달러를 모아 투자금을 조성한 뒤 자신이 운용하던 파이오니어 펀드Pioneer Fund에 투자했다. 미국에서 3번째로 오래된 뮤추얼 펀드였다. 캐럿이 파이오니어 펀드를 운용한 55년 동안 1만 달러를 그곳에 투자했다면 800만 달러로 불어났을 것이다. 반면에 같은 돈을 다우지수를 추종하는 펀드에 넣었을 경우 380만 달러가 됐을 것이다.

캐럿은 1928년부터 투자 운용을 시작했다. 그는 증시 붕괴와 경기 불황이란 힘든 세월을 견뎌내면서 빚을 피하자는 도덕적 신념을 갖게 됐다. 그는 "나는 절대 돈을 빌리지 않는다. 돈을 빌리지 않으면 파산할 수 없다"고 말했다.[10] 그는 또 "똑똑한 사람들이 파산하는 가장 흔한 이유가 돈을 빌리기 때문"이라고 덧붙였다.[11] 그는 빚이 거의 없거나 전혀 없는 회사들에 투자하는 것을 선호했다.

1940년대 중반 그는 오마하로 가서 하워드 버핏을 만났는데, 통 제조업체인 그리프 브라더스 코퍼레이션Grief Brothers Corportion에 투자하라는 조언을 들었다. 그는 주당 68센트(액면분할 조정 후)에 그리프의 주식을 샀는데, 그가 세운 회사인 캐럿앤코Carret&Co.는 그가 죽기 전까지도 이 회사의 지분을 4퍼센트 보유했다. 주당 가격은 36달러였다.

캐럿은 버핏이 자신이 만나본 가장 위대한 투자자 두 명 중 한 명이라고 생각했다. 또 버핏이 미국에서 가장 똑똑한 사람이라고 믿었다. 캐럿은 버크셔의 오랜 주주였으며, 버크셔의 연례 주총에도 자주 참석했다. 캐럿이 주총에 참가했을 때 버핏은 그를 "나의 영웅 중 한 분"이라고 칭하기도 했다.

캐럿은 가치투자자이자 다작 작가였으며, 사망할 때까지 일주일에 5일 동안 뉴욕 스카스데일에 있는 집에서 회사가 있는 맨해튼까지 계속 출퇴근했다. 그는 《채권 매수Buy a Bond》, 《투기의 기술The Art of Speculation》, 《90세 때의 돈에 대한 생각A Money Mind at Ninety》를 포함해서 여러 권의 투자서를 집필했다. 경영진이 안정적이며, 꾸준히 성장하는 주식을 합리적인 가격에 사서 오랫동안 뚝심 있게 보유하며 기다리라는 것이 그의 투자지침이었다. 그는 오만한 경영진을 혐오했고, 연례 주총 보고서를 탐독했다. TV를 보지 않고, "나는 차라리 책을 읽겠다"고 말했다.[12]

그는 꾸준히 수익이 늘고, 대차대조표가 탄탄하고, 경영진이 정직하고 헌신적인 오래가는 양질의 회사 주식을 사서 장기간 보유했다. 그는 "시장에서 사고파는 식의 거래는 명청함의 진수를 보여준다"고 비판했다.[13] 1995년 4월 〈월스트리트 위크〉 출연 당시 루이스 루키저는 당시 99세인 캐럿에게 지난 75년간 월가에서 배운 것을 한 가지 알려달라고 부탁했다. 그러자 캐럿은 "인내심을 배웠다. 나는 (지금도) 나 자신과 내 고객들이 5년, 10년 동안 보유할 수 있는 주식을 산다"고 말했다. 99세의 나이에도 그는 이렇게 말했다.

캐럿은 버핏이나 린치와 마찬가지로 주식을 기업의 지분으로 보고, 투자자에게 좋아하고 이해하는 상품이나 서비스를 통해 주가를 전망할 것을 권했다. 캐럿은 자신이 투자한 주식 중 가장 좋은 수익을 안겨줬던 주식 중 하나가 뉴트로지나 코퍼레이션Neutrogena Corporation 주식이라고 말했다. 그는 보스턴 호텔 욕실에서 사용한 뉴트로지나 비누가 마음에 들어 이 회사에 투자하게 되었다. 그는 뉴트로지나가 상장기업이며, 이 회사가 틈새시장에서 파는 고급 제품은 대형 소비재 업체와 직접 경쟁하지 않는다는 사실을 알고 회사를 직접 찾아가 주식을 매수했다. 그가 매수한 주식은 1979년 1달러(액면분할 조정 후)에서 J&J이 인수한 1994년에는 35.75달러로 상승했다.

캐럿은 저서《90세 때의 돈에 대한 생각》에서 투자 후보로 올려놓은 주식의 투자 적격성을 판단할 때 던져야 할 6가지 핵심 질문을 다음과 같이 소개했다.

1. 회사가 적어도 지난 10년 동안 깨지지 않았거나 거의 깨지지 않은 장시간의 수익을 올려왔는가?
2. 회사가 어떻게 자금을 마련했는가? 돈을 빌렸는가 증자를 했는가, 아니면 수익을 사업에 재투자하는 식으로 100퍼센트 자체 조달했는가?
3. 수익을 나누어 주기보다 신중하게 아껴서 쓴 덕분에 대차대조표상 부채가 사실상 없는가?
4. 회사는 분야의 선도기업이거나 선도기업 축에 드는가?
5. 회사 경영진이 권력을 잡은 지 얼마나 됐는가? 그들의 자리는 얼마나 안전한가?
6. 회사의 주식을 거래할 합리적으로 큰 시장이 있는가?[14]

1996년 열린 버크셔 연례 주총에서 버핏은 "항상 그랬듯이 오늘도 여기 참가한 필 캐럿처럼 훌륭한 사업을 찾는 게 중요하다. 나의 영웅 중 한 분인 그의 투자 전략이 그것이었다"고 말했다.

필 피셔

1969년 〈포브스〉와 가진 인터뷰에서 버핏은 자신을 다음과 같이 묘사했다. "나의 15퍼센트는 필 피셔가, 85퍼센트는 벤저민 그레이엄이 만들었다."[15] 버핏은 장기 보유할 훌륭한 기업을 찾아내는 피셔의 능력을 높이 샀다. "피셔는 내게 훌륭한 기업을 찾아낼 수 있는 안목을 조금 더 많이 갖게 해주었다. 찰리(멍거)가 그 점에서 필보다 더 많은 도움을 주긴 했으나, 필은 전적으로 그런 안목에 열려 있었다. 나는 60년대 초에 그의 책을 읽었다."[16]

2004년에 열린 버크셔 연례 주총에서 한 주주가 버핏에게 피셔로부터 어떤 영향을 받았는지 물었다. 피셔가 세상을 떠난 지 얼마 지나지 않은 때였다. 버핏은 "필은 위대한 사람이었다. (중략) 그레이엄과 마찬가지로 그가 쓴 책을 통해 그의 모든 위대한 면모를 알 수 있다"고 말했다. 피셔가 쓴 고전들인 《위대한 기업에 투자하라Common Stocks and Uncommon Profits》와 《보수적인 투자자는 마음이 편하다Conservative Investors Sleep Well》는 각각 1958년과 1975년에 출간되었다. 버핏은 1962년에 피셔를 딱 한 번 만나봤을 뿐이지만 "그의 글이 너무 명확해서 그를 만날 필요가 없었다"고 말했다. 버핏은 또 자신과 찰리 멍거 둘 다 "(피셔와) 비슷한 신조를 설파하고 있었다"고 덧붙였다..

워런 버핏의 레슨

피셔의 투자 신조는 정말 좋은 투자 대상을 찾기가 어려우니 몇 개에 집중해서 오랫동안 보유하라는 것이었다. 그는 이렇게 말했다. "운이 좋았거나 뛰어난 감각을 발휘해서 몇 년 동안 업계 전체보다 매출과 이익이 훨씬 더 많이 성장할 수 있는 회사를 찾아내어 투자하는 사람이 가장 큰 보상을 얻는다. (중략) 오랫동안 계속 주식을 들고 가는 게 더 낫다고 생각하는 그러한 회사를 찾았다고 믿을 때 그러한 보상을 얻을 수 있다."[17]

피셔는 《위대한 기업에 투자하라》에서 주식에서 찾아봐야 할 10가지 중요한 점, 피해야 할 5가지, 그리고 그의 연구 과정과 관련한 몇 가지 통찰을 정리해서 소개했다.

보통주에서 찾아봐야 할 15가지 사항

1. 회사가 적어도 향후 몇 년간 매출액이 상당히 늘어날 수 있는 충분한 시장 잠재력을 가진 제품이나 서비스를 갖고 있는가?

2. 경영진은 현재의 성장 잠재력을 가진 제품 생산라인이 더 이상 확대되기 어려워졌을 때에도 회사의 전체 매출액을 추가로 늘릴 수 있는 신제품이나 신기술을 개발하고자 하는 의지를 갖고 있는가?

3. 회사 규모를 감안할 때 연구개발 노력이 얼마나 생산적인가?

4. 평균 수준 이상의 영업 조직을 가지고 있는가?

5. 이익률은 충분히 높은가? (피셔는 변변찮은 기업이 아니라 업계에서 최고의 이익률을 달성하는 기업에 장기 투자해야 훌륭한 투자 성과를 달성할 수 있다고 말했다.)

6. 회사가 이익률을 유지 내지 개선하기 위해 무엇을 하고 있는가?

7. 노사관계가 매우 양호한가?

8. 회사 임원들이 부하직원들과 훌륭한 관계를 유지하고 있는가?

9. 회사 경영진의 층이 두터운가?

10. 원가분석과 회계 관리 능력은 얼마나 우수한가?

11. 업계에서만 아주 특별한 의미를 지니는 별도의 특징을 가진 사업체를 갖고 있어, 이것이 경쟁업체에 비해 얼마나 뛰어난 기업인가를 알려주는 중요한 단서를 제공하는가?

12. 단기적 시각과 장기적 시각 중 어떤 시각을 갖고 이익을 추구하는가?

13. 성장에 필요한 자금 조달을 위해 가까운 장래에 대규모 유상증자를 실시함으로써 현재의 주주가 누리는 혜택이 상당 부분 사라질 가능성은 없는가?

14. 경영진은 모든 것이 순조로울 때 투자자들과 경영 상황에 대해 거리낌 없이 대화하지만 문제가 발생하거나 실망스러운 일이 벌어졌을 때는 침묵하지는 않는가?

15. 경영진이 의심할 여지가 없을 만큼 성실한가?

투자자들이 피해야 할 5가지 사항

1. 홍보 단계거나 생긴 지 얼마 안 된 회사에는 투자하지 마라. 피셔는 "아주 처음부터 투자하고 싶은" 유혹을 느낄 수도 있겠지만, 회사가 가진 잠재적인 장점과 문제를 평가하는 데 있어서 오류를 낼 확률이 훨씬 더 높다고 말했다. 기존 기업에 계속 투자하라는 것이다.

2. 장외거래된다고 해서 좋은 주식을 무시하면 안 된다.

3. 연차보고서의 '표현'이 마음에 든다고 해서 주식을 매수하지 마라. 구변 좋은 홍보부서가 사실과 완전 딴판으로 인쇄물과 사진으로 경영진이 단합하고 조화롭고 열정적으로 일하는 것 같은 인상을 줄 수 있다.

4. PER 대비 주가가 높다고 해서 그것을 반드시 향후 늘어날 수익이 주가에

이미 대체로 반영됐다는 걸 알려주는 신호로 간주하지 마라. 신규 수익의 원천이 PER의 프리미엄을 보장해줄 수 있다.

5. 작은 숫자 차이 갖고 투덜대지 마라. 사업이 괜찮고, 주가가 합리적으로 매력적이라면 '시가'에 사라. (주가가 조금 더 내려갈 때 사서) 푼돈을 아끼려다가 자칫 큰 상승 잠재력을 가지고 있다고 정확하게 짚었던 주식에서 큰 이익을 낼 기회를 놓치는 어리석은 짓을 저지를 수 있다.

피셔의 연구 과정

피셔는 자신이 보유한 최고 주식의 80퍼센트가 업계 소식통이 아닌 뛰어난 투자 자문가들로부터 정보를 얻어 산 것임을 깨달았다. 그들과의 대화나 그들이 쓴 자료를 읽던 도중 자신이 찾아낸 회사가 위에서 언급한 15가지 기준을 충족하는지를 쉽게 판단할 수 있었다. 발견 초기 단계에서 그의 주된 관심사 2가지는 회사 매출이 이례적으로 성장할 기회가 있는지와 회사가 경쟁력을 피하고 있는지를 판단하는 것이었다. 그런 다음 경영진의 배경과 회사의 제품 라인 및 경쟁을 이해하기 위해 기업의 연례 보고서인 10-K와 주총 안건공시 등을 검토했다.

그 뒤에 그 유명한 '사실 수집scuttlebutt'을 위해 그가 알고 있거나 친구를 통해 접근할 수 있는 관련 분야의 모든 주요 고객, 납품업체, 경쟁업체, 전직 직원, 상업 은행가, 전문가와 전화 통화를 시도했다. 피셔는 이런 사실 수집 활동을 통해 15가지 기준 중 최소 50퍼센트에 답할 수 있게 된 후에야 비로소 그들의 역량을 알아볼 준비가 되었다고 느끼고 경영진에게 연락했다. 그는 경영진 방문 시 IR(Investor Relations) 담당자가 아닌 의사결정권자들을 직접 만났다.

피셔의 연구 기준은 매우 엄격해서 두 회사를 방문할 때마다 한 개

회사 꼴로만 투자했다. 내가 모토로라Motorola 경영진과의 소그룹 회의에 참석했을 때 피셔가 경영진 바로 옆에 앉았던 기억이 난다. 그는 경영진이 하는 말을 열심히 경청하면서 날카로운 질문을 던졌다.

피셔는 1996년 89세에 〈포브스〉와 한 인터뷰에서 자신의 고객 수가 10명도 안 되며, 자신은 컴퓨터, 호가 단말기, 분석가의 도움 없이 운용하고 있다고 말했다. 그는 전화기 한 대와 시간제 비서의 도움만을 받았다. 그의 포트폴리오는 1957년, 1969년, 1977년, 1986년 각각 하나씩 산 4개 주식과 1988년에 산 2개 주식으로 총 6개 종목으로 구성되어 있었다. 그는 차별화된 제품을 보유한 경영진이 이끄는 기업의 중요성을 강조했다. 그는 "나는 경영진의 중요성을 강조해왔는데, 아무리 강조해도 지나치지 않다. 그것은 가장 중요한 요소다. (중략) 당신이 어느 업계에서 종사하고 있느냐가 아니라, 경쟁사들이 아직까지 파악하지 못했지만 이제 막 잠재력이 생기기 시작한 곳에서 제대로 하고 있느냐 여부가 중요하다"고 말했다.

버핏은 자신이 처음 경력을 쌓기 시작했을 때 "피셔가 말한 '사실 수집'을 아주 많이 하곤 했다"면서 "그것을 할 수 있는 한 최대한 많이 해야 한다고 생각한다"고 말했다.[18]

그레이엄과 피셔의 차이점

———

피셔와 멍거의 투자 전략 사이에는 유사점이 많지만 그것은 나중에 알아보고, 일단 그레이엄과 피셔의 투자 전략의 차이점을 알아보기로 하자. 그레이엄의 가장 큰 관심사는 주식이 통계상 저렴한지 여부였고, 피셔는 합리적인 가격을 기꺼이 지불할 용의가 있었다. 피셔는 12개

미만의 담배꽁초 주식에 집중했으나 그레이엄은 수십 개의 담배꽁초 주식에 투자하는 식으로 분산투자했다. 그레이엄은 경영진과 만나는 것을 꺼려했으나 피셔는 경영진을 만나서 그들의 솔직함, 성실함, 역량을 직접 평가해야 한다고 주장했다. 그레이엄은 주가가 저렴하다면 사업의 질에 관심을 덜 가졌던 반면 피셔는 일류 리더들을 중시했다. 그레이엄은 직원 이직률이 높아도 괜찮다고 봤으나 피셔는 뛰어난 기업들을 수십 년 동안 보유함으로써 복리로 쌓이는 수익을 누리고자 했다.

찰리 멍거

버핏은 1959년 고객 소개를 통해 멍거를 만났다. 당시 버핏은 29세, 멍거는 35세였다. 멍거는 하버드 로스쿨을 졸업하고 캘리포니아 패서디나에서 변호사로 일하다가 우연히 아버지의 재산을 정리하기 위해 오마하에 머물고 있었다. 그의 아버지도 변호사였다.

멍거는 오마하에서 자랐는데, 아이러니하게도 버핏의 할아버지가 운영하던 식료품점에서 일했지만 버핏을 알지는 못했다. 멍거는 자신이 변호사로 일해선 부자가 될 수 없다는 것을 일찍 깨달았다. 그는 변호사 일을 하기 전 이른 아침부터 부업으로 부동산 거래를 하며 수입을 늘렸다. 그는 "워런처럼 나도 부자가 되려는 열망이 상당히 강했다. 페라리를 타고 싶어서가 아니라 독립을 원했기 때문이다. 나는 독립할 수 있기를 간절히 원했다"고 말했다.

버핏은 "찰리를 처음 만났을 때 그나 그의 아버지 모두 고객이 많았다. 그는 대부분의 사람들이 생각하는 것보다 더 통찰력 있게 각각의 고객들이 하는 사업에 대해 생각해온 것 같다"고 회상했다.

버핏처럼 멍거는 독서광이었고 롤모델인 벤저민 프랭클린 등 뛰어난 리더들의 내적 모형을 연구했다. 버핏과 달리 멍거는 본인의 소신을 무뚝뚝하면서 다소 오만하고, 냉담하고, 가식 없이 단정적으로 표현했다. 그의 판단이 기분 나쁠 정도로 옳았다는 것을 알았을 때까지 이런 모습을 불쾌하게 여긴 사람들도 일부 있었다.

버핏처럼 멍거는 흠잡을 데 없는 유머 감각을 가지고 있었고, 버핏을 완벽히 보좌했다. 두 사람은 처음 만난 순간부터 마음과 생각이 맞는 친척 같았다. 멍거는 이러한 유대감이 오마하라는 배경, 지적 호기심, 게임할 때 경쟁하는 걸 즐거워하는 성격, 새로운 아이디어에 대한 사랑이 유사해서 생겼다고 믿었다. 버핏은 만나자마자 멍거에게 푹 빠졌다. 그는 멍거에게 진짜 많은 돈을 벌고 싶다면 투자 운용 분야에서 경력을 쌓으라고 격려했다. 1962년이 되자 멍거는 자신의 회사를 운영했고, 그것을 1975년까지 운영했다. 버핏의 에세이 〈그레이엄-도드 마을의 위대한 투자자들The Superinvestors of Graham and Doddsville〉에 따르면 멍거는 14년 동안 다우지수가 5.0퍼센트 오르는 동안 연평균 19.8 퍼센트의 수익률을 달성했다.

버핏과 멍거는 버핏 투자조합과 버크셔의 초창기에 거의 매일 전화 통화를 하면서 서로 의견을 나눴다.

멍거는 그레이엄과도 끈끈한 관계를 유지했고 그를 존경했지만 그의 제자는 아니었다. 그는 기업을 비관적으로 평가하는 것이 그레이엄의 결점이라고 믿었다. 그레이엄은 청산가치를 기준으로 통계상 저렴한 기업에 집중했다. 멍거는 백미러로 싸지만 죽어가는 기업을 보기보다 앞유리로 기회를 찾는 것을 선호했다.

멍거는 기업이 양호한 매출 성장세를 유지할 수 있을지를 판단하고,

워런 버핏의 레슨

경영의 질과 기업이 지속적인 경쟁력이 있는지 평가하고, 진입 장벽을 재보고, 자본 대비 잉여현금흐름을 얼마나 창출할 수 있는지를 알아보는 데 관심이 많았다. 이것은 피셔의 기준들과 유사했다. 멍거는 단순하면서도 상식적인 기준에 맞아야 투자했다. 첫째는 자신이 아는 기업이어야 하고, 둘째는 지속적인 경쟁우위를 제공하는 특성을 가진 기업이어야 하고, 셋째는 성실함과 재능을 겸비한 경영진이 이끄는 기업이어야 하고, 넷째는 주가가 안전마진이 확보된 합리적인 가격의 기업이어야 한다는 것이다.

홀륭한 기업에 투자할 수 있는 식견을 어떻게 갖게 됐는지를 묻는 질문에 멍거는 "내게는 살면서 무엇이 잘 되고 무엇이 잘 안 되는지를

찰리 멍거			
	연평균 총수익률		
12월 31일까지	전체 조합원	유한책임 조합원	다우지수
1962	30.1%	20.1%	-7.6%
1963	71.7%	47.8%	20.6%
1964	49.7%	33.1%	18.7%
1965	8.4%	6.0%	14.2%
1966	12.4%	8.3%	-15.7%
1967	56.2%	37.5%	19.0%
1968	40.4%	27.0%	7.7%
1969	28.3%	21.3%	-11.6%
1970	-0.1%	-0.1%	8.7%
1971	25.4%	20.6%	9.8%
1972	8.3%	7.3%	18.2%
1973	-31.9%	-31.9%	-13.1%
1974	-31.5%	-31.5%	-23.1%
1975	73.2%	73.2%	44.4%
CAGR	19.8%	13.7%	5.0%

[표 4] 찰리 멍거와 다우지수의 수익률 비교

관찰하는 습관이 있다. 그리고 나는 정말로 많은 바보들이 쉬운 사업으로 부자가 되는 것을 보았다. 자연스럽게 나는 더 쉬운 사업에 뛰어들고 싶었다"고 말했다.[21] 멍거는 회사를 살리기 위해 형편없는 경영진을 교체하는 것을 꺼리는 이유를 이렇게 설명했다. "인생을 망치고 싶다면 배우자를 바꾸는 데 인생을 바쳐라. 그런데 그건 정말 명청한 짓이다." 버핏은 이 말에 덧붙여 "변화시켜야 하는 사람과 결혼하는 것은 미친 짓이다. 누군가를 고용해서 그들을 바꿔놓으려는 것도 미친 짓이다. 그들을 변화시키려고 파트너가 되는 것도 미친 짓이다"라고 말했다.[22]

버핏은 그의 투자조합을 통해 아메리칸 익스프레스에 투자하고, 버크셔가 씨즈 캔디See's Candy를 인수한 데에는 멍거의 영향이 컸다고 말했다. 버크셔 입장에선 씨즈 캔디의 인수는 다른 멋진 기업들을 인수할 수 있는 길을 열어준 중요한 사건이었다. 이와 관련된 이야기는 뒤에서 더 자세히 다루겠다.

멍거는 훌륭한 회사를 소유함으로써 얻게 되는 중요한 이점을 강조했다. 그는 시간은 훌륭한 회사의 투자자 편이지 평범한 회사 투자자 편이 아니라고 생각했다.

장기적으로 봤을 때 주식 투자를 통해 그 주식을 발행하는 기업보다 훨씬 더 나은 수익을 기대하기는 어렵다. 투하자본이익률ROIC(기업이 실제 영업활동에 투입한 자산으로 영업이익을 얼마나 거뒀는지를 나타내는 지표-옮긴이)이 40년 동안 6퍼센트인 기업의 주식을 사서 40년 동안 유지한다면 처음에 주식을 대폭 할인된 가격에 매입했더라도 투자 수익은 6퍼센트에서 크게 벗어나지 않을 것이다. 반대로 ROIC가 20년이나 30년 동안 18퍼센트인 기업의 주식을 사서 20년

워런 버핏의 레슨

이나 30년 동안 유지한다면 처음에 주식을 비싸게 산 것 같더라도 결과적으로 좋은 결과를 낼 수 있다.[23]

멍거는 1974년 니프티 피프티 기업들이 그랬던 것처럼 훌륭한 기업이라고 해도 주가가 가끔 과도할 정도로 급락하는 일이 일어날 수 있다는 사실을 선뜻 인정할 것이다. 하지만 그는 훌륭한 기업 주식을 적절한 가격에 사면 일반적으로 평범한 회사 주식을 저가에 사서 버티는 것보다 장기적으로 더 수익성이 있다는 것이 증명될 거라고 믿었다.

멍거가 버핏에게 어떤 사람으로 기억되고 싶은지 묻자 버핏은 "선생님으로 기억되고 싶다"고 답했다. 멍거는 "미국의 CEO 중 선생님으로 기억되고 싶은 사람이 당신 말고 또 있겠는가? 맘에 드는 답변이다"라고 말했다. 이번에는 그가 버핏으로부터 어떤 사람으로 기억되기를 원하는지 묻는 질문을 받자 그는 "선생님으로 기억되더라도 괜찮지만 그렇게 되지는 않을 것이고, '잘난 척하는 사람wise-ass'으로 기억될 수는 있을 것이다"라고 말했다.[24]

멍거는 50년 이상 버핏의 가장 가까운 사업 파트너였다. 그는 버크셔의 부회장으로 오랫동안 일하면서 버핏이 그레이엄 스타일의 바겐 헌터로부터 훌륭한 기업들의 가치투자자로 진화하는 데 영향을 미쳤다. 버핏은 "좋은 기업과 좋은 경영진을 위해 20년 전보다 더 많은 돈을 지불할 용의가 있다. 그레이엄은 통계자료만을 보는 경향이 있었다. 나는 무형자산을 살펴본다"고 말했다.[25] 그는 "적절한 기업을 좋은 가격에 사는 것보다 훌륭한 기업을 적정 가격에 사는 것이 훨씬 더 낫다"라는 유명한 말을 남겼다.

버핏은 나중에 버크셔에 투자한 것을 실수라고 생각했음을 인정했

다. 버크셔가 형편없는 섬유회사라는 게 이유였다. 자신이 저지른 가
장 큰 실수였을지 모른다는 것이다. 버크셔가 지금의 투자지주회사로
변신한 시기는 버핏이 55세가 되던 1984년이었다. 버핏은 고전을 면
치 못했던 섬유부문을 헐값에 매각하고 보험사업을 중심으로 사업구
조를 재편했는데, 버핏은 사업구조 재편 전의 버크셔에 대한 투자를
실수로 본 것이다. 버크셔가 정량적으로는 주가가 쌌지만, 여전히 형
편없는 기업이고 원래 사업이 좋은 실적을 내지 못했기 때문에 그런
회사 주식을 20년 동안 보유하는 것은 실수였다고 버핏은 생각했다.
그는 "시간은 훌륭한 기업의 친구다. 그들은 계속 더 많은 사업을 하면
서 더 많은 돈을 벌 것이기 때문"이라면서 "반면에 시간은 형편없는 기
업의 적이라 버크셔에 계속 투자하는 것은 실수였다"고 말했다. 그는
또 "버크셔를 플랫폼으로 삼으니 새로운 법인을 설립해 다른 기업들에
투자하면 더 잘됐을 수 있다"고 덧붙였다. 버핏은 버크셔의 사업구조
를 재편할 수 있었던 것을 멍거 덕분이라고 밝혔다.

가장 많은 영향을 받은 세 사람을 알려달라는 질문에 버핏은 아버
지, 그레이엄, 멍거 순으로 영향을 받았다고 말했다. 그는 "아버지로부
터 신문 1면에 실릴 수 있는 어떤 일도 하지 말라고 배웠다. 나는 아버
지보다 더 훌륭한 분을 본 적이 없다"고 말했다. 그레이엄에 대해서는
"투자에 필요한 지적인 틀과 함께 '기질적 모델temperamental model', 즉
주가가 하락해도 두려워하지 않고, 멀리 물러서서 군중의 영향을 받지
않을 수 있는 능력을 주었다"고 말했다. 마지막으로 멍거로부터 받은
영향에 대해선 이렇게 설명했다.

찰리는 내가 엄청난 수익력을 가진 훌륭한 기업에 대해 확신할 수 있을 때 그

것이 가진 장점에 집중할 수 있게 만들어줬다.[26] 찰리는 그레이엄이 가르쳐 줬던 저가매수만 하지 않게 나를 인도해줬다. 이것이 그가 나에게 준 진짜 영향이다. 내가 그레이엄의 제한된 시각에서 벗어나게 만드는 데 강력한 힘이 필요했다. 찰리의 생각이 가진 힘이 그 일을 해줬다. 그 덕에 투자에 대한 내 시야가 넓어졌다.[27]

능력 범위

——

버핏의 성공 비결은 사업 내용을 이해한 기업에만 투자한 데 있다. 버핏은 투자하기 어려운 정도에 따라 버는 돈이 달라지는 건 아니라며 이렇게 덧붙였다. "나는 비즈니스와 투자에 있어서 가장 중요한 것은 당신의 능력 범위circle of competence를 정확하게 규정할 수 있다는 것이라고 말하고 싶다."[28] 버핏은 앞서 1967년에는 "투자 결정에 있어서 내가 이해하지 못하는 기술이 핵심인 기업에는 투자하지 않을 것이다. 나는 풍뎅이의 짝짓기 습관만큼이나 반도체나 집적 회로에 대해 아는 것이 없다"라고 말했다.[29]

버핏은 투자조합을 청산했을 때 자신이 이해하는 것, 즉 자신의 능력 범위 내에서만 투자하고, 다르게 해보라는 외부의 압력을 무시하는 것이 중요하다고 강조했다.

뭔가를 이해하지 못했을 때 나는 그것을 잊어버리는 경향이 있다. 설령 다른 누군가가 내가 이해하지 못하는 기회를 분석하고 그로 인해 좋은 보수를 받을 만큼 통찰력이 있다 하더라도 나는 개의치 않는다. 나는 내가 처리할 수 있는 일로 인해 좋은 보수를 받고, 긍정적인 결정을 내렸을 때 내가 옳았다는

것만 확신하고 싶을 뿐이다.[30]

능력 범위가 얼마나 넓은지는 중요하지 않다. 그보다 그 범위를 결정하는 선이 어디에 있는지 알고 그 선 안에 머물 수 있는 규율을 갖추는 게 더 중요하다. 멍거는 버크셔에서 머문 50년을 회상하면서 버핏이 그가 그어놓은 선 안에 머물려는 편견을 자신이 강화했고 설명했다. 그는 "버크셔는 유용한 예측을 할 수 없는 활동에만 반감을 가진다"고 말했다.[31]

마켓 타이밍

1965년 11월 버핏은 버핏 투자조합의 기본적인 투자 원칙에 대해 설명했다. 그는 6번 규칙과 관련해서는 "나는 일반 주식시장이나 경기변동을 예측하는 사업을 하지 않는다. 만약 당신이 내가 이 일을 할 수 있다고 생각하거나, 이것이 투자 프로그램에 필수적이라고 생각한다면 조합에 가입하지 말아야 한다"고 말했다. 버핏은 다른 사람들이 내놓는 주식시장에 대한 예측이 아니라 자신이 생각하는 기업의 미래에 기반해서 주식을 매매한다고 말했다. 그는 자신의 추측이나 감정에 따라 장기적으로 우위를 누렸던 회사의 주식을 살 것인지 말 것인지를 결정하기 시작한다면 곤란해질 것이라고 덧붙였다.

주식 투자 장벽은 낮다. 온라인으로 거래를 실행하는 데는 몇 초밖에 걸리지 않는다. 하지만 당신이 투자한 주식을 이해하는 장벽은 훨씬 더 높다. 기업의 경쟁우위와 위험을 이해하려는 노력은 헛소문, 오해, 변동성으로 인해 불가피하게 생긴 매도 유혹을 거부하고 흔들림

없이 장기적인 보상을 향한 길을 걷는 데 필요한 확신을 쌓아준다. 나는 버크셔의 주식이 37퍼센트에서 59퍼센트 빠질 만큼 심각한 매도세에 시달리며 장기적인 가치 성장이라는 보상을 결코 거두지 못했던 지난 네 차례의 기간 동안 얼마나 많은 투자자들이 패닉 상태에서 버크셔의 주식을 매도했는지 궁금하다.

단기적인 시장 방향을 예측하고, 빠른 이익 실현을 기대하며 기업의 가치를 무시하고 싶은 유혹에 빠질 수 있다. 그러나 그것은 오늘 날씨를 기반으로 내일 날씨를 예측하는 것과 같다. 버핏은 "풍향계처럼 아무 생각 없이 시장에 휘둘려서는 부자가 될 수 없다"고 말했다.[32]

단기적인 시장 움직임을 예측하는 것은 투자가 아니라 투기에 필요한 행동이다. 사람들은 하룻밤 사이에 부자가 되려는 욕망을 갖지만 버핏은 자신은 어떻게 해야 그렇게 될 수 있는지 모른다고 말했다. 그는 천천히 부자가 되는 것을 선호한다. 그는 투자자가 투기를 하는지, 즉 주가의 움직임에만 집중하는지, 아니면 진정한 투자를 하는지를 알아보는 테스트는 그가 주식시장이 열려 있는지에 관심을 가지는지 알아보면 된다고 말했다.

버핏은 자신이 주식을 살 때 시장이 몇 년 동안 닫혀있더라도 신경을 쓰지 않는다고 말했다. 미래에 자신에게 수익을 내주는 기업에 기대를 걸기 때문이란 설명이다. 그는 주식을 사는 것이 소득을 창출해주는 농지나 임대 부동산을 사는 것과 다르지 않다고 생각해야 한다고 강조했다. 이런 투자는 궁극적으로 투기꾼이 생각하는 풍향계의 내일 움직임이 아니라 수익 창출 능력으로부터 가치를 창출하게 된다. 투기를 위한 차입과 대출은 금융 무덤을 파는 망상적 독소이다. 버핏은 "사람들에게 거액의 돈을 빌려주고 그들이 빌린 돈으로 투자한 농경지건 텍사스의 석유건 대출금을 갚을 수 있는 수준 이상으로 자산 가치가 올라 돈을 돌려받을 수 있기를 기대하는 것은 매우 위험한 생각이다. 그런 생각은 큰 위험을 초래한다"라고 말했다.[33]

버핏 주변에는 시장이 하락한 후에야 자신은 주가가 하락할 것을 예상하고 있었다고 말하는 '안락의자 쿼터백 증후군armchair quarterback syndrome' 투자자들이 있었다. 버핏은 이러한 말들이 항상 두 가지 의문을 불러일으킨다고 말했다. 첫째는 조만간 주가가 하락할 거라고 예상했는데도 자신에게 미리 알려주지 않은 이유가 무엇이냐는 것이다. 둘째는 그들이 현재의 하락을 정확하게 예측하지 못했는데도 앞으로 더 하락할 것임을 어떻게 알 수 있느냐는 것이다. 버핏이 지적하듯 미래는 확실하지 않다.

위대한 부는 자신의 회사를 믿는 사람들이 운영하는 훌륭한 하나의 사업을 토대로 세워졌다. 〈포브스〉지 선정 400대 부자 중에는 마켓 타이머market timer, 즉 시장 방향에 기초해 단기 매매로 수익을 노리는 투자자들이 없다. 버핏은 이렇게 말했다.

나는 주식시장을 예측해서 돈을 번 적이 없다. 내겐 시장에 대해 생각할 시간이 전혀 없다. 나는 개별 기업들만 본다. (중략) 나는 그 기업의 가치를 가늠해보기 위해서 노력한다. 이 나라의 진정한 부는 주식시장의 매매 타이밍이 아닌 자신이 투자한 기업에 대해 올바로 판단한 사람들이 만들었다.[34]

CHAPTER 19

주식 선정 방법의 진화

우리는 아주 어려워진 기업에 합리적으로 적응하고 있다.

– 찰리 멍거[1]

이번 19장은 버핏의 주식 선정 철학에 미친 여러 가지 영향에 대해 이야기하겠다. 우선 버핏의 투자 스타일이 어떻게 진화해 왔는지부터 알아보자. 그의 투자 스타일은 다음과 같이 뚜렷이 구분할 수 있는 세 단계에 걸쳐서 진화해왔다.

1. 초기 버핏

대차대조표상의 유형자산에 비해 주가가 할인돼 거래되는 기업을 사라고 강조한 그레이엄의 고전적인 스타일에 따라 저평가된 일명 '담배꽁초주'로 판단되는 평범한 소규모 기업 주식을 샀다. 버핏은 하지만 1988년 〈포춘〉지의 칼럼니스트 캐롤 루미스Carol Loomis에게 "음, 내가 벤의 말만 들었다

면 나는 훨씬 더 가난해졌을 것"이라고 말했다. 버핏은 1996년 버크셔의
연례 주총에서 자신이 저지른 가장 큰 실수 중 하나가 우량기업에 투자하
지 않은 것임을 인정했다.

2. 후기 버핏

멍거, 피셔, 캐럿의 스타일에 따라 우량기업 주식에 투자했다. 유형자산에
부합하는 가격에 팔리지 않고, 회사가 가진 경쟁우위의 지속 가능성에 대
한 정성적 평가에 기초해서 향후 수익 창출력에 비해 가격이 매력적인 주
식을 산 것이다. 버핏 자신의 말에 따르면 그는 회사라는 '성城'이 그것을
지켜줄 수 있는 넓은 해자垓子(적의 침입을 막기 위해 성 밖을 둘러 파서 못으로 만든
곳-옮긴이)로 둘러싸여 있는지, 회사 제품이 가격 결정력을 가졌는지 등을
평가했다. 이러한 기업은 일반적으로 ROIC가 높고, 점진적으로 자본을 확
충할 필요도 거의 없다.

나는 벤에게서 가치, 안전마진을 사는 원칙, 시장을 객관적으로 보는 방법을
배웠다. 내가 벤으로부터 올바른 기질을 배웠다고 말하는 사람도 있을 수 있
다. 하지만 지금 내가 사는 주식은 벤이 오늘날 살아있다면 샀을 주식과는
전혀 딴판이다.[2]

버핏은 또한 버크셔에서 거액의 돈으로는 투자하기에는 그레이엄의 방법
이 맞지 않다고 믿었다.
이 기간 동안 버핏은 멍거의 영향을 받아 훌륭한 기업, 특히 고객들의 브
랜드 충성심이 강하고 가격 결정력을 가진 회사들에 투자했다. 이러한 브
랜드는 종종 유형자산보다 훨씬 더 가치가 있었다. 무형자산인 브랜드의

워런 버핏의 레슨

가치는 대차대조표에 나타나지 않는다. 그레이엄은 유형자산에 기반한 정량적 분석에 의존했고, 버핏은 미래 현금흐름에 따른 정성적 분석으로 전환했다. 그레이엄은 수익 예측에 대한 확신이 없었기 때문에 정성적 분석에 관심이 없었다. 버핏과 달리 그레이엄은 특히 미래에 대해 예측을 하기가 힘들다는 뉴욕 양키스의 전설적 포수 요기 베라Yogi Berra의 조언을 따랐다. 다행히도 버핏은 좋은 공을 골라서 때리라고 충고했던 테드 윌리엄스Ted Williams의 팬이었다. 버핏은 "우리는 대부분 미래에 올릴 수익을 기대하며 주식을 산다"고 말했다. 버핏은 야구로 치자면 칠 수 있는 공이 올 때까지 기다리고, 그런 공이 오지 않으면 방망이를 어깨에 짊어지고 서 있을 타입이다.

3. 현대 버핏

성숙기에 접어든 버크셔 시대에 안정적이고도 불황과 상관없이 수익을 내는 자본집약적인 대기업에 투자한다. 버핏은 다음과 같이 인정했다.

(수도·전기·가스 같은) 공익기업에 투자했을 때 (다른 기업에 투자했을 때 얻을 수 있는 것과 같은) 수익을 기대할 수 없다. 그건 훌륭한 기업이 아니라 좋은 기업이기 때문이다. 그리고 좋은 기업에 더 많은 돈을 투자할수록 나는 더 좋다. 10년이나 20년 후에 우리의 공익기업은 지금보다 훨씬 더 커져 있을 것이다.[4]

버핏은 공익기업이나 철도와 같은 자본집약적이면서도 성숙한 기업에서 10퍼센트 이상의 꾸준한 수익을 올리는 '대박'을 노릴 수는 없지만, 버크셔 같은 규모에서는 1루타와 2루타만 꾸준히 쳐줘도 만족한다고 믿는다.

초기에 찰리와 나는 공기업 같은 자본집약적인 기업을 기피했다. 투자자들에게 단연코 가장 좋은 기업은 자본이익률이 높고, 점진적으로 투자를 늘릴 필요가 거의 없는 기업이다. 우리는 다행히 그런 기업들을 많이 소유하고 있으며, 앞으로도 더 많이 사고 싶다. 그러나 버크서가 계속해서 점점 더 많은 현금을 창출할 것으로 예상되는 가운데 우리는 정기적으로 대규모 자본지출이 필요한 기업에도 기꺼이 뛰어들 것이다. 이런 기업들이 점점 더 많이 투자한 만큼 상당한 수익을 올릴 수 있으리란 합리적인 기대를 할 뿐이다. 기대대로 된다면(우리는 실제로 그렇게 될 것이라고 믿지만), 즉 버크서가 좋은 기업에서 위대한 기업이 될 곳들에 대한 투자를 점차 늘려나간다면 엄청나다고 할 정도까지는 아니더라도 분명 향후 수십 년 동안 평균 이상의 수익을 창출할 것이다.[5]

무제한 투자할 수 있는 투자자라면 좋은 기업에 투자해서 '양호한' 결과를 얻는 정도로 만족할 필요는 없다. 그런 투자자는 자본이익률이 높고, 강력하게 성장하고, 부채가 거의 없고, 오너 중심의 경영진 주도로 현금을 창출하는 훌륭한 기업에 투자함으로써 우수한 투자 성과를 원할 수 있다.

초기 버핏: 버핏 투자조합 시절의 투자

버핏은 멘토 그레이엄을 위해 뉴욕에서 일하다가 1956년 오마하로 돌아왔다. 버핏은 5월에 서둘러 투자조합을 만들어 자신만의 '투자 걸작'을 그리기 시작했다. 버핏이 공식적으로 밝힌 목표는 장기적인 자본손실을 최소화하면서 매년 '평균'보다 최소 10퍼센트포인트 능가하는 수

워런 버핏의 레슨

익을 올리자는 것이었다. 버핏은 강세장에서는 지수 정도의 수익률만 내도 만족한다고 말했지만, 약세장에서는 자신이 올린 성과에 따라 평가받기를 선호했다. 버핏이 말한 '평균'은 오랜 역사를 가졌으며 투자자들의 평균적인 경험이 대체로 반영된 다우지수였다. 버핏은 자신의 성과를 5년 단위로 평가받고 싶어했고, 최소한 3년 기준은 돼야 한다고 말했다.

버핏의 첫 번째 유한책임조합원들은 장인과 대학 시절 룸메이트, 어머니, 이모 앨리스, 여동생 도리스Doris와 그녀의 남편 트루먼Truman이었다. 투자조합이 처음 생겼을 때 1만 달러를 투자했다면 1969년 조합이 청산되었을 때 버크셔 주식으로 투자금을 이전하기로 했다고 가정했을 때 투자금은 오늘날 5억 달러 이상의 가치가 있을 것이다.

버핏이 그림을 그리기 위해 선택한 처음 색상은 그레이엄과 같은 페인트 통으로부터 나왔다. 1957년 버핏이 한 투자의 85퍼센트는 저평가된 주식이었고 15퍼센트는 워크아웃workout 관련주였다. 워크아웃은 부도로 쓰러질 위기에 처해 있는 기업 중에서 회생시킬 가치가 있는 기업을 살려내는 작업을 말한다. 이때 버핏은 이미 그레이엄이 쓰던 분산투자 전략에서 벗어나고 있었다.

그해 버핏은 투자조합이 가진 돈의 10~20퍼센트를 적절한 시기에 20퍼센트 수익률에 도달하는 것을 목표로 투자하기로 했다. 1958년 그는 "경영이 아주 잘 되고 있는 뉴저지주 유니언 시티에 소재한 커먼웰스 트러스트Commonwealth Trust 은행에 투자했다"고 밝혔다. 당시 이 은행의 주당 순이익은 10달러였고, PER는 5배에 불과했다. 버핏은 이 은행의 주식을 주당 50달러에 매수하면서 은행의 내재가치를 주당 125달러로 추산했다. 시간이 지나 버핏은 커먼웰스의 유통주식 12

퍼센트를 인수해 2대 주주가 되었다. 문제는 이 은행의 주식이 월평균 불과 두 차례 거래되는 바람에 유동성이 부족했다는 점이다. 버핏은 자신이 최대 주주가 될 수 있는 기회를 노리기도 했으나, 시가가 67달러 정도였음에도 불구하고 블록딜을 통해 버핏의 지분을 주당 80달러에 인수할 용의가 있는 매수자를 찾았다.

이어 같은 해 버핏은 자신의 자산 중 25퍼센트를 샌본 맵에 투자해서 이 회사의 최대 주주가 됐다. 샌본은 30~40개의 우량증권을 보유한 투자신탁으로, 보유한 투자 포트폴리오의 시가와 운영 중인 지도 사업의 가치에 비해 대폭 할인된 가격으로 주식이 거래되고 있었다. 최대 주주가 된 버핏은 시장이 샌본의 가치를 인정해줄 때까지 몇 년이나 기다릴 필요 없이 투자 가치의 실현에 직접적으로 영향을 미칠 수 있는 유리한 위치에 설 수 있었다. 1959년이 되자 샌본은 버핏이 가진 자산의 35퍼센트를 차지했다.

샌본의 핵심 사업은 주로 보험회사에 판매되는 상세한 미국의 도시 지도 발행이었다. 샌본은 과거 75년 동안 준독점으로 운영되었지만, 지난 10년 동안 경쟁이 심해지면서 연수익이 80퍼센트나 줄어든 10만 달러에 그쳤다. 다행히도 샌본은 주식과 채권을 50대 50으로 해서 투자 포트폴리오를 축적해 놓았다. 이 투자 포트폴리오의 주당 가치는 65달러였지만, 샌본의 주가는 45달러에 불과했다. 다시 말해 주가는 투자 포트폴리오만 갖고 봐도 70퍼센트에 불과했다. 운영하는 사업의 가치는 따져보지도 않았는데도 말이다. 버핏은 다른 두 명의 대주주와 함께 팀을 이뤄 샌본의 지분 인수에 참여했고, 투자 포트폴리오의 지분을 주주들에게 나눠줌으로써 가치 창출을 일으켰다. 이 거래는 버핏이 다우지수의 수익률 6.3퍼센트에 비해 훨씬 높은 22.8퍼센트의 수익률을 달성, 1960년에 연간 최고 실적을 올리는 데 기여했다.

세 가지 범주

1962년 1월 버핏은 자신의 투자 전략에 대해 자세히 설명해줬다. 그는 자신의 투자를 세 가지 범주로 나누었다. 그는 첫 번째 범주를 '일반적으로 저평가된 주식'을 사는 '일반 투자general'라고 말했다. 일반 투자 시에는 보통 5~6개 주식 각각에 포트폴리오의 5~10퍼센트를 할당하고, 다른 10~15개의 주식에는 이보다 작은 포지션을 할당하는 수동적인 투자 방법을 썼다. 일반 투자는 버핏의 투자에서 가장 큰 비중을 차지했다. 1964년 버핏은 좋은 경영진과 괜찮은 산업 같은 정성적 요소도 중요하지만, 자신은 투자하기 전에 주가가 개인투자자가 기꺼이 돈을 내고 살 만한 수준에 비해 정량적으로 저가에 머물러 있어야 한다고 '요구'한다는 설명을 덧붙였다. 일반 투자 시 주가가 내재가치와 같은 수준에 이르는 데 걸리는 시간은 시장의 변덕에 따라 달랐다.

1965년 버핏은 '일반 투자'의 범주를, 원래의 일반 투자 정의와 유사한 '일반-개인 소유주'와 성격이 유사한 비교 대상 주식보다 상대적으로 저렴한 '일반-상대적으로 저평가된 주식'으로 더 세분화했다. 두 범주 모두 가격 위험을 제한하고자 했다. 두 범주 모두에서 버핏은 "이해할 수 있고, 경쟁자, 유통업자, 고객, 납품업자, 전직 직원 등을 통해 경쟁적 강점과 약점을 철저히 검증할 수 있는 기업"을 추구했다.[6] 버핏은 1966년 1월 쓴 편지에서 "이러한 범주로 나눠놓았더니 오직 두 번의 투자만으로도 훨씬 더 나은 좋은 결과를 얻게 됐다"고 말했는데, 이 두 번의 투자는 나중에 아메리칸 익스프레스와 월트 디즈니로 밝혀졌다.

두 번째로 큰 범주는 '워크아웃'이었다. 워크아웃의 결과는 기업이 합병, 청산, 조직개편, 분사 중 어떤 행동을 취하느냐에 따라 다르지만 결과를 결정하는 구체적인 시간표가 있다. 버핏은 보통 10~15건의 워크아웃에 투자했고, 투자조합 순자산의 25퍼센트 범위 내에서 빌린 돈을 갖고 투자해 수익률을 높였다. 결과의 예측 가능성과 예상되는 결과 대비 짧은 보유 기간은 매력적인 연간 수익률로 이어졌다. 버핏은 투자조합 결성 초기 조합 자산의 30~40퍼센트를 워크아웃 기업에 투자했지만, 투자조합의 자산 규모가 커지면서 꾸준히 높은 수익을 내지는 못했다.

마지막 투자 범주는 버핏이 과반수 지분 확보를 통해 회사를 지배하거나 대규모 투자로 상당한 영향력을 행사하는 '지배control' 상황이었다. 이런 상황은 '일반 투자'한 주가가 장기간 보합세를 보이면서 버핏이 상당한 지분을 축적할 수 있게 됐을 때 벌어진다. 두 번째와 세 번째 범주는 매력적인 수익을 창출했고 일반적으로 다우지수 수익률과는 무관한 양상을 띠었다.

전체적으로 봤을 때 버핏은 보통 15~20개의 주식을 소유했다. 범주별 구분은 대부분 투자 기회에 따라서 우발적으로 이뤄졌지만, 모든 범주가 좋은 투자 기회를 제공해줬다. 1966년 버핏의 포트폴리오 비중을 보면, 일반-비교적 저평가된 주식이 44퍼센트, 지배주가 35퍼센트, 워크아웃 관련주가 15퍼센트, 일반-개인 소유주가 3퍼센트, 그리고 미국 재무부증권이 3퍼센트였다. 가장 유망한 기회를 찾기 위해 이 범주들 사이를 유연하게 이동할 수 있는 버핏의 능력이 성공을 열어주는 열쇠였다.

범주별 성과

일반-상대적으로 저평가된 주식 부문의 수익률은 아메리칸 익스프레스 덕분에 44퍼센트까지 치솟았다. 버핏은 투자조합에 보낸 서신에서 투자 주식에 대해 직접 언급한 적이 없지만, 훗날 가진 인터뷰에서 이를 공개했다(아메리칸 익스프레스에 대해서는 다음 장에서 사례 연구로 논의하겠다). 버핏은 1966년 다우지수가 15.6퍼센트 하락했을 때 투자조합은 20.4퍼센트의 플러스 수익률을 내며 다우지수와 36퍼센트포인트라는 역대 최고 수익률 격차를 보였다면서 투자조합 결성 10주년을 축하했다. 이처럼 우수한 성과를 거둘 수 있었던 데는 아메리칸 익스프레스의 영향이 컸다.

> 1965년 말뿐만 아니라 1966년 말에 투자 비중이 가장 컸던 아메리칸 익스프레스를 보유함으로써 우리는 (다우지수 대비) 역대 최고의 수익률을 달성했다. 이번 투자는 우리가 보유하고 있는 동안 매년(1964년, 1965년, 1966년) 우리가 전체 시장보다 훨씬 더 높은 수익률을 올릴 수 있게 해주었다. 본디 실적이란 상당히 기복이 심할 수 있지만, 우리는 앞으로 3~4년 동안 우수한 실적을 낼 확률이 아주 높다고 생각한다. (중략) 우리는 아메리칸 익스프레스의 모든 측면을 지속적으로 평가하고, 이 회사 주식이 대체 투자처로 고른 주식보다 우수하다는 가설을 부단히 검증하고 있다.[7]

아메리칸 익스프레스라는 오직 하나의 선물 덕에 1967년 '일반-상대적으로 저평가된 주식' 범주는 72퍼센트의 상승률을 보였다. 4년간 이처럼 놀라운 상승세를 보이자 버핏은 40퍼센트의 투자 비중 대부분을 축소했다. 버핏은 "우리는 아메리칸 익스프레스 투자를 축소했고,

이 범주 내에서 앞서 이번 투자에 했던 것만큼의 규모로나 잠재력을 기대하고 접근하는 주식은 없다"고 말했다.[8]

버핏이 처음 지배한 회사는 농기구와 수도 시스템을 제조하는 회사 뎀스터 밀 매뉴팩처링 컴퍼니였다. 버핏은 1956년 이 회사의 주식을 주당 18달러에 매입하기 시작했는데, 이때 회사의 자산에서 부채를 제한 순운전자본은 주당 50달러였다. 버핏은 5년 동안 16~25달러대의 가격으로 주식을 소규모 분할 매수했다. 버핏은 이 5년간 대부분 이 회사의 이사를 맡았다. 1961년 중순이 되자 버핏은 회사의 지분 30퍼센트를 소유했고, 1962년 1월까지 대량 및 공개 매수를 통해 지분율을 70퍼센트로 높였다. 그는 주당 53달러인 회사의 순운전자본의 절반 정도에 불과한 평균 28달러에 뎀스터의 주식을 샀고, 이 투자가 투자조합 자산 포트폴리오에서 차지하는 비중은 21퍼센트에 달했다.

버핏은 기존 경영진과 함께 회사의 경영 상황을 개선하려다 실패하자 멍거에게 전화를 걸어 조언을 구했다. 멍거는 버핏에게 해리 보틀을 추천해줬고, 버핏은 1962년 4월 그를 뎀스터의 사장 자리에 올렸다. 버핏은 1963년 1월 투자조합 서한에서 보틀이 뎀스터의 자산을 자신이 예상했던 것보다 더 빠르고 생산적인 속도로 현금으로 바꿨으며 "의문의 여지가 없는 올해의 인물"이라고 치켜세웠다. 버핏이 계산한 뎀스터의 가치는 주당 35달러로, 그가 처음 투자했을 때의 주당 28달러에 비해 높았다. 이뿐만 아니라 뎀스터의 남은 운용순자산operating net assets 가치는 주당 16달러였다.

보틀은 1961년 11월 기준으로 420만 달러에 달했던 재고를 1963년 7월까지 90만 달러 미만으로 줄였다. 이로 인해 얻은 수익금은 120만 달러의 부채를 상환하는 데 썼고, 시장성 유가증권marketable securities(매매 가능한 증권-옮긴이)에도 투자했다. 보틀은 중복된 간접비 지출을 없애고, 출혈이 많은 5개 지점을 폐쇄했으며, 납품 및 유통업체들과 협상 끝에 더 유리한 계약을 이끌어냈다. 1963년 말이 되기 직전에 버핏은 주당 80달러에 뎀스터 주식을 매도함으로써 평균 매입가 28달러의 3배에 가까운 이익을 냈다.

버핏은 자신의 투자가 인내심과 비밀을 필요로 한다고 설명할 때 자주 뎀스터의 사례를 들었다. 그가 뎀스터 주식을 사려는 의사를 드러냈다면 그렇게 낮은 가격에 지배 지분을 취득할 수 없었을 것이다.

버핏의 가장 유명한 '지배 상황'인 버크셔 해서웨이에 대한 투자는 1965년 11월 1일 그의 투자조합 서한에서 처음으로 공개되었다. 버핏은 1962년 버크셔 주식을 일반 투자 차원에서 매수하기 시작했다. 1948년 회사 상태가 가장 좋았을 당시 11개의 섬유공장과 1만 1,000명의 종업원을 거느리고 2,950만 달러의 수입을 올렸던 버크셔는 1965년이 되자 적자 회사로 돌변했다. 이때 종업원 수는 2,300명이었고, 공장은 2곳만 운영했다. 그러나 버핏은 "섬유산업의 상황이 회사의 수익창출능력을 결정하는 데 있어 지배적인 요소라는 데 의심의 여지가 없다"고 인정했음에도 불구하고, 켄 체이스Ken Chase가 이끄는 '뛰어난 경영진'을 보면서 자신의 투자에 대해 위안을 얻었다.[9]

정성적 학파 vs. 정량적 학파

정량적 투자학파는 충분히 낮은 가격에 주식을 매입했다면 하락 위험이 제한되고, 업황이 나쁜 종목이라도 알아서 잘 나갈 수 있다고 믿는다. 반면 정성적 투자학파는 경영진과 전망이 훌륭하고, 경쟁우위가 있고, 업황이 좋은 기업 주식을 제대로 골라 사야 주식이 잘 나갈 수 있다고 믿는다. 1967년은 버핏에게 분수령이 된 해였다. 그는 투자자들에게 "명백한 정량적 판단에 따라 더 확실한 돈이 만들어지는 경향이 있으므로 나는 여전히 정량적 투자학파의 일원"이라면서도 "정말 큰돈은 정성적 판단이 옳은 투자자들에 의해 만들어지는 경향이 있다"고 인정했다. 버핏은 아메리칸 익스프레스에서 거둔 성공을 통해 이러한 교훈을 배웠다. 그는 "내가 지난 몇 년 동안 찾아냈던 정말로 세상을 놀라게 할 만한 아이디어들은 내게 '옳을 확률이 높은 통찰력'을 선사한 정성적인 판단의 결과였다. (중략) 지난 3년 동안 올린 우수한 성과는 이런 종류의 아이디어 덕이 컸다"고 말했다.[10]

11년 전 불과 10만 5,100달러로 시작한 버핏의 운용자산은 1967년 10월 6,900만 달러로 늘어났다. 이처럼 운용자산이 늘어난 이유는 복리 수익과 투자자들의 추가 기여 덕분이었다. 버핏은 자신의 기초 자본이 훨씬 더 커지고, 통계상 저가매수 종목이 사실상 사라짐으로써 장기 투자 목표를 연 9퍼센트 이하의 수익률이나 다우지수 대비 5퍼센트포인트 높은 수익률로 다시 설정하게 되었다고 설명했다. 그의 장기 목표는 다우지수보다 최소 10퍼센트포인트 높은 수익률을 달성하는 것이었다. 버핏은 1967년 7월 중순까지 누적 연평균 수익률 29.6퍼센트를 달성함으로써 다우지수의 수익률 9.1퍼센트를 손쉽게 뛰어넘었다.

후기 버핏

정량적 투자 내지 '초기 버핏'으로부터 정성적 투자 내지 '후기 버핏'으로의 투자 철학의 전환은 보기에 최고의 수익률을 내주지는 못하더라도 "합리적으로 쉽고, 안전하고, 수익성이 있고, 즐겁게" 투자할 수 있는 회사에 투자해 지배하는 쪽으로 버핏의 투자 성향이 바뀐 시기와 일치했다. 버핏은 지적이고, 열정적이고, 에너지가 넘치고, 성실한 경영진과 일하면서 느끼는 자극과 성취감을 즐겼다. 투자 철학의 변화는 버핏이 앞으로는 회전문처럼 돌아가며 데이트하듯 기업을 자주 바꿔가며 투자하기보다는 버크셔처럼 결혼해서 평생 동거하듯 인수한 기업을 오랫동안 떠나지 않을 것임을 알려주는 전조였다. 이처럼 인수한 기업과 평생 결혼해 살 듯함으로써 여전히 독립적으로 사업을 운영할 수 있고, 자신들이 세심하게 만들어놓은 문화가 버크셔의 우산 아래서도 그대로 유지될 것이라는 확신을 얻기를 원하는 판매사들의 마음을 얻었다.

버핏은 자신이 기업 지배를 위한 건전한 투자를 선호하고 있음을 분명히 드러냈다.

몇 퍼센트포인트의 수익을 더 내기 위해 투자처를 계속 바꾸는 것은 어리석은 짓처럼 보인다. 또한 내가 알고 있는 뛰어난 사람들과 맺은 좋은 인간관계를 괜찮은 수익률만 노리거나, 잠재적으로 더 짜증, 약오름, 분노를 감수하면서나, 심지어 고수익을 거둘 수 있을지 모른다는 가능성을 위해 포기하는 것은 현명하지 않은 처사로 보인다.[11]

씨즈 캔디

버핏은 1972년 씨즈 캔디 투자를 가격 결정력을 보유하고 있고, 자본재투자가 사실상 불필요하며, 잉여현금흐름을 창출하는 양질의 기업 인수·투자를 선호하게 되는 데 결정적인 분수령이 된 사건으로 말한다. 멍거는 이런 변화가 미친 영향을 "투자가 그 자체로 잘 되기도 했지만, 우리에게 우호적으로 작용한 경험은 해가 거듭될수록 우리가 점점 더 '양질의 기업'에 투자하는 데 도움을 주었다"며 버핏과 같은 생각임을 드러냈다.[12] 버핏은 기업의 강점을 평가하는 데 있어 가장 중요한 요소가 가격 결정력임을 거듭 강조했다.

기업을 평가할 때 가장 중요한 결정적 요소는 가격 결정력이다. 경쟁업체에 사업을 빼앗기지 않고 가격을 올릴 힘이 있다면 아주 양호한 사업을 하는 것이다. 가격을 단 0.1센트만 올리려고 해도 사전에 기도회를 열어야 한다면 당신은 끔찍한 사업을 하는 것이다. 나는 둘 다 해본 적이 있어서 그 차이점을 알고 있다.[13] 가격 인상 능력, 즉 다른 가격을 매겨 실질적으로 차별화할 수 있는 능력이 위대한 기업을 만든다.[14]

씨즈 캔디에 투자한 배경

버핏과 멍거는 1972년 1월 3일에 씨즈 캔디를 인수한 블루칩 스탬프Blue Chip Stamps의 지배주주가 되었다. 블루칩 스탬프는 1983년 버크셔 해서웨이에 합병되었다. 블루칩 스탬프는 소매업자들에게 쿠폰을 팔았고, 소매업자들은 쿠폰을 물건을 산 고객들에게 주었다. 고객들은 소책자에 쿠폰을 붙여서 갖다주면 토스터나 믹서기와 같은 선물로 교환할 수 있었다. 버핏과 멍거는 블루칩 스탬프의 '플로트float(선불로 돈을 받고 나중에 받은 돈을 내주는 방식-옮긴이)' 모델에 감탄했다. 블루칩은 쿠폰을 발행하고 받은 현금을 쿠폰이 회수될 때까지 보유할 수 있었기 때문에 높은 수준의 플로트를 유지할 수 있었다. 게다가 블루칩 스탬프는 캘리포니아에서 독점 사업을 했다. 블루칩 스탬프는 당시 흔히

S&H 그린 스탬프S&H Green Stamps로 더 잘 알려진 미국 1위 쿠폰 업체인 스페리 앤 허친슨Sperry&Hutchinson과 손을 잡길 원하지 않았던 소매상들이 차린 회사였다. 블루칩 스탬프의 쿠폰 사업은 주부들이 쿠폰에 침을 발라 붙일 시간보다 자신들의 시간이 더 소중하다는 것을 알게 되면서 점차 사양 사업이 되었다. 결국 블루칩 스탬프에는 인수에 나서줄 회사가 필요했다.

지난 95년 넘는 시간 동안 씨즈 캔디는 가장 신선한 재료만을 사용하여 최고 품질의 사탕을 만들었다. 또 일부 사탕은 지금도 이 사탕을 처음으로 만든 상징적인 인물 메리 씨Mary See의 조리법 그대로 제조된다. 메리 씨의 아들 찰스 A. 씨Charels A. See는 1920년 가족과 함께 캐나다에서 로스앤젤레스로 이민을 와서 최초의 씨즈 캔디 판매점을 열었다. 그는 웨스턴 에비뉴에서 어머니의 조리법을 이용해 직접 사탕을 만들었으며, 검은색과 흰색을 사용해 독특하게 꾸민 매장에서 친절한 고객 서비스를 중시했다.

씨즈 캔디가 내세우는 '타협 없는 품질'은 많은 충성 고객들을 만들어 냈다. 발렌타인데이, 할로윈, 부활절, 크리스마스 때마다 씨즈 캔디는 좋은 선물로 많은 사랑을 받는다. 씨즈 캔디의 모든 상자에 그려져 있는 메리 씨의 따스한 분위기의 사진은 예스러운 매력을 풍기면서 고객에게 품질과 서비스에 대한 신뢰를 준다.

인수 가격

버핏은 시가총액이 1,800만 달러에 달하고, 1,000만 달러의 여유자금이 있었을 때 씨즈 캔디를 3,500만 달러에 인수했다. 씨즈 가족이 4,000만 달러를 고수했다면 버핏은 인수를 포기했을 것이다. 그러나 다행히도 멍거의 친구인 이라 마샬Ira Marshall이 버핏과 멍거의 마음을 바꾼 현명한 조언을 해주었다. 마샬은 두 사람에게 "당신들은 미쳤다. 인력과 사업의 질 등과 같은 점들에 대해서도 돈을 지불해야 한다. 그런 부분을 과소평가하고 있다"고 말했다. 지나고 나서 보면 이 조언은 버크셔의 관심을 멋진 가격의 적정 기업보다는 적정 가격의 멋진 기업에 맞추도록 변화시킨 분수령이었다. 버핏은 "우리가 자문했던 질문 중 하나이자 답이 분명하다고 생각한 질문은 '우리가 (사탕 가격을) 파운드당 10센트씩 올리면 매출이 급전직하할까?'였다. 그리고 이 질문에 대한 대답은 적어도 우리가 보기에는 '아니오'였다. (씨즈 캔디의) 상품에는 누구도 손대지 못하는 가격 결정력이 있었다."[15]

버핏과 멍거는 블루칩에 1,000만 달러의 여유자금을 즉시 지급했기 때문에 800만 달러의 자산에 대한 실효가격effective price(소비자가 동일 물품을 각각 다른 가격으로 구입하고 있는 경우, 그 상품의 구입량으로 가중평균한 가격-옮긴이)이 2,500만 달러였던 셈이다. 버크셔는 순현금 2,500만 달러를 1971년 8월 31일에 마감된 회계연도의 순이익인 220만 달러로 나눠 PER를 11배로 계산해서 씨즈를 인수했다. 버크셔는 씨즈가 가격결정권을 행사할 경우 더 수익률이 올라갈 것이란 전제하에 9퍼센트의 수익률 달성을 목표로 잡았다.

버핏과 멍거는 찰스 '척' 허긴스Charles 'Chuck' Huggins를 씨즈의 CEO로 임명하기로 합의했다. 20년 전에 씨즈에서 경력을 쌓기 시작한 허

워런 버핏의 레슨

긴스는 총 55년을 그곳에서 일했다. 그는 씨즈에서 쌓은 경력을 "내 인생과 가족에게 가장 중요한 일부가 된 기업과의 연애"로 묘사했다.[16] 허긴스의 멘토는 1931년 찰스 씨에 의해 세일즈 매니저로 고용된 에드워드 G. 펙Edward G. Peck이었다. 그는 씨즈에서 41년간 재직하면서 "씨즈 캔디의 성장과 품질 이미지 개선에 기념비적인 기여를 한 인물"이다.[17] 허긴스는 항상 공손하고 애틋하게 그의 멘토를 '미스터 펙'이라고 불렀다. 그는 허긴스에게 "정직과 성실함을 실천하고, 왜 악수가 법적 계약처럼 구속력이 있는지를 알려준" 사람이었다.[18] 허긴스가 "오랜 시간 내게 중요한 의미가 있었던 회사 내 모든 부서 동료들과 정직과 성실함을 토대로 쌓아온 관계의 가치"를 소중하게 여겼다고 말했을 때[19] 버핏이 그가 CEO 감이라는 것을 깨닫는 데까지 15초 정도밖에 안 걸렸다고 말한 이유를 누구나 공감할 수 있을 것이다. 나중에 버핏은 허긴스의 진가를 알아보는 데 왜 자그마치 15초나 걸렸는지 스스로 궁금해했다.

버핏은 브래드 킨슬러Brad Kinstler에게 CEO 자리를 넘긴 허긴스에게 2005년 버크셔의 연례 주총 보고서에서 다음과 같이 경의를 표했다.

> 우리가 투자한 소매업체 중에는 1972년 초 인수한 회사 씨즈 캔디(보험회사를 제외하고 가장 오래 전 투자한 회사)가 있다. 당시 찰리와 나는 46세의 척 허긴스를 회사 책임자로 앉히기로 결정했다. 경영자를 선임해본 건 처음이었지만, 찰리와 나는 그 덕분에 홈런을 쳤다. 고객과 브랜드에 대한 척의 사랑이 조직에 스며들면서 그의 34년 재임기간 동안 씨즈 캔디의 수익은 10배 이상 증가했다. 느리게 성장하거나 아예 성장하지 못하는 산업에서 이뤄낸 성과였다.

나는 1995년 10월에 씨즈 캔디의 마케팅 부사장인 리처드 '딕' 반도렌Richard "Dick" Van Doren과 흥미롭고 즐거운 대화를 나누었다. 씨즈에서 52년을 바친 딕은 성실한 태도가 가장 중요한 업계에서 사람들을 신속히 평가하는 버핏의 비범한 능력을 높게 평가했다. 그는 버핏을 도덕적 가치와 성공을 중시하고 가족애가 강한 사람으로 기억했다. 인터뷰 후 나는 메모장에 이렇게 썼다. "정직함, 성실함, 품질에 대한 헌신이라는 가치를 모든 단계에서 일관되게 실천하기는 어렵다. 그들은 아마도 씨즈 캔디를 그토록 소중히 여기게 만든 조리법에서 가장 중요한 재료일 것이다."[20]

버핏과 멍거가 씨즈의 브랜드 평판과 '기쁨을 선사하려는 열정' 덕분에 생긴 고객 충성도에 깊은 인상을 받았지만, 두 사람은 사실 씨즈가 가진 가격 결정력에 더 군침을 흘렸다. 버핏은 이렇게 말했다.

> 우리는 씨즈 캔디가 개발 잠재력을 가진 가격 결정력을 가지고 있다고 생각했다. 회사는 당시 러셀 스토버Russell Stover 초콜릿 가격에 사탕을 팔고 있었다. 그리고 내 머릿속에 떠오른 것은 1파운드 무게당 15센트를 더 받는다면, 현재의 400만 달러의 수익에 더해 250만 달러를 더 벌 수 있지 않을까 하는 질문이었다. 그래서 우리는 좀 더 공격적으로 가격을 올린다면 650만 달러를 벌 수 있는 회사를 인수한 셈이었다.[21]

버핏이 인수했을 당시 씨즈의 매출은 2,800만 달러였고, 1파운드당 평균 1.75달러인 사탕을 연간 1,600만 파운드어치 팔았다. 10년 후인 1982년 씨즈는 1파운드당 평균 5.11달러로 연간 2,420만 파운드어치의 사탕을 팔아서 1억 2,370만 달러의 매출을 올렸다. 판매량이 4퍼센트 늘어나고 1파운드당 가격을 11퍼센트 인상한 데 힘입어 매출은 매년 평균 16퍼센트씩 성장했다. 버핏은 매년 크리스마스 다음 날마다 주저 없이 가격을 올렸다. 세전이익은 평균 17퍼센트씩 성장하며 460만 달러에서 2,280만 달러로 늘어났다. 2018년 6월 현재, 표준 모둠 초콜릿 한 상자의 1파운드당 가격은 20.50달러다. 다시 말해 1982년 이후 35년 동안 물가상승률을 훨씬 웃도는 연평균 4퍼센트씩 가격이 올랐다는 뜻이다. 고객들은 씨즈가 파는 양질의 사탕을 사기 위해 오른 가격을 기꺼이 지불했다. 고객들의 충성심은 씨즈의 피넛 브리틀peanut brittle만큼 끈끈했다.

블루칩 스탬프 vs. 씨즈 캔디

1972년 1억 200만 달러였던 블루칩의 쿠폰 매출액은 20년 뒤인 1991년 120만 달러로 급감했지만, 씨즈의 매출액은 같은 기간 2,900만 달러에서 1억 9,600만 달러로, 연평균 10퍼센트씩 성장했다. 1972년 420만 달러였던 씨즈의 이익은 1991년 4,240만 달러로, 연평균 12.3퍼센트씩 매출액보다 더 빠르게 증가했다.

버핏은 1991년 버크셔 연례 주총 보고서에서 이 회사로부터 배운 귀중한 교훈에 대해 다음과 같이 회상했다.

> 찰리와 나는 척(허긴스)과 씨즈 캔디와 맺은 인연에 대해 감사해야 할 이유가 많다. 무엇보다 우리가 이례적일 만큼 높은 이익을 냈고, 그 과정에서 좋은 시간을 보냈기 때문이다. 씨즈 캔디의 소유 지분은 우리에게 프랜차이즈의 평가 방법에 대해 많은 것을 가르쳐 주었다. 이 회사로부터 배운 교훈 덕분에 우리는 몇몇 보통주로 상당한 이익을 올릴 수 있었다.[22]

버핏은 씨즈를 통해 거액의 돈도 벌었다. 버핏은 "내가 당시 터무니없이 비싼 가격에 샀다고 생각했는데도 우리는 씨즈 캔디의 세전이익의 5.5배만을 지불했다. 더 좋았던 점은, 우리의 인수 후 회사 수익이 꾸준히 증가했다는 점이다. 우리가 43년 소유하고 있는 동안 씨즈 캔디의 세전이익은 총 19억 달러에 달했다. 담배꽁초주는 잘 가시고, 우량주를 환영한다"고 말했다.[23] 품질관리를 체크하기 위해 버핏은 매달 사무실로 사탕 상자를 받아서 상태를 확인했다. 씨즈 같은 우량기업의 인수는 이후 코카콜라, 질레트, 가이코와 같은 강력한 브랜드를 가진 우량기업의 투자로 이어졌다.

멍거는 운전자본의 3분의 2 미만으로 회사를 매입하는 그레이엄의 투자 방법에는 상당한 안전마진이 포함됐고, 그가 활동하던 시절에는 이것이 합리적이고 적절했지만 이제는 더 이상 적절하지 않다는 것을 인정했다.

그레이엄은 1930년대 세계 경제가 충격에 빠졌을 때, 즉 대략 600년 만에 영어권 세계가 가장 심각한 경제 위축을 겪었을 때 주로 활동했다. (중략) 그는 1930년대 붕괴로 생긴 잔해 위에서 가이거Geiger 계수기計數器를 이용해서 주당 운전자본보다 낮은 가격으로 팔리는 주식을 찾아낼 수 있었다. (중략) 만약 우리가 그레이엄이 썼던 고전적인 방식을 답습했다면 결코 지금 세운 기록을 내지 못했을 것이다. (중략) 버크셔 해서웨이가 보유한 수십억 달러 대부분은 더 나은 기업들로부터 얻은 것이다. 처음 2억에서 3억 달러의 상당액은 가이거 계수기를 갖고 허둥지둥 돌아다니다가 번 것이다. 그러나 압도적으로 더 많은 돈이 위대한 기업에서 나왔다. 심지어 초기 자금 중 일부도 위대한 기업에 일시적으로 투자함으로써 벌어들였다. 예를 들어, 버핏 투자조합

워런 버핏의 레슨

은 아메리칸 익스프레스와 디즈니 주가가 급락했을 때 투자했다.[24]

유형자산 수익률

기업의 강점을 평가하는 데 있어 가장 중요한 한 가지 요소가 가격 결정력이라면 가장 중요한 재무 지표는 유형자산 수익률이다.

기업이 영업권 상각에 따른 비용을 제외하고, 총자산에서 무형자산과 부채를 뺀 순유형자산에서 벌어들일 것으로 기대할 수 있는 수익이 기업의 경제적 매력이 어느 정도인지를 가장 잘 알려준다. 그것은 또한 기업 영업권의 현 경제적 가치를 가장 잘 알려주기도 한다.[25]

버핏은 기업이 출자자본에 비해 얼마나 생산적인지를 평가할 때 이 평가 기준을 일관되게 언급하였다. 1991년 씨즈의 유형자산 수익률은 168퍼센트(4,240만 달러/2,500만 달러)였다. 버핏은 이렇게 설명했다.

> 증가한 이익을 제대로 평가하려면 그것을 창출하기 위해 늘린 자본투자와 비교해야 한다. 이 점에서 씨즈 캔디는 놀라움을 금치 못했다. 이 회사는 현재 2,500만 달러의 순자산으로도 안정적으로 운영되고 있는데, 이는 우리의 초기 기반 700만 달러에 1,800만 달러에 불과한 재투자 수익을 보충하면 된다는 의미다. 한편 씨즈 캔디의 남은 4억 1,000만 달러의 세전이익은 20년 동안 블루칩과 버크셔에 분배되었고, 두 기업이 세후 가장 합리적이고 효율적인 방식으로 이 돈을 사용했다.[26]

버핏은 투자자본 수익을 버크셔의 경영진에 대한 보상으로도 사용한다. 그는 "다른 회사들이 해주는 보상을 보면 놀랍다"면서 "그렇게 하기 위한 유일한 논리적인 방법은 보상을 투자자본이익률과 연계시키는 것"이라고 말했다.[27] 버핏은 기본적으로 경영진의 보상을 자본비용 이상의 수익을 창출할 수 있는 그들의 능력과 연결시킨다.

현대의 버핏

———

버크셔의 덩치가 크다 보니 버핏은 '고성장 회사gazelle' 투자가 아닌 '대형 인수급elephant' 투자를 추구할 수밖에 없었다. 버핏은 이상적인 투자 대상 기업은 투자자본 수익률이 높고, 추가 투자를 늘려갈 필요가 거의 없으며, 규제를 받지 않는 기업임을 인정한다. 그러나 버크셔의 규모와 월 20억 달러 이상의 잉여현금흐름을 창출할 수 있는 능력은 화려하진 않더라도 버크셔에 가시적인 변화를 가져올 여전히 좋은 기업에 투자하거나 그런 기업을 인수할 수밖에 없게 만들었다.

1988년 버크셔의 연례 주총에서 버핏은 "우리는 자본집약적인 기업에 상당히 부정적이다. 우리는 현금을 소비하기보다는 나눠주는 기업을 좋아한다. 실제로 소비하는 기업이 얼마나 많은지 놀랍다"고 말했다.[28] 하지만 2016년 주총에서는 버크셔의 크기가 가진 단점을 거론하며 "자본 증가는 여러 가지 면에서 수익을 고정해주는 닻 역할을 한다. 그것은 우리를 훨씬 더 자본집약적인 기업으로 이끌어준다"고 설명했다. 버핏은 투자한 1달러당 현재 가치로 그 1달러 이상을 벌 수 있다고 믿는 한 자본집약적 사업에 자본을 배분하는 것이 옳다고 본다.

장기적 관점에서 생각하는 버핏이 자본집약적 사업에 투자하는 동기는 두 가지가 더 있다. 첫 번째는 버크셔가 주요 투자 자산인 많은 투자자들에 대한 책임감에서 비롯된다. 그것은 버크셔가 운영하는 기업들은 비교적 예측 가능하고, 사실상 독점적 지위를 누리면서, 먼 미래에도 과거 그들을 인수할 당시와 마찬가지로 경쟁력을 유지할 가능성이 큰 난공불락의 지위를 누리는 곳들이 대부분이라는 확신을 심어줘야 한다는 책임감이다. 또 다른 이유는 내부 자본배분 결정 과정을 더 단순하고 더 일괄적으로 처리하고, 미래의 버크셔 CEO들의 재량권을 낮추기 위한 것일 수 있다.

버크셔는 규제를 받는 자본집약적인 두 기업, 즉 버크셔 해서웨이 에너지Berkshire Hathaway Energy(BHE)와 벌링턴 노던 산타페Brlington Northern Santa Fe(BNSF)에 막대한 자본을 투입했다. 2016년이 되자 두 기업은 버크셔의 세후 영업이익의 3분의 1을 창출했으며, 버크셔의 총자본 지출 130억 달러 중 70퍼센트 가까이가 이 두 기업을 위한 것이었다.

버크셔 해서웨이 에너지BHE(원래 이름은 미드아메리칸 에너지 홀딩스 컴퍼니 MidAmerican Energy Holdings Company)

버크셔는 2000년 3월 버크셔의 절친한 친구인 월터 스콧 주니어Walter Scott, Jr가 이사였던 공익기업 미드아메리칸 에너지의 지분 76퍼센트와 9.7퍼센트의 의결권을 인수했다. 이때 공익사업지주회사법Public Utility Holding Company Act으로 버크셔의 의결권은 9.9퍼센트로 제한됐다. 버핏은 1999년 버크셔 연례 주총 서한에서 버크셔가 공익사업 분야에 대규모 추가 투자를 단행할 수도 있다고 경고했다. 투자 당시 미드아메리칸은 미국과 영국 내 110만 고객에게 전기와 천연가스를 제공했고, 캘리포니아와 필리핀의 주요 발전설비와 미국 2위의 부동산 중개회사를 보유하고 있었다. 미드아메리칸은 아이오와주 내 주요 전기 공급업체면서 동시에 영국에서 세 번째로 큰 전력회사였다. 보유한 부동산 중개회사의 본래 이름은 홈서비스 오브 아메리카HomeServices of America였으나 지금은 버크셔 해서웨이 홈서비스Berkshire Hathaway HomeServices로 불린다.

공익사업에 대한 버핏의 관심은 불황에 강하면서 안정적이고 통제된 다양한 수익 흐름, 필수적인 독점적 지위, 그리고 특출할 정도는 아니더라도 합리적인 수익률을 올릴 수 있는 자본투자 기회를 본 뒤 더욱 커졌다. 버핏은 2009년 벌링턴 노던 산타페 철도의 인수와 동시에 발표한 버크셔의 연례 주총 보고서에서 버크셔의 규모가 커지면서 자본을 "위대한 기업은 아니더라도 좋은 기업"으로 전환해야 한다는 사실을 인정했다.

버크셔 해서웨이 에너지(미드아메리칸)와 BNSF가 하는 일은 모두 돈이 많이 든다. 우리는 투자한 자본에 대해 상당한 수익을 얻지만, 자본집약적이지 않은 기업에서 얻을 수 있었던 수준만큼 놀라운 수익을 얻지는 못한다. 우리에겐 투자 자본으로 1년에 100퍼센트 수익을 올리는 기업이 몇 군데 있지만, 확실히 그들은 성격이 다른 기업이다. 버크셔 해서웨이 에너지는 투자 자본으로 11퍼센트 내지 12퍼센트 정도의 수익만을 올릴 수 있다. 그것도 매우 괜찮은 수익률이지만, 자본집약도가 매우 낮은 기업에는 미치지 못한다.[29]

일찍이 찰리와 나는 공익기업과 같은 자본집약적인 기업 투자를 기피했다. 실제로 투자자들에게 단연코 가장 좋은 기업은 자본투자 수익률이 높고 추가 투자가 거의 필요 없는 기업이다. 우리는 그런 기업을 많이 소유하고 있어서 다행이고, 앞으로도 더 많이 인수하고 싶다. 그러나 버크셔는 꾸준히 더 많은 현금을 창출할 것으로 예상되며, 우리는 정기적으로 대규모 자본지출을 필요로 하는 기업에 기꺼이 투자할 것이다. 이러한 기업들이 그들이 투자한 액수에 비례해서 상당한 수익을 낼 수 있을 것이란 합리적인 기대를 걸고 있다. 우리의 기대가 충족된다면(우리는 그렇게 될 것이라고 믿고 있다) 버크셔가 투자하는 좋은 기업부터 위대한 기업이 계속 늘어날수록 향후 수십 년 동안 분명 화려하지는 않더라도 평균 이상의 수익을 창출할 수 있을 것이다.[30]

버핏은 1999년 버크셔 연례 보고서에서 "공익산업이 많은 규제적 제약을 받지만, 우리는 이 분야에 추가적인 투자를 할 가능성이 있다. 그럴 경우 투자 액수는 상당할 수 있다"고 말했다.

버핏은 2002년 2월 총 20억 달러를 투자해서 미드아메리칸 에너지 홀딩스의 지분 80.5퍼센트를 인수했다. 버핏은 이 회사를 '버크셔의 핵심'이라고 칭했다. 미국 전체 가스 운송의 8퍼센트를 차지하는 컨 리버Kern River와 노던 내추럴 가스Nothern Natural Gas를 인수한 데 이어 2002년 푸르덴셜 캘리포니아 리얼티Prudential California Realty 등 3개 회사를 인수한 버핏은 "버크셔가 미드 아메리칸 에너지 홀딩스에 거액의 자금을 투입할 준비가 끝났다"고 말했다. 버핏은 2006년 버크셔 연례 서한에서 "앞으로 10년 뒤 홈서비스는 지금보다 훨씬 더 규모가 커질 것이 거의 확실하다"고 전망했다.

2006년 3월 미드아메리칸 에너지는 오리건과 유타 등 서부 6개 주를 중심으로 영업하는 공익회사인 퍼시픽코프PacificCorp를 51억 달러에 인수했다. 버크셔는 이 거래의 일환으로 미드아메리칸의 지분을 86.6퍼센트로 높였다. 버핏은 2005년 버크셔 연례 서한에서 "규제를 받는 공익기업에 투자해서 엄청난 이익을 기대할 수는 없지만, 공익기업은 투자자들에게 상당한 적정 수익을 올릴 기회를 제공해주므로 버크셔 입장에서는 타당한 투자다"라고 인수를 합리화했다. 그는 "공익 사업 분야에서 매우 많은 인수대상을 찾고 있다"고도 밝혔다. 버핏이 이러한 투자를 할 수 있었던 이유 중 일부의 다른 공익기업들과 달리 미드아메리칸이 배당금을 지급하지 않았기 때문이지만, 이 회사가 올린 현금 수익이 버핏이 말하는 "우리가 투자한 막대한 금액에 대한 적정 수익"을 얻을 수 있게 재투자되었기 때문이 더 크다.[31] 2013년이 되자 미드아메리칸은 다른 어떤 미국의 전력회사보다 더 많은 수익을 확보했다. 이것은 이 회사에 상당한 경쟁우위를 선사했다.

2005년 8월 '2005 에너지 정책법Energy Policy Act of 2005'이 제정되면서 공공사업지주회사법이 폐지됨으로써 2006년 2월부터 버크셔는 공공기업들의 재무제표를 통합관리할 수 있게 되었다.

2007년 미드아메리칸의 비과세 혜택을 제외한 주당 수익은 15.01달러로 버핏이 이 회사를 인수하기로 했던 해인 1999년의 주당 2.59달러와 비교하여 크게 늘었다. 결국 버핏은 연평균 24.6퍼센트의 수익을 달성한 셈이다.

2013년 12월에는 미드아메리칸을 통해 네바다 파워Neveda Power와 시에라 퍼시픽 파워Sierra Pacific Power의 모회사이며 네바다 인구의 약 88퍼센트에 전기를 공급해주는 NV 에너지NV Energy를 56억 달러의 현금을 주고 인수했다. 2014년 12월 미드아메리칸은 앨버타주 캘거리에 소재한 전기 변속기 전문 제조사인 알트링크AltLink를 27억 달러 현금을 주고 인수했다.

2015년까지 미드아메리칸, 즉 BHE는 재생 가능한 풍력·태양광 발전에 160억 달러를 투자했다. BHE의 발전용량 중 풍력 발전이 차지하는 비중은 7퍼센트로, 모든 주에서 1위를 차지했다. BHE의 풍력 발전용량은 미국의 다른 전력회사보다 6배나 많았다. BHE는 또한 미국 태양광 발전의 6퍼센트를 담당했다.

2016년이 되자 버크셔는 BHE의 지분 90퍼센트를 보유했으며, 풍력 발전은 아이오와 소매 고객에게 판매된 전체 메가와트 시時의 55퍼센트를 생산했다. 버크셔는 이 수치가 2020년까지 89퍼센트로 증가할 것으로 예상했다. 2006년부터 2016년 사이 BHE에 대한 버크셔의 자본지출은 437억 달러로, BHE의 누적 세전이익인 229억 달러의 2배 가까이가 됐다.

버크셔의 막대한 자본지출과 효율적인 계획은 전력 업계가 요금을 44퍼센트 인상한 16년이 넘는 시간 동안 킬로와트 시KwH 요금을 유지할 수 있게 해주었다. BHE의 소매 KwH는 2015년 7.1센트로, 주내州內 경쟁사의 9.9센트와 이웃 주의 9~10센트보다 낮았다.[32] 또한 BHE 직원들의 부상률은 인수 당시 7퍼센트에서 2015년에는 무려 0.8퍼센트로 떨어졌다. 세전이익률은 2006년 13.9퍼센트에서 2016년 16.6퍼센트로 올랐지만[33], 유형자산 세전이익률은 2006년 5.8퍼센트에서 2016년 4.4퍼센트로 떨어지고, 버크셔의 씨즈 캔디 인수로 인해 높아진 ROIC에 크게 못 미치는 등 회사의 생산성은 지출로 인해 뚜렷한 제약을 받았다. 씨즈가 속한 버크셔의 서비스·소매 사업의 2016년 유형자산 세전이익률은 36퍼센트로 '양호하지만 훌륭하지는 않은' 자본집약적 기업인 BHE의 4.4퍼센트와 BNSF의 10.5퍼센트보다 훨씬 높았다.

벌링턴 노던 산타페BNSF

2009년 11월 버크셔가 지금까지 투자한 것 중 최대 규모인 265억 달러에 BNSF를 인수하기로 합의하면서 버핏의 자본집약적 사업으로의 전환은 더욱 탄력을 받았다. 버핏은 2006년부터 BNSF 주식을 매집하기 시작했고, 2009년이 되자 미국 최대 철도회사인 BNSF의 지분 22.5퍼센트를 소유하게 됐다. 버크셔의 2007년 연례 보고서에 따르면 버크셔가 맨 처음 17.5퍼센트의 지분을 매입했을 때 투자한 돈은 주당 평균 77.77달러였다. 다음 페이지의 차트에서 알 수 있듯이 버크셔의 인수 전 2년 동안 BNSF의 주가는 이미 2배로 오른 상태였다. 버크셔는 2010년 연례 보고서에서 당시 인수 전에 버크셔는 이미 BNSF의 주식 7,680만 주, 장부가액 66억 달러어치(주당 평균 85.95달러)의 BNSF 주식을 소유하고 있었다고 밝혔다. 버크셔는 2010년 2월 현금 60퍼센트와 버크셔 주식 40퍼센트로 지불하는 식으로 해서 주당 100달러에 BNSF의 미보유 지분 77.5퍼센트를 인수했다. 이 가격은 BNSF의 전날 종가에 31퍼센트의 프리미엄, 즉 웃돈을 얹어준 것이지만, 전년도에 찍었던 종가 기준 전고점과 비교하면 10퍼센트의 프리미엄을 더 얹어준 것에 불과했다.

70여 년 만에 최악의 경기침체를 촉발한 금융위기가 터진 지 1년 만에 버핏은 BNSF를 인수하기로 합의했다. 그는 "이것은 미국 경제 미래에 대한 '올인'이다. 난 이런 베팅이 너무 좋다"고 말했다. 버핏이 "우리나라가 미래에 번창할 수 있느냐는 효율적이고 잘 정비된 철도 시스템을 갖출 수 있느냐 여부에 달려 있다"고 말했듯, 철도는 국가 건강을 지키는 데 필수적인 동맥이다. 철도는 가격 결정력을 갖춘 거대한 진입 장벽을 세워놓고 있고, 트럭보다 적은 오염물질을 배출하며, 고속도로 혼잡을 줄이는 등 많은 이점을 가지고 있다. 300대 분량의 화물을 9,000피트 옮기기 위해 트럭 운송회사는 300명의 운전사를 고용해야 하지만 기차는 2명의 직원만 있으면 된다. BNSF는 미국 중서부에 집중적으로 운행하고 있어서 아시아와의 무역에도 유리한 위치에 있

워런 버핏의 레슨

었다. 버핏은 BNSF가 10년 안에 더 많은 화물을 운반할 것이며, 이를 대체할 수단은 없을 것으로 자신했다. 버핏은 자신이 앞선 15~20년 동안 BNSF 경영 실적이 획기적으로 개선됐다는 사실을 미리 알지 못했다는 걸 아쉬워하면서, BNSF의 인프라는 자신이 지급한 돈의 3~6배를 주고도 대체 불가능할 것으로 믿었다.

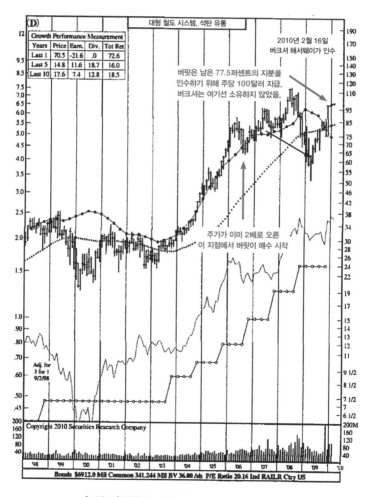

[그림 18] 벌링턴 노던 산타페의 주가(1998~2010년)

이때 이미 철도는 훨씬 더 효율적으로 변해 있었다. 25년 전과 비교해서 40퍼센트 적은 선로에서 90퍼센트 더 많은 거리를 이동하며 철도의 운영비용(인플레이션 조정 후)은 낮아졌다. 버핏은 2012년 연례 주총에서 제2차 세계대전 후 철도 산업의 고용인원이 170만 명에 달했지만 2012년에는 20만 명 미만이라는 사실을 언급했다. BNSF는 디젤 1갤런으로 1톤 무게의 화물을 500마일 이동시켰다. 같은 무게의 화물을 트럭으로 이동시키기 위해서는 4갤런의 디젤이 필요했다. 이러한 비용 효율성은 경기 회복에 따른 수요 급증으로 유가가 상승하는 와중에 철도의 경쟁우위를 입증해주었다.

BNSF는 공익기업은 아니지만 공익기업의 성격을 띠고 있다. 미드아메리칸과 비슷하게 이 회사는 늘 같은 장소에서 경쟁하는데도 막대한 자본지출이 필요하며 규제 당국의 결정에 따라 지출에 대한 합리적인 수익을 올릴 수 있는지가 결정됐다. 그럼에도 버핏은 미국 경제와 철도에 대해 눈에 띄게 낙관적이었다.

나라가 잘 돼야 BNSF도 잘 될 것이다. 다음 주나 다음 달, 심지어 내년이 어떻게 될지 알 수 없지만 50년 뒤 이 나라는 분명 더 성장하고, 인구도 더 늘어날 것이며, 이동하는 상품도 늘어날 것이다. 철도는 그러한 많은 양의 상품을 이동시킬 수 있는 논리적 방법이다. 철도는 비용과 연료 면에서 효율적이며 환경친화적이라서 철도의 점유율은 더 올라갈 것으로 생각한다.[34]

BNSF 인수를 위해 쓴 돈은 총 427억 달러로, 22.5퍼센트 지분 매입을 위한 초기 투자금 66억 달러와 지배주주가 되고자 남은 주식을 매입하기 위해 쓴 265억 달러, 그리고 2009년 12월 31일 현재 BNSF

의 순채무 추정액 96억 달러였다. 버핏이 2009년 11월 BNSF 지분을 100퍼센트 매입하기로 합의했을 때 주당순이익EPS 6.06달러가 반영된 2008년 연간 재무제표를 분석했을 것이다. 버핏이 주당 100달러로 BNSF 지분을 샀다는 것은 EPS의 약 17배를 지불했다는 뜻이다.

그렇다면 버핏이 BNSF를 인수한 후에 어떤 일이 벌어졌을까? BNSF는 견조한 경제 회복의 혜택을 누렸으나 원유 및 관련 석유 제품의 운송량 감소, 수송관의 철도 운송 대체, 가격이 하락한 천연가스 사용이 늘어난 데 따른 석탄 사용의 감소로 인해 매출은 타격을 받았다. 그럼에도 불구하고 [표 5]와 [표 6]에서 볼 수 있듯이 연료비 하락 덕에 BNSF의 영업이익률은 10퍼센트포인트 가까이 상승했다. 유형자산 수익률은 낮은 두 자릿수 부근에서 보합세를 나타냈다. BNSF가 인수되기 전에 자본집약적 기업이었다면, 버크셔는 2010년 BNSF를 인수한 후 2016년 말까지 인수하기 전 7년 대비 자본지출을 2배로 늘렸다. 버핏은 오랫동안 같은 (경쟁력 있는) 장소에 머물려면 자본지출이 감가상각보다 훨씬 더 클 수 있다는 건 부정적인 일이라고 인정했다.[35]

그럼에도 불구하고 BNSF는 2010년부터 2016년 사이 버크셔가 소유한 첫 7년간 170억 달러의 잉여현금흐름을 창출했다. 버크셔의 총 인수비용이 427억 달러였지만, 잉여현금흐름으로 인한 연평균 수익률은 6퍼센트에 이르렀고, 2016년에는 9퍼센트에 도달했다.

핵심 정리

버핏의 투자 방식은 다음과 같이 진화해왔다.

1. 버핏이 적은 돈을 갖고서 대차대조표상 가치를 바탕으로 저평가된 회사를 인수하는 그레이엄의 모델을 따랐을 때 퍼센티지 기준으로 버핏의 투자

손익계산서 (기업실적 보고서)	2016	2015	2014	2013	2012	2011	2010/2/13~ 2010/12/31
매출	$19,278	$21,401	$22,714	$21,552	$20,478	$19,229	$14,835
영업비용							
– 급여와 복리후생	4,717	4,994	4,983	4,615	4,472	4,228	3,544
– 연료비	1,934	2,656	4,478	4,503	4,459	4,267	2,687
– 구매한 서비스	2,037	2,056	2,167	2,064	2,122	2,009	1,787
– 감가상각비	2,115	1,993	2,117	1,968	1,888	1,807	1,531
– 장비 임대료	766	801	867	822	810	779	670
– 재료비 등	1,072	1,134	1,108	912	764	808	652
총영업비용	12,641	13,634	15,720	14,884	14,515	13,958	10,871
영업이익	6,637	7,767	6,994	6,668	5,963	5,271	3,964
이자비용	50	35	44	57	55	73	72
기타 비용	(192)	(111)	(91)	(72)	(46)	(22)	(7)
세전이익	6,779	7,843	7,041	6,683	5,954	5,220	3,899
소득세	2,519	2,928	2,644	2,412	2,234	,1,947	1,517
순이익	$4,260	$4,915	$4,937	$4,271	$3,720	$3,273	$2,382
영업마진	34.4%	36.3%	30.8%	30.9%	29.1%	27.4%	26.7%
유형자산 이익률	10.9%	13.2%	12.6%	13.3%	12.4%	11.4%	

[표 5] BNSF 10-K

현금흐름 (기업실적 보고서)	2016	2015	2014	2013	2012	2011	2010/2/13~ 2010/12/31	총계 (누적)
순이익	$4,260	$4,915	$4,397	$4,271	$3,720	$3,273	$2,382	
영업활동에 따른 순현금	$7,638	$7,984	$7,005	$6,205	$5,900	$6,177	$4,585	
장비 제외 자본지출	3,225	4,398	3,734	2,975	2,596	2,726	1,953	$28,059
장비 획득	614	1,226	1,509	943	952	763	445	
총자본지출	$3,839	$5,624	$5,243	$3,918	$3,548	$3,489	$2,398	
잉여현금흐름	$3,799	$2,360	$5,243	$3,918	$3,548	$3,489	$2,398	$17,435
버핏의 총투자금 427억 달러에 대한 수익률	8.9%	5.5%	4.1%	5.4%	5.5%	6.3%	5.1%	5.8%

[표 6] BNSF 현금흐름

워런 버핏의 레슨

성과가 가장 인상적이었다.

2. 버핏이 브랜드가 가진 힘과 수익 창출력에 근거하여 회사를 평가하는 '후기' 스타일로 투자했을 때 버크셔에 가장 많은 수익을 안겨주었다.

3. 버핏은 항상 가치투자의 중요성을 주장했지만, 가치에 대한 그의 정의는 진화해왔다. 비행기를 조종하거나 배를 운전하는 등 안전이 최우선인 상황에서는 점검표 확인이 중요하다. 투자 점검표는 투자 원칙을 일관되게 적용하는 데 유용하지만, 투자를 평가할 때는 상식이 바탕이 되어야 한다. 버핏은 투자를 평가할 수 있는 멘탈모델을 가지고 있지만, 점검표를 맹종하듯 추종하지는 않는다. 버핏은 신용평가사인 무디스를 예로 들며 이렇게 말했다.

나는 "신용평가사를 믿었다"고 둘러대며 책임 회피를 하고 싶지 않다. 신용평가사들이 평가 모델을 가지고 있듯이 우리 모두도 투자할 때 마음속에 투자 모델을 가지고 있다. 하지만 그들은 많은, 아주 많은 점검표와 그런 온갖 종류의 것들을 갖고서 모델들이 돌아가게 만든다. 나는 그런 점검표의 효과를 안 믿는다. 내가 할 수 있는 말이라고는 그저 내 마음속에 모델이 있다는 것뿐이다. 누구나 투자할 때 마음속에 모델이 있다. 하지만 알다시피 모델에 의존했을 때 98퍼센트의 효과를 보지만 100퍼센트의 효과를 보지는 못한다. 그래도 모두가 모델을 사용하고 있다는 것을 깨달아야 한다.[36]

4. 버핏은 자신의 투자 아이디어를 다음과 같은 세 가지 질문을 던져보며 평가했다.

- 내가 그 기업을 이해하고 있고, 기업은 지속 가능한 경쟁우위를 가지고 있는가?

- 경영진의 질과 역량은 어떠한가?

- 적절한 안전마진을 고려했을 때 가격이 합리적인가?

5. 버핏은 항상 새로운 눈으로 앞을 내다봤다. 그가 처음 매입하기 직전 BNSF의 주가는 이미 2배 뛴 상태였지만 그는 그동안 산업이 어떻게 통합되어서 더 효율적으로 변했는지와 BNSF가 경제 회복의 수혜를 얼마나 입을 준비가 되어 있는지를 고려했을 때 BNSF의 주식에는 여전히 매력적인 가치가 있다고 생각했다.

워런 버핏의 레슨

CHAPTER 20

사례 연구

숲속에 두 갈래 길이 있었고, 나는 사람이 적게 가는 길을 택했다. 그리고 그것이 내 모든 것을 바꿔놓았다.

– 로버트 프로스트의 〈가지 않은 길〉 중에서

템플턴, 린치, 버핏은 모두 로버트 프로스트가 가진 용감무쌍한 여행자의 집요함과 새로운 지평을 탐험하려는 의지, 독립적인 사고 습관을 공유했다. 그들은 사람들이 덜 다니는 길을 추구함으로써 독보적 투자자로 명성을 날렸다. 누구나 그럴 수 있다.

리서치 회사 모닝스타Morningstar에 따르면 윌 다노프가 27년 이상 피델리티 콘트라펀드를 운용하는 동안 기록한 연평균 수익률 12.9퍼센트는 미국의 주식형 펀드 95퍼센트가 올린 수익률을 웃돌았다.[1] 다노프는 린치 밑에서 수련했고, 버핏에게서 투자 조언을 구했다. 다노프는 린치의 집요함에 대해 "피터는 누구보다 샅샅이 조사해야 한다고 믿었다. 조사 대상 기업 수가 늘어날수록 더 많은 기회를 찾을 수 있다고 생각했다"고 술회했다.[2] 콘트라펀드가 자산 규모 1,000억 달러가 넘는 펀드로 성장하자 그는 버핏으로부터 거액을 운용하는 방법에 대한 조언을 구했고, 버핏은 그에게 "가장 승산이 있는 곳에 크게 걸어라"라고 조언했다.[3]

버크셔는 1960년대 중반 아메리칸 익스프레스에 순자산의 40퍼센트를 투자하는 등 '가장 승산이 있는 곳'에 크게 베팅함으로써 수혜를 봤다. 버핏의 과감한 베팅 중 상당수는 재구매율이나 소비자 충성도는 높으나 향후 수익 창출력은 저평가되어 있는 기업을 대상으로 했다. 버핏이 한 주목할 만한 투자와 각 투자의 맥락을 주의 깊게 연구하는 것이 미래에 유사한 기회를 찾아내고 활용할 수 있는 유익한 방법이 될 수 있다.

이미 살펴봤듯이 버핏의 주요 투자에는 다음과 같은 공통점이 있었다.

이해하고 있는 예측 가능한 기업에 투자한다: 버핏은 10년 후 기업의 모습이 어떻게 바뀔지를 합리적으로 예측할 수 있도록 제품과 경쟁의 성격, 시간이 지나면서 잘못될 수 있는 일들을 알고 있는 기업을 찾는다. 그가 빚이 거의 내지는 전혀 없으면서 꾸준히 수익을 창출할 수 있는 예측 가능한 기업을 찾는 이유가 이것이다.

찰리와 나는 버크셔를 경영하면서 우리가 이해하는 것에 돈을 투자하려고 노력한다. 여기서 '이해한다'는 말은 향후 5년이건 10년이건 20년 뒤건 간에 사업이 어떤 모습일지를 합리적으로 알 수 있다고 생각하는 곳을 이해한다

워런 버핏의 레슨

는 뜻이다. (중략) 우리는 우리의 능력 범위 안에 머물 것이다.[4]

버핏은 투자자들에게 기업을 이해하고, 놀랄 일이 별로 없는 기업에 대한 투자를 고수할 것을 권했다.

찰리와 나는 판매 제품이 아무리 흥미롭더라도 미래를 평가할 수 없는 기업은 피한다. (중략) 앞으로 수십 년간 수익 창출이 합리적으로 예측 가능한 기업을 고수한다.[5]

부채담보부증권collateralzied debt obligations(CDOs, 회사채나 금융회사의 대출채권 등을 한데 묶어 유동화시킨 신용파생상품-옮긴이)과 같은 투자상품이 인기가 있더라도 투명하지 않다면 그것이 아무리 월가 분석가나 신용평가 기관으로부터 좋은 평가를 받았더라도 이해하지 못한 채 손을 대서는 안 된다. CDO는 금융위기를 악화시켰다. "보통주건 새로운 발명품이건 상관없이 불투명하다고 생각하는 것에 투자하는 사람은 누구나 일단 한발 물러나 있어야 한다."[6]

버핏은 투자 잡지인 〈밸류 라인〉을 통해 사실들을 확인하며 회사의 이력이 맞는지를 검토한다.

〈밸류 라인〉 구독료가 얼마인지는 모르겠다. 찰리와 나는 각자 사무실에서 그것을 받아본다. 우리가 어떤 회사에 관심을 가져도 되는지를 알려주는 수많은 핵심 요소들을 가장 빠르게 검토할 수 있게 해주기 때문에 그 잡지는 엄청난 가치가 있다.

버핏은 특정 기업에 투자할 때 핵심 변수가 될 만한 것을 파악해 그 것의 예측 가능성을 평가한다. 이어서 예측 가능하다는 전제하에 회사의 향후 수익 흐름을 평가하여 중장기 수익 창출력이 과거보다 나쁜지, 좋은지, 아주 좋은지를 판단한다. 미래에 무슨 일이 일어날지 모르는 회사는 지나친다.

주식을 회사의 일부로 간주한다: 버핏은 회사 지분 일부만을 매입하더라도 회사 전체를 인수한다는 생각으로 매입한다. 그래야 주식투기꾼이 아닌 사업가의 시각에서 생각할 수 있기 때문이다. 주식은 기업의 일부에 지나지 않는다. 버핏은 경쟁 관계, 잘못될 가능성, 장기적인 수익 창출력을 포함해 기업을 평가할 때와 같은 방식으로 주식을 평가한다.

마음 점유율을 중시한다: 버핏은 특히 소비재 회사들의 경우 시장 점유율만큼은 아니더라도 마음 점유율share of mind, 즉 소비자들이 특정 기술이나 브랜드나 제품에 대해 얼마나 충성심이 있는지도 중시한다. 이 점에서 아메리칸 익스프레스는 흥미로운 사례에 해당한다.

우리는 항상 시장 점유율과 비교하며 마음 점유율을 고려한다. 마음 점유율이 높으면 시장 점유율도 높을 수밖에 없기 때문이다. 아메리칸 익스프레스는 수년간 재무 건전성과 광범위한 사용의 편의성 면에서 사람들의 마음속에서 매우 특별한 위치를 차지하고 있었다.[7]

소비자의 마음을 읽어라. 코카콜라는 누구에게나 중요한 의미가 있다. RC 콜라는 아무런 의미도 주지 못하지만 코카콜라를 떠올리는 사람들의 얼굴에는 미소가 퍼진다. 디즈니도 마찬가지다. 이처럼 신뢰를 주는 게 중요하다. 호의적인 의미를 주는 게 중요하다. 어떤 브랜드를 생각했을 때 얼굴이 밝아

워런 버핏의 레슨

지는가? 좋은 기억이 연상되는가? 앞으로 5~10년 후에도 마찬가지일까?[8]

'경제적 해자'를 중시한다: 경제적 해자economic moat란 한 회사가 동종 업계의 다른 회사에 비해 제품과 서비스 면에서 가진 경쟁우위를 말한 다. 버핏은 기업을 평가할 때 그 기업의 경쟁우위를 알아보고, 그 것이 탄탄하고 지속 가능한지를 가장 중요시한다.

> 우리는 모든 기업을 경제적인 성城으로 간주한다. 성은 약탈의 대상이 된다.
> 그리고 자본주의에서는 면도날이건 청량음료건 무엇이건 당신이 어떤 성을
> 갖고 있건 간에 수백만 명의 고객이 당신한테서 그 성을 빼앗아서 자신의 용
> 도에 맞게 전용轉用할 수 있는 방법을 고민해볼 거라고 예상하고, 심지어 자
> 본주의 제도가 그렇게 해주기를 원해야 한다. 그렇다면 문제는 "당신은 성을
> 지키기 위해 어떤 해자를 가지고 있는가?"이다. 씨즈 캔디는 성 주변에 멋진
> 해자를 만들어냈다. (중략) 우리는 매니저들에게 매년 해자를 더 넓히고 싶다
> 고 말한다.[9]

10억 달러를 들고 있는 경쟁사가 존재하더라도 회사의 운명에 악영 향을 미칠 수 없다면 그 회사는 넓은 해자를 가지고 있는 것이다. 다시 말해, 가이코와 같은 저비용 생산자가 되거나, 마이크로소프트처럼 다 른 회사 제품으로 전환하려면 너무 번거롭고 전환 비용이 많이 발생 하게 만들거나, 코카콜라처럼 확장성의 우위를 가지거나, 특허와 같이 다른 곳이 자사 제품을 모방하지 못하게 막아주는 무형자산을 가지고 있거나, 페이스북처럼 사용자 수가 늘어날수록 '네트워크 효과network effect(특정 상품에 대한 어떤 사람의 수요가 다른 사람들의 수요에 의해 영향을 받는 효과-

옮긴이)'가 커지게 만들거나, 코스트코나 아마존이나 1964년도의 아메리칸 익스프레스처럼 제품의 품질과 가치에 대한 우위를 점해야 한다.

버핏은 텔레비전, 자동차, 라디오, 항공사 등 사회를 변화시킨 여러 산업이 투자자들에게 제대로 보상해주지 못했다고 지적했다.

> 투자의 핵심은 한 산업이 사회에 얼마나 영향을 미칠지 혹은 그것이 얼마나 성장할지를 평가하는 것이 아니라, 특정 기업의 경쟁우위와 무엇보다 그 우위의 지속성을 제대로 판단하는 데 있다. 주변에 넓고 지속 가능한 해자가 둘러쳐져 있는 상품이나 서비스는 반드시 투자자들에게 보상해준다.[10]

기업이 경쟁력 있는 강력한 해자를 가지고 있는지 제대로 테스트하는 방법은 가격 결정력 유무를 알아보는 것이다. 버핏은 "우리는 가격 결정력이 있다고 느끼는 기업에 투자하기를 좋아한다"고 말했다.[11] 씨즈 캔디의 사례에서 보았듯이, 최고의 기업은 가장 적은 자산을 갖고서 가장 많은 현금을 창출하는 기업이다.

요약하자면, 버핏에게 가장 매력적인 기업은 가격 책정의 유연성을 가지고 있고, 자본수익률이 높고, 예측 가능하고, 현금을 창출하고, 가급적 자사주를 매입하는 기업이었다.

경영진을 중시한다: 버핏은 지분을 일부 취득한 기업의 경영진에게서도 버크셔의 경영진과 같은 자질이 있는지를 알아본다. 즉, 그들에게서 그가 좋아하고 신뢰하며 존경할 수 있는 지성, 열정, 성실함이 있는지를 알아본다. 버핏은 경영진이 주주를 사업 파트너로 봐주길 원하는데, 그것은 주주가 어떻게 보상을 받고, 주주와 얼마나 솔직하게 소통하는지를 통해 드러난다고 생각한다. 버핏은 이렇게 말했다. "덧붙여

말하자면 우리는 경제성이 뛰어난 성을 찾을 뿐만 아니라 그 성을 책임질 위대한 기사도 찾는다. (중략) 물론 책임진 기사가 성의 얼마만큼을 얻게 될지도 따져본다."[12] 버핏이 자신의 능력 범위 안에 머무르듯이, 그는 버크셔가 100퍼센트 지분을 소유한 회사의 경영진도 그들의 능력 범위 안에 머물러주기를 원한다. 버핏은 경영자가 회사나 돈 중 무엇을 좋아하는지를 판단하여 거르는 게 중요하다고 생각한다. 그는 부자가 되고자 하는 매도자로부터 기업을 인수하는 데는 관심이 없다. 그는 자신이 매도자를 위해 문제를 해결해줄 수 있기를 원한다. 자신이 기업을 되파는 일은 결코 없을 테니, 기업은 예전 방식 그대로 경영될 것이라고 매도자에게 약속할 수 있다.

버핏은 직업정신이 투철하고, 재미있게 일하고, 자신이 하는 일을 즐기는 경영진을 원한다. 부탁받은 것보다 더 많은 일을 하는 소통 능력이 뛰어난 사람을 찾는다. 일부 소유 기업에도 같은 기준이 적용될 수 있다. 그는 경영진에게 뛰어난 능력을 발휘하기 위한 열정, 성실함, 지능, 경험, 집념이 있는지, 아니면 경영진이 돈에 대한 사랑과 오만함 때문에 기업의 핵심 기본원칙에서 벗어나는지를 확인한다. 버핏은 "매도자가 기업을 팔 때 돈에 더 신경을 쓴다면 매각이 원활하게 되지 않을 수 있다. 자신이 하는 일에 미친 사람을 찾아라"라고 말했다.[13] "우리는 사람들에게서 두뇌, 에너지, 그리고 성실함을 찾는다."[14]

가격을 중시한다: 마지막으로 버핏은 회사의 내재가치에 대한 자신의 평가와 비교하여 적절한 주식 매수 가격을 결정한다. 내재가치는 기업의 모든 미래 현금흐름의 현재 가치다. 버핏은 늘 무위험 장기 국채 금리를 기준으로 삼아 미래 현금흐름에 대한 자신의 추정치를 할인해 본다. 이때 적용하는 할인율은 기업의 가치를 살필 때 미래의 기

업 이익을 예상해서 지금의 가치로 환산하는 과정에서 활용하는 개념이다. 단, 버핏은 할인율에 지나치게 신경을 쓰기보다는 기업을 이해하고 그것을 제대로 보는 데 집중한다. 다시 말해, 그는 10년 뒤 기업의 모습에 확신을 가질 수 있는지를 알아본다. 버핏은 기업의 수익성과 생산성을 평가하기 위해 주주 수익owner earning을 유형자산과 비교한다. 주주 수익은 정상(비정상적인 품목 제외) 이익과 무형자산의 상각액을 합친 금액과 같다. 유형자산에선 무형자산, 그중 주로 영업권을 제외한다.

유형자본tangible equity 수익률은 부채가 없는 기업의 유형자산 수익률과 같다. 궁극적으로 버핏은 미래 수익 창출력을 합리적인 저가에 투자하는 것이다. 버핏은 "우리는 기본적으로 우리에게 소리를 지르는 곳을 찾지만 자주 찾지는 못한다. 우리는 계산이 빗나가더라도 여전히 현명한 투자였음이 확실한 곳을 찾는다"고 말했다.[15]

버핏은 시장 가격이 회사 내재가치에 대한 추정치보다 훨씬 낮은 소위 '팻 피치fat pitch'를 봤다고 믿으면 한방에 대량으로 사들였다. 팻 피치란 야구에서 스윗 스팟에 들어오는 공을 말한다. 멍거는 이렇게 말했다.

인간에게 항상 모든 것에 대해 알 수 있는 재능이 주어지는 건 아니다. 하지만 열심히 파헤쳐서 (남들이 보지 못하는 가치를 싼값에 살 수 있게) '가격이 잘못 매겨진mispriced' 베팅을 찾고, 또 실제로 가끔 그것을 찾아내어 걸러내는 사람에게는 그런 재능이 주어진 것이다. 그리고 현명한 사람은 세상이 그런 기회를 줬을 때 크게 베팅한다. 승산이 있을 때 큰돈을 걸고 나머지 시간에는 그런 베팅을 하지 않는다. 아주 간단하다. 그러나 투자 운용을 그런 식으로

운용하는 사람은 없다. 하지만 우리는 그런 식으로 운용한다. 버핏과 멍거에 대해 말하고 있는 중이다.[16]

버핏은 이렇게 첨언했다. "오래전 아메리칸 익스프레스와 가이코에 투자했을 때 그랬듯이 놀라운 기업이 엄청나지만 해결 가능한 문제에 직면했을 때 위대한 투자 기회가 생긴다. 그러나 전반적으로, 우리는 용을 죽일 때(위기에 맞설 때)보다는 용을 피할 때 더 실적이 좋았다."[17]

아메리칸 익스프레스 (1차 투자)
——

1964년 아메리칸 익스프레스의 연례 보고서에서 하워드 클라크 Howard Clark 사장은 "우리는 많은 관심을 끌었던 창고 문제만큼이나 매우 만족스러운 매출 개선과 기록적인 순이익 달성을 한 해로 1964년을 기억할 것이다"라고 솔직히 인정했다. 다음 페이지의 [표 7]에도 나와 있듯이 이전 10년 동안 아메리칸 익스프레스의 매출과 EPS의 연평균 성장률은 각각 12퍼센트와 10퍼센트였다. 1964년 매출은 더 높은 17.7퍼센트 증가했고, EPS 역시 11.5퍼센트 늘어났다. 신뢰할 수 있는 안전한 돈으로 인정받는 아메리칸 익스프레스의 여행자 수표 가치에 대한 해외에서의 관심이 높아진 덕이었다. 아메리칸 익스프레스의 여행자 수표가 등장한 지 73년 만에 처음으로 해외 판매가 국내 판매와 엇비슷해졌다.

아메리칸 익스프레스 신용카드 매출도 호조를 보였다. 신용카드 청구액은 1964년 3억 4,400만 달러로 42퍼센트 뛰었고, 3년 만에 2배 이상 증가했다. 1964년 소비자들이 처음으로 아메리칸 익스프레스 신

	1964	1963	1962	1961	1960	10년 CAGR
매출	$118,144	$100,418	$86,771	$77,378	$74,709	12.1%
순이익	$12,541	$11,264	$10,131	$9,204	$9,007	9.7%
EPS	$2.81	$2.52	$2.27	$2.06	$2.02	9.7%
주당 배당금	$1.40	$1.40	$1.25	$1.20	$1.20	9.1%
주주 자본	$83,613	$78,696	$68,356	$63,805	$60,102	
평균자본 순이익률 ROAE	15.5%	15.3%	15.3%	14.9%	15.5%	
EPS 변화율(%)	11.5%	11.0%	10.2%	2.0%	6.9%	

[표 7] 아메리칸 익스프레스

용카드로 항공권을 결제할 수 있게 되자 전체 발행 카드 수도 20퍼센트 증가한 122만 5,000장이 되었다. 아메리칸 익스프레스는 1958년 기존 카드회사인 다이너스 클럽Diners Club을 상대로 신용카드 사업을 시작했다. 아메리칸 익스프레스 브랜드의 강점과 가격 결정력은 이미 1961년부터 명백해졌는데, 이때 카드 연회비를 연간 6달러에서 8달러로 33퍼센트 올렸고, 추가 발급카드 연회비는 3달러에서 4달러로 인상했다. 다이너스 카드의 기본 카드와 추가 발급 카드 연회비가 각각 5달러와 2.5달러였다는 점에서 아메리칸 익스프레스의 연회비가 더 비쌌다. 1962년 아메리칸 익스프레스의 신용카드 사업부는 사상 첫 흑자를 기록했다.

이처럼 급성장하던 아메리칸 익스프레스의 소규모 창고 사업부가 대규모 사기의 희생양이 되었다. 이 사기는 흔히 '샐러드유 스캔들'로 불린다.

아메리칸 익스프레스는 상품 재고를 보관하는 기업에 대출해주려고 위탁 창고업무 부서를 만들었다. 티노 드 앤젤리스Tino De Angelis

는 그의 회사인 얼라이드 크루드 베지터블 오일 정제 회사Allied Crude Vegetable Oil Refining Corporation를 통해 아메리칸 익스프레스의 고객이 되었다. 아메리칸 익스프레스는 그가 창고에 저장한 수백만 파운드 무게의 식물성 기름에 대해 보관 영수증을 써줬다. 드 앤젤리스는 은행에 가서 이 영수증을 담보로 대출을 받았다. 은행은 기름을 담보로 돈을 빌려줬다고 생각했다. 창고 관리자로서 아메리칸 익스프레스의 승인을 받은 직인은 재고 존재 사실을 보증해줬다. 아메리칸 익스프레스 자회사인 아메리칸 익스프레스 웨어하우징American Express Warehousing은 얼라이드 크루드와 같은 땅에 저장 시설을 가지고 있었고, 4개의 별도 탱크에 약 8,000만 달러어치의 대두유를 보관하고 있었다. 드 앤젤리스가 대부분의 기름을 물로 바꿔놓으면서 사기가 일어났다. 그는 탱크 검사소에 검사를 통과할 정도의 기름만 전략적으로 배치해 검사관들을 속였다. 그는 또한 같은 기름을 미로 같은 파이프들을 통해 여러 탱크에 이리저리 실어 나르며 실제 있는 것보다 더 많은 양의 기름이 저장되어 있는 것처럼 속였다.

드 앤젤리스는 아메리칸 익스프레스가 발행한 창고 영수증을 교환해 얻은 현금과 은행들로부터 받은 대출금을 갖고서 막대한 양의 기름 선물에 투자하는 방법으로 대두유 시장을 장악하려고 했다. 당시 얼라이드 크루드는 미국 최대의 식물성 기름 수출 회사였다. 그러나 결국 검사관들이 이 회사의 뇌물수수 시도와 기름 인도 차질에 대한 정보를 입수했다. 철저한 조사 끝에 검사관들은 창고에 저장된 것의 90퍼센트가 물임을 발견했다. 이 사건이 알려지자 선물 시장은 붕괴됐다. 얼라이드 크루드는 1963년 11월 1,900만 달러의 마진콜margin call(선물가격 변화 또는 펀드 투자원금 손실에 따른 추가 증거금 납부 요구 – 옮긴이)을 맞추지 못해 파산 신청을 했다. 51개 은행이 총 1억 5,000만 달러의 대출 사기를 당한 것으로 드러났다.

1964년 1월 유한책임회사인 아메리칸 익스프레스 웨어하우징은 파산법 제11장에 따른 파산보호를 신청했다.[18] 회사는 "창고 영수증 보유자들에 대한 법적 책임은 없지만, 자회사가 보험 적용 범위와 기타 보유 자산을 초과하는 금액에 대해 법적 책임을 져야 할 경우 초과 부채가 상환되는지 확인해야 할 전반적인 책임에 따라 할 수 있는 모든 것을 해야 한다고 느꼈다"고 밝혔다.[19] 아메리칸 익스프레스는 대중으로부터 받은 신뢰와 프랜차이즈의 영업권을 지키고 있었다.

버핏은 아메리칸 익스프레스에게 법적으로 그렇게 하지 않아도 정당하지만, 자회사에 대한 요구를 무시하지 말 것을 촉구했다.

> 우리가 모회사가 자회사에 대한 요구를 무시할 것이라고 생각했다면 7만 주를 매입하지 않았을 것이라는 사실을 사비를 들여서라도 증명할 의사가 있다. 우리는 이 사건으로 기업의 장기적인 가치가 대폭 삭감될 것으로 느끼기 때문이다. 즉, 공정하면서도 관대한 제안을 하는 아메리칸 익스프레스는 자회사들의 행위에 대한 책임을 부인하지 않는, 실질적으로 상당한 가치가 있는 기업이라고 판단한다.[20]

버핏은 아메리칸 익스프레스가 '지불 약속'을 함으로써 장기적으로 얻을 수 있는 평판상의 혜택이 샐러드유 사건으로 감당해야 할 단기적인 비용을 훨씬 넘어선다는 것을 날카로운 통찰력으로 알아봤다.

아메리칸 익스프레스 웨어하우징의 유한책임회사 구조상 모회사가 부채에 대해 법적 책임을 지지 않아도 됐지만, 모회사인 아메리칸 익스프레스는 비법인화된 합자 회사unincorporated joint stock enterpirse여서, 엄밀히 말해 회사 주주는 회사 자산으로 충당할 수 없는 부채에 대한 공동 책임자로 간주됐다. 비록 근 한 세기 동안 그런 식의 평가가 이뤄진 적이 없었지만, 그렇다고 해서 1963년 4분기 중 퍼트넘 성장펀드Putnam Growth Fund와 피델러티 캐피탈펀드Fidelity Capital Fund를 포함한 4개의 뮤추얼 펀드가 아메리칸 익스프레스의 유통주식 446만 주 중 총 2.5퍼센트를 투매하는 것을 막을 수는 없었다. 1963년 주주 자본이 7,870만 달러나 됐으나 주가는 스캔들 이전 최고치였던 62.375달러에서 35달러로 추락했다. 이때 다른 기관 주주들이 공포에 질려 도망치는 동안 버핏은 아메리칸 익스프레스 주식을 추가 매수했다. 버핏은 아메리칸 익스프레스의 독특한 기업 구조로 인해 파산한다면 그 자신도 주주로서 회사의 부족한 돈을 메우는 데 책임을 져야 할 수도 있었으나, 아메리칸 익스프레스에 배상을 독려하는 멋진 모습을 보였다.

1964년 4월 9일 아메리칸 익스프레스는 채권자들과 총 1억 2,600만 달러의 피해 배상 문제를 해결하기 위해 5,800만 달러를 내겠다고 제안했다. 배상 조건은 아메리칸 익스프레스가 세금 공제 조건으로 최대 4,500만 달러를 지불하고, 나머지는 받을 보험금으로 처리하겠다는 것이었다. 3,000만 달러의 보험금을 지불해야 할 처지에 놓인 12개 보험사는 사기 사건이라는 이유로 그에 따른 보험금 지급을 거부했다. 하워드 클라크 사장은 "제시한 배상금은 이사회의 신중한 검토에 따라 결정되었다"고 말했다.[21] 18개월의 협상 끝에 아메리칸 익스프레스는 채권단과 피해 배상에 합의했고, 사건의 주인공인 티노 드 앤젤리스는 위조 영수증 사기를 공모한 혐의 등으로 20년형을 선고받았다.

버핏은 1964년 아메리칸 익스프레스의 지분 5퍼센트를 보유 자본의 40퍼센트인 1,300만 달러를 투자해서 샀다. 이것은 그가 앞서 고수했던, 하나의 투자에 조합의 자본 25퍼센트 이상을 투자하지 않겠다는 정책을 벗어난 투자였다. 버핏은 "아메리칸 익스프레스라는 이름 자체가 바로 훌륭한 프랜차이즈다. (중략) 아메리칸 익스프레스는 전국적으로 여행자 수표 시장의 80퍼센트 이상을 점유하고 있었고, 그 어떤 기업도 그것을 흔들 수 없었다"고 말했다.[22] 버핏은 얼마나 많은 사람들이 아메리칸 익스프레스 신용카드로 저녁 식사비를 내는지 알아보기 위해서 오마하의 로스 스테이크 하우스Ross' Steak House 레스토랑 계산대 뒤에 앉아 확인한 끝에 스캔들에도 불구하고 아메리칸 익스프레스의 근본적인 사업적 우위와 엄청난 사용량에는 여전히 변화가 없음을 확신할 수 있었다. 버핏은 또한 이번 스캔들로 아메리칸 익스프레스 여행자 수표 사용이 위축됐는지 재차 확인하기 위해 오마하의 여러 은행을 방문했다.

아메리칸 익스프레스에 대한 투자 결정은 여행자 수표 사용자, 은행 텔러, 은행 임원, 신용카드 회사, 카드 소지자, 그리고 다양한 분야의 경쟁사들을 대상으로 실시한 광범위한 조사 끝에 내려졌다. 조사 결과는 모두 아메리칸 익스프레스의 경쟁 우위와 거래상의 지위가 샐러드유 스캔들로 인해 손상되지 않았음을 확인시켜 주었다.

하워드 클라크 사장도 1965년 12월 2,500주를 개인적으로 취득해 그의 보유 주식은 1만 3,740주로 22퍼센트 늘어났는데, 이것이 버핏에게 또 다른 신뢰의 신호탄이 됐을 수도 있다.

버핏은 1980년 버크셔 해서웨이 연례 보고서에서 아메리칸 익스프레스가 재정적 타격 여파로 일시적으로 휘청거렸지만 갖고 있던 특별한 펀더멘털은 무너지지 않은 유일한 회사였다고 회상했다. 돈을 아끼기보다 금융 윤리를 지키려고 했던 덕에 아메리칸 익스프레스의 브랜드와 여행자 수표는 피해를 보지 않았다. 버핏은 이 회사가 회생한 게 아니라 "떼어버릴 수 있는 국소암localized excisable cancer에 걸린 특별한 프랜차이즈 사업"이라고 말했다. 버핏은 1967년 아메리칸 익스프레스 주식을 2,000만 달러, 즉 154퍼센트의 이익을 내고 팔았다. 주가는 5년 만에 주당 최저 35달러에서 189달러로 5배가 뛰었다.[24] 또한 이 5년 동안 카드 연회비는 20달러로 올랐지만 수신처는 줄어들지 않았다.

핵심 정리

1964년 아메리칸 익스프레스 투자는 회사의 구조적인 문제와 상관없는 일시적이고 해결 가능한 문제에 의해 야기된 주식 투매를 매수 기회로 이용한 고전적인 사례였다. 당시의 문제는 핵심 사업부가 아닌 소규모 사업부와 관련됐고, 게다가 책임 범위가 제한적이어서 부채 부담 역시 제한적이었다. 아메리칸 익스프레스는 당시 사기 사건의 피해자들에게 법적 배상을 해줄 의무가 없었지만, 여행자 수표의 가치를 뒷받침해주는 신뢰와 명성을 지키기 위해 윤리적으로 책임을 부담했다. 버핏은 "그 (배상금) 6,000만 달러는 (나 같은) 주주들에게 우편으로 보낸 배당금이 배달 도중 분실된 셈 쳤다"고 말했다.[25] 버핏은 직접 실시한 조사를 통해 6,000만 달러가 아메리칸 익스프레스의 소비자 충성도에 지장을 주지 않는다는 확신을 갖게 됐다.

'사실 수집'이라고 부르는 이 방법을 나는 《위대한 기업에 투자하라》라는 훌륭한 책을 쓴 필 피셔에게 배웠다. 필은 뛰어난 사람이었다. 나는 1963년 아메리칸 익스프레스가 심각한 샐러드유 스캔들에 휘말려서 사람들이 회사 부도를 걱정했을 때 이 방법을 처음 써봤다. 나는 레스토랑에 가서 사람들이 아메리칸 익스프레스 카드로 무엇을 하고 있는지 보았고, 은행에 가서는 은행이 (아메리칸 익스프레스의) 여행자 수표를 받는지를 확인했다. 분명 아메리칸 익스프레스가 이 스캔들로 약간의 손실을 입었기는 하지만 스캔들이 회사의 소비자 영업에는 영향을 미치지 않았다.[26]

아메리칸 익스프레스는 그로부터 60~70년이 지난 지금까지도 굳건한 기반을 쌓고 잘 알려진 경쟁사들과 맞서면서도 세계 시장의 3분의 2를 점유하고 있다. 더 비싼 요금을 청구하면서도 그렇게 굳건한 기반을 쌓고, 잘 알려진 경쟁사들에 맞서 시장 점유율을 유지하거나 높일 수 있는 회사라면 사람들의 마음속에는 그 회사에 대해 매우 특별한 무언가가 있다는 뜻이다. (중략) 이런 우월적 위치는 끝내 승리를 안겨준다. 그것은 사람들이 당신 회사에 대해 어떤 생각을 하는지 말해주는 것이다. 내가 1964년에 아메리칸 익스프레스 주식을 매수한 이유도 이 때문이다. 우리가 5퍼센트의 지분을 인수했는데, 그 당시에 우리에게 상당히 큰 투자였다. 당시 나는 불과 2,000만 달러만 운용하고 있었다. 그러나 우리는 아메리칸 익스프레스가 소비자들의 마음 점유율을 빼앗기지 않았다는 걸 확인할 수 있었다.[27]

버핏은 아메리칸 익스프레스 인수를 통해 분산투자 전략에 따라 유형자산을 저렴하게 매수하는 그레이엄의 매수 모델을 답습하던 틀을 깼다. 아메리칸 익스프레스의 가치는 그 어떤 유형자산에도 있지 않았다. 여행자 수표의 현금 가치를 지키고, 신용카드를 계속 쓸 수 있게 해주겠다는 고객과의 본질적으로 중요한 약속을 지킨 영업권에 있었다. 아메리칸 익스프레스는 비핵심 창고 사업에서 약속을 제대로 지키지 못함으로써 핵심 사업에서의 기본적인 약속을 지킬 수 있을지에 대한

워런 버핏의 레슨

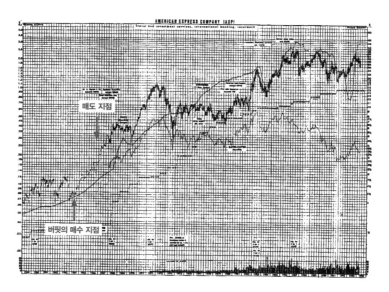

[그림 19] 아메리칸 익스프레스의 주가(1959~1994년)

의심을 초래했을 수도 있었다. 하지만 버핏은 소비자들이 샐러드유 스캔들에 동요하지 않고 여전히 여행자 수표와 신용카드에 충성하고 있다고 확신했다.

버핏은 자신 있는 곳에는 크게 베팅했다. 다른 담배꽁초주들에 투자할 때도 마찬가지였다. 1965년 11월 버핏은 유한책임 조합원들에게 자신이 찾아낸 사실과 추론이 맞을 확률이 높고 영구적인 가치 손실 위험은 낮다고 판단되면 하나의 주식에 보유 자산의 최대 40퍼센트까지 투자할 수 있다고 통보했다. 그가 아메리칸 익스프레스 주식을 더 오래 들고 있어야 했다고 주장하는 사람도 있을 수 있겠지만, 그는 몇 년 후 이 회사 주식을 다시 매수해서 큰 성공을 거두었다.

Chapter 20 사례 연구

아메리칸 익스프레스 (2차 투자)

1964년 일어난 샐러드유 스캔들은 아메리칸 익스프레스가 힘들게 쌓아온 소중한 명성을 위협했고, 그로부터 27년 뒤인 1991년 회사는 명성이 위협받는 위기를 맞았다.

하워드 클라크 사장은 여행 및 금융 서비스와 관련된 다른 분야로 사업을 다각화함으로써 아메리칸 익스프레스가 처한 경제적 위기의 여파를 최소화하기로 마음먹었다. 이에 따라 1966년 국채 발행 주관 업무를 전문으로 하는 투자은행인 W.H. 모튼W.H. Morton에 이어 1968년에는 대형 손해보험사인 파이어맨스 펀드 보험회사Fireman's Fund Insurance Company를 인수했다. 이러한 인수 시도 중 4건이 실패한 직후인 1977년 제임스 D. 로빈슨 3세James D. Robinson III가 아메리칸 익스프레스의 회장 겸 CEO가 되었다. 1981년 아메리칸 익스프레스는 미국의 일류 증권회사인 시어슨 로브 로즈Shearson Loeb Rhoades를 인수했다. 이후 별도 법인으로 운영되던 시어슨은 애틀랜타에 본사를 둔 증권회사 로빈슨-험프리Robinson-Humphrey를 인수했다. 샌포드 I. 바일Sanford (Sandy) I. Weill이 1983년 초 시어슨의 사장이 되자 곧바로 금융 자문회사인 아이코Ayco를 인수함으로써 금융 서비스업으로서 사세를 확장했다. 1984년 아메리칸 익스프레스는 IDS란 이름으로 더 유명한 금융 플래닝 회사인 인베스터스 다이버시파이드 서비스Investors Diversified Services를 인수한 뒤 리먼 브라더스 쿤Lehman Brothers Kuhn, 롭 앤 코Loeb&Co.를 추가로 인수했다. 샌포드 웨일은 1985년 8월 자신이 CEO가 될 수 없다는 것을 알고 시어슨을 떠났다.

손해보험 분야에서 일어난 가격 경쟁으로 수익이 감소한 가운데 파이어맨스의 책임준비금(지급준비금) 확충을 위해 4억 3,000만 달러가 필요하게 되자 시어슨은 감당하기 힘든 상태가 되었다. 아메리칸 익스프레스는 1985년부터 1988년까지 일련의 주식공개IPO를 통해 보험회사를 분사시켰다. 융통한 자금은 시어슨이 금융회사인 E.F. 허튼E.F. Hutton을 인수하는 데 쓰였다. 1987년 금융위기로 일어난 증시 폭락으로 시어슨의 부채 상각이 지연되자 아메리칸 익스프레스는 결국 시어슨의 대손충당금(기말까지 미회수된 매출채권 중 회수가 불가능할 것으로 예상되는 금액을 비용으로 처리하기 위해 설정하는 계정-옮긴이)을 9억 달러 확충해야 했다. 1990년이 되자 시어슨의 대차대조표상 유형자본은 6억 2,700만 달러인데 반해 부채 포함 자산은 665억 달러로, 레버리지 비율은 1만 퍼센트에 달했다.

한편 아메리칸 익스프레스의 핵심인 여행자 수표와 신용카드 사업도 위기를 맞았다. 여행자 수표는 수수료가 없는 은행카드와 직불카드와 경쟁해야 했고, 신용카드는 더 낮은 수수료를 부과하면서 시장 점유율을 끌어올리고 있는 비자와 마스터카드의 극심한 경쟁 압박에 직면했다. 상인들은 아메리칸 익스프레스에 높은 수수료를 지불할 가치가 없다고 불평했다. 보스턴의 한 식당 단체는 고율의 수수료에 항의하기 위해 '보스턴 수수료 사건Boston Fee Party'이라는 반대 운동을 일으키기도 했다. 1990년 닥친 경기침체 속에서 비용을 절감해야만 했던 많은 상인들이 아메리칸 익스프레스 카드 받기를 중단했다.

신용평가사인 스탠더드 앤드 푸어스Standard&Poor's는 시어슨이 자산 매각과 함께 최대 10억 달러 규모의 신용카드 매출채권을 증권화하여 매각하겠다는 계획을 발표했음에도 불구하고 1991년 7월 아메리칸 익스프레스의 신용 등급을 AA에서 AA-로 강등 조치했다.

이런 상황에서 버핏의 절친한 친구이자 펀드 아메리칸 코스Fund American Cos(전 파이어맨스 펀드 보험회사)의 사장이자 아메리칸 익스프레스의 이사인 존 J. '잭' 번John J. "Jack" Byrne은 제임스 로빈슨 3세에게 버핏이 투자에 관심을 보일 가능성을 시사했다. 로빈슨은 버핏에게 연락했고, 일주일도 안 된 1991년 8월 1일에 버핏은 다른 종류의 주식으로 전환할 수 있는 권리가 부여된 우선주인 전환우선주 매입을 위해 3억 달러를 투자하기로 했다. 우선주의 고정 배당률은 8.85퍼센트였지만, 배당소득은 70퍼센트의 법인세가 면제됐기 때문에 과세 대상 자산의 투자 수익률로 치면 11퍼센트가 넘었다. 전환우선주는 발행 후 3~4년 뒤에 아메리칸 익스프레스의 지분 2.5퍼센트에 해당하는 보통주로 전환될 예정이었다. 이 거래는 기존 주식의 가치를 즉시 희석시키지 않은 채 버핏의 투자 후광 효과만 내주며 아메리칸 익스프레스에 유리하게 작용했다.

버핏은 원래 5억 달러를 투자하겠다고 제안했지만, 아메리칸 익스프레스가 그의 투자로 인한 주식 희석 가능성을 최소화하기를 원해 양측은 3억 달러 투자에 합의했다. 버핏은 아메리칸 익스프레스의 영업권을 높이 평가했고, 회사의 사업을 잘 알고 이해하고 있었다. 또 CEO인 제임스 D. 로빈슨 3세도 존경했다. 버핏은 "우리는 짐과 함께하려고 투자한다"고 말했다.[28]

1993년 아메리칸 익스프레스의 CEO가 된 하비 골럽Harvey Golub은 시어슨의 소매 증권 및 자산 운용 사업을 샌포드 웨일이 이끌던 프리메리카Primerica에 매각하면서 공격적인 구조조정을 단행했다. 1994년 5월 아메리칸 익스프레스는 시어슨의 나머지 투자은행 사업을 리먼 브라더스 홀딩스(2008년 파산 신청으로 인해 전 세계 금융위기를 일으킨 장본인)로

워런 버핏의 레슨

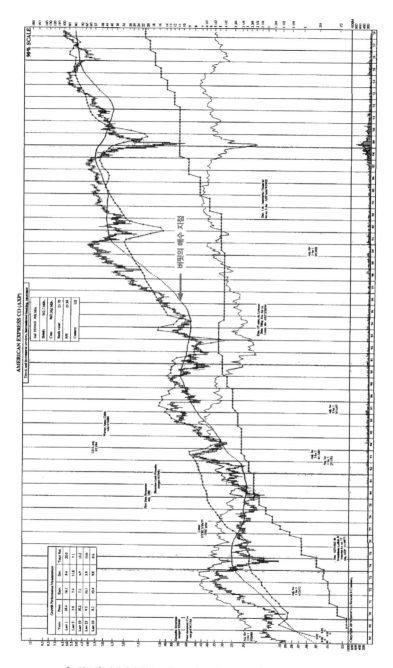

[그림 20] 아메리칸 익스프레스 2차 투자 시의 주가(1968~2018년)

분사시켰다.

골럽은 대규모 원가 절감 조치를 단행하고 신용카드 사업에 집중했다. 버핏은 "아메리칸 익스프레스는 전 세계의 재무 건전성 및 화폐 대체 회사의 대명사"라며 글로벌 브랜드로서 회사의 뛰어난 명성에 감명을 받았다.[29]

버핏은 전환우선주를 계속 유지한 이유와 함께 투자를 4배 더 늘렸는지를 다음과 같이 설명했다.

1994년 8월에 보통주로 전환될 예정이었으나, 그 한 달 전에 나는 전환과 동시에 팔지 말지를 고민했다. 팔지 말고 보유해야 할 한 가지 이유는 아멕스의 뛰어난 CEO인 하비 골럽 때문이었다. 그는 회사가 가진 어떤 잠재력이건 극대화할 것처럼 보였다(이후 이 생각은 더할 나위 없이 맞는 사실임이 입증되었다). 그러나 그 잠재력의 크기는 의문이었다. 아멕스는 비자가 이끄는 다수의 카드 발급사들과 치열한 경쟁을 벌였다. 나는 이 두 가지 점을 신중히 고려한 끝에 매각 쪽으로 기울었다.

이때 내게 행운이 따랐다. 결정을 고민하던 시기에 나는 메인주 프라우츠넥에서 허츠Hertz의 CEO인 프랭크 올슨Frank Olson과 골프를 쳤다. 프랭크는 카드 사업에 조예가 깊은 뛰어난 경영자다. 나는 첫 티샷 때부터 계속해서 그에게 카드 산업에 대해 질문했다. 우리가 두 번째 홀 그린에 왔을 때 프랭크는 아멕스의 법인카드가 멋진 프랜차이즈라고 내게 확신을 줬고, 나는 아멕스 주식을 팔지 않기로 마음먹었다. 후반 9홀에서 나는 매수자로 바뀌었고, 이후 몇 달 만에 버크셔는 아멕스의 지분 10퍼센트를 소유했다.[30]

올슨은 버핏에게 허츠가 여전히 아멕스에 8퍼센트의 수수료를 지불하고 있지만 그럴 수밖에 없다고 느끼고 있다고 말했다.

버핏은 1994년 9월 "최대 2,000만 주, 즉 자사 지분의 4퍼센트 정도를 버핏이 환매수할 수 있게 했다"는 아메리칸 익스프레스의 발표에 감명을 받았고, 1994년 4분기에 5억 5,500만 달러어치의 주식을 추가로 매입했다. 1994년 8월 버크셔는 보유하고 있던 우선주를 아메리칸 익스프레스의 지분 2.5퍼센트로 전환했다. 그해 말까지 버크셔는 공개 시장 매수를 통해 아메리칸 익스프레스의 지분율을 5.5퍼센트로 늘렸다. 계속해서 적극적인 매수에 나선 끝에 1995년 2월이 되자 버크셔의 지분율은 9.8퍼센트가 됐고, 1995년 9월 지분율은 다시 10.1퍼센트로 올라갔다.

핵심 정리

버핏은 아메리칸 익스프레스가 하는 사업에 친숙했고, 오랫동안 회사 상황을 주시했으며, 판매 상품도 잘 이해하고 있었다.

나의 아메리칸 익스프레스 투자 역사에는 몇 가지 에피소드가 있다. 1960년대 중반 불명예스러운 샐러드유 스캔들로 회사 주가가 타격을 입자 우리는 버핏 투자조합의 자본 중 약 40퍼센트를 이 회사 주식에 투자했는데, 이는 지금까지 했던 투자 중 가장 큰 규모였다. 결국 우리는 1,300만 달러의 투자로 아멕스의 지분을 5퍼센트 넘게 보유하게 되었다. 이 글을 쓰는 현재 우리의 지분율은 10퍼센트가 약간 못 되는데, 지분율을 이렇게 높이는 데에는 총 13억 6,000만 달러가 들었다(아멕스는 버핏에게 1964년과 1994년 각각 1,250만 달러와 140억 달러의 수익을 줬다).

오늘날 회사 수익의 약 3분의 1을 기여하는 아멕스의 IDS 사업부와 나의 인연은 이보다 훨씬 더 이전으로 거슬러 올라간다. 내가 IDS 주식을 처음 매입한 것은 1953년 IDS가 급성장하며 PER이 3배에 불과했던 때였다. (그때만 해도 쉽게 살 만한 주식들이 많았다.) 심지어 나는 IDS에 대해 장문의 보고서도 작성했다.

분명히 아메리칸 익스프레스와 IDS(최근 아메리칸 익스프레스 파이낸셜 어드바이저 American Express Financial Advisors로 개명)는 그 당시와는 전혀 다른 방식으로 운영되고 있다. 그럼에도 불구하고 나는 기업과 그것이 파는 제품에 대해 쌓아 온 장시간의 친밀감이 그 기업을 평가하는 데 종종 도움이 된다는 것을 발견한다.[31]

1995년 초 버핏은 1987년의 증시 붕괴 7년 전에 찍었던 사상 최고치에 가까운 가격을 지불하고도 아메리칸 익스프레스에 투자했다. 이 해에 아메리칸 익스프레스의 EPS는 3.11달러를 기록했다. 1995년 초에 주식분할 조정 후 가격이 33달러였을 때 버핏은 불안정하고 문제가 많은 증권 중개업을 처분하고 핵심 사업인 여행과 카드 사업에 더 집중하여 견조한 현금흐름을 창출하고, 공격적인 자사주 매입 프로그램을 개시한 아메리칸 익스프레스에 핵심 이익의 11배라는 매력적인 가격을 지불했다. 버핏은 사실 수집 차원에서 허츠의 CEO 프랭크 올슨과 골프를 하며 나눈 대화로 인해 투자에 확신을 더 갖게 됐다.

월트 디즈니

———

버핏은 1966년 '사업별 가치합산 평가sum-of-the-parts valuation(각 사업부나 자회사의 가치를 별도로 평가하고 이를 합산하여 기업가치를 평가하는 방법-옮긴이)'를

워런 버핏의 레슨

통해 디즈니를 인수했지만, 이때 각 사업부를 물리적 장비나 재고가 아닌 무형자산을 기반으로 평가했다. 버핏은 회사 전체의 시가총액이 8,000만 달러였을 때 디즈니에 400만 달러를 투자했다. 버핏은 〈백설 공주〉와 〈밤비〉 같은 몇 편의 디즈니 애니메이션 영화와 그 외 다른 모든 만화의 가치가 장부에 기록되지 않아 왔다는 사실을 알아냈으며 그 것만으로도 족히 8,000만 달러의 가치가 있다고 판단했다. 버핏은 "디 즈니랜드와 월트 디즈니를 공짜로 파트너로 삼을 수 있었다"고 말했 다.[32] 그는 당시 디즈니가 3억에서 4억 달러의 가치를 지녔다고 추산 했다.

버핏은 디즈니가 7년마다 재활용될 정도로 영구적 인기가 있지만 회사 장부에 가치가 전혀 반영되지 않았고, 월가의 평가 대상에서도 제외된 귀중한 '영화 금고'를 가지고 있는 것을 보고 디즈니에 매료되 었다. 심지어 이 영화 금고는 큰 인기를 끈 뮤지컬 영화 〈메리 포핀스〉 의 개봉으로 인해 훨씬 더 가치가 상승했다.

우리는 1966년에 400만 달러를 투자해 월트 디즈니의 지분 5퍼센트를 샀 다. 전체 회사의 시장 가치(시가총액)는 8,000만 달러로 평가됐다. 애너하임에 는 300에이커 정도 크기의 디즈니랜드가 있다. 그곳엔 '해적 놀이기구'가 막 들어왔다. 디즈니랜드 건설비로 1,700만 달러가 들었다. 그런데 회사의 시 가총액은 8,000만 달러였다. 〈메리 포핀스〉가 막 상영을 시작한 지 얼마 안 됐던 시점의 투자였다. 〈메리 포핀스〉는 그해에 약 3,000만 달러를 벌었다. 사람들은 7년 뒤에도 자신의 아이들에게 그 영화를 보여줄 것이다. (디즈니 투 자는) 기름이 다시 채워지는 유정에 투자하는 것 같다. (중략) 1966년에 그들은 220편의 작품을 만들었다. 그런데도 장부에 그들의 가치를 모두 0으로 적었다. 1960년대까지 디즈니 영화에 아무런 잔존가치가 매겨지지 않았다. 이 모든 걸 사는 데 8,000만 달러만 주면 평생 월트 디즈니가 당신을 위해 일하게 만들 수 있었다. 믿을 수 없는 일이었다. (중략) 1966년 사람들은 "올해 나온 〈메리 포핀스〉는 끝내주지만, 디즈니는 내년에는 또 다른 〈메리 포핀스〉를 만들지 못해서 수익이 줄어들 거야"라고 말했다. 수익이 줄어도 난 상관이 없다. 애들이 좀 징징대면 사람들은 〈메리 포핀스〉를 7년 뒤에 다시 틀어줘야 할 것이다. 7년마다 새 작물을 수확하고, 매번 더 비싼 가격을 매기는 시스템을 갖추는 것보다 더 좋은 방법은 없다. (중략) 나는 월트 디즈니를 만나러 갔다. 그는 나에 대해 금시초문이었다. 나는 35살이었다. 우리는 자리에 앉아 대화를 나눴고, 그는 회사의 모든 계획을 말해주었다. 그는 더할 나위 없이 멋진 사람이었다. (중략) 월가는 너무 익숙한 회사라는 이유로 디즈니를 무시했다. 그런데 월가에서는 그런 일이 빈번하게 일어난다.[33]

핵심 정리

버핏은 회사의 전체 시가총액이 디즈니의 블록버스터 영화 한 편이 벌어들이는 수익보다 낮게 책정되었을 때 디즈니에 투자했다. 버핏은 디즈니가 오래된 영화의 가치를 산정하지 않는 회계 기준을 따랐으나, 새로운 세대 아이들에게 7년마다 오래된 영화를 부활시켜 틀어주며 수익을 올릴 수 있기 때문에 디즈니의 영화 금고는 상당한 가치가 있다고 판단했다. 버핏은 디즈니의 실제 가치가 시장 가치보다 훨씬 더 높다는 사실을 쉽게 간파했지만, 그럼에도 불구하고 그는 월트 디즈니를 직접 만나러 갔다(디즈니는 버핏이 투자하고 몇 달 후에 세상을 떠났다). 때로는 가장 친숙한 기업 중에서도 발견되지 않은 숨겨진 가치가 있을 수 있다. 버핏은 1년 후 디즈니를 50퍼센트의 이익을 내고 팔았다.

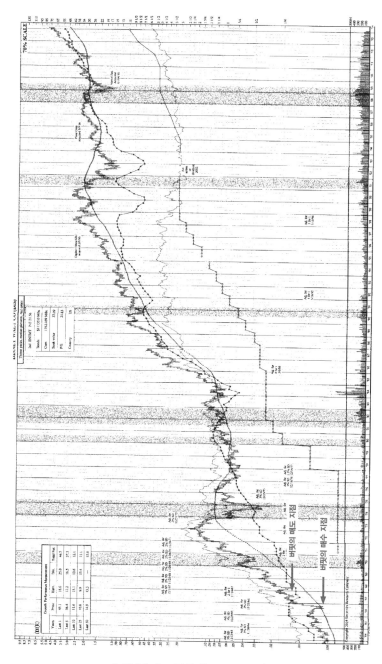

[그림 21] 디즈니의 주가(1964~2014년)

Chapter 20 사례 연구

코카콜라

버핏은 코카콜라가 가진 상업적 매력을 오랫동안 호의적으로 평가했다. 그는 1935년인가 1936년에 처음으로 코카콜라를 맛봤던 것으로 기억한다. 새로운 일을 해보는 걸 좋아하는 버핏은 주유소 냉장고에서 8,000개가 넘는 코카콜라의 은색 병뚜껑을 모았고, 압도적인 소비자들이 코카콜라를 좋아하고 있다는 것을 알았다. 이후 50여 년 뒤에 그는 코카콜라의 지분을 6퍼센트 넘게 매수했다. 버핏의 역대 최대 투자였다.

버핏은 1988년 버크셔의 연례 보고서에서 코카콜라에 대한 자신의 첫 번째 투자로 1,417만 2,500주를 5억 9,254만 달러에 매입했다고 보고했다. 그는 주당 평균 41.81달러에 3.9퍼센트의 지분을 인수했다. 1989년 3월 〈월스트리트저널〉은 버핏이 코카콜라의 지분 6.3퍼센트를 취득했다고 보도했다. 버핏은 취득 이유를 이렇게 설명했다.

코카콜라는 내가 좋아하는 회사다. (중략) 나는 내가 이해할 수 있는 제품이 좋다. 예를 들어, 나는 트랜지스터는 뭔지 잘 모른다. (중략) 최근 몇 년 동안 코카콜라의 뛰어난 의사 결정과 집중 전략이 내 눈에 점점 더 잘 보이기 시작했다. (중략) 그리고 내 투자란 무릇 자신이 한 말에 책임을 진다는 걸 보여주는 궁극적인 사례라고 말할 수 있다.[34]

버핏이 코카콜라에 투자하기 전에 일어났던 몇 가지 일을 더 자세히 살펴보면서 무엇 때문에 그가 사랑받는 미국 브랜드 코카콜라에 매료됐는지 이해해보자. 코카콜라는 1886년 조지아주 애틀랜타에 거주하는 약사인 존 펨버튼 박사Dr. John Pemberton가 발명했다. 남북전쟁 참전 용사였던 그는 병을 고치려다 모르핀에 중독된 상태였다. 시럽과 탄산수를 이용해 만든 그의 독특한 조리법은 이후로도 철저히 비밀에 부쳐졌다. 코카콜라는 처음에 '맛있고 상쾌한' 음료라는 점을 널리 홍보했다. 1923년 로버트 우드러프Robert Woodruff가 코카콜라 사장이 되었고, 이후 60년 이상 리더로서 활발한 행보를 이어갔다. 제2차 세계대전 초기에 "모든 제복을 입은 사람들은 장소 불문하고, 그리고 회사가 어떤 대가를 치르든 간에 코카콜라 한 병을 5센트에 마시게 하자"고 했던 그의 지시는 회사 내에서 전설이 되었다. 제2차 세계대전 당시 전 세계 군인들은 50억 병 넘게 코카콜라를 마셨다. 전쟁이 끝나자 코카콜라는 우정과 상쾌한 음료의 상징이 되면서 전 세계 판매에 불이 붙었다.

J. 폴 오스틴J. Paul Austin은 1949년 코카콜라 법무부에서 경력을 쌓기 시작한 하버드 출신 변호사였다. 1954년 남아프리카공화국 지사 경영을 맡았고, 1962년에는 코카콜라 사장, 1966년에는 CEO, 1970년에는 회장 자리에 올랐다. 오스틴은 18년 재직하는 동안 코카콜라의 순이익을 10배 가까이 끌어올리는 데 일등공신 역할을 했다. 그러나 1980년 주력 판매처인 슈퍼마켓 판매에서 펩시의 시장 점유율이 코카콜라를 넘어서는 일이 벌어졌다. 시음자에게 어느 콜라가 펩시인지 알려주지 않고 펩시와 코카콜라를 모두 마시게 한 뒤 더 맛있는 콜라를 선택하게 하는 '펩시 챌린지Pepsi Challenge' 블라인드 시음 테스트가 효과를 본 것이다. 펩시는 테스트에서 의외로 많은 사람들이 펩시콜라를 선택하는 장면이 담긴 광고를 내보냈다. 이때 코카콜라는 생수, 새우 양식, 와인, 커피, 플라스틱 식기류, 비닐봉지 등 여러 사업에 두루 손대며 세상에 널리 알려진 대기업이 된 상태였다. 오스틴은 아메리칸

익스프레스를 인수하려고 두 번이나 시도했지만, 회사 이사회는 밸류에이션과 운영상의 적합성 여부에 대해 회의적이었다.

1980년 6월 로베르토 고이주에타Roberto Goizueta가 코카콜라의 사장으로 임명되었고, 1981년 3월 1일 J. 폴 오스틴의 뒤를 이어 이사회 의장과 CEO가 되었다. 고이주에타가 CEO가 되기 전 코카콜라 투자자들의 연간 총투자 수익률은 평균 1퍼센트에도 미치지 못했다. 고이주에타는 1931년 쿠바에서 태어나서 수도 아바나에서 중등학교를 수석으로 졸업하고, 예일 대학에서 화학공학 학위를 받았다. 고이주에타는 어머니의 가족이 세운 제당소와 정유소를 경영하던 아버지와 같이 일하거나 처가의 식품 도매업을 맡으면서 돈을 벌고 싶지는 않았다. 그는 가족 회사에 관여하기보다는 경쟁을 통해 자신의 능력을 제대로 평가받기를 원했다. 그는 한 식품회사가 낸 화학 기술자 채용 공고를 보고 지원했다. 그러나 보상은 아버지와 일했을 경우 받았을 돈의 절반에 불과했고, 출장이 많은 일이었다. 그가 채용된 식품회사가 바로 코카콜라였다. 아버지는 고이주에타에게 8,000달러를 대출받아 코카콜라 주식 100주를 사라고 조언했다. 아버지는 "너는 자신을 위해 일해야지 다른 누구를 위해서도 일하면 안 된다"고 말했다.[35] 고이주에타가 산 100주는 그가 죽을 때까지 뉴욕에 보관되어 있었다. 그 100주는 주식 분할을 통해 100만 달러가 넘는 가치를 가진 2만 9,000주로 불어났다.

오스틴은 고이주에타에게 본사의 콜라 엔지니어링 부서를 업그레이드·현대화·표준화하는 임무를 맡겼다. 고이주에타는 오스틴이 맡긴 일을 통해 자신이 책임감 부여, 기획, 성과 보상, 공동 의사 결정에 얼마나 집중하는 사람인지를 보여주었다. 그는 현재 세계적으로 인정받는 기업 경영 혁신 방법론인 식스시그마six sigma(100만 개의 제품 중 3~4개의 불량만을 허용하는 경영 운동-옮긴이) 기법을 능숙하게 활용할 수 있는 리더인 블랙벨트black-belts의 시조였다. 본사에서 교육을 받은 엔지니어들은 사업부로 이동하여 부서 직원들을 대상으로 분석적 사고를 통해 제조상의 문제를 해결한 다음 표준화된 방식으로 실행할 수 있는 방법을 가르침으로써 모범 사례의 확실한 정착을 위해 힘썼다. 이처럼 기업의 체질 및 구조와 경영방식을 근본적으로 재설계하여 경쟁력을 확보하는 경영 혁신기법인 리엔지니어링reengineering 프로젝트가 성공을 거두면서 고이주에타는 35세의 나이로 코카콜라의 최연소 부사장이 되었다.

고이주에타는 다이어트 콜라를 개발하는 극비 연구도 주도했으나 오스틴은 코카콜라의 다이어트 음료인 탭Tab의 시장이 잠식될 수 있다는 우려로 다이어트 콜라 개발 프로젝트를 중단시켰다.

고이주에타가 CEO로서 보인 첫 행보는 돈 키오Don Keough를 사장으로 임명한 것이다. 키오는 코카콜라 북미 사업부 사장이었으며 카리스마 넘치는 세일즈맨이자 뛰어난 감각의 마케터로 명성을 떨쳤다. 1958년 젊은 가장이었던 키오는 길 건너편에 살던 버핏으로부터 집을 샀다. 2년 뒤 버핏은 파트너십 출자를 몇 번 제안했지만 키오는 그 제안을 거절했다. 두 사람은 평생 친구로 지냈다. 고이주에타의 금융 원칙에 대한 관심과 키오의 마케팅 기술이 합쳐지면서 두 사람의 공생이 시작되자 코카콜라는 승승장구했다.

1980년 고이주에타는 주주들에게 보낸 첫 번째 연례 서한에서 1980년대에 코카콜라가 이루고자 하는 목표는 매출과 이익이 연간 12~13퍼센트씩 성장하며 1970년대 코카콜라가 이뤄낸 실적을 뛰어넘는 자산수익률을 달성하는 것임을 공개적으로 밝혔다.

그는 1980년대에 회사가 최대한 효율적으로 돌아가고 있는지 확인하기 위해 전 세계 경영비용 예산에 대한 집중적인 검토를 실시했다. 우리는 또한 재투자를 위한 추가 자금 마련을 위해 운전자본 수요 관리 방식을 재검토하고 있다. (중략) 자산과 인력의 생산성 관리 상황을 그 어느 때보다 더 면밀히 살펴볼 것이다.[36]

고이주에타와 키오가 전 세계 영업 상황을 검토하는 도중 알아낸 사실은 충격적이었다. 코카콜라는 전략적 계획 없이 표류하고 있었던 것이다. 고이주에타는 "회사에 방향 감각이 전혀 없었다. 전혀!"라고 말했다.[37] 이전에는 부서장들이 본사에서 그들이 추구해야 할 목표가 정해지기를 기다리다 목표가 하달되면 그것을 따랐다. 고이주에타는 각 부서장이 자본지출이 필요한 정당한 이유와 예상 수익률 달성 여부를 포함해 각자 맡은 구체적인 목표가 담긴 3개년 계획을 지키게 했다.

고이주에타와 키오는 탄산음료 사업만이 회사가 조달·운용하고 있는 자본과 관련해서 부담하게 되는 비용인 '자본비용'을 뛰어넘는 수익을 올리고 있다는 것을 발견했다. 와인, 생수, 플라스틱, 식품 사업 모두 자본비용의 10퍼센트도 채 벌지 못했다. 게다가 고이주에타는 전략적 계획이 제대로 조율되지 않고 있는 문제도 발견했다. 재무 책임에 대한 일관된 체제가 없는 상태에서 결정은 수동적으로 내려졌다. 고이주에타는 핵심성과지표를 기준으로 코카콜라의 각 사업을 평가하는 분석 매트릭스를 개발했다. 그는 이 매트릭스에 대해 이렇게 설명했다. "분석 방법은 간단하다. 일단 차트를 만든다. 맨 위에는 가로로 농축액 보틀링bottling(농축액에 여러 첨가물을 넣어서 병이나 캔, 페트병 등에 넣어 제조하는 것-옮긴이), 와인, 음식 등 아무거나 적어놓는다. 이어 다른 축에 다 마진, 수익, 현금흐름 신뢰성, 자본 요건 같은 재무지표들을 적어놓는다. 농축액 사업 등 일부 사업은 우수한 사업으로 눈에 띄고, 와인 같은 다른 사업은 엉망진창인 사업처럼 보일 것이다."[38]

고이주에타는 경제적 부가가치economic value added(EVA)로 불리는 것을 기준으로 각 사업을 평가함으로써 시대를 훨씬 앞서갔다. EVA는 기업이 영업활동을 통하여 얻은 영업이익에서 법인세·금융·자본비용 등을 제외한 금액을 말한다. 쉽게 말해 자본비용을 넘어서는 초과 이익을 평가하는 것이다. 고이주에타는 회사의 모든 경영 상태를 이 EVA를 기준으로 평가하였다. 그는 이렇게 설명했다.

> 내 본연의 임무는 자원, 즉 자본과 인력을 배분하는 일이다. 그리고 나는 사람들에게 그들이 지출한 자본에 책임을 지게 하면 온갖 종류의 긍정적인 일들이 일어난다는 것을 배웠다. 즉, 갑자기 재고가 통제된다. 응급상황에 대비한다며 3개월 동안 농축액을 쌓아두는 일도 없어진다. (중략) 우리가 금융 전문가는 아니다. 1981년까지만 해도 경영진 중 누구도 대차대조표를 읽을 수 없었으나 지금은 그렇지 않다. 우리는 마케팅 구조에 강력한 재정적 의미를 엮어 넣을 것을 계속해서 주장해왔다.[39]

1981년 코카콜라는 생수 사업인 아쿠아켐Aqua-Chem을 매각했다. 1982년에는 와인 사업과 자사 브랜드 인스턴트 커피 및 차 사업을 매각하고, 제2차 세계대전 이후 처음으로 중국에 보틀링 공장을 열었다. 코카콜라는 또 탄산음료 제조 시스템을 구조조정하고 통합하고, 기계를 업그레이드하고, 한층 공격적인 성장을 도모할 준비를 하게 만들기 위해 적극적인 투자와 합작 계획 수립에 착수했다. 1982년 7월 코카 콜라는 다이어트 콜라를 선보였고, 곧바로 미국 다이어트 청량음료 시장의 17퍼센트를 장악했다. 1983년 말에는 북미에서 네 번째로 많은 청량음료와 가장 많은 저칼로리 음료를 제조해 파는 회사가 되었다. 2010년이 되자 다이어트 콜라의 시장 점유율은 펩시를 앞질렀고 클래식 콜라를 뒤쫓았다.

고이주에타는 컨설팅 회사를 고용하여 탄산음료에서 벗어나 사업을 다각화하고, 예측 가능하고 '지분을 내주지 않아도 되는non-dilutive' 되는 우호적인 인수를 통해 주력인 해외 사업 소득과 국내 사업 소득의 균형을 맞추는 방법이 있을지 알아봤다. 코카콜라는 1982년 자사의 마케팅 노하우를 영화 배급에 적용할 수 있다는 판단하에 6억 9,200만 달러를 들여 컬럼비아 픽처스Columbia Pictures를 인수했다. 〈투씨Tootsie〉, 〈간디Ghandhi〉, 〈베스트 키드The Karte Kid〉, 그리고 〈고스트버스터즈Ghostbusters〉 같은 영화가 성공을 거두었으나 고이주에타는 영화 사업이 관리하기 힘들고, 예측하기 힘들다고 결론지었다. 1987년 코카콜라는 주주들에게 콜롬비아 지분의 51퍼센트를 배당금(과세)으로 나눠줬다. 1989년 11월 코카콜라는 남은 컬럼비아의 지분 49퍼센트를 15억 5,000만 달러에 소니에 매각함으로써 5억 900만 달러의 순이익을 거뒀다.

코카콜라가 1985년 체리콜라Cherry Coke를 선보이자, 버핏은 1985년 버크셔의 연례 보고서에서 체리콜라를 호평했다.

그는 "코카콜라 회장이 전례 없는 행동의 유연성을 보이며 새로운 콜라인 체리콜라를 내놓았다. 체리콜라는 버크셔 해서웨이 연례 주총

워런 버핏의 레슨

의 공식 음료가 될 것"이라고 말했다.[40]

이때는 버크셔가 코카콜라의 지분을 소유하기 전이었다. 버핏은 매일 코카콜라를 5~6번 마신다. 사무실에서는 클래식 콜라를, 집에서는 체리콜라를 마신다.

버핏이 코카콜라를 인수하기 전 몇 가지 주목할 만한 사건들이 있었다.

- **군살 제거**

  코카콜라는 국내 청량음료 사업부 직원 2,500명 중 8퍼센트를 해고한다고 발표했다. 탄산음료 제조 사업체의 통합으로 인해 지난 10년 동안 사업체 수가 365개에서 185개로 줄어들었다는 게 이유였다(1988년 1월).

- **자사주 매입 가속화**

  코카콜라는 1981년 이익이 15퍼센트 증가했다고 발표하면서 잉여현금흐름을 자사주 매입에 사용할 것이며 자사주 매입 속도가 빨라질 수 있다고 밝혔다(1998년 2월).

- **강력한 EPS와 자사주 매입**

  코카콜라는 1988년 1분기 EPS가 16퍼센트 증가했다고 발표하면서 연간 EPS가 1분기만큼 호조를 보일 것으로 기대했다. 코카콜라는 1분기 중 320만 주를 포함해 누적 970만 주의 자사주를 매입했다. 1990년까지 4,000만 주까지 매입 허가를 받아놓은 상태였다(1988년 4월).

- **〈월스트리트저널〉의 매수 추천**

  〈월스트리트저널〉은 '일부 분석가들, 주요 소비재주 발행을 매수 기회로 믿어'라는 제목의 '월가에서 듣는다' 칼럼에서 코카콜라, 맥도날드, 펩시, 앤호이저-부시Anheuser-Busch(맥주 기업)에 매수 기회가 생겼다며 매수를 추천했다. 이 회사 주식들이 저평가됐다는 게 이유였다(1988년 9월 8일).

• 응당한 승진

코카콜라는 펩시에 밀린 회사를 부활시키기 위해 이라 허버트Ira Hebert를
미국 지사장으로 승진시켰다. 허버트는 '이것이 진짜다It's the real thing'와
'온 세상 사람들에게 코카콜라를 사주고 싶다I'd like to buy the world a Coke'
같은 기억에 남는 광고 캠페인을 기획한 공로를 인정받았다. 그는 "우리는
광고를 더 흥미진진하게 만들 필요가 있다"고 말했다[41](1988년 10월).

• 인도 시장 재진출

인도의 새 정부가 외국인 투자자에 문호를 개방하기 시작하자 코카콜라는
11년 만에 인도 시장에 재진출하겠다는 계획을 발표했다. 코카콜라는 인디
라 간디를 축출한 인도 정부가 외국기업이 인도 자회사의 지분 40퍼센트
이상을 소유할 수 없게 규정함으로써 비밀 농축물 제조법을 넘겨달라고 요
구할 수 있었던 1977년까지 27년 동안 인도에서 영업해왔다. 이때 코카콜
라와 펩시 모두 인도 시장을 떠났다. 그런데 이제 코카콜라는 인구 8억 명
으로 세계에서 두 번째로 인구가 많은 인도 시장에 재진출할 수 있게 되었
다. 코카콜라는 해외 시장 경쟁에서 펩시를 3:1로 앞섰다(1988년 11월).

• 코카콜라 클래식

'펩시 챌린지'로 인해 달달한 펩시콜라에 미국 시장 점유율을 빼앗긴 코카
콜라는 1985년 코카콜라 맛을 훨씬 더 달달한 맛으로 전면적으로 바꾼 '뉴
코크New Coke'를 선보였다. 그러자 코카콜라의 원래 맛을 좋아하던 소비자
들이 대거 나서 그들이 가장 좋아했던 미국의 상징적인 맛으로 돌아갈 것
을 요구했다. 놀란 코카콜라는 소비자들의 요구를 받아들여 '코카콜라 클래
식'이란 본래 맛의 콜라를 다시 출시하면서 자신들이 저지른 마케팅 실수
를 바로잡았다. 코카콜라 클래식은 곧 뉴코크와 펩시보다 많이 팔렸다. 버

핏은 분명히 코카콜라 브랜드가 가진 힘을 강화해준, 등고선처럼 독특한 모양의 병에서 느껴지는 미국적인 느낌이 훼손되는 걸 반대한 과격하리만큼 충성스러운 소비자들을 알아봤을 것이다.

• **콜라의 지배**

윗, 퍼스트 증권Wheat, First Securities에 따르면 청량음료 시장에서 코카콜라의 점유율은 1980년 64퍼센트에서 1988년 70퍼센트로 올라갔다. 오렌지와 루트비어root beer 맛에 대한 피로감과 콜라에 함유된 카페인의 중독성이 시장 점유율 상승에 일부 영향을 줬다. 코카콜라의 세계 탄산음료 시장 점유율은 1988년 45퍼센트로 사상 최고치를 기록했고, 코카콜라 판매량은 7퍼센트 늘어났다. 해외 사업이 탄산음료 영업이익의 80퍼센트 가까이를 기여했고, 단위 판매량은 해외에서 8~10퍼센트, 미국에서 4.5~5.5퍼센트 성장했다.

버핏이 자신의 역대 최대액인 10억 달러를 넘게 주고 코카콜라의 지분 6.3퍼센트를 취득했다는 보도가 나온 다음 날 〈월스트리트저널〉은 '월가에서 듣는다' 칼럼을 통해 1989년 추정 수익 기준으로 15.6배인 코카콜라의 PER는 S&P500의 PER 11배에 비해 40퍼센트 높으며, 이전 5년 동안 코카콜라의 PER는 S&P500의 PER 대비 16퍼센트 높은 데 그쳤다고 지적했다. 칼럼은 코카콜라 투자의견으로 '보유'를 제시한 키더 피바디Kidder Peabody 증권의 음료 부문 분석가 로이 버리Roy Burry의 말을 인용해 "워런 버핏이 현재 '매우 비싼 주식'을 보유하게 됐다"고 전했다.[42]

버핏은 당시 코카콜라 투자를 비유를 들어 설명했다. 그는 "결혼할 때와 마찬가지다. 젊은 남성은 그녀의 눈과 성격 중 무엇에 반한 것일까? 따로 분리할 수 없이 모든 게 좋아서 결혼하게 되는 것이다"라고 말했다.[43] 버핏은 1989년 코카콜라 주식 920만 주를 추가로 매입했다. 그는 총 102만 3,920달러를 투자해서 코카콜라의 주식 2,335만 주를 사서 지분율을 6.75퍼센트로 끌어올렸다.

버핏은 1989년 연례 보고서에서 코카콜라에 매료돼 역대 최대 금액을 투자한 이유에 대해 "1988년 여름에서야 비로소 내 눈에 비친 것을 뇌가 이해했다"고 말했다. 버핏은 코카콜라가 "소비자에게 비범한 매력을 주고 상업성을 가진 제품 하나로 52년간 전 세계를 지배해왔다는 사실"을 관찰한 다음에야 투자를 결심하게 됐음을 겸손하게 인정했다.

그때 내가 지각한 사실은 명확하면서도 매혹적이었다. 1970년대에 다소 표류하던 코카콜라는 1981년 로베르토 고이주에타가 CEO가 되면서 완전히 새로운 회사로 변신했다. 로베르토는 한때 오마하에서 길 건너 이웃이었던 내 오랜 친구 돈 키오와 함께 회사의 정책을 먼저 재고하는 데 집중(재정의 책임성 부여)한 다음에 열정적으로 정책을 실행에 옮겼다. 이미 세계에서 가장 많이 볼 수 있는 제품(가치 있는 브랜드 프랜차이즈)이었던 코카콜라는 해외 판매가 폭발적으로 증가하면서 새로운 성장 동력을 얻었다.

보기 드물 만큼 마케팅과 재무 기술을 겸비한 로베르토는 제품의 성장과 그러한 성장이 주주들에게 가져다주는 보상 모두를 극대화했다. 보통 소비재 회사의 CEO는 자신의 타고난 성향이나 경험을 바탕으로 마케팅이나 금융 중 하나가 다른 하나를 희생시키면서 사업을 지배하게 만들곤 한다. 하지만 로베르토와 함께라면 마케팅과 금융이 완벽하게 맞물리면서 주주의 꿈을 실현해 준다.

워런 버핏의 레슨

물론 우리는 콜라를 훨씬 더 일찍, 즉 로베르토와 돈이 경영을 시작한 직후에 샀어야 했다. 내가 제대로만 생각했더라도 1936년에 할아버지에게 식료품 점을 팔아 거둔 모든 수익금을 코카콜라 주식에 넣도록 설득했을 것이다. 나는 교훈을 얻었다. 다음에 등장할 화려하고 매력적인 아이디어에 대한 내 반응 시간은 50년보다 훨씬 이하로 단축될 것이다.[44]

버핏은 어떤 투자를 하건 자신이 투자하는 기업이 내재가치 이하로 자사 주식을 다시 매입하는 것을 좋아한다. 그러한 자사주 매입은 회사에 경제적 가치를 더해주고, 버핏의 미래 수익을 증가시키기 때문이다. 버크셔의 코카콜라 지분율은 버핏이 추매를 하지 않았는데도 1990년 6.98퍼센트로 직전년도의 6퍼센트에서 올라갔다. 버핏은 "내가 세상에서 가장 가치 있는 프랜차이즈로 간주하는 코카콜라가 사내유보금retained earning을 갖고서 자사주 매입을 할 때마다 우리의 지분율이 올라간다"고 말했다.[45]

버핏은 1993년 버크셔의 연례 보고서에서 코카콜라에 대해 어떤 점이 존경스러웠는지 자세히 설명했다. 이때 코카콜라의 추가적인 자사주 매입 덕분에 버크셔의 지분율은 7.2퍼센트로 더 늘어난 상태였다.

위대한 기업들과 함께해도 절대 늦지 않다

콜라가 등장한 지 50여 년이 지난 1938년, 그리고 그것이 미국의 아이콘으로 확고히 자리 잡은 지 오래된 후 〈포춘〉은 코카콜라에 대한 멋진 기사를 썼다. 기사의 두 번째 단락에서 기자는 다음과 같이 보도했다. "매년 몇 번씩이고 중량감 있는 진지한 투자자가 오랫동안 코카콜라의 실적을 깊은 존경심을 가지고 보면서도 자신이 너무 늦게 그것을 봤다는 결론을 내리며 안타까

위한다. 앞으로 시장이 포화되고 경쟁이 심화될 것이란 무서운 생각이 그의 머리를 스치고 지나갔다."

그렇다. 1938년과 1993년 경쟁이 치열했다. 그러나 1938년에 코카콜라는 2억 700만 상자의 청량음료를 판매했으며, 1993년에는 약 107억 상자의 청량음료를 판매했는데, 이는 1938년에 이미 주요 산업을 지배했을 때와 비교해서 판매량이 50배 증가한 수치다. 1938년에도 투자자에게 파티가 끝난 것이 아니었다. 1919년 코카콜라 주식 한 주에 투자한 40달러는 배당 재투자 포함 시 1938년 말에 3,277달러가 됐겠지만, 이때라도 코카콜라 주식에 새로 40달러를 투자했다면 이 돈은 1993년 말에 2만 5,000달러로 불어났을 것이다.[46]

1993년 이후 25년이 지난 2018년 팔린 코카콜라 상자는 296억 상자로 3배 가까이 증가했다. 연평균 증가율은 4퍼센트였다.

장기간 시장 지배력을 유지한 기업
코카콜라와 질레트가 어떤 컴퓨터 회사나 소매업체보다 장기적으로 훨씬 더 적은 위험을 겪게 될 것이라고 결론짓기가 그렇게 어려운가? 코카콜라는 전 세계 청량음료 시장의 약 44퍼센트를 점유하고 있고, 질레트도 전 세계 면도 시장의 60퍼센트 이상을 점유하고 있다. 리글리가 지배하고 있는 씹는 껌 시장을 빼고는 오랫동안 이처럼 전 세계적으로 막강한 지배력을 가진 선두 기업은 없다.

경쟁우위를 갖고 성장하는 시장 점유율
게다가 최근 몇 년 사이 코카콜라와 질레트 모두 전 세계 시장 점유율을 크게 끌어올렸다. 브랜드 이름이 가진 힘, 제품의 특성, 그리고 유통 시스템이 가진 강점은 그들의 경제적 성곽 주위에 해자를 만들어주며 엄청난 경쟁우위를 선사한다.

경영진의 역량과 성격에 대한 자신감

(이웃으로 지내던) 그 시절 내가 돈으로부터 받은 인상은 내가 1988~89년 사이 코카콜라에 10억 달러를 투자하게 만든 결정에 영향을 미쳤다. 로베르토 고이주에타는 돈을 파트너로 한 채 1981년 코카콜라의 CEO가 되었다. 두 사람은 이전 10년 동안 부진했던 기업을 경영한 지 13년도 채 안 돼 시가총액 44억 달러 회사를 580억 달러 회사로 만들었다. 100년이 된 제품이라도 이런 경영자 두 사람이 있으면 큰 변화를 만들어낼 수 있을 것이다.[47]

고이주에타와 키오는 자신들의 주요 목표는 시간을 두고 주주가치를 높이는 것이라고 밝혔다. 고이주에타는 하루에 네 번 이상 코카콜라 주식의 시가총액을 확인했다고 인정했다. 이들은 1990년 코카콜라 경영 10년을 자축했는데, 그해에만 코카콜라의 시가총액은 50억 달러 성장했다. 그들이 처음 경영을 맡았던 1981년에는 회사의 전체 시가총액이 50억 달러가 되지 않았다.

1980년 말 코카콜라에 1,000달러를 투자했다면 1990년에는 배당금을 포함해 1만 2,110달러가 되었을 것이다. 이는 S&P500 수익률보다 3배 높은 수준이다. 연평균 28퍼센트라는 놀라운 수익률을 올렸다는 뜻이기도 하다. 당시 코카콜라의 연평균 매출은 8퍼센트, 영업이익은 11퍼센트, 순이익은 13퍼센트씩 성장하고 있었다. 보통주 유통량은 1980년에 비해 10퍼센트 줄었고, 자본비용을 낮추기 위해 차입금은 늘어났으며, 배당금 지급률은 63퍼센트에서 39퍼센트로 낮아졌다. 주주들은 코카콜라가 핵심 청량음료 사업에 더 집중하기로 한 결정을 높게 평가했다. 버핏은 이때까지 여전히 코카콜라 주식 매입을 중단하지 않고 있었다.

1993년 4월 2일 필립 모리스Philip Morris가 저렴한 다른 일반 담배에 시장 점유율을 빼앗기자 말보로 담배 가격을 20퍼센트 인하한다고 발표했다. 이 회사는 미국 내 담배 판매로 인한 영업이익이 40퍼센트까지 감소할 것으로 예상한다고 밝혔다. 이 소식에 필립 모리스의 주가는 하루 만에 23퍼센트 폭락했고, 투자자들은 코카콜라를 포함한 모든 유명 소비자 브랜드의 지속 가능성에 의문을 제기했다. 불안해진 투자자들은 공포에 질려 코카콜라 주식을 투매했고, 결국 주가는 2주 동안 10퍼센트 하락했다. 1992년 내내 코카콜라의 주식은 주당 40~45달러 사이에서 거래되었다. 버핏은 이후 8개월 동안 주당 35달러에 행사할 수 있는 코카콜라의 풋옵션 500만 주를 매도함으로써 대응했다. 풋옵션이란 특정 자산을 만기일이나 그 이전에 프리미엄을 지불하고 미리 정한 가격으로 팔 수 있는 권리를 말한다. 버크셔는 풋옵션을 총 750만 달러에 팔아 주당 1.50달러씩의 프리미엄을 챙겼지만, 주가가 35달러 이하로 떨어지면 1억 7,500만 달러(35달러×500만 주)의 주식을 매입해야 했다. 1993년 코카콜라 주가는 37.50달러에서 바닥을 치면서 버크셔는 750만 달러의 프리미엄을 유지했다.

사람들이 코카콜라 역시 필립 모리스처럼 유사 제품의 희생양이 될 수 있다고 우려했을 때 버핏은 어떻게 코카콜라의 주가 하락을 투자 기회로 삼아야겠다는 확신을 갖게 된 것일까? 버핏은 지난 수년간 가격이 인상됨으로써 다른 회사가 아닌 이 회사 브랜드 담배를 피우기

워런 버핏의 레슨

위해 필립 모리스 흡연자들은 연간 500달러를 추가로 내야 했다고 판단했다. 이런 '가격 우산price umbrella(시장 지배 기업이 만드는 가격결정 효과-옮긴이)'은 상당히 컸기에 자연스럽게 경쟁이 유발됐다.

> 필립 모리스 담배는 한 갑에 2달러에 팔렸다. 흡연자는 보통 일주일에 10갑 가까이 담배를 피운다. 한편, 다른 담배 가격은 1달러 정도였다. 그러니까 일주일에 10갑을 피운다면 1년에 500달러씩 부담해야 할 돈의 차이가 생길 수 있는 것이다. 그것은 큰 비용 차이가 아닐 수 없다.[48]

버핏은 코카콜라가 1993년에 전 세계적으로 8온스짜리 청량음료를 약 2,500억 개 팔았다는 점을 지적했다. 같은 해 코카콜라는 세전 22억 달러를 벌었는데, 이는 청량음료를 하나 팔 때마다 약 1센트를 벌었다는 뜻이다. 즉, 일반 음료 제조업체들이 알루미늄 캔, 설탕, 유통 및 재고 비용에 대해 같은 비용을 부담해야 하므로 코카콜라가 거대한 가격 우산을 가지고 있지는 않았다.

버핏은 또한 청량음료 가격은 100년 가까이 거의 변하지 않았다고 언급했다.

> 흥미롭게도, 6.5온스짜리 코카콜라는 1990년경에도 5센트였다. 현재 표준 판매 단위는 12온스짜리 캔이며, 토요일 슈퍼마켓에서 한 캔을 25센트에 구입하기가 전혀 어렵지 않다. 자판기에서는 12온스짜리 캔을 25센트에 살 수 없기는 하다. 그러나 2리터 정도 되는 큰 병에 든 콜라를 산다면 온스당 2센트(12온스로 치면 24센트)로 더 싸게 살 수 있다. 이는 1900년에 5센트에 팔리던 예전 6.5온스짜리 코카콜라를 13센트에 살 수 있다는 뜻이다. 따라서 물

가지수가 아주 빠른 속도로 상승했지만 코카콜라 가격은 1900년 온스당 0.8센트 정도에서 지금은 온스당 2센트로 상승했을 뿐이다. 이것은 물가상승 속도가 가장 낮은 품목 중 하나다. (중략) 많은 식품 중에서 청량음료와 콜라만큼 가격이 적게 오른 식품이 생각나지 않는다.

찰리 멍거는 이렇게 덧붙였다.

버핏은 '청량음료를 살 때 맛, 가용성, 이미지를 모두 사는 것'이라고 말했다. 이미지가 중요한 이유는 그것에서 축제 기분이나 특정한 의식 등이 느껴지기 때문이다. 그리고 코카콜라가 한 병을 팔아서 1센트만 번다면, 다른 기업들이 시장에 들어와서 코카콜라가 가지고 있는 것과 같은 맛, 가용성, 이미지 등을 제공하더라도 큰 이윤을 남기지 못할 것이다.

1994년 5월까지 코카콜라의 주가는 2년 동안 횡보했다. 5월 9일 〈배런스〉는 표지 기사에서 "코카콜라의 거품이 빠졌나?"라고 물었다. 기사는 말보로 프라이데이의 여파로 인한 다른 자사 브랜드의 경쟁적 위협과 스내플Snapple, 바로 마실 수 있는 차, 스포츠 음료, 과일 음료 같은 비탄산 음료의 인기 등 코카콜라가 직면한 몇 가지 도전을 지적했다.

기사는 또한 18퍼센트나 되는 코카콜라의 EPS 성장률에 기여한 두 가지 성장 동인의 지속 가능성에 의문을 제기했다. 코카콜라는 주요 농축액 생산 장소를 푸에르토리코와 아일랜드로 변경함으로써 1980년 44퍼센트였던 법인세율을 1993년 31퍼센트로 낮춰 성장률을 2퍼센트포인트 끌어올렸지만, 〈배런스〉 기사는 이러한 순풍이 대부분 사라졌다고 추정했다.

〈배런스〉의 인터뷰에 응한 고이주에타는 중국과 인도 등 개발도상국에 거주하는 30억 명의 목마른 사람들이 엄청난 소비 기회를 제공해준다며 반박했다. 당시 중국에서는 1인당 평균 미국과 멕시코의 300명분보다 훨씬 적은 8온스짜리 콜라 2명분만을 소비했다.

버핏은 코카콜라의 이사여서 내부 정보를 알 수 있었다. 코카콜라 주가가 2년 동안 변화가 없었지만, 1994년 기준 PER는 26배로 여전히 싸지 않았다. 그럼에도 불구하고 버핏은 코카콜라가 주는 즐거움의 순간이라는 보편적인 매력이 가진 장기적인 기회에 초점을 맞추었다. 이 같은 매력이 코카콜라의 전 세계 판매 증가를 견인했다고 판단했다. 지속적인 자사주 매입에 판매 증가를 확인한 버핏은 1994년 2억 7,500만 달러를 투자하여 코카콜라 주식 660만 주를 추가로 매입했고, 이 결과 버크셔의 총주식 수는 1억 주로 늘어났다. 이것이 버크셔의 마지막 코카콜라 투자였다. 이후 4년 동안 코카콜라의 주가는 4배가 뛰었다. 〈배런스〉가 졌다.

골초였던 고이주에타는 1996년 폐암 진단을 받고 이듬해 65세의 나이로 세상을 떠났다. 그가 코카콜라를 경영하는 동안 코카콜라의 시가총액은 40억 달러에서 840억 달러로 21배나 늘었다. 그는 절대 주식을 팔지 않은 것을 자랑스럽게 생각했다. 버핏은 1997년 버크셔 연례 보고서에서 고이주에타를 추모했다.

작년 연례 보고서에서 나는 우리가 가장 많은 지분을 가지고 있는 코카콜라에 대해 이야기했다. 코카콜라는 전 세계적으로 시장 지배력을 계속 높여가고 있지만, 안타깝게도 그런 뛰어난 실적을 이뤄낸 공을 세운 리더를 잃었다. 1981년부터 코카콜라의 CEO를 지낸 로베르토 고이주에타가 지난 10월 사망했다. 그가 세상을 떠난 후 그가 지난 9년 동안 나에게 써서 보낸 100여 통의 편지와 메모를 모두 읽었다. 그의 메시지들은 사업과 인생 모두에서 성공하기 위해 필요한 지침이 될 수 있을 것이다.

편지와 메모 속에서 로베르토는 항상 코카콜라 주주들의 안녕을 증진시키는 것을 목표로 하는 화려하고 명확한 전략적 비전을 보여주었다. 로베르토는 자신이 회사를 어디로 이끌어야 하는지, 어떻게 그것을 달성할 것인지, 그리고 왜 그 길이 주주들에게 가장 적합한지를 알고 있었다. 특히 그는 서둘러 목표를 달성하지 않으면 안 된다는 불타는 위기의식을 가졌다.[49]

버크셔가 코카콜라 주식 4억 주를 사는데 13억 달러가 들었지만, 2018년 말 기준 보유 주식의 가치는 189억 달러나 됐다. 버핏은 2018년 코카콜라로부터 배당금으로만 6억 4,000만 달러를 챙겼다. 이는 버크셔의 원 투자금 13억 달러의 거의 절반에 이르는 액수다.

핵심 정리

버핏은 코카콜라에 더 일찍 투자하지 못한 게 실수였음을 인정했다. 그는 7세였을 때 에어컨도 없는 무더운 오마하의 여름날 차가운 콜라병이 어떻게 이웃들에게 소박한 행복과 상쾌한 순간을 선사하는지를 직접 목격했다. 하지만 콜라를 팔아서 번 돈을 코카콜라 주식을 사는 데 투자하지는 않았다. 그가 나중에 "여름에서야 비로소 내 눈에 비친 것을 뇌가 이해했다"고 말하게 된 데는 어린 시절 콜라가 선사한 만족감을 빈번히 즐긴 점도 일부 영향을 미쳤을 수 있다. 많은 사람들에게 코카콜라는 행복한 중독이다. 코카콜라는 버핏이 진가를 이해하고

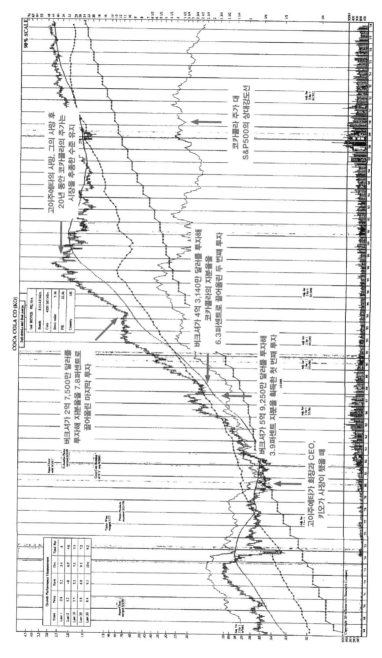

[그림 22] 코카콜라의 주가(1968~2018년)

인정하는 제품을 생산하는 훌륭한 브랜드다. 버핏은 코라콜라에 투자할 때 첫째로 매출이 건실하게 증가하고, 둘째로 판매 상자당 이익이 올라가고, 셋째로 자사주 매입으로 유통주식 수가 줄어들고 있다는 세 가지 중요한 사실을 집중적으로 평가했다.

버핏은 로베르토 고이주에타와 자신의 오래된 친구인 돈 키오가 회사를 장악했다는 것을 알았을 때 더 서둘러 투자하지 않은 것도 후회했다. 버핏은 특히 키오에 대해 "내가 아는 가장 비범한 사람 중 한 명"이라고 묘사했다.[50] 두 사람이 경영하는 17년 동안 코카콜라의 주가는 40배가 올랐다. 버핏은 고이주에타와 키오 모두를 좋아했고, 신뢰했고, 존경했다.

코카콜라는 가격이 적정한 훌륭한 기업이었다. 코카콜라가 훌륭한 기업이었던 이유는, 사업을 운영하는 데 많은 자본이 필요하지 않고(독립 탄산음료 제조사들이 자본지출 부담을 흡수해줬다) 매력적인 세후 투자자본 수익률을 올렸기 때문이다. 버핏은 코카콜라가 보유 현금으로 자사주를 매입하고, 자본수익률을 토대로 경영자들을 합리적으로 평가하는 것을 좋아했다. 그는 또한 코카콜라의 매력적인 장기 전망에도 군침을 흘렸다. 코카콜라가 해외에서 거둬들이는 수익은 전체 수익의 80퍼센트를 차지했지만, 미국보다 인구가 몇 배나 되는 개발도상국들의 1인당 소비율이 미국이나 멕시코의 1인당 소비율과 비교도 안 될 만큼 낮아서 향후 올라갈 가능성이 무궁무진했다. 버핏은 2015년 코카콜라 연례 주총에서 당시 CEO였던 무타르 켄트Muhtar Kent에게 "나는 확실한 데 베팅하길 좋아하는 사람이다. 고객들이 행복해하는 어떤 기업도 실패해본 적이 없다. (중략) 그런데 당신은 행복을 팔고 있다"고 말했다.[51]

버핏에게 코카콜라 투자 명분은 아주 단순했다. 인구가 증가하면서 코카콜라의 판매량이 매년 증가했기 때문이다. 버핏은 또 코카콜라의 브랜드와 유통 체계가 가진 전망과 경쟁우위에 매료되어 코카콜라를 '없어서는 안 될 것inevitables'이라고 부르면서 "만일 당신이 내게 1,000억 달러를 주고 코카콜라의 세계 탄산음료 1위 자리를 빼앗아 오라고 말한다면 나는 그 돈을 당신에게 돌려주며 그럴 수 없다고 말할 것"이라고 했다.[52]

코카콜라가 계속해서 청량음료 시장의 마음 점유율을 지배했지만, 주가가 내재가치를 크게 웃돈다면 향후 그곳에 거액을 투자하기 힘들 수 있다. 버핏도 다음과 같이 경고하면서 그럴 가능성을 암시했다.

> 최고의 기업이라고 해도 그곳에 지나치게 많이 투자할 수도 있다. 과도한 투자의 위험은 주기적으로 나타나며, 우리 생각에는 이제 사실상 모든 주식의 투자자들에게는 그런 위험이 상당히 클 수 있다고 본다. '없어서는 안 될 것'을 파는 기업들의 경우도 마찬가지다. 과열된 시장에서 투자하는 사람들은 심지어 뛰어난 기업이라도 그것의 가치가 그들이 투자한 돈을 따라잡기까지 종종 오랜 기간이 걸릴 수 있다는 점을 주지하고 있어야 한다.[53]

1996년 했던 버핏의 경고는 선견지명이 있었다. 이후 줄곧 코카콜라의 주가는 시장 평균보다 오르지 못했기 때문이다.

당시 코카콜라의 주가는 54달러였는데, 주당 수익은 1.4달러여서 PER는 39배였다. 그로부터 2년 뒤 코카콜라의 주가는 89달러까지 올랐지만 주당 수익은 1.42달러라 PER는 63배까지 올랐다! 고객들이 보여준 충성심과 자본소득 급증에 따른 세금 부담 때문에 버핏은 이때 코카콜라 주식을 매도하지 못했다. 그는 내재가치가 주가를 따라잡을 때까지 오랜 시간을 기다릴 용의가 있었다. 매우 장기적인 안목을 갖고 투자하고, 코카콜라의 향후 전망에 대한 확신이 있었기 때문이다.

불가피하게도 투자자들의 소신은 시험받는 법이다. 버핏은 말보로 프라이데이를 통해 브랜드에 대한 소비자의 충성심에 질문을 던지며 자신의 소신을 시험해봤다. 그는 필립 모리스가 직면한 도전이 코카콜라에 대입 가능한 것인지, 필립 모리스가 겪는 문제로 코카콜라 주식을 매도하는 게 정당한지 등을 논리적으로 평가하면서 대응했다. 버핏은 일반 담배 브랜드 회사와 필립 모리스 사이의 제품 가격 격차가 큰 반면 코카콜라는 1인분당 불과 1센트 정도의 이익만을 남기기 때문에 가격 격차가 미미하다는 결론을 내렸다. 버핏은 "다른 사람이 두려워할 때 욕심을 부리는 식으로" 대응하며 코카콜라 주식을 추매했고, 이후 4년 동안 코카콜라 주가는 4배 뛰었다.

과거에는 "싸게 사서 비싸게 팔아라"라는 투자 격언이 유행했다. 하지만 버핏은 특별한 가치를 지닌 기업의 경우 "싸게 사서 팔지 말아라"라고 말할 것이다. 버핏이 "수십 년에 걸쳐 코카콜라를 만들고, 회사에 상당 규모 투자한 사업의 천재"라고 부른 고이주에타의 멘토 로버트 우드러프는 코카콜라 주식을 절대 팔지 않았다. 고이주에타 역시 그랬다. 버핏도 마찬가지다.

가이코

—

가이코는 대리점에 수수료를 주지 않고 소비자에게 직접 보험을 판매하는 1936년 설립된 미국 최대 자동차 보험회사 중 하나다. 버핏은 나중에 CEO가 된 가이코의 선임 투자 책임자 로리머 데이비슨과의 만

남에 대해 이렇게 회상했다.

> 내가 그레이엄의 제자라고 말했더니 그는 보험 산업 전반과 특히 가이코에 대해 내가 끝없이 던진 질문에 4시간 정도 대답해줬다. 데이비슨은 그날은 물론이고 이후 수십 년 동안 내게 더할 나위 없이 많은 도움을 주었다. 그와의 만남 덕에 내 인생이 바뀌었다.[54]

버핏은 또 이렇게 기억했다.

> 나는 당시 보험 산업과 가이코에 대한 질문을 계속 던졌다. 데이비슨은 그날 점심을 먹으러 나가지 않았다. 그는 내가 이 세상에서 가장 중요한 사람인 양 4시간 동안 대화를 나눠줬다. 그가 문을 열어 나를 맞아줬을 때 그는 내게 보험업계로 향하는 문을 열어준 것이다.[55]

데이비슨은 버핏에게 가이코의 경쟁우위는 기존 대리점을 통해 판매하는 경쟁사보다 엄청난 비용 우위를 누릴 수 있는 우편을 통한 다이렉트 판매 모델이라고 설명해줬다. 가이코의 보험 가입 심사, 즉 언더라이팅underwriting과 보험금 지급에 드는 비용은 일반적으로 보험료 수입의 25퍼센트로, 대리점을 통해 보험을 판매하는 보험사들이 부담하는 비율인 35~45퍼센트에 비해 훨씬 낮았다. 가이코는 책임감 있게 운전하는 것으로 여겨지는 공무원들에게만 마케팅함으로써 언더라이팅 위험을 제한하고자 했다. 버핏은 전통적인 보험대리점을 거치지 않고, 사고 위험이 낮은 공무원들에게 우편을 통해 직접 마케팅하는 가이코 특유의 사업모델에 매료됐다. 대리점에 수수료를 주지 않아도 되고, 사고 위험이 낮은 운전자를 보험에 가입시킴으로써 가이코는 기존 보험료보다 30~40퍼센트 저렴하게 보험을 팔았다. 1950년까지 10년 동안 가이코의 보험 가입자 수는 매년 평균 19퍼센트씩 증가했다. 자동차 보험은 매년 필수적으로 반복 가입해야 하는 보험이라는 점에서 가이코는 정기적으로 자사 보험에 가입해주는 우량 고객 풀을 확보한 셈이었다. 게다가 가이코는 자본지출 부담이 적은 사업모델을 가지고 있었기 때문에 높은 자본수익을 창출했다. 즉, 재고나 채권 등과 관련된 부담이 없었고, 장비에 대규모 투자를 할 필요도 없었다.

뉴욕으로 돌아온 버핏은 가이코가 낮은 원가배분cost distribution상의 우위 덕분에 다른 보험사의 4배에 달하는 이윤이 발생한다는 사실을 알게 됐다. 가이코의 보험 가입자 수는 1950년까지 10년간 평균 19퍼센트씩 증가했지만, 여전히 시장 점유율은 1퍼센트도 채 안 됐다.

버핏은 또 보험사들이 보험금 청구가 들어오기 전에 고객 보험료를 투자하는 방법에 대해 호기심이 생겼다. 보험사의 플로트에 관심이 생겨난 순간이었다. 가이코의 시장 점유율은 1퍼센트도 안 되고 시가총액은 700만 달러에 불과했지만, 1950년에는 경쟁사의 3퍼센트에 비해 훨씬 높은 18퍼센트의 언더라이팅 수익률을 기록했다. 주당 42달러 주가 기준 PER는 훨씬 더 규모가 큰 다른 경쟁사들보다 낮은 8배에 불과했다. 버핏은 가이코가 5년 안에 주가가 2배 오를 수 있다고 생각했다. 그는 "가이코가 가진 엄청난 성장 잠재력에 대한 대가가 지불되지 않은 것으로 보였다"고 말했다.[56]

데이비슨을 만난 다음 날 버핏은 포트폴리오의 4분의 3을 정리하고, 가이코에 대한 첫 투자에 나섰다. 1951년 버핏은 가이코에 4차례에 걸쳐 투자해 총 350주를 1만 282달러를 주고 샀다. 연말까지 버핏의 가이코 주식 가치는 1만 3,125달러로 올라가면서 그의 순자산의 65퍼센트를 차지했다. 그레이엄은 폭넓은 분산투자를 옹호했다는 점에서 이때 버핏은 그레이엄의 투자 방식을 유지하는 동시에 벗어나고 있었음을 보여줬다. 그레이엄은 또한 예측을 경멸했는데, 버핏은 예측을 활용해서 자신의 투자 논리를 뒷받침했다.

버핏은 어떤 주식보다 가이코의 주식을 보고 더 흥분했다고 말했다.[57]

> 가이코는 모든 일반 보험사보다 훨씬 더 낮은 가격에 보험을 판매하고, 15퍼센트의 이윤을 내는 회사였다. 당시 가이코의 언더라이팅 비용 비율은 13퍼센트 정도로 일반 보험사들의 30~35퍼센트보다 훨씬 낮았다. 가이코는 신적인 사람이 경영하는 막강한 경쟁우위가 있는 회사였다.[58]

버핏은 가이코에 너무 매료된 나머지 1951년 〈더 커머셜 앤 파이낸셜 크로니클The Commercial & Financial Chronicle〉에 '내가 가장 좋아하는 주식'이란 제목으로 1쪽 분량의 칼럼을 쓰기도 했다.

버핏은 이듬해 1만 5,259달러에 가이코 주식을 팔아 50퍼센트 가까운 이익을 올렸다. 그는 이후 25년 동안 가이코 주식에 투자하지 않았다. 버핏은 "20년 동안 내가 판 가이코의 주식은 약 130만 달러 가치가 성장했다"면서 "당시 매도는 확실히 놀라워 보이는 회사의 지분을 매각하는 것을 '권할 수 없다inadvisability'는 교훈을 주었다"고 회상했다.[59]

가이코는 1936년 레오 굿윈Leo Goodwin이 텍사스주 샌안토니오에서 설립했다. 보험회사 회계사였던 그는 사고 통계를 분석한 결과 일반인보다 공무원과 군무원이 사고를 덜 낸다는 결론을 내렸다. 그는 값비싼 대리점 수수료를 없앰으로써 소비자에게 더 저렴하게 보험을 직판

할 수 있다는 것을 깨달았다.

굿윈은 1958년 은퇴할 때까지 회사의 번영을 이끌었고 은퇴 후 회장이 되었다. 그가 가이코를 이끌던 동안 창립 첫해인 1936년 10만 4,000달러였던 보험료는 1957년 3,620만 달러로 증가했으며, 그가 은퇴하던 1958년 전 10년 동안 가이코의 시가총액은 50배 가까이 늘어났다. 굿윈은 로리머 데이비슨을 CEO로 선임했다. 데이비슨도 굿윈처럼 가이코를 성공적으로 성장시켰다. 그가 CEO로 재임하던 동안 가이코의 보험료는 4,000만 달러에서 2억 5,000만 달러 이상으로 매년 평균 16퍼센트씩 증가했다. 데이비슨은 1970년에 은퇴했고, 사장 겸 최고운영책임자COO인 랄프 펙Ralph Peck이 그의 뒤를 이었다.

그레이엄이 뉴욕에 세운 회사인 그레이엄-뉴먼이 1948년 71만 2,000달러를 주고 매입한 가이코의 주식 가치는 1972년이 되자 무려 4억 달러로 늘어났다. 하지만 포트폴리오 내 단일 유동주식 비중을 20퍼센트까지 올림으로써 그레이엄은 이미 '한 종목당 투자 비중을 5퍼센트 이내로 제한하는 식으로 적절히 분산투자하라'는 자신의 조언을 위반했다. 그레이엄은 이에 대해 "아이러니하게도 이 한 번의 투자 결정으로 발생한 이익의 총합이 많은 조사와 끝없는 숙고와 수많은 개인적 결정이 수반된 지난 20년간의 여러 전문 분야에서의 광범위한 운용을 통해 실현한 다른 모든 이익의 총합을 훨씬 능가했다"고 말했다.[60]

그레이엄-뉴먼이 가이코 단 하나의 회사에 투자해서 얻은 이익이 다른 투자를 통해 얻은 이익의 총합보다 훨씬 더 크다는 사실이 놀라울 뿐이다.

1971년 레오 굿윈의 죽음은 가이코에게 닥칠 심각한 문제의 예고편이었다. 보험사들은 1972년 3.2퍼센트였던 미국의 인플레이션율이

워런 버핏의 레슨

The COMMERCIAL *and* FINANCIAL CHRONICLE

Thursday, December 6, 1951

The Security I Like Best

WARREN E. BUFFETT

Buffett-Falk & Co., Omaha, Nebr.

Government Employees Insurance Co.

Full employment, boomtime profits and record dividend payments do not set the stage for depressed security prices. Most industries have been riding this wave of prosperity during the past five years with few ripples to disturb the tide.

Warren E. Buffett

The auto insurance business has not shared in the boom. After the staggering losses of the immediate postwar period, the situation began to right itself in 1949. In 1950, stock casualty companies again took it on the chin with underwriting experience the second worst in 15 years. The recent earnings reports of casualty companies, particularly those with the bulk of writings in auto lines, have diverted bull market enthusiasm from their stocks. On the basis of normal earning power and asset factors, many of these stocks appear undervalued.

The nature of the industry is such as to ease cyclical bumps. Auto insurance is regarded as a necessity by the majority of purchasers. Contracts must be renewed yearly at rates based upon experience. The lag of rates behind costs, although detrimental in a period of rising prices as has characterized the 1945-1951 period, should prove beneficial if deflationary forces should be set in action.

Other industry advantages include lack of inventory, collection, labor and raw material problems. The hazard of product obsolescence and related equipment obsolescence is also absent.

Government Employees Insurance Corporation was organized in the mid-30's to provide complete auto insurance on a nation-wide basis to an eligible class including: (1) Federal, State and municipal government employees; (2) active and reserve commissioned officers and the first three pay grades of non-commissioned officers of the Armed Forces; (3) veterans who were eligible when on active duty; (4) former policyholders; (5) faculty members of universities, colleges and schools; (6) government contractor employees engaged in defense work exclusively, and (7) stockholders.

The company has no agents or branch offices. As a result, policyholders receive standard auto insurance policies at premium discounts running as high as 30% off manual rates. Claims are handled promptly through approximately 500 representatives throughout the country.

The term "growth company" has been applied with abandon during the past few years to companies whose sales increases represented little more than inflation of prices and general easing of business competition. GEICO qualifies as a legitimate growth company based upon the following record:

Year	Premiums Written	Policy- holders
1936___	$103,696.31	3,754
1940___	768,057.86	25,514
1945___	1,638,562.09	51,697
1950___	8,016,975.79	143,944

Of course the investor of today does not profit from yesterday's growth. In GEICO's case, there is reason to believe the major portion of growth lies ahead. Prior to 1950, the company was only licensed in 15 of 50 jurisdictions including D. C. and Hawaii. At the beginning of the year there were less than 3,000 policyholders in New York State. Yet 25% saved on an insurance bill of $125 in New York should look bigger to the prospect than the 25% saved on the $50 rate in more sparsely settled regions.

As cost competition increases in importance during times of recession, GEICO's rate attraction should become even more effective in diverting business from the brother-in-law. With insurance rates moving higher due to inflation, the 25% spread in rates becomes wider in terms of dollars and cents.

There is no pressure from agents to accept questionable applicants or renew poor risks. In States where the rate structure is inadequate, new promotion may be halted.

Probably the biggest attraction of GEICO is the profit margin advantage it enjoys. The ratio of underwriting profit to premiums earned in 1949 was 27.5% for GEICO as compared to 6.7% for the 135 stock casualty and surety companies summarized by Best's. As earnings turned for the worse in 1950, Best's aggregate's profit margin dropped to

3.0% and GEICO's dropped to 18.0%. GEICO does not write all casualty lines; however, bodily injury and property damage, both important lines for GEICO, are among the least profitable lines. GEICO also does a large amount of collision writing, which was a profitable line in 1950.

During the first half of 1951, practically all insurers operated in the red on casualty lines with bodily injury and property damage among the most unprofitable. Whereas GEICO's profit margin was cut to slightly above 9%, Massachusett's Bonding & Insurance showed a 16% loss, New Amsterdam Casualty an 8% loss, Standard Accident Insurance a 9% loss, etc.

Because of the rapid growth of GEICO, cash dividends have had to remain low. Stock dividends and a 25-for-1 split increased the outstanding shares from 3,000 on June 1, 1948, to 250,000 on Nov. 10, 1951. Valuable rights to subscribe to stock of affiliated companies have also been issued.

Benjamin Graham has been Chairman of the Board since his investment trust acquired and distributed a large block of the stock in 1948. Leo Goodwin, who has guided GEICO's growth since inception, is the able President. At the end of 1950, the 10 members of the Board of Directors owned approximately one-third of the outstanding stock.

Earnings in 1950 amounted to $3.92 as contrasted to $4.71 on the smaller amount of business in 1949. These figures include no allowance for the increase in the unearned premium reserve which was substantial in both years. Earnings in 1951 will be lower than 1950, but the wave of rate increases during the past summer should evidence themselves in 1952 earnings. Investment income quadrupled between 1947 and 1950, reflecting the growth of the company's assets.

At the present price of about eight times the earnings of 1950, a poor year for the industry, it appears that no price is being paid for the tremendous growth potential of the company.

This is part of a continuous forum appearing in the "Chronicle," in which each week, a different group of experts in the investment and advisory field from all sections of the country participate and give their reasons for favoring a particular security.

[그림 23] 버핏이 기고한 칼럼: 내가 가장 좋아하는 주식

1974년 11.0퍼센트로 급등하는 심각한 악재에 직면했다. 인플레이션으로 인해 사고 처리 비용이 올라가자 인플레이션이 낮았을 때 가입받은 보험의 수익성이 사라졌다. 인플레이션과 금리의 동반 상승으로 가이코의 채권 포트폴리오도 타격을 받았고, 1973년과 1974년 주식

Chapter 20 사례 연구

시장이 약세장에 진입하자 주식 포트폴리오도 마찬가지로 타격이 불가피했다.

결국 1976년 초 가이코는 "1975년에 32년 만에 처음으로 1억 2,650만 달러의 영업손실을 냈다"고 발표했다. 1974년 2,600만 달러의 흑자를 낸 것과 대조적이었다. 또한 1974년 1억 4,400만 달러였던 자본금은 3,690만 달러로 쪼그라들었고, 배당금 지급을 중단했다. 1976년 2월 24일부터 4월 19일까지는 주식 거래가 아예 중단되기도 했다. 가이코의 고난은 그해 4월에 400명이 넘는 성난 주주들이 참석한 가운데 3시간 동안 열린 연례 주총에서 최고조에 달했다. 주가는 전년도의 42달러에서 5달러로 폭락했고, 파산 공포가 엄습했다. 한 달 후 펙은 사임했고, 트래블러스 인슈어런스Travelers Insurance에서 존경받던 보험 업계의 베테랑인 존 J. 브린 주니어John J. Bryne, Jr.가 회장 겸 사장 겸 CEO로 임명되었다. 노먼 기든Norman Gidden 당시 회장은 1977년 3월 말 조기 퇴임했다.

이때까지 버핏은 가이코의 지분을 소유하지는 않았지만, 돌아가는 상황을 예의 주시하고 있었다. 그는 가이코가 파산 위기에 처한 것을 보고 안타까워했다. 버핏은 여전히 가이코 주식을 보유하고 있던 은퇴한 로리머 데이비슨과 자신의 영웅 그레이엄을 위해서라도 가이코를 구해야 한다는 책임감을 느꼈다. 버핏은 "다시 가이코를 살펴보다 지급준비금을 계산해본 후 놀랐다"면서 "회사는 지급준비금이 부족한 상황이었고, 상황이 악화되고 있다는 것이 분명했다"고 말했다.[61] 이때 주당 2달러까지 떨어진 주식은 파산을 피할 수 있다면 저렴하다고 볼 수 있었지만, 만일 파산한다면 2달러도 비싼 가격이었다.

버핏은 브린을 만나 문제를 해결하고, 투자자들을 설득하여 투자하게 하고, 다른 보험사가 재보험을 들게 만들 능력이 어느 정도인지 평가해야 했다. 두 사람의 대화는 새벽 3시까지 이어졌고, 그때 버핏은 브린과 가이코가 가진 비용상의 핵심 이점에 대해 믿게 됐다. 몇 시간 뒤 버핏은 가이코의 주식 50만 주를 주당 2.125달러에 샀다. 곧이어 그는 총 410만 달러를 투자하여 주당 평균 3.18달러에 129만 4,000주를 추매했다. 버핏은 훗날 가이코에 투자를 결심한 이유에 대해 "(가이코가 직면한 상황이) 1963년 샐러드유 스캔들에 휘말린 아메리칸 익스프레스와 비슷하다고 판단했다"고 말했다.[62]

브린은 보험요율 인상에 나서 뉴욕에서 35퍼센트 인상 허락을 받았다. 그는 뉴저지에서도 보험료 인상을 요청했으나 주 보험감독원에 의해 거부당하자 감독원의 책상 위에 가이코의 보험 라이선스를 던지고 "우리는 더 이상 뉴저지 주민이 아니다"라며 사무실을 박차고 나오기도 했다.[63] 그는 이어 뉴저지에서 700명의 직원을 해고한 후 30만 건의 보험 계약을 취소해 버렸다. 당시 브린은 100곳의 사무실을 정리하고, 직원 수를 절반 가까이 줄이고, 고객과의 계약 40퍼센트를 취소했다. 또 흑자를 내던 생명보험 계열사 지분 절반을 매각하고, 7개 주와 워싱턴 D.C.에만 집중하기로 했다. 그 결과 1976년 말이 되자 가이코의 자본잉여금은 사상 최대인 2억 5,000만 달러를 기록했고, 1977년 마침내 가이코는 흑자 전환했다. 가이코가 거의 살아나고 있던 1976년 9월 2일 그레이엄이 세상을 떠났다.

버핏은 훗날 자신은 브린의 집중력, 에너지, 기술을 높이 평가했다고 말했다.

그는 CEO가 되기 위해 평생 훈련한 사람 같았다. 그는 가이코가 위기를 맞던 그 특정 기간 동안에 맞춰 유전적으로 설계된 인물 같았다. (중략) 누구도 그만큼 잘할 수 없었다. 그는 보험료 책정과 준비금에 대해 엄격하고 절제된 사고를 했고, 합리적인 사업 원칙과 행동을 요구했다. 그는 한 가지 목표에 집중하는 특별한 시간을 보냈다. 그리고 과거에 행해진 일보다는 합리적인 일에 관심이 많았다. [64]

브린 역시 버핏에 대해 "그는 나에게 현명한 자금 조달 방법을 알려주었고, 자신의 시간을 아낌없이 베풀어줬다"고 말했다. [65]

1985년 브린이 파이어맨스 펀드 보험회사를 부활시키기 위해 가이코를 떠났을 때 가이코의 주가는 주당 70달러 이상으로 치솟았다.

브린은 목숨이 위태로운 회사를 소생시킨 뛰어난 경영인이었지만, 가이코는 '펀더멘털이 형편없는 것으로 악명 높은 회사'와는 거리가 멀었다. 가이코가 가진 핵심 경제적 우위는 온전했다. 버핏이 설명한 것처럼 가이코는 "경영 능력만큼이나 자본 배분 능력이 뛰어난 특출한 경영진과 함께 (저비용 생산업체라는) 모방하기 힘든 사업적 우위를 가지고 있었다." [66] 이전 2년 동안 가이코는 자사주의 37퍼센트를 매입했다. 버핏은 1980년 후속 투자에 나섰고, 그해 연말 그가 720만 주를 사느라 투자한 4,710만 달러는 1억 5,300만 달러로 불어났다. 이때 버핏의 가이코의 지분 3분의 1을 소유했다. 게다가 버핏은 가이코의 연간 핵심 사업의 수익 창출분 중 버크셔에게 돌아갈 몫을 2,000만 달러로 추산했는데, 이것은 연간 투자 수익률이 무려 43퍼센트임을 의미했다.

과거의 우량기업이 휘청거릴 때 그것이 일시적이고 고칠 수 있는 문제 때문인지, 아니면 기업의 수익 창출력을 영구적으로 손상하는 장기간 지속 가능한 문제 때문인지를 따져봐야 한다. 다행히도 가이코의

워런 버핏의 레슨

경우 전자의 문제였다.

버핏은 "재정과 운영상의 문제로 회사가 어려워졌지만 가이코의 기본적인 사업상 이점, 즉 과거 엄청난 성공을 거두었던 이점은 회사 내부에 그대로 남아 있었다"고 말했다.[67] 버핏은 이어 "가이코가 충분히 성공할 자격이 있는 회사였기 때문에 성공할 게 확실해 보였다"고 덧붙였다.[68] 버핏은 자신은 가이코의 저비용 영업 방식과 높은 계약 갱신율 등에 매력을 느꼈다면서 "나는 내가 경쟁할 수 없는 기업에 투자하는 것을 좋아한다"고 말했다.[69]

이후 15년간 버핏은 가이코 주식을 추가로 매수하지는 않았지만, 가이코가 자사주 매입에 나서면서 버크셔의 지분율은 33퍼센트에서 51퍼센트로 높아졌다. 1995년 버핏의 원래 투자액인 4,570만 달러의 시장 가치는 6억 7,470만 달러로 늘어난 상태였다. 버핏은 2006년 버크셔 연례 주총에서 가이코의 지분 절반을 4,000만 달러에 매입한 것이 최고의 투자였다고 밝혔다. 몇 년 후 버크셔는 20억 달러나 주고 가이코의 나머지 지분 절반을 사야 했다.

1993년부터는 공동 CEO인 토니 나이슬리Tony Nicely와 루이스 심슨Louis Simpson이 가이코를 이끌었다. 나이슬리는 가이코의 언더라이팅 사업에 집중했고, 심슨은 투자 활동을 담당했다. 나이슬리는 1961년 대학을 다니던 중 가이코에 입사하여 1989년 사장 자리에 올랐다. 그는 "나는 브린으로부터 잘 관리된 대차대조표의 중요성에 대해 배웠다"고 술회했다.[70]

심슨은 웨스턴 자산운용Western Asset Management의 사장 겸 CEO와 프린스턴 대학 경제학과 교수를 거쳤다. 그는 버핏과 달리 주목받기를 꺼려했지만, 보수적으로 선별한 주식에 집중적으로 투자하는 버핏과 비슷한 투자 방법을 구사했다.

그는 버핏과 마찬가지로 잉여현금흐름 수익률이 금리보다 높은 기업에 투자하기를 선호했다. 역시 버핏과 마찬가지로 집중투자했다. 버크셔가 가이코를 인수하기 직전 그는 11억 달러 규모인 가이코의 보험 포트폴리오를 단 10개 회사에만 투자했다. 그는 가장 마음에 드는 4개 회사에 포트폴리오 자산의 50~60퍼센트를 투자했다.[71] 1980년부터 2004년 사이 심슨이 올린 연평균 수익률은 20.3퍼센트로 S&P500의 13.5퍼센트를 뛰어넘었다. 그는 이 25년의 기간 중 불과 3년 동안만 S&P500보다 낮은 수익률을 기록했다. 심슨은 2010년 말 74세에 가이코에서 은퇴했다.

1995년 8월 버크셔는 가이코의 나머지 지분 49퍼센트를 주당 70달러로 쳐서 현금 23억 달러에 인수하기로 합의했다. 주당 70달러는 전날 종가인 55.75달러에 25퍼센트의 프리미엄을 쳐준 가격이지만, 3년 전인 1992년 가격과 같았다.

주당 70달러는 1995년 3.66달러였던 EPS의 19배에 해당하는 가격으로, 버핏도 이것이 "상당한 고가였다"고 인정했다.[72] 합병은 1996년 1월 2일 마무리됐다. 버핏은 당시 "그들은 저비용 자동차 보험 판매에 정말로 능하다"고 평가했다.[73]

버핏은 몇 가지 이유를 들며 가이코의 지분 100퍼센트를 간절히 인수하고 싶어 했다. 30억 달러에 달하는 가이코의 플로트는 버크셔가 가진 플로트의 근 2배였다. 버핏은 나이슬리의 '두뇌, 에너지, 성실함, 집중력'을 좋아했다.[74] 그는 심슨을 존경했고, "만약 나와 멍거에게 무슨 일이라도 생기면 심슨이 버크셔의 모든 투자를 운용할 수 있다고 확신했다"고 말했다.

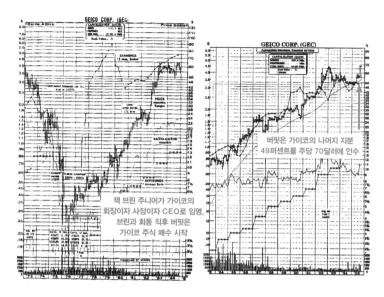

GEICO CORP. (GEC)

버핏은 가이코의 나머지 지분
49퍼센트를 주당 70달러에 인수

잭 브린 주니어가 가이코의
회장이자 사장이자 CEO로 임명.
브린과 회동 직후 버핏은
가이코 주식 매수 시작

[그림 24] 가이코의 주가(1973~1995년)

버크셔가 지분 100퍼센트를 인수했을 때 가이코는 370만 대의 자동차 보험을 든 미국에서 7번째로 큰 자동차 보험회사였다. 버핏은 간단하고, 평가가 가능하고, 쉽게 이해되고, 핵심 가치 동인을 중시하고, 업무 책임자가 직접 통제할 수 있는 새로운 인센티브 보상 계획을 즉시 채택했다. 또한 광고비 지출을 대폭 늘리자 가이코는 영국의 인터넷 기반 시장 조사 및 데이터 분석 기업인 유고브YouGov의 브랜드인덱스BranIndex가 2016년 매긴 '광고 인지도 순위'에서 버라이즌Verizon, 맥도날드, AT&T를 누르고 1위를 차지했다.

다음 페이지의 [표 8]을 보면 알 수 있듯이 가이코의 시장 점유율은 꾸준히 올라가서 2016년 기준 스테이트 팜State Farm의 16퍼센트에 이어 14퍼센트로 2위를 기록했다. 보험 자동차, 보험료 수입, 플로트 면에서 가이코는 20년 동안 두 자릿수 수준의 성장률을 나타냈다. 또한

	1995년	2016년	CAGR
시장 순위	7위	2위	—
시장 점유율	2.5%	12.0%	—
보험 차량 대수(단위: 100만)	3.7	24.0	9.3%
보험료 수입(단위: 10억 달러)	$2.79	$25.5	11.1%
종업원 수	8,575	36,085	7.1%
종업원 1인당 보험료 수입	$325,015	$706,665	—
플로트(단위: 10억 달러)	$30	$17.1	8.7%

[표 8] 가이코의 1995년과 2016년 상황 비교

직원 1인당 벌어들이는 보험료도 버크셔 인수 이후 2배 이상 뛰면서 한층 효율적으로 경영되는 회사로 변신했다. 가이코는 향후 자율주행 차가 등장하더라도 여전히 장시간 성장 가도를 달릴 것으로 예상된다.

핵심 정리

버핏이 가이코에 투자하면서 겪은 경험의 의미를 과소평가할 수 없다. 버핏은 2013년 3월 13일 CNBC 논평가인 베키 퀵Becky Quick으로부터 버크셔가 지분 일부 내지 전부를 투자한 회사 중 한 회사만 계속 투자를 유지할 수 있다면 어떤 회사에 대한 투자를 유지하겠느냐는 질문을 받자 이렇게 답했다.

> 나는 가이코 투자를 유지할 것이다. (중략) 62년 전 가이코는 내 인생을 바꿔 놓았다. 또한 멋진 회사이기도 하다. (중략) 내가 스무 살 때 가이코에 가서 그 곳 동료에게 보험 사업에 대한 설명을 듣지 않았다면 내 인생은 크게 달라졌 을 것이다. 그래서 가이코를 선택해야 할 것 같다.

버핏은 가이코에 투자하면서 겪은 경험을 통해 다음과 같은 점을 증명했다.

배움에 대한 끝없는 호기심

그레이엄이 쓴 〈증권분석〉을 여러 차례 읽으면서 버핏은 그의 멘토에 대해 더 알고 싶은 욕구를 갖게 됐다. 컬럼비아 대학을 다니던 시절 버핏은 그레이엄이 가이코의 회장이라는 것을 알았다. 그레이엄을 회장 자리에 앉힌 회사라면 더 연구할 가치가 있었다. 버핏은 도서관에서 가이코에 대한 정보를 수동적으로 얻는 것에 만족하지 않고 직접 회사를 찾아갔다.

1976년 버핏은 CEO로서 가이코를 살리는 데 필요한 힘든 결정을 내릴 수 있는지를 평가하기 위해 잭 브린을 찾아갔다. 그는 브린을 직접 만나 대화하면서 얻은 확신을 갖고 곧바로 가이코에 대규모 투자를 단행했다.

자신의 신념에 기꺼이 크게 베팅하려는 마음

스무 살 때 버핏은 데이비슨과의 대화 이후 가이코의 성장 전망이 과소평가되고 있다고 확신했기 때문에 즉시 자신의 순자산 절반 이상을 가이코에 투자했다.

혹자는 한 회사에 그렇게 크게 베팅하는 것이 현명한지 의문을 가질 수 있다. 버핏은 훗날 "위험은 자신이 무엇을 하는지 모르는 데서 온다"며 "분산투자는 무지로부터 자신을 지키는 방법이다. 그러나 자신이 무엇을 하고 있는지 잘 아는 사람들에게는 그다지 합리적인 투자 방법은 아니다"라고 말했다.

버핏이 1951년 가이코 주식을 처음 샀을 때 "내가 제일 좋아하는 주식"이라고 선전했음에도 불구하고 그의 증권사 동료들은 그의 추천을 받아들이지 않았다. 1976년 버핏이 7,600만 달러 규모의 전환주 발행분을 모두 매수하려고 했을 때도 전통적으로 대형주에 주로 투자하는 투자은행들은 가이코의 전환주 투자가 너무 위험하다며 투자를 기피했지만 버핏의 확신은 결코 흔들리지 않았다.

지속적인 경쟁우위에 초점

버핏은 지속적으로 경쟁우위를 누리는 기업을 찾는다. 그는 이런 경쟁우위를 경쟁자들로부터 회사가 쌓아놓은 성 주변을 보호해주는 '해자'라고 말했다. 가이코가 가진 저가 경쟁력은 지속 가능했다. 때때로 그것은 사업을 다각화하려는 잘못된 시도와 수준 이하의 언더라이팅 속에 묻혀 보이지 않았다. 그러나 기존의 경쟁업체들이 수수료 기반의 대리점 모델을 포기하지 않았기 때문에 가이코가 가진 저비용 경쟁우위는 그대로 유지됐다. 가이코의 경쟁우위는 지금도 창업 당시와 똑같이 살아있다.

책임감과 충성심

1975년 가이코는 주가가 폭락하자 흔들리고 있었다. 버핏은 "나는 가이코를 살펴본 후 지급준비금을 대충이나마 계산해 보고 다시 한번 놀랐다"고 말했다.[75] 버핏은 이때 가이코의 주식에 투자하고 있지 않았지만 당시 회장인 노먼 기든을 만나러 갔다. 버핏은 "기든은 친절했지만 내 의견을 듣는 데는 관심이 없었다. 그는 나를 완전히 거부하고 있었다. 그는 사실상 나를 사무실에서 몰아냈고, 회사가 처한 문제에 대해

아무런 대응도 하지 않으려고 했다"고 회상했다.[76]

버핏은 가이코의 사무실에서 무례하게 쫓겨난 뒤 회사에 더 많이 개입해야겠다는 결심을 굳혔다. 그는 반드시 가이코를 구해야 한다고 느꼈다. 가이코가 가진 기본적인 경쟁우위는 그대로였고, 버핏은 가이코 주식을 결코 팔지 않았던 자신이 아끼는 두 멘토인 그레이엄과 데이비슨의 유산을 보존하고 싶었다.

플로트에 대한 신념

추운 겨울날 아침 데이비슨과 오랜 시간을 함께 보낸 버핏은 가이코에게 소중한 저비용 해자뿐만 아니라 '플로트'라는 개념에 대해 알게 되었다.

오늘날 버핏은 보험사들은 보험료를 선불로 받고 나중에 보험금을 지급하기 때문에 버크셔의 핵심 사업도 '보험'이라고 말한다. 이처럼 '지금 수금 나중 지급collect-now, pay-later'하는 모델을 '플로트'라고 한다. 플로트 덕에 보험사는 보험료를 투자할 수 있다. 만약 버크셔의 보험회사들이 보험금 지급 손실 후라도 평소처럼 언더라이팅 수익을 올릴 수 있다면 버크셔는 플로트를 유지할 수 있는 돈을 받는 게 된다. 플로트 투자로 얻은 투자 수익은 100퍼센트 수익에 가산된다. 반면에 많은 보험사가 플로트 투자로 얻은 투자 수익을 언더라이팅 손실을 메우는 보조금으로 활용한다. 이 경우 플로트는 공짜 돈이 아니다.

이 공짜 플로트 자금은 버핏처럼 영리한 투자자의 손에 들어가야 큰 가치가 있다. 플로트는 은행에서 빌린 돈처럼 이자비용을 부담하지 않아도 되고, 주식을 추가로 발행해 기존 주식을 희석시키지도 않는다. 요기 베라가 한 말처럼 "그들은 당신에게 돈만큼 좋은 현금을 준다."

버핏이 플로트에 대한 데이비슨의 선전을 들은 후 가이코 주식에 더할 나위 없이 흥분한 것은 당연한 결과다.

플로트는 버크셔에 엄청난 이익을 안겼다. 버크셔의 플로트는 1970년 3,900만 달러에서 2018년 1,200억 달러 이상으로 폭발적으로 증가했다. 누구나 군침을 흘리게 만들기에 충분한 매력을 가진 게 플로트다.

올스타 경영진을 찾아내 주변에 두는 능력

그레이엄은 데이비슨으로, 데이비슨은 잭 브린으로, 브린은 토니 나이슬리와 루 심슨으로 이어졌다. 그들은 버핏에겐 1927년 110승 44패, 승률 7할 1푼 4리로 역사상 가장 완벽했던 팀으로 불렸던 양키스의 라인업이나 마찬가지다. 그들 모두 개성 넘치는 사람들이었지만 탁월해지려는 열정을 가졌다는 공통점이 있었다. 버핏이 가이코의 나머지 49퍼센트 지분을 매입했을 때 가이코는 원활히 운영되고 있었고, 흑자를 냈으며, 여유자금을 창출했고, 이미 보험업계에서 최고로 성실하고 뛰어난 경영진을 데려놓고 있었다. 버핏은 버크셔의 다른 100퍼센트 소유 기업들에서도 이 모델을 성공적으로 모방하곤 했다.

웰스 파고

—

부실 여신으로 허덕이다가 정리된 저축대부조합S&L(Savings&Loan Association)과 투자은행 드렉셀 번햄 램버트의 묘비에 먼지가 채 쌓이기 전인 1980년대 후반과 1990년대 초에 미국의 대형 금융기관들이 묻힐 새로운 무덤이 조성되었다. 1988년부터 1991년까지 4년 동

워런 버핏의 레슨

안 미국 은행과 S&L의 파산 규모는 총 2,500억 달러에 달했다. 매사추세츠의 뉴잉글랜드 은행Bank of New England부터 캘리포니아의 아메리칸 S&L에 이르기까지 다양한 은행과 S&L이 파산했다. 캘리포니아에서만 750억 달러 자산 규모의 S&L들이 파산했는데, 여기에는 과거 잘 나갔던 지브롤터Gibraltar, 임페리얼Imperial, 컬럼비아Columbia, 링컨Lincoln S&L 등이 포함됐다. 1995년까지 10년 동안 3,200곳이 넘던 S&L 중 3분의 1이 파산했으며, 파산 피해액인 1,600억 달러 중 1,320억 달러를 납세자들이 부담했다.

다수의 S&L이 고정금리로 장기 주택담보대출을 해줬고, 변동금리의 단기예금으로 대출 자금을 조달했다. 그런데 인플레이션이 오르자 미국의 중앙은행인 연준은 1977년 여름 5.25퍼센트였던 기준금리를 1981년 14퍼센트까지 인상했다. 인플레이션과 금리가 급등하면서 예금 조달 비용이 대출 금리를 상회했다. 투자은행인 드렉셀은 핵심 사업인 대출 사업으로 입은 손실을 만회하기 위한 해결책을 찾는 데 골몰했다. 드렉셀이 찾아낸 해결책은 투기등급 기업들의 자금조달에 사용되는 고수익 채권인 일명 '정크본드' 투자를 대중화시키는 것이었다. 통신 회사인 MCI 커뮤니케이션즈MCI Communications와 담배·스낵 식품 회사인 RJR 나비스코RJR Nabisco처럼 현금흐름이 안정적인 기업들이 정크본드를 발행했다면 그것을 창의적인 자금조달 방법이라고 했을지 모르지만, 현금흐름의 부침이 심하고 실적이 입증되지 않은 기업들이 오로지 자금을 조달하기 위해 정크본드를 발행하면서 디폴트default, 즉 채무불이행 사례가 늘어나면서 투자 손실은 커졌다. 투자자들은 고수익에만 눈이 멀어 그 반대편에 있는 고위험을 과소평가했고, 이것은 치명적인 결과를 낳았다. 아울러 미심쩍은 도덕성, 개발도

상국에 내준 대출의 부실화, 뮤추얼 펀드들의 예금과 월가 투자은행들의 대출 경쟁, 다가올 경기침체, 그리고 EBITDA(Earnings Before Interest, Taxes, Depreciation and Amortization, 기업이 영업 활동으로 벌어들인 현금 창출 능력을 나타내는 지표-옮긴이)에만 의존한 손쉬운 분석이 모두 과도한 레버리지에 매료된 금융기관들의 몰락에 일조했다.

버핏은 특히 EBITDA라는 하나의 지표만 갖고 하는 분석을 비난했다. 그는 활용도가 높지만 결함이 있다고 경고하면서 "EBITDA를 열렬히 알리는 건 특히 위험한 행위"라고 비판했다.[77] EBITDA는 과거나 지금이나 현금 창출 능력을 쉽게 알아낼 수 있는 지표로 사용되고 있다. 하지만 '부채 대비 EBITDA'는 과거나 지금이나 투자자들에게 실제로 감당할 수 있는 수준 이상으로 부채를 감당할 수 있다는 확신을 주기 위해 사용되는 대중적이면서 조잡한 지표에 불과하다. EBITDA가 실제 감가상각 비용을 무시하는 게 문제다. 기업의 부채에 대한 이자 및 원리금 상환 능력을 평가하는 이보다 더 나은 방법은 영업행위로 발생한 수익에서 비용을 차감한 것으로, 이자 비용과 세금을 포함하지 않는 이자및세전이익EBIT(Earnings Before Interest Expense and Taxes, 영업행위로 발생한 수익에서 비용을 차감한 것으로서 이자비용, 세금을 포함하지 않는다-옮긴이)에서 유지 보수 자본지출을 뺀 것이다. 그러나 1980년대와 1990년대 초에는 투자자들이 탐욕에 빠져 신중한 분석을 등한시했고, EBITDA를 동원해 높은 부채를 정당화했다.

허술한 대출과 근시안적인 투자 분석은 최악의 범죄자들을 파산으로 내몰았고, 애꿎은 다수의 사람들은 해고되고 배당금을 받지 못했다. 하지만 1989년 초에 희망의 기운이 싹트기 시작했다. 뱅크오브아메리카가 배당금 지급을 재개했다. 앞서 3년 동안 이 은행은 9,000명의 직원을 해고하고, 캘리포니아 스트리트 555번지에 소재한 본사 건물을 매각하고, 자회사인 찰스 슈왑Charles Schwab 증권사를 팔아야 하는 등의 심각한 손실로 인해 배당을 중단했었다.

웰스 파고는 특별했다. 1980년대의 어려운 10년 동안에도 배당을 유지했다. 웰스 파고는 1852년 헨리 웰스Henry Wells와 윌리엄 파고 William Fargo가 광부가 채금한 금을 지키고, 마차에 실어 우편물을 금광으로 나르기 위해 설립한 이후 쌓인 자사에 대한 주주들의 신뢰를 저버릴 수 없었다.

1989년 당시 58세였던 웰스 파고의 회장이자 CEO인 칼 라이차트 Carl Reichardt는 이러한 신뢰와 회사의 가치에 대한 불만을 드러냈다.

> 우리는 137년 동안 사업을 해왔고, 내가 아는 한 우리 회사는 절대 손해를 본 적이 없다. 산업주들의 PER 평균이 12배인데 우리처럼 누구보다 예측 가능한 실적을 올리고 있는 회사의 PER가 고작 7~8배 정도에 불과하다니 정말로 짜증 나는 일이 아닐 수 없다.[78]

라이차트는 1970년 부동산 개발업자와 상업용 건물 건설업자에게 대출해주면서 경력을 쌓던 유니언 뱅크Union Bank를 떠나 웰스 파고에 입사했다. 그는 1983년 웰스 파고의 회장 겸 CEO로 취임했고, 오로지 생산성에 집중하는 직설적이고, 강직하고, 허튼짓을 하지 않는 경영 스타일로 유명했다. 그는 "우리는 지출을 통제하는 관행을 거의 숭배하는 수준"이라고 말했다.[79] 그는 심지어 CEO 사무실이 있는 12층에 대형 크리스마스 트리를 세우는 은행의 전통도 없앴다. 12층을 방문하는 고객이 거의 없다는 게 이유였다. 라이차트는 웰스 파고의 직원 1인당 평균 보수가 캘리포니아 소재 은행 중 가장 높다는 사실을 자랑스럽게 여겼지만, 웰스 파고는 영업 비용을 수익으로 나눈 효율성 비율efficiency ratio 면에서 단연 으뜸이기도 했다.

라이차트는 웰스 파고로 올 때 유니언 뱅크에서 가까운 동료 폴 헤이즌Paul Hazen을 데리고 왔는데, 헤이즌은 라이차트의 오른팔로 웰스 파고의 사장이자 최고운영책임자COO가 되었다. 헤이즌의 상냥한 성격은 라이차트의 직설적이고 거침없는 태도를 보완해줬다. 두 사람은 성격이 달랐지만, 수익성이 높고 효율적인 은행을 운영하기 위한 경쟁심과 열정을 공유했다. 라이차트는 국내총생산GDP 규모가 세계 6위에 해당하는 캘리포니아주에서 주로 대출하고, 몇 가지 핵심 사업에 집중하며 가차 없이 비용을 절감하는 전략을 펼쳤다. 그는 전임자에 의해 발생한 수십억 달러의 외채를 상각하고, 해외 지사를 모두 폐쇄했으며, 크로커 내셔널Crocker National과 바클레이스 뱅크오브캘리포니아Barclays Bank of California를 포함한 캘리포니아 내 여러 경쟁 은행을 인수하고, 이익이 크지 않은 사업은 매각했으며, 수천 명의 직원을 해고했다. 웰스는 1986년 크로커 내셔널을 인수한 뒤 4년 만에 수익을 2배로 늘렸다.

라이차트는 웰스 파고의 대출 포트폴리오를 상업·건설·부동산 개발 등 자신이 가장 잘 아는 분야로 전환했다. 1990년 캘리포니아의 사무용 건물, 쇼핑 센터, 호텔 및 산업용 건물 시장이 둔화됐다. 남부 캘리포니아에서 이러한 건물들을 과도할 정도로 많이 지은 영향이 컸다. 전국 평균 사무실 공실률은 20퍼센트였지만 캘리포니아의 공실률은 22퍼센트로 더 높았다. 일부 월가 분석가들은 석유 관련 대출이 텍사스 은행들을 고사시켰던 것과 같은 방식으로 집값 하락이 캘리포니아

워런 버핏의 레슨

은행들에 영향을 미칠 수 있다고 전망했다. 1990년 7월 신용평가사인 무디스는 시장이 둔화하면 (은행이 아닌) 부동산 대부업체들이 타격을 입을 것이라면서 이러한 예측을 반박했지만, 뉴잉글랜드식 부동산 경기침체를 예상하지는 않았다. 무디스는 웰스 파고를 여전히 미국 최고의 은행 중 하나로 평가했다.[80]

워싱턴에서는 미국 연방예금보험공사FDIC(Federal Deposit Insurance Corporation) 등의 규제 기관들이 은행이 다른 주州로 사세를 확장하는 '주간 금융interstate banking'을 제한하는 법을 폐지해야 한다고 주장했다. 장시간의 대출 손실로 국내 1만 개 은행들 간의 합병이 가속화되고, 이는 가장 비용 효율적인 인수 은행들에게 유리할 것이라는 전망이 파다했다. 게다가 연준은 경제를 부양하고 은행의 순이자마진율net interest margin(이자수익 자산의 단위당 이익률 - 옮긴이)을 올려주기 위해 금리를 낮출 가능성이 있었다.

웰스 파고 주식에 대한 투자자들의 반응은 양극화됐다. 회의론자들은 1990년 웰스 파고의 상업용 부동산 대출 비중이 미국 내 주요 은행 중 가장 높은 자기자본의 5배라는 점을 지적했다. 다른 4곳의 주요 캘리포니아 은행들의 비중은 자기자본의 1.6배에서 2.9배 정도였다. 라이차트가 웰스 파고는 오로지 선순위 채권에만 투자하고, 그러한 채권에도 회사의 공장과 장비와 같은 유형자산을 담보로 잡아놨다고 말했지만, 웰스 파고의 포트폴리오에는 차입매수leveraged buyout(기업을 인수·합병할 때 인수할 기업의 자산이나 향후 현금흐름을 담보로 은행 등 금융기관에서 돈을 빌려 기업을 인수하는 기법-옮긴이)용 대출이 상당히 큰 비중을 차지했다.

약세론자들은 1990년 말 캘리포니아 부동산 가격이 15~20퍼센트 하락하며 채무불이행 위험이 커지자 웰스 파고 주식에 대놓고 반감을

드러냈다.[81]

팔로 알토에 소재한 투자펀드인 페시바흐 브라더스Feshbach Brothers는 웰스 파고 주식을 매도했다. 이 회사의 자금운용역 톰 바튼Tom Barton은 "웰스 파고를 파산 후보라고 부르는 것이 적절하지 않다고 생각하지만, 10대처럼 어리숙하다고 생각한다"면서 43달러 후반대에 거래되고 있는 주가가 10달러 대로 떨어질 수 있음을 암시했다. 그는 "웰스 파고는 다른 어떤 은행보다 부동산 대출 노출이 큰 은행 중 하나"라고 덧붙였다.

프루덴셜-바체 증권Prudential-Bache Securities의 은행 분석가인 조지 살렘George Salem은 "캘리포니아가 제2의 텍사스가 될 수 있다"면서 "웰스 파고는 잃을 게 더 많다. 다른 은행들보다는 똑똑하지만, 캘리포니아 부동산 시장에 너무 많은 대출을 내주었다"고 지적했다.

메릴린치Merrill Lynch의 은행 분석가 리비아 애셔Livia Asher는 웰스 파고의 주식의 투자의견을 '매수'에서 '중립'으로 하향 조정했다. 그녀는 회사 펀더멘털이 심각하게 훼손될 것으로 예상하지는 않은 채 그보다는 캘리포니아 부동산에 대한 '부정적인 언론 보도 과잉'으로 인해 웰스 파고의 주가가 부진할 수 있을 것으로 내다봤다.

이러한 상황에서 버크셔는 1990년 10월 웰스 파고의 보통주 9.8퍼센트를 매입했다고 발표했다. 버크셔는 연준의 승인 없이 은행 지분을 10퍼센트 이상 소유할 수 없었다. 1990년 버크셔의 연례 보고서에서 버핏은 2억 8,940만 달러를 주고 웰스 파고의 주식 500만 주를 매입했다고 보고했다. 버핏은 웰스 파고에 투자한 가장 큰 이유로 자신이 '좋아하고, 믿고, 존경하는' 경영진을 들었다. 가령 라이차트가 1998년 4월과 1994년 12월에 웰스 파고 회장과 CEO 자리에서 각각 은퇴하

워런 버핏의 레슨

	1990년	1989년	1988년
순이자 수익	$2,313.9	$2,158.6	$1,972.1
대손충당금	(310.0)	(362.0)	(300.0)
비이자 수익	908.6	778.7	682.2
비이자 경비	(1,717.3)	(1,574.5)	(1,519.1)
세전 수익	$1,195.2	$1,000.8	$835.2
버핏의 안 좋은 경우의 시나리오			
전체 대출	$48,000.0		
문제 대출: 10%	$4,800.0		
평균 손실률: 30%	$1,440.0		

[표 9] 웰스 파고의 펀더멘털 변화와 버핏의 안 좋은 경우의 시나리오

기 전 12년간 이 회사의 보통주 총 수익률은 1,668퍼센트로, S&P500 의 396퍼센트에 비해 훨씬 더 높았다.[82] 버핏은 또 라이차트와 헤이즌 의 궁합이 잘 맞았다는 점, 성과가 좋은 사람에게 많이 보상해주고, 낭 비를 최소화한 점, 비용 절감에 계속해서 신경을 쓴 점, 경영진이 욕심 을 내지 않고 능력 범위 내에 머문 점, 존경받는 문화를 유지한 점을 높이 샀다. 사업적 차원에서 버핏은 경영이 잘 됐고, 고수익을 올렸고, 위험 평가에 신경을 쓴 점에 주목했다.

버핏은 PER 5배, 세전 수익 기준으로는 PER 3배 이하로 웰스 파고 주식을 샀다. 업계 전반에 대손충당금 손실 우려가 퍼진 덕을 봤다.

우리가 1990년에 웰스 파고 주식을 매입하는 데는 혼란스러운 은행주 시장 의 덕을 받았다. 혼란은 타당했다. 한때 유명했던 은행들의 어리석은 대출 결정이 매달 공개되었다. 경영진이 모든 상황이 괜찮다고 확신한 직후 종종 큰 손실이 연이어 드러나자 투자자들은 당연히 어느 은행이 발표한 수치도

신뢰할 수 없다는 결론을 내렸다.[83]

버핏이 1989년 웰스 파고 주식을 매수한 뒤 불과 몇 달 사이에 주가가 거의 반토막이 나면서 그의 확신은 시험대에 올랐다. 하지만 이때 버핏은 추매에 들어갔다. 그는 "공포에 질린 가격에 더 많은 주식을 살 수 있게 됐기에 하락을 환영했다"고 말했다.

버핏은 사랑받지 않는다고 해서 주식을 무작정 사서는 안 되고, 주식에 투자하는 이유를 알아야 한다고 조언했다.

주가가 낮은 가장 일반적인 원인은 비관주의가 퍼졌기 때문이다. 비관주의는 때로는 광범위하게, 또 때로는 특정 기업이나 산업에 퍼지곤 한다. 우리가 이런 환경에서 사업을 하고 싶은 이유는, 비관주의를 좋아해서가 아니라 그것이 만들어내는 가격을 좋아하기 때문이다. 낙관주의는 합리적인 투자자의 적이다. 그러나 단지 주식이 인기가 없다는 이유로 기업이나 주식에 투자하는 게 똑똑한 투자라는 뜻은 아니다. 반대로 '군중을 따라 투자하는' 전략을 추종하는 것 역시 마찬가지로 어리석은 짓이다. 여론조사보다는 생각이 더 필요한 법이다.[84]

버핏은 1990년 그의 첫 500만 주 투자의 80퍼센트 이상을 주당 57.89달러에 매입했다.

이후 2년은 웰스 파고 투자에 대한 버핏의 신념을 시험에 들게 한 시간이었다. 캘리포니아는 경기침체에 빠졌고, 전통적인 고성장 산업들이 생산량 감소와 정리해고를 겪으면서 신용등급이 강등될 위험이 커졌다. 이에 따라 은행 규제당국은 1990년 3억 1,000만 달러였던 대

워런 버핏의 레슨

	1992년	1991년	1990년
순이자 수익	$2,691	$2,520	$2,314
대손충당금	(1,215)	(1,335)	(310)
비이자 수익	1,059	889	909
비이자 경비	(2,035)	(2,020)	(1,717)
세전 수익	$500	$54	$1,196
보충 충당금	1,215	1,335	310
세전 충당금 수익	$1,715	$1,389	$1,506

[표 10] 웰스 파고의 펀더멘털 변화

손충당금을 1991년 13억 달러로 대폭 늘릴 것을 권고했다. 1991년 웰스 파고는 전년도의 12억 달러와 비교하기 힘들 만큼 적은 5,400만 달러의 수익을 올리는 데 그쳤다.

그러나 투자자가 다소 자의적 성격을 띠는 대손충당금의 주기적 변동성을 빼고 계산하는, 은행의 핵심 수익 창출력을 평가하기 위해 사용하는 일반적인 지표인 '세전, 충당금 적립 전 수익pretax, pre-provision income'은 웰스 파고의 펀더멘털이 건강한 상태임을 보여주었다. 보고된 세전 수익이 1990년에서 1992년까지 절반으로 감소했으나, 충당금 적립 전 수익은 15억 달러에서 17억 달러로 실제로는 늘어났다.

순이자 수익은 대출이자에서 예금이자를 뺀 예대마진이 커지면서 꾸준히 증가했다. 서비스료와 수수료 기반 서비스를 포함한 비이자 수익도 2년 동안 증가했다.

나중에 버핏은 이 힘든 시기를 회상하면서 "캘리포니아의 경기침체와 웰스 파고가 떠안은 부동산 문제의 심각성을 과소평가했다"고 인정했다.[85]

라이차트는 대출이 건전하고 대손충당금이 충분하다고 확신했다. 리먼 브라더스의 투자자이자 수석 부사장이었던 브루스 버코비츠Bruce Berkowitz도 1992년 버핏과 마찬가지로 자신의 순유동 자산의 3분의 1 가까이를 웰스 파고에 투자하면서 다음과 같은 논리를 폈다.

> 논리는 간단하다. 웰스 파고는 과거에 환상적인 수익 창출력을 가졌다. 나는 그것이 지속되지 않을 이유를 모르겠다. 사실 오히려 수익 창출력이 성장하고 있다. (중략) 게다가 저비용으로 돌아가는 회사다. 경기침체가 끝날 때 투자자본 수익률이 20퍼센트를 넘어설 것으로 예상한다. 웰스 파고의 현재 연간 (주당) 33달러의 세전과 충당금 적립 전 수익을 올리고 있다. 이런 회사가 있다는 생각만으로도 가슴이 떨린다.[86]

버코비츠처럼 웰스 파고 주식을 낙관하는 쪽은 캘리포니아는 석유 의존도가 높았던 텍사스와 달리 단일 상품에 의존하지 않는 다양한 경제 활동을 펼치는 미국 GDP의 13퍼센트를 차지하는 주라는 사실에 주목했다. 1991년부터 1992년 사이 남부 캘리포니아의 항공과 방위 직 25퍼센트가 사라졌고 샌디에이고의 사무실 공실률이 25퍼센트까지 올라갔지만, 전자, 엔터테인먼트, 생명공학, 금융, 농업과 식품 가공 기업들이 많은 캘리포니아는 경기침체로부터 뛰어난 회복력을 보여 줬다.

1992년 9월 30억 달러를 정점으로 9분기 연속 증가세를 보이던 부실대출 규모는 1993년 말에는 15억 달러, 1994년에는 8억 7,100만 달러로 떨어졌다. 캘리포니아 경제도 1993년부터 안정되기 시작하더니 1994년에 완연한 회복세를 나타냈다. 무엇보다 이 기간 중 웰스 파

	1994년	1993년	1992년
순이자 수익	$2,610	$2,657	$2,691
대손충당금	(200)	(550)	(1,215)
비이자 수익	1,200	1,093	1,059
비이자 경비	(2,156)	(2,162)	(2,035)
세전 수익	$1,454	$1,038	$500
보충 충당금	200	550	1,215
세전 충당금 수익	$1,654	$1,588	$1,715

[표 11] 웰스 파고의 펀더멘털 변화

고는 연간 손실을 기록한 적이 없었다. 1994년이 되자 웰스 파고는 주당 14.78달러를 벌었고, ROE는 22.4퍼센트로 1989~1990년 수준인 25퍼센트에 근접했다. 또한 1.62퍼센트인 ROA는 1989년의 1.26퍼센트를 넘어섰다. '상환불능nonaccrual'으로 분류됐던 대출이 '상환가능accrual' 대출로 바뀌면서 대손충당금이 낮아진 것이 수익 개선에 상당히 긍정적인 영향을 미쳤다. 웰스 파고의 대손충당금은 1992년 12억 달러에서 1994년 2억 달러로 감소했다.

웰스 파고 경영진에 대한 버크셔의 베팅은 결실을 맺었다. 버핏은 나중에 "라이하트와 헤이즌은 일반적인 은행가와 분명 달랐다"면서 "그들은 거친 파도를 성공적으로 헤치고 나갔다"라고 말했다.[87] 멍거는 "우리는 기본적으로 웰스 파고의 부동산 대출의 건전성이 다른 은행들보다 훨씬 더 낫다는 데 베팅하고 있었고, 실제로도 그랬다"면서 "우리는 그들의 대출과 회수 방법이 다른 은행들보다 훨씬 더 양호하니 괜찮다고 생각했고, 실제로도 그랬다"고 덧붙였다.[88]

버핏은 경영진을 제대로 평가하는 것의 중요성에 대해 "우리가 단지 숫자만 보고 (경영진 등) 다른 것들을 더 자세히 살펴보지 않았더라면 투자 결정을 내릴 수 없었을 것"이라고 말했다.[89]

버크셔는 1989~90년에 웰스 파고에 최초로 2억 8,940만 달러를 투자한 후 1억 2,400만 달러를 추가로 투자했다. 2016년 말 투자금의 가치는 276억 달러로 불어났다. 버크셔는 지분 10퍼센트를 보유한 웰스 파고의 최대 주주다. 버크셔의 웰스 파고 지분율 10퍼센트는 1989년부터 1990년 사이 거의 변화가 없었다.

핵심 정리

2012년 웰스 파고는 코카콜라를 제치고 버크셔의 최대 투자회사 자리에 올랐다. 웰스 파고의 시가총액은 버크셔의 누적 매입 가격의 2배 이상으로 불어났다. 영향력 있는 회의론자들이 웰스 파고의 상업용 부동산 노출을 근거로 주식을 매도하거나 주식 투자의견을 하향 조정했을 때 버크셔가 처음 매입한 이 은행의 주가는 이후 5년 만에 3배 이상 상승했다.

경영진에 대한 베팅

버핏은 "보석을 모르면 보석상을 아는 게 좋다"고 말했다. 이 말은 은행업에도 적용된다. 대출의 건전성을 제대로 평가할 수 없다는 이유로 은행에 대한 투자를 거부하는 투자자들이 있다. 투자자가 모든 차주의 상환 능력을 확실히 알 수는 없겠지만 그래도 은행 경영진의 경험과 과거 실적, 은행 대출 문화의 특성과 일관성, 은행이 대고객 서비스에 얼마나 선제적으로 대응하는지 여부, 예금 비용과 구성, 은행의 비용 지출 원칙, 경영진이 주주와 본인 중 누구 위주로 행동하는지는 알

워런 버핏의 레슨

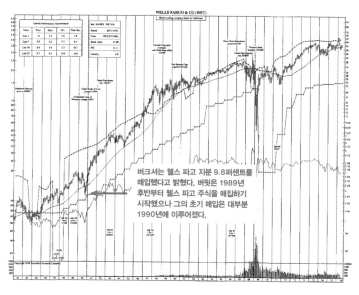

WELLS FARGO & CO (WFC)

Bank holding company based in California

버크셔는 웰스 파고 지분 9.8퍼센트를 매입했다고 밝혔다. 버핏은 1989년 후반부터 웰스 파고 주식을 매집하기 시작했으나 그의 초기 매입은 대부분 1990년에 이루어졌다.

[그림 25] 웰스 파고의 주가(1983~2018년)

수 있다.

라이차트는 웰스 파고에 입사하기 전 유니언 뱅크에서 10년 이상 부동산 개발과 상업용 대출 분야에서 능력을 입증했다. 그는 캘리포니아 부동산 대출에 집중했다. 개발도상국에 대한 대출은 그나 헤이즌의 관심 밖이었다. 부채가 많은 국가들에 돈을 빌려준 다른 많은 은행들은 채무불이행으로 수십억 달러의 출혈을 감수해야 했다.

버핏은 개인적으로 라이차트를 만난 뒤 그가 고객 가까이에 머물고, 최고의 성과를 거둔 직원들에게 보상하고, 견조한 성장과 기회주의적 주식 매입을 통해 주주들에게 보상해주는 데 열정적인 현명하면서, 실용적이며, 비용에 민감한 기업인이라는 확신을 더 갖게 되었다. 버핏이 라이차트를 "은행업계에 최고의 매니저"라고 말할 수밖에 없었던 이유도 이 때문이다. 일반 투자자는 CEO를 개인적으로 만나지 못하겠지만, 투자자들은 CEO들이 한 인터뷰를 통해 그들의 정직성과 성과를 평가할 수 있을 뿐만 아니라 연례 주총에 참석하여 그들의 행동을 관찰하고 심지어 그들에게 질문까지 던질 수 있다.

안전마진

버핏은 웰스 파고 주식을 매입하기 전에 하방 위험을 꼼꼼히 계량화해 안전마진을 확보했다. 그는 웰스 파고가 전체 대출의 10퍼센트에 문제가 생기거나 상환불능 상태가 되고, 30퍼센트의 손해를 본다는 최악의 시나리오 하에서도 여전히 손익분기점에 도달할 것으로 추정했다. 버핏이 예상한 시나리오가 실제로 일어난 1991년에도 웰스 파고는 사실상 손익분기점에 도달했다. 대손충당금을 많이 쌓아놓는 식의 최고의 보수적 경영에 치중했기 때문에 이런 일이 가능했다는 사실을 기억할 필요가 있다.

확신이 시험 받다

1989년 버크셔의 첫 투자 이후 웰스 파고의 주가는 50퍼센트나 급락했다. 버핏과 멍거는 이에 굴하지 않고 1990년에 첫 투자 때보다 5배나 더 많은 주식을 샀다. 버크셔가 1990년 10월 첫 투자 사실을 발표하자 앞에 나왔던 프루덴셜-바체 증권의 은행 분석가 조지 살렘은 "버핏은 유명한 저가 사냥꾼이자 장기 투자자다. 그는 부동산 대출을 가장 잘하는 경영진을 높게 평가했다. 하지만 그가 깨닫지 못한 한 가지는 (전 올림픽 수영 스타) 마크 스피츠Mark Spitz조차 바다 한가운데에 일어난 허리케인 속에서는 수영할 수 없다는 사실"이라고 꼬집었다.[90]

라이차트를 올림픽 7회 금메달리스트인 스피츠와 혼동하는 사람은 없겠지만, 스피츠는 1973~1975년 사이 일어난 경기침체, 에너지 위기, S&L 위기, 그리고 두 자릿수 실업률과 인플레이션이란 거친 바다를 헤엄치며 길을 찾아야 할 필요는 없었다. 라이차트와 헤이즌은 웰스 파고에 도착하기도 전에 이미 이런 거친 바닷속에서 경쟁해 금메달을 딴 사람들이다. 그들은 1990년대 심각한 경기침체를 야기했던 1987년 10월 '블랙 먼데이'로 불리는 주식시장 붕괴로 인한 쓰나미의 충격에 직면했을 때 명예의 전당에 이름을 올린 능력이 검증된 경영인이었다. 버핏과 멍거에게는 단기적으로 주가를 50퍼센트 끌어내린 회의론자들에 맞서 라이차트와 헤이즌의 경험과 실적이 종국적으로 승리할 것이라는 데 베팅할 용기가 있었다. 그들의 이런 용기는 경영진과 하방 위험을 계량화할 수 있다는 확신에서 비롯됐다. 라이차트와 헤이즌의 이름은 무너진 다른 S&L들처럼 묘비가 아닌 웰스 파고의 역사적 전통 속에 아로새겨졌다.

CHAPTER 21

윤리와 사고방식

명성을 쌓는 데는 20년이 걸리지만 망치는 데는 5분이 걸린다. 이런 사실을 고려한다면 당신은 지금과 다르게 일할 것이다.

– 워런 버핏

버핏의 윤리의식

버크셔 해서웨이

버핏은 "당신이 하는 말로 유대감이 생긴다"라는 도덕적 원칙을 중요시한다. 그와 거래하면서 유대감을 깬다면 심각한 결과를 각오해야 한다. 이 원칙은 1964년 5월, 당시 섬유 제조업체인 버크셔의 CEO였던 시버리 스탠튼Seabury Stanton이 버핏에게 투자조합 주식을 얼마에 팔 것인지 물었을 때 어느 때보다도 분명해졌다. 700만 달러의 자산을 운용하고 있던 버핏의 투자조합은 버크셔의 주식 약 11만 주를 주당 7.50 달러에 매입해 7퍼센트의 지분율을 확보해놓은 상태였다. 버핏은 주당 10.25달러인 운전자본과 주당 20.20달러인 장부가액에 비해 대폭 할인된 버크셔의 주가에 매력을 느꼈다. 버핏은 또 버크셔가 섬유공장 한 곳을 청산해 얻은 수익금으로 자사주 매입에 나선 점도 마음에 들어했다. 이미 미국의 섬유 사업은 사양길에 접어들었지만, 버핏은 버크셔가 다른 공장을 더 폐쇄하면 주식 매입을 통해 자신이 작게나마 수익을 낼 수 있다고 판단했다. 버크셔는 최근 두 곳의 공장 문을 닫았고, 추가 자사주 매입에 나설 수 있는 상황이었다. 스탠튼이 버핏에게 보유 주식을 얼마에 팔 것인지 물었을 때 버핏은 "주당 11.50달러"라고 대답했다. 버핏에 따르면 스탠튼은 "좋습니다. 그렇게 합시다"라고 대답했다.[1] 그런데 1964년 5월 6일 버핏은 스탠튼으로부터 22만 5,000주를 자신과 구두 합의한 가격보다 8분의 1포인트 싼 주당 11.375달러에 사겠다는 제안이 담긴 편지를 받았다.

제안가는 버핏이 산 가격인 주당 7.50달러보다는 여전히 50퍼센트 더 높지만, 버핏은 자기 멋대로 주당 12.5센트씩 깎은 스탠튼의 부도덕한 행위에 분노했다. 낮아진 제안을 받아들인다면 구두 합의한 액수보다 약 1만 4,000달러 정도 덜 받을 뿐이겠지만, 버핏은 구두 계약을 깬 누군가에게 어수룩한 사람으로 비춰지고 자신의 평판에 흠집이 가는 상황을 참기 힘들었다. 격분한 버핏은 1965년 4월까지 버크셔의 주식 약 28만 3,000주를 추가로 매입해 지분율을 39퍼센트로 끌어올렸다. 이 정도면 그가 1965년 5월 이사회에서 회사를 장악하기에 충분한 수준이었다. 버핏은 스탠튼을 해고했다. 그리고 당시 상황에 대해 "내가 거의 아는 게 없는 끔찍한 사업을 하게 되었다"고 술회했다.[2] 그는 이어 "끔찍한 사업에 많은 돈을 투자했다는 게 사실"이라고 덧붙였다.[3]

2014년 버크셔의 연례 보고서에서 버핏은 당시 결정에 대해 "어처구니없을 정도로 멍청한 결정"이었다고 말했다. 경영권을 장악한 뒤 버핏에게는 남은 돈이 없었고, 오히려 은행에 250만 달러를 빚졌다. 섬유 사업은 버핏이 결국에 피할 수 없는 경쟁 구도에 굴복하기 전까지 이후 20년 동안 재정과 경영 측면에서 시간과 자원을 앗아간 재정과 경영의 '알바트로스' 같았다. 버핏은 버크셔가 사나운 폭풍이 몰아치면 큰 날개를 펼쳐 세상에서 가장 멀리, 가장 높게 비상하는 알바트로스가 되기를 바랐지만, 뜻대로 되지 않았다. 2010년 어느 인터뷰에서 버핏은 자신이 보험 사업에 직접 투자했다면 버크셔의 가치는 현재 가치보다 2배, 즉 2,000억 달러는 더 높았을 것이라고 추산했다.[4]

버핏은 이 경험을 통해 "유명 경영자가 부실 경영으로 악명 높은 기업을 만났을 때 남는 것은 회사의 악명일 뿐"이라는 결론을 내렸다. 그는 이어 "형편없는 기업에 손을 댔다면 빠져 나와라"라고 덧붙였다.[5] 버핏이 지배하는 버크셔가 가진 가장 큰 매력은 버크셔에 피인수 여부를 검토하고 있는 기업들의 관심을 끌 수 있다는 점이다. 버핏은 그들의 문화가 온전하게 유지될 것이고, 버크셔에서 영구적인 보금자리를 찾아줄 것이라고 약속한다. 버핏은 100퍼센트 지분을 인수한 기업들이 싫증 나거나 자신의 현재 사업 모델에 맞지 않는다고 해도 카드 게임을 하듯이 단번에 그들을 매각해버리지는 않는다. 또한 그들을 담보로 막대한 빚을 지고, 인력을 최대한 줄이는 식의 구조조정을 통해 재매각하지 않는다. 버핏이 100퍼센트 지분을 가진 기업을 매각하거나 문을 닫는 방안을 검토한 유일한 예외는 투자한 돈을 영구적으로 잃을 것으로 예상하거나, 기업이 큰 노동상의 곤경에 처할 경우다. 버핏은 1998년 버크셔의 연례 주총에서 어떤 기준으로 주식을 파는지를 묻는 질문에 "나는 그냥 죽어라고 위대한 기업에만 매달린다"고 대답했다.

스탠튼과 합의한 조건보다 고작 주당 10센트 정도 덜 받게 되는 걸 거부한 버핏은 오만하고 고집불통이었던 것일까? 훌륭한 경영자도 구할 수 없는 끔찍한 기업을 소유함으로써 "당신이 하는 말로 인해 유대감이 생긴다"는 윤리적 원칙을 지킨 그는 어리석었던 것일까? 20년 동안 무너져가는 기업을 지킨 건 그의 완고한 성격 때문인가, 아니면 그가 정직하고 근면한 노동자들에게 충성했던 것일까?

버크셔의 섬유 사업에 대해 버핏이 보여준 행동은 그가 얼마나 성실하고, 믿을 수 있고, 정직하고, 충성스런 사람인지를 보여주는 증거다. 그는 자신이 좋아하고, 신뢰하고, 존경하는 사람들과 사업을 하고 싶다고 말해왔다. 버핏은 스탠튼이 약속을 어긴 후 그를 제거함으로써 버크셔 주주들이 더 이상 이용당하지 않게 막았다. 배가 항해할 수 있는지 세심하게 챙기지 않고 속임수만 쓰는 선장을 제거한 것이다. 버핏은 기억에 남는 여행을 하기 위해 훌륭하게 배를 보강하고 확장했지만, 적어도 두 건의 다른 명백한 속임수를 경험하고 나서야 비로소 그럴 수 있었다.

살로몬

버핏은 회사보다 고객의 이익을 우선시하고, 윤리적인 행동 규칙과 그러한 규칙의 정신을 고수하는 것이 중요하다고 굳게 믿는다. 버핏은 버크셔의 연례 주총이 열리기 전 언제나 2010년 5월 1일 의회 소의원회에서 한 자신의 개회 연설 비디오를 재생한다.

나는 살로몬의 모든 직원들에게 스스로 준법감시인이 되어달라고 부탁했다.

그들이 모든 규칙을 지킨다면 나는 곧바로 그들에게 "비판적 성향의 기자가 입수한 정보에 입각해 당신들이 심사숙고해서 한 행동에 대한 기사를 다음 날 지역 신문 1면에 실었을 때 그 기사를 배우자, 자녀, 친구들이 읽더라도 당당할 수 있는가?"라고 묻는다. 만약 그들이 이 시험을 통과한다면 그들은 내가 그들에게 보내는 또 다른 메시지를 두려워할 필요가 없다. 그것은 "(당신들이) 회사에 손해를 끼친다면 이해하겠지만, 회사의 평판을 조금이라도 더럽힌다면 나는 무자비해질 것이다"란 메시지다.

그가 살로몬을 통해 겪은 경험은 그에게 고객을 위해 옳은 일을 하고, 잘못된 행동을 시기적절하고 투명하게 전달하고, 자기 잇속만 차리는 유혹을 피하라고 끊임없이 상기시켜준다. 버핏은 신뢰와 성실함을 소중히 여긴다. 그것을 토대로 맺어진 유대 관계가 깨지면 참지 못한다.

살로몬의 몇몇 고위 간부들은 불법 거래와 정보 은폐라는 자기 파괴적인 행동을 자행했다. 임시 회장을 맡았던 버핏의 영웅적인 행동과 명성이 없었다면 수천 명의 다른 도덕적인 직원들은 일자리를 잃을 뻔했다.

잘못된 행동: 담합 입찰과 은폐

경영대학원 학생들이 대학 졸업 후 부유해지려면 어디로 가야 하는지 묻자 버핏은 마지못한듯 월가를 가리켰다. 멍거는 에두르지 않고 버핏이 주저하며 월가를 가리킨 이유를 자세히 설명해줬다.

월가는 축구나 미식축구 등의 경기에서 승리해야 하는 사람들로 가득 찬 소위 '라커룸 문화locker room culture'를 적나라하게 보여준다. 월가는 경쟁이 너무 치열하다 보니 A가 무엇을 하든 A보다 더 잘하거나 더 잘해야 한다. 물론 워런과 나는 그렇게 잘해야겠다는 강박관념에 사로잡혀 있지 않다. 나는 월가 방식보다는 내 방식대로 살겠다. 월가는 우승해야 한다는 그 망할 라커룸 문화로 나머지 사람들에게 엄청난 피해를 주고, 이기기 위해서라면 수단과 방법을 가리지 않는다. [8]

멍거가 그렇게 불쾌하게 느끼는 이유는 월가의 경쟁적인 성격뿐만 아니라 그들이 비도덕적으로 경쟁하는 방식 때문이다. 살로몬의 투자은행가들은 다른 많은 은행들과 달리 유가증권을 인수하는 '언더라이팅 계약'을 통해 벌 수 있는 높은 수수료에만 관심이 있었기 때문에 언더라이팅 직후 인수한 증권을 고객에게 매도했다. 거래만 성사시키면 끝이고, 매수자에게 위험에 대한 책임을 떠맡기는 '매수자 위험 부담 원칙caveat emptor'을 고수했다. 버핏은 살로몬이 정크본드를 갖고 비도덕적으로 행동할 수 있도록 용납하는 월가의 문화를 경멸했다.

어떤 아이디어에 대한 월가의 관심도는 그것이 가진 장점이 아니라 그것이 창출할 수 있는 수익과 정비례했다. 매수자들의 이익에는 아무런 관심이 없는 자들이 엄청난 양의 정크본드를 팔아댔다. [9]

마이클 루이스Michael Lewis는 1989년 쓴 베스트셀러《라이어스 포커 Liar's Poker》에서 살로몬에서 4년 동안 일하면서 겪은 다채로운 경험을 설명했다. 그에 따르면 살로몬 문화의 대표적 특징은 CEO인 존 굿프렌드John Gutfreund가 조장하는 '물씬 풍기는 남성적 분위기'였다. 버핏이 살로몬 문화가 이렇다는 걸 미리 알았더라면 투자를 재고했을 가능성이 있다. 루이스는 책에서 굿프렌드가 100만 달러의 판돈을 걸고 존 메리웨더John Meriwether 수석 채권 트레이더에게 '라이어스 포커'를 치자고 제안한 상징적인 장면을 묘사했다. 일종의 카드 게임인 라이어스 포커는 에이스와 킹으로만 한 벌의 카드를 만든다. 게임은 한 사람이 카드를 뽑으면서 시작한다. 에이스가 들어왔다면 '에이스'라고 말한다. 만약 킹이 들어오면 두뇌게임이 시작된다. 게임의 묘미는 킹을 가지고 있어도 에이스라고 거짓말을 할 수 있다는 점에 있다. 상대방은 그가 정말 에이스를 들고 있는지, 혹은 킹을 들고 있으면서 에이스라고 말하는지 판단해야 한다. 소위 '뻥카'라고 말하고 카드를 보자고 요구해 그가 정말 에이스를 들고 있다면 돈을 잃고 그 반대라면 이익을 본다. 위험을 피하는 대신 판돈의 절반 정도를 주고 카드를 다시 섞을 수도 있다. 다음번 게임은 순서가 반대다. 굿프렌드와 메리웨더는 카드 대신 달러 지폐에 표시된 일련번호 숫자를 이용한 게임을 해서 게임이 훨씬 더 복잡해졌다.

이 게임을 하려면 핸디캡핑과 뻥카와 확률 예측 능력은 물론이고 냉철한 기질까지 갖춰야 유리한데, 이 모두가 어떻게 거래하느냐에 따라 회사에 수백만 달러의 거래 수익을 안겨주고 트레이더는 상당한 보너스를 챙길 수 있는 채권 거래에서 중요하게 여겨지는 기술들이다. 메리웨더는 뛰어난 수학자이자 채권 거래 능력을 인정받은 고위 임원이었다. 그는 굿프렌드의 제안이 승산이 없는 시나리오임을 감지했는데, 자신이 게임에서는 이기더라도 보스에게는 이길 수 없으므로 게임에서 지게 되는 것이나 마찬가지라고 생각했기 때문이다. 그래서 메리웨더는 판돈을 1,000만 달러로 올리겠다고 했고, 그제서야 굿프렌드는

워런 버핏의 레슨

물러났다. 게임은 끝났지만, 살로몬의 마초적인 자유분방한 카지노 문화는 계속됐다.

살로몬의 트레이더들은 월가에서 가장 높은 몸값을 제시하는 사람을 위해서라면 물불 안 가리고 일해주는 살인 청부업자들이나 마찬가지였다. 그들은 거래 중간중간 짓궂은 농담을 하고, 상스러운 농담도 주거니 받거니 하고, 스트리퍼들을 부르기도 했다. 오만과 허세의 문화는 굿프렌드의 담배에서 뿜어져 나오는 연기처럼 자극적이었다.

미 재무부는 1990년 국채 입찰 시 입찰 물량의 35퍼센트 이상을 한 회사가 낙찰받을 수 없도록 막는 규제를 제정했다. 한 회사가 부당하게 국채 거래 협상력을 동원해 국채 시장을 궁지에 몰아넣지 못하게 막겠다는 게 목적이었다. 그런데 1990년 12월과 1991년 2월 두 차례에 걸쳐 살로몬의 폴 모저Paul Mozer 상무이사가 이 규칙을 어기면서 문제가 심각해졌다. 그는 살로몬에게 주어진 한도인 35퍼센트까지 입찰했고, 고객들에게 알리지 않은 채 그들을 대신해 추가 입찰에 나섰다. 그는 이후 발각되지 않으려고 살로몬 계좌로 입찰 대금을 이체했다. 1991년 4월 말에 자신의 계획이 발각되기 일보 직전임을 감지한 모저는 상사인 메리웨더에게 입찰 참여에 무단으로 이름을 도용한 살로몬 고객에게 연방규제 당국이 보낸 편지를 보여주면서 자신이 규정을 위반했음을 실토했다. 메리웨더의 권유로 모저는 즉시 살로몬의 사장인 톰 스트라우스Tom Strauss에게 이 소식을 알렸고, 며칠 뒤 스트라우스, 굿프렌드, 살로몬의 변호사 도날트 포이어슈타인Donald Feuerstein은 대책 회의를 열었다. 포이어슈타인은 모저의 행위가 범죄라고 생각했고, 나머지 사람들은 뉴욕 연방준비제도이사회에 지금까지 일어난 일에 대해 알리기로 했다. 그런데 이상하게도, 연준은 그로부터 4개월 뒤인 1991년 8월 살로몬이 연방규제 당국의 조사를 받을 때까지도 살로몬이 저지른 '부정과 규정 위반 행위'에 대해 전혀 모르고 있었다.

버핏은 나중에 정보를 알리지 않은 살로몬 경영진의 직무유기 행위를 "불가해한 용서할 수 없는 행위"라며 비판했다.[10] 멍거는 경영진의 침묵과 무대책을 "손가락 빨기thumb sucking" 같은 짓이라고 칭했다.[11] 이처럼 유명한 손가락 빨기 행위가 저질러진 원인은 연방규제 당국에 규정 위반 행위를 알렸을 때 살로몬에게 중요한 자금 조달, 즉 펀딩에 심각한 차질을 빚을 수 있을까 경영진이 두려워했기 때문이다. 살로몬은 매일 만기 도래하는 수십억 달러의 채무를 리파이낸싱refinancing(보유한 부채를 상환하기 위해 다시 자금을 조달하는 금융거래의 한 형태-옮긴이)해야 했는데 이때 펀딩을 할 수 없다면 회사 입장에서는 산소 호흡기의 플러그가 뽑히는 꼴이었다. 그런데 펀딩에는 무엇보다 신뢰가 중요했다.

거꾸로 뒤집힌 피라미드처럼 1990년 말 살로몬의 대차대조표상 부채 포함 자산은 자본의 31배나 됐다. 1991년 중반 살로몬의 자산은 1,500억 달러로 40억 달러인 자본의 37배로 더 늘어났다. 참고로 이는 금융위기 직전인 2007년 26배까지 부풀어 올랐던 골드만삭스의 레버리지 비율을 뛰어넘는 수준이다(2016년 말 골드만의 레버리지 비율은 10배 수준으로 떨어졌다). 살로몬의 부채는 전 세계 거래 상대방들에 갚아야 할 수십억 달러의 부외off-balance sheet 파생상품 관련 부채를 빼고도 1,400억 달러를 넘었다. 살로몬은 씨티코프를 제외한 미국의 어느 금융기관보다 부채가 많았다. 자산 대부분은 다음날부터 최대 6개월까지 언제든 만기가 돌아오는 단기 대출로 조달한 자금이었다.

굿프렌드는 연준에 미 재무부의 국채 입찰 규정 위반 사실을 적시에 알리지 않은 것은 물론이고, 살로몬 이사회에도 뉴욕 연방준비제도로

부터 경고 서한을 받았다는 사실을 알리는 데 태만했다. 서한에서 연준은 "살로몬이 입찰 규정 위반 사실을 오랜 시간이 지나 공시함으로써 매우 난처한 상황에 처했다"고 언급하면서 살로몬과의 "업무 관계의 지속가능성"에 의문을 표했다(불법 행위를 빠르게 고지했다면 그에 상응하는 처벌만 받고 넘어갈 수 있었는데, 사실을 숨김으로써 전반적인 신뢰 관계가 훼손되었으며 금융업 인허가를 취소할 수도 있다는 의미-옮긴이).

버핏은 이로부터 한 달이 더 지나서 제럴드 코리건Gerald Corrigan 뉴욕 연방준비은행 총재가 의회에 출석해서 한 증언에서 이 서한에 대해 언급하고 나서야 비로소 서한에 대해 알게 됐다. 코리건은 굿프렌드가 사안의 심각성을 고려하여 서한을 살로몬 이사회에 제출했다고 전제한 채 이사회의 무대책은 연준에 대한 오만한 모욕이라고 결론지었다. 버핏은 나중에 "연준은 이 시점에서 (살로몬) 이사들이 경영진과 함께 연준 면전에 침을 뱉는 데 동참했다고 느꼈다"고 회고했다.[12]

굿프렌드와 이사회, 그리고 연준 사이의 신뢰는 깡그리 무너졌다. 이에 더해, 살로몬의 채권단이 발을 빼려고 하면서 채권단과의 신뢰도 타격을 입었다. 채권단에게는 그대로 남아서 얻을 수 있는 고작 몇 bp의 추가 이자보다는 채무자의 지불 능력과 자본이익률이 훨씬 더 중요했다. 살로몬은 약 7억 달러의 부채를 상환한 후 자체 유가증권 거래를 중단했다. 살로몬이 자체 유가증권 거래로 더 이상 수익을 내지 못한다면 투자자들이 자금을 대줄 이유가 없었다. 굿프렌드와 스트라우스는 두 사람이 일자리를 잃더라도 다시 자금을 지원받기 위한 신뢰를 회복하기 위해 필사적으로 나섰다.

구세주의 등장

굿프렌드와 스트라우스는 버핏에게 연락해 사임하기로 했다. 버핏이 7억 달러어치의 우선주를 보유한 살로몬의 최대 주주였기에 질서가 회복될 때까지 임시회장을 맡아 회사를 이끄는 게 순리에 맞았다. 버핏은 굿프렌드가 가이코의 주식 공모 주관 업무를 맡기로 한 이후 그와 친분을 유지해오다가 1987년 10월 1일 버크셔를 통해 9퍼센트의 배당금을 지급해주고 주당 38달러로 전환 가능한 살로몬의 전환우선주에 7억 달러를 투자한 상태였다.

버핏은 임시회장을 원하지 않았지만 선택의 여지가 없다고 느꼈다. 1991년 8월 18일 버핏은 연봉 1달러에 임시회장을 맡기로 동의하였다. 버핏은 《라이어스 포커》를 읽은 입장에서 나는 그것의 속편이 나오는 것을 막아야 했다"고 말했다.[13] 그에게는 자신이 한 투자뿐만 아니라 8,000명이 넘는 직원들의 경력, 임시회장으로서 책임을 져야 할 수천 주주들의 자본, 그리고 1,000억 달러가 넘는 살로몬의 부채가 갑자기 지급불능 사태에 빠질 경우 전 세계 금융시장이 혼란에 빠지며 붕괴되는 사태를 막기 위한 금융 시스템의 건전성 유지 모두가 중요했다. 버핏은 살로몬의 위법 행위가 심각하지만, 전체에 전이되지 않은 도려낼 수 있는 국소암이라고 믿었다.

메리웨더도 사임해 버핏은 회사의 새 수장이 될 경영진을 인선해야 하는 난제에 직면했다. 그는 12명의 후보를 10분씩 인터뷰하면서 각 후보에게 누가 사장과 COO가 될 자격이 있다고 생각하는지를 일일이 물었다. 그러자 대다수는 데릭 모건Deryck Maughan을 꼽았다. 영국 재무부 관리와 투자은행 공동 대표 출신인 모건은 43세로, 5년 동안 살로몬 아시아 지사장으로 일해왔다. 그는 미국 국적이 아니었고 트레이더도 아니었지만, 그의 성실함과 도덕성에 충분히 감명을 받은 버핏은 그에게 겉멋만 든 살로몬의 트레이더들을 통제하고 관리해줄 것을 요청했다. 버핏은 자신이 임시회장으로서 "회사가 과거에 저지른 죄를 씻고 자산을 불릴 수 있게 돕겠다"고 설득했다.[14] 버핏은 모건이 자신의 보수에 대해 물어보지 않는 데 대해서도 감명을 받았다.

굿프렌드, 스트라우스, 메리웨더, 폴 모저, 톰 머피Tom Murphy(재정증권 거래 데스크를 이끌었던)가 회사를 떠난 데 만족하고, 버핏의 명성과 성실함에 안도한 연준은 살로몬의 국채 입찰 참여를 중단하기로 했던 잠정 결정을 일부 철회했다. 만일 이 결정이 유지됐다면 그것은 살로몬의 심장에 비수를 꽂는 것이나 다름이 없었다. 연준은 니콜라스 브래디Nicholas Brady 재무장관에게 버핏이 개인적으로 한 호소와 살로몬이 파산할 경우 자신은 떠나겠다는 위협을 종합적으로 고려해서 살로몬이 고객이 아닌 자사 계좌로만 국채 입찰에 참여할 수 있도록 허용했다. 살로몬은 기존 국채의 전매 목적에 한해서 유통시장에서도 거래할 수 있게 됐다.

버핏과 모건은 보다 상세한 기록과 일일 보고서 작성을 포함하는 새로운 거래 규칙을 제정하고, 모든 고객 주문을 서면으로 확인했으며, 입찰 전 국채의 사전 거래를 제한했다. 한편 버핏은 수십억 달러 규모의 자산을 매각해서 대차대조표상 부채를 줄이고, 직원 상여금을 대폭 삭감하고, 대신 직원들에게 주식을 나눠줬다. 또한 모든 국채 입찰의 정확성을 기하기 위해 재차 확인하게 만들었다.

버핏은 자신이 사업상 위기 해결에 나서는 다른 경영자들에게 해준 "올바르게, 빨리, 빠져나오라"는 조언을 직접 실천했다. 그는 임시회장을 맡은 지 불과 11일 만에 〈뉴욕타임스〉, 〈월스트리트저널〉, 〈워싱턴

포스트〉 등에 주주들에게 보내는 편지를 게재했다. 편지에는 모건을 살로몬의 COO로 새로 임명했으며(그는 나중에 모건을 재능, 성실함, 지성을 갖춘, 주주 지향적이고 사업적 감각이 뛰어난 인물로 묘사했다.[15]), 새로운 규칙과 절차를 도입했고, 준법감시위원회 설립 등 새로운 감시 메커니즘을 설계했고, 자신이 직접 최고준법책임자 역할을 맡기로 했고, 소송에 대비해 2억 달러의 자금을 마련해뒀고, 성과급 체제를 개편했다는 등의 내용을 담았다.

이 편지에 따르면 버핏이 임시회장이 되기 이틀 전인 1991년 8월 16일 살로몬의 부채 포함 자산은 약 1,500억 달러 규모였다. 9월 30일 자산은 970억 달러로 감소했고, 자산 대 자본 비율은 37배에서 24배로 낮아졌다. 버핏은 "최근 몇 년 사이 상업은행과 투자은행들 모두가 배웠듯이 원칙 없는 의사결정은 느슨하기 이를 데 없는 자금조달로 이어지는 경우가 종종 있다"고 지적했다.[16]

살로몬은 결국 2억 9,000만 달러의 벌금을 내기로 재무부와 합의했다. 이후 재무부는 제재를 풀어줬고, 살로몬은 고객 대신 미 국채 입찰에 다시 참여할 수 있게 됐다. 버핏은 10개월 동안 임시회장직을 수행했고, 이번 사태를 일으킨 장본인인 폴 모저는 3만 달러의 벌금과 함께 4개월의 실형을 선고받았다. 버핏은 살로몬을 구했고 준법과 보고의 투명성과 절제된 행동을 강조함으로써 윤리적이고 성실한 사람으로서의 명성을 탄탄히 다졌다.

버핏은 합병이 발표된 날, 샌디 웨일Sandy Weill이 이룬 업적을 칭찬했다. "지난 수십 년 동안 샌디는 금융 서비스 분야 M&A를 능수능란하게 처리함으로써 주주들에게 막대한 가치를 창출해주는 데 천재성을 발휘했다. 살로몬도 예외는 아닐 것이다."

워런 버핏의 레슨

나는 몇 년 뒤 샌디를 만났는데, 버핏이 그를 천재라고 칭하고 높이 치켜세웠던 사실을 상기시켰다. 샌디는 여전히 버핏의 칭찬에 감동하고 있었다.

버핏은 살로몬에서 겪은 모든 경험을 예언적인 말로 마무리했다. "우리는 살로몬에 대한 집중적인 규제와 수사가 끝났다고 믿는다. 우리는 이제 높은 윤리적 기준과 의미 있는 실적이 서로 양립하면서 상호 보완해줄 수 있는 목표라는 사실을 보여주기 위해 앞으로 나아갈 수 있다"고 말했다.[17]

버핏이 살로몬에 끼친 영향은 고객의 이익을 최우선하며 숨기지 않는 정직한 태도와 어떤 일이 일어나도 흔들리지 않는 성실함이 오직 돈만으로 사람의 가치를 판단하는 문화보다 나을 수 있다는 것을 보여준다. 버핏은 회개하고, 정직한 모습을 보여주며 당국의 규제를 수용했다. 그는 "우리를 이 지경으로 만든 행위에 대해 사과부터 하고 싶다. 규칙과 법이 지켜지기를 기대하는 건 국가의 당연한 권리다. 살로몬은 이러한 규칙들을 일부 위반했다"고 말했다.[18] 재정적으로 '백기사'를 자처한 버핏은 도덕적으로도 착한 사람이었다. 그는 착한 사람들이 오만한 속임수와 은폐와 왜곡에 능한 사람들을 상대로 승리한다는 것을 보여줬다.

데이비드 소콜

버핏이 타계하면 현재 버핏이 맡고 있는 버크셔 해서웨이의 CIO와 CEO 역할을 최소 두 명이 나눠서 맡게 될 것이다. 현재 각자 수십억 달러에 이르는 버크셔 투자를 운용하고 있는 토드 콤스와 테드 웨슐

러가 나머지 투자자산도 운용할 수 있다. 지난 수년간 아지트 자인Ajit Jain, 맷 로즈Matt Rose, 그렉 아벨Greg Abel 중 누가 버핏의 후계자가 될 것인지를 두고 여러 가지 추측이 제기됐다. 2011년까지는 데이비드 소콜David Sokol도 유력한 후보로 거론됐다.

아지트 자인은 버크셔 해서웨이의 보험 부문 부회장이다. 엄청난 플로트 때문에 보험영업은 버크셔에서 가장 중요한 사업이라고 할 수 있다. 버핏은 매일 아지트와 상담하고, 다음과 같이 그에 대한 칭찬을 아끼지 않았다.

- "아지트는 무無에서 거대한 '플로트'와 막대한 보험 인수 이익을 모두 창출하는 재보험 사업을 만들어냈다."[19]
- "연례 주총에서 아지트를 만나면 깊이 고개 숙여 인사하라."[20]
- "크립토나이트kryptonite(영화 슈퍼맨에 나오는 가상의 화학 원소-옮긴이)조차 아지트의 반응을 살필 정도다."[21]
- "만약 찰리, 나, 아지트가 침몰하는 보트에 갇혀 있는데 세 사람 중 한 사람만 구할 수 있다면 아지트를 구하라."[22]

맷 로즈는 버크셔에서 가장 수익성이 높은 사업 중 하나인 벌링턴 노던 산타페BNSF의 CEO고, 그렉 아벨은 성장하고 있는 버크셔의 대형 유틸리티 사업인 미드아메리칸 에너지MidAmerican Energy의 CEO다. 버핏은 맷과 그렉을 모두 칭찬했다. "맷 로즈와 그렉 아벨은 모두 뛰어난 CEO다. 그들은 고객과 주주 모두에게 기여하는 사업을 발전시킨 뛰어난 경영자들이다."[23]

미드아메리칸 에너지 회장을 지낸 데이비드 소콜은 미래의 인수 및 복구 관리 문제를 담당했으며 버핏에겐 믿을 만한 중요한 측근이었다.
〈포춘〉지는 2010년 8월 16일자 기사에서 그를 "워런 버핏의 해결사
Warren Buffett's Mr. Fix-it"로 칭했다. 그 기사에서 〈포춘〉지는 소콜이 버핏
의 후계자로 가장 자주 언급되고 있다고 말했다. 버크셔의 2010년 연
례 주총 보고서에서 버핏은 소콜이 한 일을 부각했다.

> 지금쯤이면 모두 알겠지만 나는 맷 로즈가 BNSF에서, 그리고 데이비드 소
> 콜과 그렉 아벨이 미드아메리칸에서 한 일에 대해 자랑스럽게 생각한다. 나
> 는 또한 그들이 버크셔 주주들을 위해 이룬 일에 대해서도 자랑스럽고, 감사
> 하게 생각한다.

버핏은 미드아메리칸의 지배 지분을 인수하기 전 CEO였던 소콜과
두 차례 짧게 만난 후 그를 "재능 있고 기업가다운 인물"이라고 말했
다.[24] 소콜은 매출 2,800만 달러의 소규모 지열地熱 회사였던 미드아
메리칸을 탄탄한 천연가스와 전기 유틸리티 회사로 성장시켰다.

2006년 3월 20일 〈배런스〉의 앤드루 배리Andrew Bary 기자는 '버크셔
의 갑판 위에 있는 자는 누구Who's On Deck at Berkshire'라는 제목의 기사
에서 데이비드 소콜이 버핏의 후계자로 가장 유력하다고 추측했다. 그
가 49세로 비교적 젊고, 보험 외 분야에서 버크셔에 가장 많은 수익을
안겨주는 회사의 CEO이며, 뛰어난 M&A 기술을 보여주었고, 버핏이
벗어놓은 '거대한 신발'을 채우는 데 필요한 야망과 자아가 있는 것 같
다는 게 이유였다.

2007년에 출판된 소콜의 저서《기쁘지만 만족스럽지 않아Pleased But
Not Satisfied》의 서문에서 버핏은 소콜을 이렇게 칭찬했다.

그의 사업 경영 능력은 테드 윌리엄스Ted Willimas의 타율 4할 6푼에 맞먹는 업적이다. 나는 8년 동안 맨 앞줄에 앉아서 그가 미드아메리칸 에너지를 경영하는 모습을 지켜봐 왔다. (중략) 작게나마 고백할 게 하나 있다. 그가 한 개인적인 행동과 버크셔 해서웨이에서의 가치를 기준으로 판단했을 때 나는 데이브와 함께했던 모든 일이 기쁘면서 만족스럽다.

소콜은 《기쁘지만 만족스럽지 않아》를 쓰기 전에 12년 동안 130건이 넘는 잠재적 인수 대상을 평가했는데, 그중 18건은 실제 인수로 이어졌다. 또 거의 모든 경우 그는 처음에 기대했던 가치를 충족시키거나 아니면 뛰어넘었다. 소콜은 인수 대상 기업을 평가할 때 다음과 같이 엄격한 10단계 기준을 적용했는데, 이것은 버핏이 중시하는 기준과 부합한다. 또한 투자자가 투자 대상을 평가할 때 고려해야 할 귀중한 자원이기도 하다.

1. 현재의 시장 참여도, 경쟁 비용 구조, 시장 혁신 및 주도 능력, 경쟁 우위와 열위 등을 포함한 기업의 미래 전망.
2. 기업의 과거 성과 및 기업이 역사적으로 보여준 도전에 맞서고, 적응하고, 혁신하는 능력.
3. 경영진의 자질.
4. 기업의 대차대조표와 종종 작은 글씨로 보이지 않게 잘 숨겨놓곤 하는 혹시 모를 술책.
5. 기업의 경쟁적 지위의 지속 가능성.
6. 역사적으로 기업이 보여준 미래 성장에 대한 투자 의지.
7. 소송, 환경, 연금 또는 퇴직자에 줘야 하는 혜택 및 그 외의 유산비용

워런 버핏의 레슨

legacy cost.

8. 회계나 사업 윤리, 혹은 이와 유사한 분야와 관련된 지나치게 공격적인 일련의 관행을 나타낼 수 있는 문화적 이슈.

9. 기업이 가치를 창조하고 있는지 아니면 파괴하고 있는지를 확인하기 위한 실제 현금흐름 및 자본지출 요구사항 분석. 이 분석을 종종 간과해 심각한 결과가 초래되곤 한다.

10. 기업이 더 효과적으로 활용할 수 있으나 활용도가 낮거나 저평가된 자산을 보유하고 있는가? 기업이 혁신적 기술에 영향을 받기 쉬운가, 아니면 진부한 규제나 사법적 조치에 영향을 받기 쉬운가?

소콜은 또한 다음과 같은 중요한 검토 요소들을 제시했다.

• 기업과 경영진의 과거 성과는 미래의 성과를 알려주는 매우 중요한 지표다. 과거에 형편없던 성과가 갑자기 미래의 성공으로 전환될 것이라는 데 대해 매우 회의적이어야 한다.

• 일회성이나 특이한 항목을 지속적으로 보고하는 기업은 진정 의심을 살 만하다. 그들은 계속해서 불운한 건가, 아니면 단지 부실하게 경영되고 있는 건가?

• EBITDA 배수, EBIT 배수, PER 배수, 또는 최근 등장한 '이자·세금감가절하비용·감가상각비·일회성 항목 차감 전 예상되는 영업이익 추정치' 등 다양한 기준을 통한 기업 분석은 기업의 진가를 평가할 때 소용이 없거나 기껏해야 제한적으로 도움이 될 뿐이다. 모든 기업이 제각기 다르므로 그러한 배수들은 기업이 가진 진정한 가치의 4분의 1만을 알려줄 뿐이다.[26]

버핏은 2007년 소콜의 힘을 빌려 실적이 저조한 지붕 재료 및 단열 재 제조사인 존스맨빌Johns Manville을 살렸다. 2008년 멍거는 소콜에게 중국의 충전지 및 전기차 제조업체인 BYD에 대한 실사를 요청했고, 이 결과를 바탕으로 BYD에 소수지분 투자minority investment를 하게 되었다.

2009년 버핏은 소콜에게 1998년 버크셔가 7억 2,500만 달러를 주고 인수한 자가용 제트기 임대·판매 회사 넷젯NetJets을 경영해 달라고 요청했다. 버크셔가 소유하고 있던 11년 동안 넷젯은 2009년 7억 1,100만 달러의 손실을 포함하여 누적 1억 5,700만 달러의 세전 손실을 보고 있었다. 1억 200만 달러였던 부채는 19억 달러로 불어났고, 버크셔의 채무 보증이 없었다면 넷젯은 진작 파산했을 수준이었다. 소콜이 취임하고 일주일 만에 창업자이자 CEO인 리치 산툴리Rich Santulli가 사임했다. 회장 겸 CEO가 된 소콜은 비용 절감에 나섰다. 그는 인력을 축소하고, 고위 경영진 절반을 내보내고, 남는 비행기를 팔아 빚을 갚고, 오하이오 주립대학 미식축구 경기를 스위트룸에서 관람할 수 있는 특전을 없애고, 명확한 목표를 중심으로 통합 사업 계획을 수립하고, 책임감 있는 예산 사용의 필요성을 주장했다. 버핏은 2010년 넷젯의 부활을 평가하면서 "넷젯은 올해 2억 달러의 세전 수입을 올릴 것으로 보인다"면서 "지금까지 본 것 중 가장 눈에 띄는 성과"라고 호평했다.[27]

버핏은 버크셔의 2009년 연례 보고서에서 다음과 같이 소콜을 칭찬했다.

미드아메리칸 에너지를 만들고 경영하는 데 엄청난 재능을 보인 데이비드

워런 버핏의 레슨

소콜이 지난 8월 넷젯의 CEO가 되었다. 그의 지도력 덕분에 넷젯은 완전히 다른 회사로 탈바꿈했다. 부채는 이미 14억 달러로 줄었고, 2009년 7억 1,100만 달러의 엄청난 손실을 냈던 것과 달리 지금은 확실한 흑자를 내고 있다.

2011년 초, 소콜 때문에 세상이 뒤집어졌다. 그는 1월 5일부터 7일까지 3일 동안 특수화학 제조업체인 루브리졸Lubrizol의 주식 9만 6,060주를 1,000만 달러에 매수했고, 2주도 채 지나지 않은 1월 14일 혹은 15일(버핏은 정확한 날짜를 기억하지 못했다)에 버핏에게 루브리졸 인수를 제안했다. 버크셔는 3월 14일 90억 달러에 루브리졸을 인수하기로 했다는 최종 합의문을 발표했다. 〈월스트리트저널〉에 따르면 버크셔와 루브리졸 사이의 초기 논의는 2011년 초부터 시작했다.

버크셔는 루브리졸의 2010년 '조정 EPS(경기 및 일회성 발생 비용 등을 제외한 실제 정상적인 재무현황을 반영한 EPS – 옮긴이)'인 주당 9.91달러의 13.6배인 주당 135달러를 지불하기로 합의했다. 루브리졸이 2013년에 주당 13.50달러를 벌겠다는 목표를 공개했다는 점에서 버크셔의 인수 가격은 정확히 2년 후 루브리졸 EPS 목표치의 10배였다. 루브리졸은 원자재 가격 상승을 고객들에게 성공적으로 전가함으로써 지속적인 수익 성장을 이뤄낸 바 있었다.

소콜은 버핏과의 첫 번째 보고에서 자신이 루브리졸의 주식을 소유하고 있다고 밝혔지만, 그 주식을 최근에 샀다는 말을 하지는 않았다. 버핏은 소콜이 루브리졸 주식을 아주 오래전부터 소유하고 있었던 것으로 생각했다. 나중에 버핏은 소콜에게 주식 매수 시기와 규모를 캐묻지 않은 것이 자신의 실수였다고 인정하며 아쉬워했다. 두 사람 중 누구도 소콜이 한 짓이 불법이라고 믿지는 않았지만, 그것은 윤리적 선을 넘어서는 행위였다. 소콜이 루브리졸 주식을 인수 직전에 샀다는 사실을 밝히지 않아 오해를 불러일으켰기 때문이다.

2011년 3월 28일 소콜은 버크셔에서 사직서를 제출했다. 그는 자신이 어떤 잘못도 한 것이 없다고 생각하며, 자신의 사임은 루브리졸 주식 매수와 관련이 없다고 말했다. 버핏이 그의 사임을 요구한 건 아니었다. 또한 버핏은 소콜이 가장 최근인 2009년을 포함해서 이미 두 차례 사임 의사를 전달한 적이 있다고 밝혔다. 버핏은 그때마다 그에게 사임하지 말 것을 설득했지만 이번만큼은 그의 사임을 막지 못했다.

이후 버크셔의 감사위원회는 소콜이 2010년 12월에 씨티그룹 투자 은행가들과 루브리졸의 인수 가능성에 대해 논의했고, 소콜이 루브리졸에 관심을 갖게 되었다는 사실을 밝혀냈다. 소콜은 이 논의가 진행 중이던 당시 루브리졸의 주식을 매입했다. 그는 루브리졸이 버크셔가 인수하기에 적합한지 몰랐고, 버크셔가 인수 제안을 할지를 결정하는 투표에서도 투표권이 없었다. 하지만 그가 인수 아이디어를 처음으로 낸 사람이었으므로 시기적절하고 완전히 투명하게 루브리졸에 대한 자신의 투자 지분을 공개해야 할 중요한 의무를 지니고 있었다. 감사위원회는 소콜의 행동과 거래 활동이 "비밀 정보에 접근할 수 있는 고위 간부들은 주식 거래 목적 내지는 회사의 사업상 행위를 제외한 다른 어떤 목적으로도 그 정보를 활용하거나 공유할 수 없다"라고 명시한 버크셔의 기업 윤리 및 내부자 거래 정책을 위반했다고 결론지었다.[29]

심지어 그가 한 선행매매front-running(사전에 입수한 정보로 정상적인 거래가 이뤄지기 전에 미리 주식을 사고팔아 차액을 취득하는 행위-옮긴이)는 고객이나 주주의 이익을 내부자의 이익에 우선시해야 하는 윤리 의무 위반이었다.

투자 운용사들은 대부분 고객의 주식 매매에 대한 비공식 정보를 알 수 있거나 고객에게 주식을 추천해주는 일명 '접근자access person'의 경우, 사전 승인을 받고 거래하도록 규정한다. 따라서 접근자는 준법감시인에게 거래 계획을 제출하고, 준법감시인으로부터 거래에 대한 이중 확인을 받는 것은 물론이고 월별이나 분기별로 거래 내용을 보고해야 한다. 버핏이 소콜에게도 이렇게 할 것을 요구했다면 아마도 이 불행한 사건을 피할 수 있었는지 모른다.

소콜의 사임을 발표하면서 버핏은 이렇게 말했다.

> 지금까지 데이브는 회사에 대단한 기여를 했다. 미드아메리칸에서 그와 그렉 아벨이 공공사업 분야에서 어떤 경영자들보다 뛰어난 최고의 성과를 올렸다. 넷젯에서 데이브는 파산을 맞을 뻔한 회사를 버크셔의 넉넉한 재정적 지원 없이도 부활시켰다. 그는 몇 년 전 존스맨빌의 경영에서도 새로운 경영진을 임명하고, 중대한 변화를 주도함으로써 막대한 도움을 주었다.[30]

하지만 불행하게도 그의 이 모든 성과는 거래와 관련된 이해충돌로 가려졌다.

버크셔가 루브리졸 인수를 발표한 후 주가 급등으로 소콜이 개인적으로 챙긴 이익은 300만 달러였다. 이 금액은 그가 2009년 미드아메리칸의 옵션을 행사해서 번 돈 9,600만 달러에 비하면 미미하다. 또 몇 년 전 그가 미드아메리칸 후임자인 그렉 아벨에게 대신 주라며 거절했던 인센티브 보상금 1,250만 달러에 비해서도 적은 돈이다. 상황이 이런데도 불구하고 소콜과 버핏은 갈라섰고, 물질적으로 큰 영향을 주지도 못한 거래로 인해 소콜은 평판에 손상을 입었다. 버핏은 소콜의 행동을 '용서할 수 없는 불가해한 행동'이라고 생각했다.

소콜은 버크셔에서 사임하고 이틀 지난 2011년 3월 31일 CNBC와 인터뷰했다. 그는 버핏을 멘토이자 조언자이자 은사라고 칭찬하면서 자신이 버크셔에서 인생 최고의 경험을 했다고 말했다. 그는 버핏을 사랑하고, 이 세상에서 그보다 더 존경하는 사업가는 없다고 덧붙였다. 앞서 2년 동안 자신이 두 차례 사임하려고 했으나 버핏이 사임을 말리고 넷젯의 회생을 도우라고 설득했다는 사실도 확인해줬다. 소콜은 가족의 돈을 투자해 보험 사업이 빠진 작은 버크셔 같은 회사를 세우고 싶었다고 설명했다. 그는 버핏이 '아주 건강하고, 믿을 수 없을 만큼 지적이고 통찰력 있다'면서 조만간 은퇴하지는 않으리라고 믿었다.

소콜은 다음 세 가지 이유로 자신의 행동이 이해충돌을 일으키지 않았다고 믿었다. 첫째, 자신에게 투자나 인수 결정 권한이 없었다는 것이다. 둘째, 버크셔에 루브리졸 인수를 제안했을 때 버핏은 전혀 관심이 없는 것 같았다는 것이다. 셋째, 자신이 인수할 것을 제안한 기업들 대부분에 버핏은 관심이 없었다는 것이다. 소콜은 연평균 8~9건의 투자 의견을 전달했으며, 개인적으로 본인이 직접 3~4건의 결정을 내렸다고 말했다. 그는 자신이 잘못한 것이 없다고 믿었다. 그는 "다시 같은 상황에 직면하더라도 내가 투자한 사실을 버핏에게 말하지 않고, 내가 알아서 한 투자이니 그대로 내버려 뒀을 것"이라고 말했다.

소콜은 '내 공이니까 공을 집에 갖고 가서 놀겠다'라는 식으로 생각한 것 같았다. 그러나 현실적으로 그는 버크셔의 직원이었고, 그에게 주어진 일차적 책임은 개인적 이익보다 버크셔 주주들의 이익을 위해 최선을 다하는 것이었다. 그가 투자 결정을 직접 내린 것은 아니었지만 그는 버핏과 함께 일하면서 버크셔의 결정에 상당한 영향력을 발휘했다. 그래서 그는 잠재적 이해충돌을 공개해야 할 신의성실 의무가 있었다.

소콜이 위법한 행동을 한 것은 아니지만 버크셔 주주들의 이익보다 자신의 이익을 우선시함으로써 윤리적인 행동 강령을 위반했다. 근 2년 뒤 SEC는 소콜이 루브리졸 주식을 샀을 때 루브리졸 매각과 관련해 충분한 사전 지식을 갖고 있었다는 사실을 증명할 수 없다는 이유로 소콜에 대한 내부자 거래 혐의를 적용하지 않기로 했다. SEC에겐 소콜이 중요하고도 유용한 비공개 정보를 가지고 있었다는 사실을 증명할 수 있는 증거가 부족했다.

이런 일련의 사건이 일어나기 전인 2010년 4월 30일, 나는 소콜을 오마하 사무실에서 만났다. 그와 함께 여러 가지 사업상 주제 즉, 미드아메리칸의 장기 자본 프로젝트, 공공사업 규제를 둘러싼 정부 정책, 인수 기준, 인센티브 보상안 설정을 포함한 경영 방법, 버크셔 내 다양한 회생 건과 투자 대상 평가 시 그가 했던 역할, 버핏에 대한 존경심 등에 대해 논의할 수 있었다. 소콜은 버핏을 "한 치의 오차도 없고 끊임없이 학습하는 기계 같은 사람"으로 설명했다. 내가 만난 소콜은 솔직하고, 추진력이 강하고, 전문적이고, 기업가적이며, 매우 인상적인 경영자였다. 나는 당시 그가 버핏의 뒤를 이을 유력한 후계자라고 확신하며 자리를 떠났다.

소콜이 버크셔에 값진 기여를 했음에도 버핏이 그가 떠나도록 내버려 두었다는 사실은 안타까운 일이다. 그 사건을 계기로 성실함을 중시하는 문화를 지키면서 개인의 이익보다 주주의 이익을 우선시하고자 하는 버핏의 욕구는 더욱 강해졌다.

그로부터 몇 년 뒤 버크셔의 뛰어난 평판을 지켜야겠다는 욕구를 강하게 느낀 버핏은 경영진에게 오점 하나 없는 평판을 유지하는 것을 최우선 과제로 삼으라고 말했다.

> 이윤을 포함해서 다른 모든 것보다 중시해야 할 최우선 과제는 우리 모두 버
> 크셔의 명성을 열성적으로 지키는 것이다. 완벽할 수는 없지만 완벽해지려
> 고 노력할 수는 있다. 내가 지난 25년 이상 말했듯이 많은 돈을 잃는 건 감당
> 할 수 있지만, 명성은 그렇지 않다. 아주 조금의 명성조차도 잃어서는 안 된
> 다. 우리는 모든 행동이 합법적인지, 그리고 비우호적이지만 똑똑한 기자가
> 전국지 1면에 쓴 기사에서 우리에 대해 뭐라고 썼다면 행복할지를 기준으로
> 계속 우리를 평가해야 한다.[31]

버핏의 사고방식

———

스탠퍼드 대학의 심리학자이자 《마인드셋Mindset》의 저자 캐롤 드웩 Carol Dweck 교수는 사람들이 실패와 어려움에 대처하는 방식을 보면 그들이 지속적인 성공을 달성할 수 있을지에 대해 많은 것을 알 수 있다는 사실을 알아냈다. 그녀는 고정 마인드셋fixed mindset과 성장 마인드셋growth mindset을 가진 사람들을 구분했다. 고정 마인드셋을 가진 사람은 자신의 지능과 재능은 타고난 것이라서 태어날 때부터 정해져서 바꿀 수 없다고 믿는다. 그들은 자신이 타인에게 어떻게 평가받을지 걱정하고, 틀리거나 나쁘게 보이거나 실수할까 두려워한다. 만약 평판이 위협받는다면 피하려고 하거나, 방어적으로 변하거나, 타인을 비난하고 깎아내리거나, 더 심하게는 아예 거짓말하거나 속인다. 반면 성장 마인드셋을 가진 사람은 자신의 노력, 인내, 회복력이 자신의 현

재 상황을 개선해줄 수 있다고 믿는다. 그들은 또 실수를 비난하는 것이 아니라 실패를 인정하고, 그것으로부터 배우고 개선하려고 한다.

드웩은 고정 마인드셋과 성장 마인드셋에 대한 개념을 기업의 리더에게로 확대·적용한다. 고정 마인드셋을 가진 CEO는 개인적인 위대함을 이루기 위해 자신의 명성과 유산을 염려하고, 회사의 복지보다 자신의 자아를 우선시하며, 위협과 굴욕을 가하면서 경영하고, 실수를 다른 사람 탓으로 돌리고, 다른 사람의 공로를 자기 덕으로 돌리고, 주변에 아첨꾼들이 득실거리게 만들고, 이견을 억누르고, 자신에게 부를 누려야 할 권리가 있다고 느낀다.

이와 달리 성장 마인드셋을 가진 CEO는 팀워크를 장려하고, 멘토 역할을 해주고, 공공장소에서 다른 사람을 칭찬하고, 다른 사람이 없는 데서 비판하고, 다른 사람에게 일을 믿고 맡긴다. 그들은 배우고, 성장하고, 발전하는 데 주력하지만 자신을 증명하는 데는 관심이 없다. 그들은 자신이 사랑하는 일에 대해 엄청난 추진력과 열정을 가지고 있어서 일을 단지 일이 아닌 열정적으로 달성해야 할 사명으로 여기기 때문에 탁월한 능력을 발휘한다.

버핏은 미국에서 가장 크고 존경받는 회사를 맨손으로 세운 사람이라서가 아니라 성장 마인드셋을 가진 가장 성실하고 경영자답게 행동하는 사람이라서 그토록 많은 존경을 받는 것이다.

버핏은 자신의 실수를 인정한다

버핏은 주주들에게 보내는 연례 서한 초고를 경제적 지식이 별로 없는 누이들에게 쓰듯이 쓴다. 그는 입장을 바꿔서, 자신이 주주일 경우 회사 실적 중 가장 궁금해할 정보를 주주에게 설명해줘야 한다는 '황금률'을 따른다. 즉 그는 성공과 잘못을 모두 주주에게 알려준다. 버핏은 그래서 자신이 저지른 잘못을 논할 때 독자와 직원들로부터 모두 사랑을 받는다.

버크셔 탄생 50주년을 기념하는 2014년 연례 보고서는 아주 특별했다. 버핏은 그가 이뤄낸 많은 성공을 상기시킴으로써 멋진 기념일을 축하했다면 비난받을 일이 없었을 것이다. 하지만 그는 자신이 저지른 값비싼 실수를 인정하고 고해성사하듯 무릎을 꿇기로 했다. 버핏은 늘 그렇듯이 솔직하고 투명하고, 겸손하게 모든 실수를 알렸다.

그는 버크셔의 제조, 서비스, 소매 부문에서 자신이 자본 배분상의 실수를 저질렀다는 사실을 인정했다.

> 그러나 (투자한) 몇몇 기업들은 매우 부진한 실적을 내고 있는데, 이는 내가 자본 배분을 하면서 몇 가지 심각한 실수를 저지른 탓이다. 내가 오도된 건 아니었다. 나는 단지 회사나 그것이 속한 산업의 경제적 역학을 잘못 평가했다.

좀 더 구체적으로, 버핏은 죽어가는 섬유회사 버크셔 해서웨이에 대한 1차 투자를 예로 들었다. 버핏은 18년 동안 시간과 돈을 들여 회사를 번창하게 만들 계획을 짜느라 애썼지만 소용이 없었다. 결국 버핏은 1985년 버크셔를 정리함으로써 백기를 들었다. 그는 1975년 또 다른 뉴잉글랜드 섬유회사인 워움백 밀스Waumbec Mills에 투자한 것도 실수였음을 인정했다. 워움백 역시 문을 닫아야 했다.

버핏은 버핏 투자조합이 아닌 61퍼센트의 지분을 보유하고 있던 버크셔를 통해서 오마하에 소재한 보험사 내셔널 인뎀너티 컴퍼니

National Indemnity Company(NICO)를 인수하는 더 엄청나게 큰 실수를 저질렀다고도 말했다. NICO는 버크셔의 '왕관 보석' 같은 보험 사업의 근간이었다. 버핏은 "훌륭한 기업(NICO)의 100퍼센트를 내가 61퍼센트를 소유한 끔찍한 기업(버크셔 해서웨이)과 합치기로 한 '형편없는 실수'로 인해 버크셔 투자조합원들이 1,000억 달러가 넘는 손해를 봤다"고 인정했다.

버핏이 저지른 가장 큰 실수는 2010년 기준 약 2,000억 달러가 든 것으로 추정되는 버크셔를 인수한 것이다. 앞서 설명했듯이 버핏은 시버리 스탠튼이 제시한 지분 가격이 그들이 합의한 11.50달러보다 12.5센트 적자 화가 나서 버크셔의 지배주주가 되었다. 그런데 섬유 사업은 쇠퇴기에 접어든 상태였기에 대규모의 자본 수혈이 필요했다. 버핏은 버크셔가 아니라 보험업에 직접 투자했다면 그 가치가 2,000억 달러는 됐을 것으로 판단했다.

버핏은 1966년 회사 전체의 시가총액이 9,000만 달러에 못 미쳤던 디즈니의 주식 5퍼센트를 사들였다. 월트 디즈니를 직접 만난 뒤 그의 집중력, 일에 대한 열정, 꼼꼼함 등에 감명을 받은 게 지분 인수로 이어졌다. 1년 전 디즈니의 세전 수익은 약 2,100만 달러였기에 디즈니의 PER가 10배 미만이었다. 디즈니는 또 부채보다 현금이 더 많았다. 버핏은 주당 10센트로 디즈니를 사서 이듬해 50퍼센트의 수익을 내고 팔았다. 그는 1998년 연례 주총에서 "1960년대 디즈니 주식 매각은 (나의) 큰 실수였다. 나는 그걸 더 샀어야 했는데 그러지 않았다. 그런 일이 여러 번 일어났다"고 아쉬워했다.[32]

버핏은 또한 영국의 식품·잡화 판매회사인 테스코Tesco의 보통주에 거액을 투자해서 손실을 입었다고 고백했다. 테스코의 시장 점유율이 하락하고, 마진이 축소되고, 회계 문제 등이 불거진 2014년이 돼서야 테스코의 주식을 정리하는 바람에 세후 손실이 버크셔 순자산의 0.2 퍼센트에 이르는 4억 4,400만 달러에 달했다. 그는 더 일찍 테스코의 주식을 팔지 못한 걸 후회했다.

버핏은 이 정도로 충분하지 않았던 듯 1993년 덱스터 슈Dexter Shoe를 4억 3,400만 달러를 주고 인수했을 때 해외 경쟁사들의 위협을 오판했음을 인정했다. 버핏이 인수한 직후 덱스터는 값싼 외국인 노동력과 재료로 인해 크게 흔들리면서 회사 가치는 제로로 떨어졌다. 설상가상으로 버핏은 덱스터를 현금이 아닌 버크셔 주식으로 지불했다. 버핏은 "일이 꼬였다. 나는 덱스터를 인수하기 위해 버크셔 주식 2만 5,203주를 줬다. 2016년 말 내가 준 주식의 가치는 60억 달러가 넘었다"고 말했다.[33]

버핏은 1998년 맥도날드를 매각할 때도 "아주 큰 실수를 저질렀다"고 고백했다. 그는 "다른 포트폴리오 투자가 올해 우리의 이익을 감소시켰다"고도 인정한 적이 있다. 그는 심지어 "내가 시장이 열리는 시간에 영화나 보러 자주 갔으면 지난해 당신들(주주)은 더 많은 돈을 벌었을 것"이라고까지 말하기도 했다.

이 외에도 버핏은 2013년 236억 달러의 인수 대금을 절반씩 부담해 식품회사인 H.J. 하인즈H.J. Heinz를 인수한 버크셔와 브라질 사모펀드인 3G 캐피털3G Capital이 2015년 H.J. 하인즈가 크래프트 푸즈Kraft Foods를 인수할 때 인수 금액을 과도하게 썼다는 사실이나 1990년대 후반 PER가 50배 이상으로 높은 수준에 거래됐을 때 코카콜라와 질레트 주식을 더 일찍 팔지 못하는 실수를 저질렀다는 사실도 모두 인정했다. 후자의 경우와 관련, 버핏은 "코카콜라와 질레트가 거품의 중심에

워런 버핏의 레슨

있지는 않았지만, 양사의 주가에는 당시 거품이 끼었다"고 말했다.

버핏이 "우리는 이미 많은 실수를 저질렀고, 앞으로 더 많은 실수를 저지를 것"이라고 덧붙였을 때 그가 자존심과 명성에 흠집이 날까 봐 걱정하는 여느 CEO처럼 보이는가? 분명 아닐 것이다. 그는 이렇게 말한 직후 투자자들을 안심시키듯 "그러나 우리의 구조적 이점은 어마어마하다"라고 덧붙여 말했다.

버핏은 소콜이 한 행동을 '용서할 수 없는 불가해한 행동'이라고 생각했지만, 그에게 루브리졸 주식을 산 시점을 자세히 물어보지 않은 건 자신의 실수임을 인정했다. 소콜이 예전부터 루브리졸 주식을 소유했으리라고 생각하지만 않았더라도 버핏은 그처럼 황당한 사건을 피할 수 있었을 것이다.

꾸준히 학습하는 성격의 버핏은 자신이 저지른 실수로부터 교훈을 얻었다. 버핏은 자신이 중시하는 두 가지 규칙이 "규칙 1: 절대로 돈을 잃지 말라, 규칙 2: 규칙 1을 절대로 잊지 말라"라고 말했지만 그 자신 역시 거듭 실수했고, 우리도 아마 그럴 것이다. 빚을 내서 하지 않고, 실수 피해액이 비교적 적은 이상 우리도 성장 마인드셋을 갖는다면 실수로부터 배우고 또 회복할 수 있다.

누락의 실수

———

버핏은 성공한 투자자지만 스트라이크존에 들어온 공을 치지 않고 보낸 것에 대해 후회하기도 했다. 그가 다음에 소개할 회사들에 투자했더라면 이미 놀라운 그의 투자 기록이 어떻게 됐을지 가늠하기 힘들다.

애플

버핏은 수십 년 동안 기술 회사에 투자하는 것을 싫어한 것으로 유명했다. 버핏은 10년 뒤에도 기업의 경쟁적 위치와 수익력에 대해 자신감을 가지기를 기대한다. 그에게는 탁월한 경영진을 알아보는 통찰력이 있었지만 급속한 기술 발전 때문에 기술 회사에 투자할 수 없었다. 버핏은 성공한 기술 회사들을 이끄는 많은 리더를 만났다. 마이크로소프트를 세운 빌 게이츠는 버크셔의 이사다. 구글의 창업자들은 회사가 상장되기 전 버핏을 만나러 오마하로 왔고, 몇 년 후 회사를 경영하는 데 대한 조언을 들으러 다시 버핏을 찾아왔다.

버크셔는 2016년 5월에 1분기 말 기준 11억 달러에 상당하는 애플의 주식 980만 주를 보유하고 있다고 공시했다. 테드 웨슐러와 토드 콤스가 주당 평균 109달러에 매입한 주식이다. 당시 애플은 아이폰 판매 둔화로 13년 만에 처음으로 분기 매출이 감소했고, 그로 인해 주당 130달러에 거래되던 주가는 90달러 중반으로 떨어졌다. 2015년 9월로 마감된 회계연도에 애플은 700억 달러, 즉 주당 12달러의 잉여현금흐름을 가지고 있었다. 그로 인해 주당 109달러의 주가를 기준으로 11퍼센트가 넘는 군침이 도는 잉여현금 수익률을 창출하고 있었다. 애플은 5년 전에 비해 가격이 10퍼센트 떨어진 자사주 매입에 적극 나섰다. 애플은 순현금이 1,400억 달러가 넘는 강력한 대차대조표를 가지고 있었고, 유형자산 수익률은 21퍼센트나 됐으며, 현금 제외 시의 수익률은 훨씬 더 올라갔다. 애플은 또한 10억 명 이상의 충성스러운 사용자를 확보하고 있었고, 아이튠즈와 앱스토어를 포함한 애플의 서비스 사업은 주력 제품인 아이폰으로 고객들을 더 가깝게 밀착시켰다.

2016년 4분기 애플 주가가 매력적인 가격임을 확신한 버핏은 임원들과 함께 애플에 투자했다. 2016년 말 버크셔는 주당 평균 110.17달러에 애플 주식 6,120만 주, 즉 71억 달러어치를 소유했다. 2017년 말이 되자 주식 수는 1억 6,670만 주, 즉 282억 달러 규모로 늘었다. 주당 평균 가격은 125.74달러였다.

2018년 말, 애플은 버크셔가 가장 많은 주식을 보유한 회사가 되었다. 버크셔는 보통주 투자금 중 최대인 360억 달러를 애플에 투자했다. 이는 버크셔가 두 번째로 많이 투자한 뱅크오브아메리카에 대한 투자금의 세 배가 넘는 액수다. 버핏이 오랫동안 기술 회사 투자를 꺼렸다는 사실을 감안하면 실로 놀라운 일이다. 버핏은 '엄청나게 유용한' 아이폰의 수많은 충성 소비자를 보고 애플에 투자하기로 마음먹었다. 그는 애플에 대한 소비자들의 브랜드 충성도에 감탄했다. 그는 코카콜라 같은 브랜드 소비재에 적용하던 자신의 멘탈 모델을 애플의 아이폰에도 적용했다.

애플은 분명히 기술과 매우 많이 관련된 회사지만 상당 부분 소비자 제품 제조회사이기도 하다. 그리고 애플은 소비자를 고려해 제품을 만든다. (중략) 그래서 사람들은 애플 제품에 대해 믿을 수 없을 정도로 충성심을 보인다. (중략) 애플 제품은 그들의 삶의 일부가 됐고, 제품에 대한 꾸준한 관심은 상당하며, 삶에서 그것을 중시하는 정도 역시 매우 크다.

버핏은 그의 손주들을 아이스크림 가게 데어리 퀸Dairy Queen에 데려갔을 때 몸소 이러한 사실을 관찰했다. 손주들은 주문할 때만 고개를 들었고 나머지 시간엔 아이폰에서 눈을 떼지 못했다. 사무실 동료들에게서도 같은 현상을 확인했다. 버핏은 아이폰이 충성스러운 소비자들의 삶에 얼마나 중요하며 없어서는 안 될 일부가 되었다는 것에 깊은 인상을 받았다. 그러나 오래된 습관은 좀처럼 사라지지 않는 법이어서 버핏은 여전히 뚜껑이 위로 열리는 플립형 핸드폰을 사용하고 있다. 그는 또한 애플이 2016년 회계연도에 자사주 5퍼센트를 환매한 데 감명을 받았다. 애플은 2015년 회계연도에도 비슷한 비율로 자사주 환매를 했다. 주식 환매는 버핏이 투자한 많은 상장회사가 공통적으로 보여준 특징이다. 시간이 지나야 버핏의 애플 투자가 선견지명이 있었던 것인지 알 수 있겠지만, 그는 애플이 시가총액 7,000억 달러가 넘는 세계 시가총액 1위 회사가 될 때까지 기다린 것을 후회했다. 멍거는 2017년 버크셔 연례 주주총회에서 버핏의 애플 투자에 대해 자신이 "매우 좋은 신호다. 당신이 미쳤거나, 아니면 배우는 중이거나 둘 중 하나니까"라고 말했다며 당시 기억을 되새겼다. 멍거는 학습하는 기계인 버핏이 여전히 학습하고 있다고 믿는다.

아마존

버핏은 제프 베이조스Jeff Bezos 아마존 CEO를 그가 지금껏 본 중에 최고의 경영자라고 인정했고, 아마존이 늘 고객을 기쁘게 해줬으며 배달 모델은 "더할 나위 없이 강력한 경쟁력"이라고 평가했지만 아마존 주식을 산 적은 없었다. 2017년 CNBC와 가진 인터뷰에서 아마존에 투자하지 않은 이유에 대한 질문을 받자 버핏은 이렇게 답했다.

음, 좋은 질문이다. 하지만 좋은 답을 해줄 수는 없다. 오래전부터 아마존을 높게 평가했기에 아마존 주식을 사지 못한 게 아쉽다. 그러나 나는 아마존의 사업모델이 가진 힘을 줄곧 이해하지 못했다. 그리고 당시에는 주가가 사업

워런 버핏의 레슨

모델을 반영하는 수준보다 고평가된 것처럼 보였다. 그래서 크게 벌 기회를 놓쳤다. [35]

2018년 2월 또 다른 CNBC와의 인터뷰에서 버핏은 이렇게 말했다.

제프 베이조스가 경영자로서 가진 재능에 놀랐다. 사실 나는 그가 아마존을 세운 이후로 계속 팬이었다. 그리고 그를 보면 볼수록 더 감명받는다. 나는 그가 이룬 일을 지지해왔다. 하지만 그를 통해 수익을 낼 기회를 날려버렸다. [36]

구글

버핏은 자신이 구글 주식을 사지 않은 게 잘못임을 시인하면서도 구글 주식을 사지 않은 이유를 이렇게 설명했다. "내가 구글의 모회사인 알파벳Alphabet을 사거나 팔거나 선택해야 한다면 아마존과 마찬가지로 살 것이다. 하지만 어떤 기업의 적정 주가를 X라고 봤는데, 그것의 10배 가격에 팔린다면 매수하기 힘들 것이다. (중략) 그랬다간 버크셔 사람들이 큰 손해를 볼 것이기 때문이다."[37] 구글 창업자들은 IPO에 대한 조언을 듣기 위해 오마하로 버핏을 찾아왔다. 버핏은 또한 버크셔의 가이코가 광고 클릭당 구글에 10~11달러를 주고 있다는 것도 알고 있었다. 버핏은 구글이 그러한 증분수익incremental revenue(추가로 팔리는 양이 늘어날수록 늘어나는 수익 - 옮긴이)을 창출하기 위한 비용을 거의 부담하지 않는다는 데 감명받았다. 구글의 2017년 연례 주총에서 경영진은 주총이 열리기 몇 주 전에 오마하에서 워런 버핏과 이야기를 나눴다는 사실을 언급했다. 에릭 슈미트Eric Schmidt 당시 구글 회장은 10년 전 버핏을 방문했을 때 버핏이 버크셔의 CEO이자 회장으로서 이뤄낸 성공에 깊은 인상을 받았다고 말했다. 특히 버크셔의 임원실들이 빌딩의 단 '1개 층'만을 쓸 정도로 규모가 크지 않은데도 불구하고 거대한 버크셔 제국을 훌륭히 경영하는 걸 보고 놀랐다고도 했다. 슈미트는 버핏이 버크셔 경영회사의 강력한 CEO들과 독립적인 기업들, 그리고 기업들의 강력한 브랜드를 통해 버크셔의 확장성을 도모한 방식을 보고 감탄했다고 밝혔다. 결국 알파벳은 버크셔를 본따 조직 구조를 개편했다. 알파벳 임원들은 가장 진실한 형태의 아첨은 모방이라고 말했다. 버핏이 구글의 사업모델이 지속 가능하다고 확신해 투자했다면 버크셔는 지금보다 훨씬 더 엄청난 성공을 거두었을 것이다.

코스트코

"찰리(멍거)는 코스트코 이사다. 코스트코는 정말 기막히게 멋진 기업이다. 우리는 지난 몇 년 동안 코스트코 주식을 대량 보유해야 했는데 내가 그럴 기회를 날려버렸다. 찰리는 찬성했지만 나 때문에 망했다."[38]

부채를 기피하다

___

버핏은 "필요하지 않은 것을 얻기 위해 가지고 있고, 필요로 하는 것을 잃을 위험을 감수하는 것은 분별없는 짓"이라고 믿는다. 누군가는 버크셔가 일종의 레버리지인 플로트라는 큰 이점을 가지고 세워졌다고 주장할 수도 있겠다. 보험사의 플로트는 쉽게 말해서 '선불로 받은 보험료'를 말한다. 나중에 되돌려줘야 하지만 이자가 없고, 설계만 잘하면 비용 부담 없이 수익을 내고, 투자 등의 목적으로도 무기한 사용할 수 있는 레버리지다. 버크셔의 경우 플로트를 보유함으로써 효과적으로 수익을 내고, 기민한 투자로 놀라운 자본이익을 창출한다. 이 경우 플로트는 부채라기보다는 자본에 더 가깝다.

그럼에도 불구하고 버핏은 투자자들에게 빌린 돈으로 하는 투자를 피하라고 권유한다. 그는 항상 버크셔의 주가가 54년 역사상(2018년 기준) 최소 37퍼센트에서 최대 59퍼센트까지 급락했던 4번의 사례를 예로 든다.

대출금 액수가 적고 투자 포지션이 시장 폭락에 의해 곧바로 위협을 받지는 않더라도, 누구나 무시무시한 언론 기사와 숨 막히는 논평에 의해 마음이 흔들릴 수 있다. 그리고 불안해진 마음은 좋은 결정을 내리지 못한다.[39]

버핏은 템플턴과 마찬가지로 빌린 돈 없이 하는 장기 투자의 미덕을 보여주는 살아있는 증인이다. 이는 빨리 부자가 되려는 헛된 시도를 하면서 주식시장을 게임장으로 보지 말고 천천히 부자가 되는 것에 만족해야 한다는 뜻이다.

미국에 대한 낙관론자
—

버핏은 선거 때마다 후보들이 등장해서 미국에 대해 걱정과 두려움을 불러일으키며 싸우는 모습을 싫어했다.

선거 때마다 후보들은 미국의 문제(물론 자신들만이 해결할 수 있다고 주장하는)에 대한 발언을 멈추지를 않는다. 이러한 부정적인 소리로 인해 많은 미국인들은 이제 아이들이 그들만큼 잘살지 못할 것으로 믿는다. 그러한 견해는 완전히 틀렸다. 오늘날 미국에서 태어나는 아기들은 역사상 가장 운 좋은 아기들이다. (중략) 지난 240년 동안 미국의 실패에 베팅하는 것은 끔찍한 실수였고, 지금도 그럴 때가 아니다. 상업과 혁신을 낳은 미국이란 황금 거위는 계속해서 점점 더 크고 많은 알을 낳을 것이다. 미국의 사회보장 약속은 지켜질 것이며, 아마도 더욱 관대해질 것이다. 그렇다, 미국의 아이들은 부모들보다 훨씬 더 잘살 것이다.[40]

버핏은 '시장 시스템'이란 한 가지 주요한 이유를 들며 미국의 미래를 낙관한다. 그는 법치주의, 기회균등, 더 나은 삶을 그리는 야심 찬 사람들의 이민 등 다른 중요한 요소들도 중시하지만, 인간이 가진 잠재력을 일깨워주는 미국의 시장 기반 시스템을 무엇보다 중요하게 생각한다. 버핏의 낙관론은 템플턴과 린치가 미국의 산업에 보인 긍정적인 베팅과 일맥상통한다.

당신은 내가 기본적으로 이 나라가 아주 잘 될 것으로 전제(그것은 아주 건전한 기본적인 전제라고 생각한다)하고 있다고 생각할 것이다. 그리고 특히 미국이 기업들에 도움이 될 것이라고도. 기업들은 정말로 선전해왔다. 다우지수는 20세기 들어 100년 동안 66포인트에서 1만 포인트 이상으로 올랐다. 우리는 두 차례의 세계대전, 핵폭탄, 전염병, 냉전 등을 겪었다. 앞으로도 늘 이런 문제가 생길 것이고, 늘 기회도 생길 것이다. 그러나 이 나라에서 기회는 언제나 문제를 이겨왔다.[41]

버핏의 이런 낙관주의는 버크셔에 긍정적인 문화를 정착시킨 열쇠 역할을 했다. 그는 혁신과 고객 서비스 문화를 장려하기를 원한다. "내일이 오늘보다 더 흥미진진하다는 믿음이 조직에 스며들게 만들기만 하면 된다. 세상은 비관주의자의 것이 아니다. 나를 믿어라."[42]

워런 버핏의 레슨

버핏의 확신에 찬 낙관주의는 그 어느 때보다도 9.11 공격 이후에 더 분명히 드러났다. 그는 "미국에 반대로 거는 것만큼 어리석은 짓은 없다. 1776년 이후 그런 베팅은 아무런 효과가 없었다"라고 말했다.[43]

버핏은 2018년 5월 버크셔 연례 주총을 미국에 베팅하는 것이 얼마나 돈이 되는지를 보여주는 극적인 사례를 보여주며 시작했다. 그는 손에 1942년 3월 11일자 〈뉴욕타임스〉 신문을 들고 있었는데, 그날은 그가 처음으로 주식을 산 날이었다. 신문은 제2차 세계대전 중 태평양에서 전해진 나쁜 뉴스들로 가득 차 있었다. 이후 전쟁, 금융 공황, 경기침체, 대통령 암살, 쿠바 미사일 위기, 미국 본토에서의 테러 등 많은 일이 일어났지만, 버핏은 "1942년 3월 11일 미국 인덱스 펀드에 1만 달러를 투자했다면 지금 그 돈은 510만 달러가 됐을 것"이라고 말했다.

CHAPTER 22

일하는 습관

열정에 따라 행동하라. 윤리적이라고 느끼지 않는 일을 하는 건 미친 짓이라고 생각한다. 열정을 따른다면 아침에 침대에서 벌떡 일어나서 일하러 가고 싶어 온몸이 달아오르는 그런 일을 하고 싶을 것이다. 나는 항상 그러고 싶어 왔다.

– 워런 버핏[1]

탭댄스를 추며 출근하고 싶을 정도로 아침 출근이 너무 기다려진다. 하루 중 가장 신나는 시간이다.

– 워런 버핏[2]

이탈리아의 조각가이자 건축가 미켈란젤로Michelangelo는 "모든 돌덩어리 안에는 조각상이 있고, 그것을 발견하는 것은 조각가의 임무"라고 말했다. 버핏은 '내면의 조각상'의 아름다움이 일터에서의 작업을 통해 드러나도록 일하는 시간대의 산만함을 조금씩 줄이는 방법을 일찌감치 터득했는데, 이것은 그가 성공하는 데 일부 영향을 미쳤다.

버핏의 일하는 습관은 그의 말마따나 매일 아침 출근할 때 탭댄스를 추고 싶고, 버크셔가 번창하게 만들어줬다. 그가 일하는 습관에서 배울 점을 정리해보면 다음과 같다.

좋아하는 일을 한다

버핏에 따르면 탭댄스를 추며 출근하고 싶을 만큼 일에서 열정을 느껴야 한다.

> 내가 17~18세 때 일에서 열정을 발견한 것은 아주 행운이었다. 당신도 열정을 찾을 수 있다면 인생이 행복해진다. 첫 직장에서 열정을 느낄 것이라고 장담할 수는 없지만, 나는 항상 오마하에서 대학생들을 만날 때 그들이 경제적 자유를 누릴 만큼 부유하다면 원하는 일자리를 찾으라고 말한다.[3]

개인적으로 성공을 정의해달라는 부탁을 받았을 때 버핏은 성공과 행복을 동일시했다.

> 내가 지금 행복하기에 확실히 행복이 무엇인지 정의할 수 있다. 나는 1년 내내 내가 좋아하는 일만 한다. 나는 그 일을 좋아하는 사람들과 함께 하고, 내속을 뒤집어 놓는 그 누구와도 어울리지 않는다. 나는 탭댄스를 추며 출근하고 싶고, 일터에 도착하면 (미켈란젤로처럼 아주 힘들게) 등을 대고 누워서 천장에 벽화를 그려도 상관없다고 생각할 정도다. 일하는 건 정말이지 재미있다.[4]

버핏은 어떻게 하면 성공적인 삶을 살 수 있다고 생각하는지 조언해달라는 요청을 종종 받는데, 그가 가장 먼저 꺼내는 말이 "최고의 성격을 개발하라"는 것이다. 그는 "습관의 사슬은 너무 가벼워서 끊어질 때까지는 느껴지지 않는다"는 이유로 성격은 어린 나이에 가장 잘 발달하는 삶의 선택이라고 말해왔다. 그는 당신이 좋아하고 존경하는 사람들의 성격적 특성과 습관을 모두 적어볼 것을 추천한다.

> 보통 그들은 삶에 대해 낙관적인 태도를 가지고 있고, 관대하고, 유머러스하고, 자신의 적정한 몫 이상을 하는 사람들이다. 그들은 당신을 위해 할 수 있는 좋은 일을 생각하는 사람들이기도 하다. [5]

그런 다음에 당신이 싫어하는 사람들의 모든 자질과 습관을 적어보라고 충고한다.

> 그들은 자신이 하지 않은 일도 자신의 공으로 돌린다. 제시간에 나타나지도 않는다. 또 다소 부정직하게 일한다.

그런 다음 닮을 수 있는 모든 훌륭한 자질을 모방하고, 갖고 있어봤자 쓸모없는 바람직하지 않은 자질을 없애기 위해 매진하라고 조언한다. 버핏은 "짜증 나는 사람이 아니라 존경하는 사람을 닮으려 하지 않을 이유가 있을까? 자신이 어떤 인간이 될 것인지 스스로 선택할 수 있다"고 말했다.

그는 단지 존경하는 사람의 습관을 실천하고 비난받을 만한 사람의 습관을 피하라고 제안하는 것뿐이다. 다른 사람에게 공을 돌리고, 결과에 책임을 지고, 팀 플레이어가 되고, 관대하게 굴고, 무의식적인 습관이 될 때까지 성장 마인드셋을 갖는 연습을 하라는 것이다. 버핏은 그래야 비로소 당신의 모든 마력馬力을 생산적으로 바꾸고, 행복과 성공을 찾을 수 있다고 말한다.

학습하는 기계가 된다

버핏은 10세가 될 때까지 오마하 공립도서관에서 제목에 '금융finance'이란 단어가 들어간 책이란 책은 모두 읽었으며 그중 일부는 두 번씩 읽었다고 말했다. 그는 버크셔 연례 주총에서 어떻게 하면 훌륭한 투자자가 될 수 있느냐고 묻는 남녀노소를 상대로 "읽을 수 있는 것은 모두 읽어라"라고 거듭 조언했다.

멍거는 버핏을 '학습 기계'라고 불렀다. 그는 "버핏이 학습 기계가 아니었다면 버크셔의 투자 기록은 절대로 달성하기 불가능했을 것이다"라고 말했다.[6]

버핏은 컬럼비아 대학 경영대학원 학생으로부터 성공의 가장 큰 열쇠가 무엇이었는지를 묻는 질문을 받자, 가져온 보고서와 투자 관련 잡지를 무더기로 들고선 "이런 자료를 매일 500페이지씩 읽어라. 지식은 원래 그래야 생긴다. 그것은 복리처럼 쌓이는 법이다. 누구나 그렇게 할 수 있지만, 그렇게 하려는 사람은 많지 않을 것이라고 확신한다"고 말했다.

버핏은 실제로 매일 하루의 약 8할을 5종의 신문과 하나의 저널을 포함하여 1,000페이지나 읽으면서 보낸다. 그는 〈월스트리트저널〉, 〈뉴욕타임스〉, 〈오마하 헤럴드〉, 〈파이낸셜 타임스〉, 〈USA 투데이〉, 〈아메리칸 뱅커〉를 읽는다. 그는 "나는 손에 잡히는 대로 거의 모든 것을 읽는다. 회사에 대한 자료를 얻기 위해 약 200개 회사의 주식 100

주씩을 보유하고 있다. 그리고 투자에 관한 정기 간행물을 읽는다"고 말했다.[7] 버핏은 많은 회사의 주식 100주씩을 소유하는 것이 회사 우편물 수령 대상 목록에 자신을 추가해 달라고 요청하는 것보다 회사에 대해 더 많은 정보를 얻을 수 있는 믿을 만한 방법임을 알아냈다. 버핏은 그들의 정직한 보고로 경영진을 평가하고, 경영진이 주인의식을 갖고 회사를 경영하고 있는지 살펴본다. 그는 보고 내용이 명확하고 투명하며, 홍보성 광고와 사진들로 도배하지 않고 사실로 충만한지를 알아본다. 그는 연례 보고서를 읽는 데 보통 45분에서 1시간을 투자한다. 기업에 대해 이해하는 것, 즉 과거에 일어난 일과 앞으로 일어날 일을 살펴보면서 이윤의 변화 추세와 시장 점유율을 분석하는 게 목적이다. 그는 반드시 경쟁사들의 연례 보고서도 읽어야 한다고 생각한다.

버크셔 탄생 50주년 행사가 끝난 직후 멍거는 버크셔 주주들에게 보낸 '부회장의 생각—과거와 미래'라는 제목의 서한에서 "버핏의 최우선 과제는 몇 살이 되건 더 작정하고 배우며 발전할 수 있게 조용한 독서와 생각을 위해 많은 시간을 남겨두는 것"이라고 덧붙였다.

버핏은 독서를 즐기고, 독서는 더 명확하게 생각할 수 있게 해준다고 한다.

> 나는 거의 매일 많은 시간을 그냥 앉아서 생각하는 데 써야 한다고 주장한다. 이것은 미국 기업에서는 매우 드문 일이다. 나는 읽고 생각한다. 나는 더 많이 읽고 생각하려고 하기에 대부분의 기업인보다 충동적인 결정을 덜 하는 편이다. 나는 이런 생활이 좋아서 그렇게 한다.[8]

버핏은 그가 가장 좋아하는 음식인 '티본tbone'이라는 닉네임으로

워런 버핏의 레슨

일주일에 10시간 동안 브리지 게임을 한다. 그는 투자와 브리지 게임 전략 사이에 유사점이 많다고 믿는다. "가능한 모든 정보를 수집한 다음 상황이 바뀜에 따라 수집한 정보 위에 계속 새로운 정보를 추가한다는 점에서 (투자와 브리지 게임의) 접근 방식과 전략은 매우 유사하다. 매 순간 가지고 있는 지식을 바탕으로 확률적으로 유리하다고 판단되는 모든 일을 하는 가운데 새로운 정보를 얻으면 항상 자신의 행동이나 전략을 기꺼이 수정하려고 해야 한다."[10]

호기심, 열린 마음, 그리고 부단히 학습하려는 욕구가 있어야 새로운 정보를 얻을 수 있다. 브리지 게임을 할 때도 주식시장에서 거래하는 방식과 비슷하게 하는지를 묻는 한 칼럼니스트의 질문에 버핏은 "나는 시장에서 게임을 하지 않는다. 나는 기업을 산다"라고 말했다.[11] 브리지는 게임이지만 투자는 게임이 아니라는 의미다.

집중한다

버핏과 빌 게이츠에 따르면 성공의 가장 중요한 열쇠는 집중이다. 버핏은 빌 게이츠와의 첫 만남을 이렇게 회상했다.

> 함께한 저녁 식사 자리에서 게이츠의 아버지가 "사람들은 살면서 지금 자신들이 있는 자리에 있게 되기까지 어떤 점이 가장 중요하다고 느꼈을 거라고 보는가?"라고 물었다. 나는 "집중"이라고 말했다. 그리고 빌도 같은 말을 했다.[12]

멍거는 버크셔에서 버핏이 성공할 수 있었던 이유를 "몇 가지 활동에 국한해서 최대한 집중하기로 한 결정"에서 찾았다.

버핏의 전기인 《스노볼The Snowball》의 저자 앨리스 슈뢰더Alice Schroeder와 가진 인터뷰에서 멍거는 "버핏은 사소한 집착 때문에 중요한 집착이 방해 받는 것을 결코 용납하지 않았다"고 말했다.[14] 버핏은 "전념해야만 탁월한 실적을 낸다"라고도 말했다.

전념, 헌신, 원칙, 그리고 심지어 돈에 대한 집착을 중시했던 버핏은 성가신 일에 주의를 뺏기지 않기 위해 재택근무 시 〈월스트리트저널〉과 연례 보고서에 파묻혀 살았다. 버크셔에서 버핏은 자신이 맡은 부가가치가 높은 책무에 집중하기 위해 경영, 법률, 회계, 행정 관련 일들을 다른 사람들에게 위임한다. 대신 그는 자본 배분, 신뢰와 기술과 에너지와 열정을 바탕으로 중요한 자회사의 CEO를 임명하고, 유가증권 투자 운용에 집중한다.

템플턴과 린치와 마찬가지로 버핏은 또 조사가 중요한 가치를 지닌다고 믿는다.

산업에 대해선 광범위한 지식을, 기업에 대해서 구체적인 지식을 습득하고자 할 때 그들에 대해 읽고서 밖으로 나가 경쟁사와 고객, 납품업자와 과거와 현재 직원들과 얘기를 나누는 일보다 중요한 일은 없다. 업계에 종사하는 많은 사람과 얘기를 나누면서 가장 두려운 사람이 누구고 그 이유는 무엇이며, 그들이 은 총알silver bullet(어떤 복잡하고 풀기 어려운 상황을 단번에 해결해 줄 수 있는 묘책이나 획기적인 타개책을 의미하는 관용어-옮긴이)을 사용하는지 등을 물어본다면 많은 것을 알게 될 것이다.[16]

버핏은 항상 버크셔의 자회사 매니저들과 새로운 투자 매니저들에게 밤에 잠을 청하지 못하는 이유가 있는지를 물었다.

2003년 버크셔 연례 주총에서 버핏은 40~50년 전에 경영진과 자주 대화를 나눴다고 말했다.

예전에 나는 출장을 갈 때마다 15~20개 회사에 들르곤 했다. 그렇게 한 지도 꽤 오래됐다. 지금은 우리가 무슨 일을 하는지는 거의 공문서를 통해 알게 된다. (중략) 우리는 경영진과 이야기하는 것이 딱히 도움이 되지는 않는다고 본다. (중략) 숫자가 경영진과 나눈 대화에서 얻은 정보 이상의 것을 알려주기 때문이다. 우리는 투자하기 전에 경영진이 어떤 사람인지를 판단하기 위해 기록을 살펴본다.[17]

기업을 조사하면 자연스럽게 지식이 축적된다. 수십 년 동안 많은 기업의 경쟁우위를 평가해 오면서 축적된 지식은 버핏이 수치에 더 많이 기댈 수 있게 했다.

버핏은 다른 사람들이 논하기를 좋아하나 결코 제대로 된 답변을 할 수 없는 거시적인 질문들에 빠져 정신이 산만해지길 원하지 않는다. 일부 투자자들은 시장의 단기 방향, 미 달러, 금리, 무역적자, 연준의 금리 정책에 대해 고민하고 싶은 유혹에 빠진다. 그러나 버핏은 기업의 일부나 전부를 소유하는 데만 주로 관심이 있다.

우리는 중요하고, 알 수 있는 것들에 대해서 생각하려고 노력한다. 알 수 없지만 중요한 것들도 있다. 그리고 알 수 있지만 중요하지 않은 것들도 있는데, 우리는 이런 것들로 인해 마음이 혼란스러워지는 걸 원하지 않는다. 우리는 "무엇이 중요하고 알 수 있는가? 그리고 그러한 것들을 활용하여 취할 수 있는 버크셔에게 유익한 행동은 무엇인가"라고 자문한다.[18]

버핏은 매일 5종의 신문을 읽는다. 그는 뉴스를 꼼꼼히 읽을지 대충 읽을지 무시할지를 결정하기 위해 뉴스가 중요하고, 알 수 있고, 적절한지를 기준으로 판단한다. 이 기준을 통과하지 못한 뉴스는 하찮은 뉴스에 불과하다. 버핏은 정신을 산만하게 만드는 것을 없앤다. 버크셔는 상장된 회사지만 다른 상장사들과는 달리 홍보, 인사, IR, 법무 부서를 두지 않는다.

공개적으로 칭찬한다

———

데일 카네기Dale Carnegie는 베스트셀러인《인간관계론How to Win Friends and Influence People》에서 효과적인 리더가 되려면 "진심으로 인정하고 아낌없이 칭찬하라"고 조언했다. 버핏이 8살인가 9살 때 읽은 카네기의 이 책은 그에게 깊은 영향을 미쳤다. 카네기는 다른 사람들을 비난하지 말라고 당부했다. 비난은 사람들을 방어적으로 만들고, 분노를 유발하며, 자존심에 상처를 주기 때문이다. 그는 대신 "진심으로 감사하는 모습을 보여줌으로써 상대방에게 그의 기대에 부응하는 좋은 평판을 주라"고 조언했다. 버핏은 일상 습관뿐만 아니라 널리 읽히는 버크셔의 연례 보고서를 통해 '공개 칭찬'이라는 지혜를 행동으로 옮기고 있다. 그는 "아주 오래전에 두 가지 훌륭한 조언을 들었다. 하나는 이름을 부르며 칭찬하라는 것이고, 다른 하나는 (개인이 아닌) 범주별로 비판하라는 것"이라고 말했다.[19]

1961년 버핏은 투자조합에 쓴 편지에서 자신의 비서 베스 헨리Beth Henry를 '일류'라고 칭찬한 이후로 매년 버크셔의 사람들에 대해 칭찬해왔다. 그는 버크셔의 성공에 기여한다고 생각하는 사람들의 공로에 대해 칭찬을 아끼지 않는다.

좋아하고, 신뢰하고, 존경하는 사람으로 둘러싸인다
—

우리는 우리가 좋아하고, 존경하고, 신뢰하는 사람과만 연결되기를 원한다. 아무리 기업 전망이 좋아도 존경할 만한 자질이 부족한 경영자들 편에 서고 싶지 않다. 우리는 나쁜 사람과 좋은 거래를 한 적이 없다.

버핏은 자신이 씨즈 캔디에 투자했을 때 그곳 매장에서 단 1시간만 보냈다고 말했다. 그가 보르샤임 주얼리Borsheims Jewelry 지분을 샀을 때는 사장인 아이크 프리드먼Ike Friedman의 집에서 보낸 시간은 30분밖에 되지 않았고, 매매 계약서는 한 페이지도 채 되지 않았다. 버핏은 "(거래 시) 변호사와 회계사들로 구성된 팀이 필요하다면 그것은 좋은 거래가 될 수 없다"면서 "우리는 어떤 것에 대해서건 누구와도 연장 협상을 한 적이 없다"고 말했다.[20]

검소하게 산다
—

버핏은 부를 축적하기 위한 경쟁을 즐겼다. 그에게 가장 중요한 것은 부가 제공하는 독립이라는 혜택이었다. 그가 그토록 원하던 독립의 열쇠가 부의 축적이었기 때문에 돈을 포기하기가 어려웠다. 경력 초기에 버핏은 값싼 '담배꽁초주'를 찾기도 했지만, 그의 생활 방식도 상당히 검소했다. 그는 침실에 딸린 작은 서재에서 자신의 투자조합을 운영했다. 직접 편지를 쓰고, 직접 서류를 정리하고, 하나밖에 없는 가족 전화기를 업무용 전화기로 사용하고, 직접 세금 신고서를 제출했다. 버핏은 1958년 오마하의 파남 거리Farnam Street에 있는 그의 첫 번째 집을 3만 1,500달러에 샀고, 지금도 여전히 같은 집에서 살고 있다.

버핏은 세 자녀가 성인이 되고 나서 크리스마스 때 각각 수천 달러씩을 주었지만, 그들에게 "내가 죽은 후 아무것도 안 하고 살 수 있을 만큼의 돈이 아니라 무엇이든 할 수 있다고 느낄 만큼의 돈을 기대하라"고 말했다.[21]

딸 수지는 첫아이를 임신했을 때 워싱턴 D.C.의 비좁은 집에서 살았다. 그녀는 아버지 버핏에게 2인용 식탁을 놓을 수 있게 부엌을 개조하고 싶으니 3만 달러만 빌려달라고 부탁했다. 그러자 버핏은 "왜 은행에 가(서 빌리)지 않느냐?"며 거절했다.[22] 캐서린 그레이엄Katharine Graham 전 〈워싱턴포스트〉 CEO가 공항에서 전화를 걸어야 하니 10센트만 꿔달라고 했을 때 버핏 수중에는 25센트짜리밖에 없었다. 버핏이 (25센트를 다 주기 싫어서) 잔돈으로 환전해서 갖고 오려고 하자 그레이엄이 그런 버핏을 말렸다.

자선 사업

버핏은 현재의 1달러 지출을 자신이 예상하는 미래 수익률에 따라 복리로 불렸을 때의 가치로 평가했다. 결과적으로 그는 지출 요청을 받을 때마다 거의 항상 거액의 지출이라면서 눈살을 찌푸렸다. 버핏은 오랫동안 돈을 복리로 불린다면 자신이 죽은 후에 자선단체에 더 많은 돈을 기부할 수 있게 될 것으로 믿는다.

2006년 버핏은 재산 대부분을 아동 사망률, 아프리카에서 말라리

아와 에이즈 같은 질병의 퇴치, 그리고 교육에 초점을 맞춰 일하고 있는 빌&멜린다 게이츠 재단에 기부할 계획이라고 발표했다. 당시 버핏은 이 재단에 1,000만 주, 수잔 톰슨 버핏 재단Susan Thompson Buffett Foundation에 100만 주, 자신의 세 자녀의 재단에 각각 35만 주씩을 기부하기로 했다. 그는 자신이 사망하거나 재단이 특정 조건을 충족하지 못하지 않는 한 매년 기부하기로 한 주식의 5퍼센트씩을 각 재단에 기부할 계획이었다. 버핏은 2004년 아내 수잔의 비극적인 죽음을 계기로 자신이 생존해 있는 동안 이렇게 기부하기로 했다. 버핏은 수잔이 자신보다 오래 살 것이라고 예상했었다. 그는 〈포춘〉지의 캐롤 루미스와 가진 인터뷰에서 "수잔은 정말로 더 많은 돈을 더 빨리 기부하기 위해 애썼을 사람"이라고 말했다. 그 당시 버핏의 기부금 액수는 300억 달러 이상으로 평가되었다. 그 정도면 게이츠 재단의 자산과 맞먹는 액수였고, 게이츠 재단과 버핏의 출연금을 합치면 다른 재단들이 왜소하게 느껴질 정도다. 버핏은 게이츠 재단의 규모에 깊은 인상을 받았다. 특히 무엇보다 빌과 멜린다 게이츠의 열정, 지능, 집중력, 그리고 불우한 사람들의 삶을 구하고 개선하려는 헌신적 노력에 감탄했다. 버핏은 항상 자신의 재산을 사회에 환원하는 데 전력했지만, 자선 사업에 대해 다른 사람들이 왈가왈부하는 것은 참지 못했다. 그는 또 자신의 좋은 의도를 행동으로 옮기기 위해 많은 사람들과 얽히는 걸 원하지 않는다고 인정했다. 간단히 말해서, 그는 빌과 멜린다에게 자신이 소중히 여기지만 직접 할 생각은 없었던 일을 믿고 맡긴 것이다. 그는 돈을 아주 많이 벌어서 돈을 어떻게 나눠줘야 할지 시시콜콜 고민하지 않아도 되는 삶에 만족했다.

마켓 타이밍을 피한다

——

〈포브스〉는 매년 미국 최고 부자 400명의 명단을 발표하는데, 그중에 주식시장의 상승과 하락을 예측하여 높은 수익률을 얻으려는 일명 '마켓 타이머'는 없다. 반면에 매매 타이밍을 맞추려고 하기보다 시장에서 시간을 보내며 미국의 부의 엔진을 만드는 데 참여한 투자자는 많다.

CNBC의 기자 베키 퀵Becky Quick이 버핏에게 주식을 매수하기 위해 시장이 빠질 때를 기다리는 것이 신중한 처사인지를 묻자 버핏은 이렇게 대답했다.

> 내가 아는 사람 중에선 몇 년 동안이고 계속해서 시장의 매매 타이밍을 맞출 수 있는 사람은 없다. (중략) 가장 좋은 주식 투자 방법은 시간을 두고 꾸준히 주식을 사는 것이다. (중략) 시장에 진입할 수 있는 더 좋은 시기를 선택할 수 있다고 믿고, 본인이 앞으로 아주 좋아질 거라고 생각하는 게임에서 발을 빼는 건 끔찍한 실수를 하는 것이다.[23]
>
> 나는 시장이 어떻게 될지 예측하지 않는다. 나는 시장이 내일, 내달, 그리고 내년에 어떻게 될지 모른다. 나는 10년이나 20년 정도의 긴 시간이 지나는 동안 시장이 아주 뜨거울 때도 있고, 아주 차가울 때도 있을 거라는 사실은 확실히 알고 있다. 그러한 시장들을 보고 공포에 질려서 잘못된 행동을 하기보다 잘 이용하는 게 비결이다.[24]

2006년 버크셔 연례 주총에서 멍거는 버핏에게 "대규모 자산 배분 전략을 세운 게 언제인가?"라고 물었다. 그러자 버핏은 "그런 적이 전혀 없다"고 답했다. 다시 "종목을 계속 바꿔 투자하는 사람 중에서 부

자가 된 사람을 본적이 없다"고 말했다.[25]

버핏은 개별 기업을 분석하는 데만 거의 전적으로 집중한다. 그는 마켓 타이밍을 부정하는 만큼이나 긴 경력 동안 여러 차례 적절한 시기에 시장에 대해 예지력이 있는 의견을 내놓았다.

1974년 11월: "하렘에 간 성욕이 가득한 남자"

버핏은 1969년 초강세장에서 더 이상 저렴한 주식을 찾을 수 없어 12년간 29.5퍼센트의 복리 수익률을 올린 투자 포트폴리오를 정리했다고 설명한 적이 있다. 그는 다른 사람들이 극도로 탐욕스러운 모습을 보일 때 두려움을 느꼈다. 다우지수는 1969년 말 800포인트에서 1972년 말 1,020포인트까지 27퍼센트나 더 치솟았다. 니프티 피프티가 이런 '불장'을 견인했다. 이는 코카콜라, 질레트, 머크, 화이자, 필립모리스, 폴라로이드 등 기관투자자들이 가장 선호하는 50개 종목을 일컫는다. 그런데 니프티 피프티의 PER은 42배까지 치솟았다. 1974년 말 다우지수가 40퍼센트 넘게 하락하여 600포인트로 떨어졌을 때 니프티 50 주식들도 급락을 피하지 못했다. 이제 시장에 대한 심경을 묻는 질문에 버핏은 "하렘harem에 간 성욕이 가득한 남자처럼 느낀다. 지금이야말로 투자해서 부자가 될 때다"라고 말했다.[26] 이후 6개월 만에 다우지수는 67퍼센트 상승해 1,000포인트를 다시 넘어섰다.

1979년 8월: "낙관적 컨센서스에 현혹돼 주식시장에서 바가지를 쓴다."

버핏은 군중심리에 빠져 감정에 휘말린 채 주식을 선정해 투자하는 기업 연기금 매니저들을 꾸짖었다. 그들은 주가가 올라가면 기분이 좋아져서 연금 자산을 추가로 주식에 투자하고, 반대로 주가가 내려가면 상황이 더 나빠질 수 있다는 우려와 미래가 너무 불투명하다는 이유로 투자를 주저한다는 것이다.

버핏은 1979년 중반 다우지수가 장부가치 대비 10퍼센트 저렴하게 거래되고 있었지만 장기 투자자라면 정상 수준의 자기자본이익률 13 퍼센트를 기대할 수 있다는 것을 깨달았다. 이때 10년 만기 국채 금리는 9퍼센트였다. 주식을 장기간 소유했을 때 얻을 수 있는 명백한 이점에도 불구하고 연기금 매니저들은 최근 신규 펀드의 9퍼센트만을 주식에 할당했다. 역대 최저 수준이었다. 1972년에는 다우지수가 장부가치의 1.5배로, 1979년보다 25퍼센트 높게 평가되었다. 이 시기에 연기금 매니저들은 신규 자금의 122퍼센트(채권 매도분 포함)를 주식에 할당했다. 백미러로 뒤만 보며 운전하다 보면 '싸게 사서 비싸게 파는 함정'에 빠지게 마련이다.

버핏은 "시장을 주인이 아니라 종이 되게 하라"는 그레이엄의 명언을 약간 바꿔서 "미래는 결코 확실하지 않은데도 당신은 낙관적 컨센서스에 현혹돼서 주식시장에서 바가지를 쓴다. 불확실성은 실제로는 장기 가치투자자의 친구"라고 조언했다.[27] 향후 10년간 다우지수 대 미국 국채 수익률은 12퍼센트 대 9퍼센트로 전자가 더 높았다.

1999년 11월: "만약 내가 (향후 17년 안에) 가장 달성할 가능성이 있는 수익률을 고른다면 그것은 6퍼센트일 것이다."

버핏은 1999년 11월까지 4개월 동안 4차례에 걸쳐 전반적인 주가 수준에 대한 자신의 견해를 제시했다. 보통 때의 그에게서 볼 수 없는 일이었다. 버핏은 1999년에 앞선 34년을 17년 단위로 둘로 나눠서 비교했다. 처음 17년(1964년 12월 31일부터 1981년 12월 31일까지) 동안 30년 만기 국채 장기금리가 4퍼센트 미만에서 15퍼센트 이상으로 오르는 동안 GDP 대비 기업 이익률은 6퍼센트에서 4.5퍼센트로 떨어졌기 때문에 다우지수는 875포인트로 사실상 보합세를 보였다. 버핏이 설명했듯이 "금리는 중력이 물질에 작용하는 식으로 (주식의) 재무적 밸류에이션에 작용한다. 금리가 오를수록 주가의 하락세가 더 심해진다."[29]

두 번째 17년(1981년 12월 31일부터 1998년 12월 31일) 동안 다우지수는 875포인트에서 9,181포인트로 10배 이상 올랐다. 이 기간 30년 만기 국채 수익률은 14퍼센트에서 5퍼센트로 떨어졌고, GDP 대비 기업 이익률은 6퍼센트로 복귀했다. 본질적으로 금리와 GDP 대비 기업 이익률은 34년 동안 서로 엇갈린 행보를 나타냈다.

투자자들이 또 백미러 바이러스에 감염됐다. 버핏은 경력이 5년 미만인 투자자는 향후 10년간 22.6퍼센트의 연간 수익률을 기대하지만 경력이 20년 이상인 투자자는 12.9퍼센트의 수익률을 기대하고 있다는 페인 웨버Paine Webber와 갤럽Gallup의 공동조사 결과를 인용했다. 버핏은 2016년 말까지 향후 17년간의 주식 수익률은 금리에 변화가 없다고 가정했을 때 수수료와 비용을 제하고 평균 6퍼센트에 머물 것이라는 보다 현실적인 전망을 제시했다. 30년 만기 국채 수익률이 6.1퍼센트에서 2.9퍼센트로 절반 정도 떨어졌지만, 이후 17년 동안 다우지수는 버핏이 정확히 예측한 대로 연평균 6퍼센트의 수익률을 기록했다. 이는 낙관적인 컨센서스와는 거리가 먼 결과였다. 당시 버핏은 닷컴 기업들에 심취된 신세대 투자자들에게 '세상 물정 모르는 사람'으로 간주됐다. 이때 분석가들은 인터넷 기업을 예전 PER 기준이 아니라 눈이 튀어날 정도의 낙관적 전망을 기준으로 평가했다.

하지만 버핏의 경고는 선견지명이 있었다. 그는 증시가 고점을 찍기 불과 몇 주 전 발표한 버크셔의 1999년 연례 보고서에서 "분명 그렇게 되겠지만, 투자자들의 기대가 실현되면 시장은 특히 투기가 집중됐던 종목을 중심으로 심각한 조정을 겪을 것"이라고 경고했다.

버핏이 전체 시장 가치를 가장 잘 알 수 있는 척도로 간주해 소위 '버핏 지수'라고도 불리는 'GDP 대비 시가총액 비율'은 미국 증시 기준 1999년 말 190퍼센트까지 올라갔다. 이는 1981년의 40퍼센트와 장기 평균인 약 75퍼센트보다 훨씬 높은 수준이었다. 결국 몇 달 뒤인 2000년 3월 말에 시장의 거품이 꺼지면서 버핏이 3년 동안 다우지수는 23퍼센트, S&P500 지수는 37퍼센트, 기술주 중심의 나스닥 지수는 56퍼센트씩 각각 하락했다.

캐롤 루미스는 〈포춘〉에 버핏이 주목한 두 가지 점을 기사로 썼다. 모두 시대를 초월하여 기억해 둘 만한, 그의 예측만큼이나 놀라운 점들이다. 첫 번째는 장기적으로 볼 때 자산 가치는 그것이 올리는 수익보다 빠르게 커질 수 없다는 점이다. 두 번째는 투자자에게 보상해주는 투자는 지속적 경쟁우위를 갖는 투자라는 점이다.[30]

2008년 10월: "미국 주식을 사라. 나는 지금 사고 있다."

많은 금융기관이 무릎을 꿇거나 무덤에 묻히게 만든 금융위기 이후 공포가 팽배했을 때 버핏은 건전한 주식을 사들이느라 정신이 없었다. 그는 〈뉴욕타임스〉에 '미국 주식을 사라. 나는 지금 사고 있다Buy American. I am'이라는 제목의 칼럼을 실었다.

그러나 시장 심리나 경제가 회복되기 훨씬 전에 시장이 상승할 가능성이 있다는 사실이다. 그것도 아주 큰 폭으로 그럴 수 있다. 따라서 (시장에 봄이 오는

워런 버핏의 레슨

소리를 알려줄) 울새가 오기를 기다린다면 봄은 끝날 것이다. (중략) 투자자에게 최고의 친구는 나쁜 소식이다. 향후 10년 동안 주식이 현금 수익률을 훨씬 능가할 게 거의 확실시된다. 아마도 그 차이는 상당할지 모른다.

아니나 다를까, 2008년 10월 17일 이 칼럼이 실린 날짜로부터 다우지수는 2배 가까이 올랐고, 배당금을 포함한 총수익률은 연평균 14퍼센트에 달했다. "다른 사람이 두려워할 때 욕심을 부려라"는 말이 또 통했다.

기존의 투자 조언에 의문을 제기하라
___

앞에서 논의한 바와 같이 다수의 투자 컨설턴트들은 투자 매니저를 성장, 가치, 혼합형과 중소기업, 중견기업, 대기업 투자형으로 분류한다. 그들은 매니저들이 본인이 어떤 스타일인지 알고 그 스타일을 고수해주는 걸 선호한다. 컨설턴트들은 이런 식으로 연기금 고객들에게 스타일마다 최고의 매니저를 추천해줄 수 있다. 그러면서 마음속으로는 고객이 유행하는 모든 스타일에 노출될 수 있다고 항상 확신할 수 있다. 이런 성장, 가치, 혼합 스타일은 S&P가 자사의 인기 지수인 S&P500을 '성장'과 '가치'로 나누는 것과 같은 방식으로 분류된다.

버핏은 이런 분류에 당혹해하며 이렇게 말했다. "성장은 가치 방정식의 일부다. 월가가 말하는 성장주나 가치주 같은 것은 없다. 성장주나 가치주에 돈을 투자하라고 말하는 사람은 투자를 이해하지 못하는 사람이다."[31] 투자는 기업이 미래에 창출할 현금흐름의 현재 가치보다 오늘 더 적은 금액을 쓰는 행위다. 현금흐름의 액수와 가능성을 추정하고 적절한 할인율을 정하는 것은 전적으로 투자자의 몫이다. 성장과 가치는 서로 떼어놓을 수 없다. 버핏은 자신은 모든 기업을 가치제안(기업이 타깃 고객에게 제공할 수 있는 가치의 효용 정도-옮긴이)으로 간주한다고 말한다. "성장 잠재력과 그 잠재력을 실현시킬 수 있는 우호적인 경제 환경과의 접목은 가치평가 공식의 한 축이다. 어쨌거나 이 모두는 가치에 관한 의사결정이다."[32]

버핏은 또 투자자들이 가치 평가라는 보다 상식적인 방법을 따라서가 아니라 순전히 나이 때문에 자동으로 주식 투자 비중을 낮추고 채권 투자 비중을 늘려야 한다는 생각을 일축했다. 그리고 고평가된 것과 저평가된 것을 합쳐서 개별 주식과 채권이 수만 수천 개나 되는데도 그들을 한꺼번에 묶어서 같이 판단하는 것은 어리석은 일이라고 봤다. 마이크로소프트나 인텔은 하나씩밖에 없는데도 소위 전문가들이라는 사람들이 마이크로소프트나 인텔이 여러 개 있는 것처럼 말하는 소리를 듣는 것만큼 어리석은 일이라는 것이다.

버핏과 멍거는 더 위험한 투자를 할 때 위험도를 감안해서 더 높은 할인율을 적용하지 않는다. 기업의 미래 수익흐름에 대한 확신이 없더라도 굳이 그런 할인율에 신경 쓰지 않는다. 경영대학원들은 높은 가격 변동성 문제를 보완하기 위해 더 높은 할인율을 적용해야 한다고 주장한다. 그들은 이처럼 주식이나 채권처럼 위험한 자산의 기대수익률을 구하는 가격 결정 모델을 '자본자산 가격결정 모델capital-asset-pricing model'이라고 부른다. 이 모델이 가진 문제는, 주가가 변동성이 크더라도 그 기반이 되는 사업의 변동성은 그렇지 않을 수 있다는 점을 무시한다는 점이다. 어떤 기업의 주가가 시장보다 더 많이 오르거나 내리면 학계에서는 그것을 시장보다 베타값beta이 더 높은 종목이라고 부른다. 우량기업의 주가가 시장보다 더 많이 떨어지면, 다른 모든 조건이 같았을 때 그것이 위험해졌다기보다는 더 매력적인 매수 기회가 생겼다고 볼 수 있다. 버핏은 합리적인 투자 기회를 제공해주는 변동성이 큰 주식과 안정적인 기업의 조합을 훌륭한 조합이라고 말했다. 그는 미래의 현금흐름에 불확실성이 있을 때, 불확실성에 따르는 위험을 고려하여 조정된 할인율인 '위험조정할인율risk-adjusted returns'을 무시한다. 그는 "우리는 위험 조정 수익률이 천차만별인 자본자산 가격결정 모델을 고려하지 않는다. 우리는 그것이 터무니없다고 생각한다"고 말했다.[33] 버핏은 무위험이자율에 리스크 프리미엄을 추가하는 식으로 할인율을 계산하지 않는다. 예측 가능성이라는 기준은 이미 통과했기 때문이다(CAPM 모델은 무위험이자율에 개별 자산이 속한 시장의 위험프리미엄과 개별 자산 고유의 위험을 더한다. 이때 추가해야 할 위험은 시장의 변동성과 주가의 변동성이다. 버핏은 이러한 가격 변동성이 투자자가 실제로 짊어져야 할 위험과는 거의 관련이 없다는 점을 지적하고, 본인의 가치평가 프로세스에서도 배제한다). 버핏은 이 점을 강조하기 위해 "우리는 베타값이나 그런 종류의 것에 전혀 관심을 두지 않는다. 그건 우리에게 아무 의미도 없다. 단지 가격과 가치에만 관심이 있다"고 덧붙였다.[34]

버핏에게 주가의 변동성은 위험이 아니다. 실제 위험은 기업의 내재가치가 영구적인 손상을 입을 가능성이다. 이런 일은 지나치게 부채가 많은 자본구조나 취약한 경쟁우위로부터 생길 수 있다. 위험은 저비용의 이점을 누리지 못해서 생길 수 있다. 아니면 한 곳의 대형 고객에게 지나치게 의존하다가 고객이 떠나는 바람에 위험이 생길 수도 있다. 네트워크 텔레비전이나 소매 유통 채널과 같은 기술이 기업에 영구적인 피해를 주거나 심지어 사업을 아예 쓸모없게 만들 수도 있다. 백과

사전 사업이 대표적인 사례다. 투자는 미래에 더 많이 소비하기 위해 현재의 만족을 미루는 행위다. 위험은 이러한 장기적 목표 달성을 방해하지만, 주가의 단기적 변동성을 위험이라고 하지는 않는다.

> 기업의 오너(우리는 주주가 기업의 오너라고 생각한다)에게 위험에 대한 학계의 정의는 전혀 들어맞지 않는다. 그런 정의가 오히려 불합리한 결과만 낳게 된다. 예를 들어, 베타값 기반 이론에 따르면 우리가 1973년 〈워싱턴 포스트〉에 투자했을 때 그랬듯이 시장에 비해 대폭 급락한 주식은 고가였을 때보다 저가였을 때 더 위험해진다. 회사 전체를 엄청나게 할인된 가격에 살 수 있는 기회를 얻는 사람에게도 이런 설명이 타당했을까?[35]

소위 전문가들이란 사람들은 방송에 출연하기만 하면 시장의 향후 방향을 갖고 논쟁을 벌이느라 정신이 없다. 그러나 버핏은 그러한 거시적 예측에 시간을 낭비하지 않는다.

그는 "우리는 주식시장, 금리, 기업 활동이 앞으로 1년 후 어떻게 될지에 대해 의견을 가져본 적도, 갖고 있지도, 결코 가지지도 않을 것"이라고 말했다.[36] 그는 또 "거시적인 의견을 가지거나 다른 사람들의 거시적 예측이나 시장 예측을 경청하는 것은 시간 낭비"라고 덧붙였다.[37]

알버트 아인슈타인은 "모든 것을 가능한 한 더 이상 단순할 수 없을 만큼 단순하게 만들어야 한다"고 말했다. 버핏 역시 과도하게 복잡한 투자 이론보다는 실용적이면서 믿을 수 없을 만큼 간단한 투자를 더 선호한다.

> 성공적인 투자를 위해서는 베타값, 효율적인 시장, 현대 포트폴리오 이론, 옵

워런 버핏의 레슨

선 가격 결정 방법, 신흥 시장을 이해할 필요가 없다. 사실 이런 것들에 대해 아무것도 모르는 편이 더 나을지도 모른다. 물론 이것이 이런 주제들로 금융 교육과정을 온통 도배해놓는 경향이 있는 대부분의 경영대학원들의 지배적인 견해는 아니다. 하지만 우리가 보기에 투자를 공부하는 학생들은 두 과정만 잘 배워두면 된다. 기업을 평가하는 방법과 시장 가격을 생각하는 방법이다. 투자자로서 당신의 목표는 지금으로부터 5년, 10년, 20년 후에 실질적으로 수익이 더 올라갈 것이 확실시되고, 쉽게 이해할 수 있는 기업의 일부 지분을 합리적인 가격에 매입하는 것이어야 한다. 시간이 흘러도 이러한 기준을 충족하는 기업은 고작 몇 개뿐임을 알게 되므로, 적합한 기업을 찾으면 유의미한 양의 주식을 매수해야 한다. 또한 자신이 세워둔 지침에서 벗어나고 싶은 유혹도 이겨내야 한다. 즉, 10년 동안 주식을 소유할 의사가 없다면 10분 동안만이라도 그것을 소유할 생각도 하면 안 된다.[41]

투자 분야에서는 과거를 오직 미래를 예상하기 위한 통계적 근거로만 여기는 잘못된 수고를 들이는 일이 비일비재하다. 얼마나 그런 수고를 들이는지는 사실상 투자하는 사람의 IQ와 정비례한다. 누군가가 작은 그리스 글자가 잔뜩 들어가 있는 긴 방정식을 알려주기 시작한다면 무시하라.[42]

포트폴리오에 집중하라

—

버핏은 자신이 가진 사실과 논리가 옳다고 믿고서 우수한 정성적·정량적 특성을 확인할 수 있고, 영구적인 손실의 위험이 거의 없는 곳에 집중적으로 베팅해야 한다고 믿었다. 조합을 결정하고 첫 9년 동안 버핏은 5~6개 기업에 포트폴리오 비중의 25퍼센트를 초과해서 투자했다. 흔치 않은 경우라면 투자 비중을 40퍼센트까지 늘릴 용의가 있었다.

그는 "조합을 운영했을 때 한 주식에 대한 내 투자 한도는 약 40퍼센트였다"고 설명했다.[43] 그는 장기적인 성과 마진이 월등할 수 있는 최고의 투자 기회라고 믿는 것에 집중함으로써 '가끔 아주 속이 쓰린 해'는 물론이고 변동성이 큰 해마저도 기꺼이 참아냈다.

그는 전통적인 분산투자 방식에 특히 비판적이었다.

한 가지는 장담할 수 있다. 펀드가 좋은 성과를 내는 게 사소한 목표일지라도 100개의 주식이 포함된 어떤 포트폴리오도 논리적으로 운용되지 못한다. (중략) 투자 가치를 연구하긴 했겠지만 그래도 이후 그렇게 많은 수의 주식에 투자하는 사람은 내가 말한 '(방주에 각종 동물을 한 마리씩 태웠던) 노아식 투자 학파 Noah School of Investing'를 추종하는 것이다. 그러려는 투자자는 (투자가 아닌) 방주를 운전해야 한다.[44]

최적의 포트폴리오는 가능한 선택에 대한 다양한 기대와 견딜 수 있는 성과의 변동성 정도에 따라 달라져야 한다.[45]

매년 생기는 변동성을 참지 못할수록 더 분산투자를 해야겠지만 그로 인해 기대되는 결과는 부진할 수 있다. 버핏은 이를 두고 음악인 빌리 로즈Billy Rose의 말을 인용하며 "하렘에 70명의 여성이 있더라도 그들 중 누구도 잘 모르게 되는 격"이라고 말했다.

버핏은 아무것도 모르는 투자자는 분산투자를 하면 되고, 뭔가 아는 투자자는 포트폴리오를 집중투자해야 한다고 말했다. 자신이 무엇을 하고 있는지 안다면 포트폴리오를 집중해도 위험이 적다는 것이다. 그는 경영이 잘되는 뛰어난 기업 3개에 투자하는 것이 평범한 50개 기업에 투자하는 것보다 덜 위험하다고 주장했다.[46]

인내심

버핏은 "투자했다고 해서 보상을 받는 게 아니라 제대로 투자해야 보상을 받는다"고 말했다.[47] 또한 다이빙 경기와 달리 투자 난이도가 더 높다고 해서 더 많은 보상을 받는 것도 아니라고 믿는다. 그는 "수영장 가장자리에서 뛰어내려 깔끔하게 입수하는 것만으로 보상을 받을 수 있는데 굳이 3회전 반의 공중회전을 시도할 이유가 없다"라고 말했다.[48] 그는 1~2년에 한 번만 좋은 아이디어가 있으면 된다고 덧붙였다. 그래서 그는 홈플레이트에서 좋은 공을 기다렸다가 스윙한다.

멍거는 버크셔에서 두 사람이 이뤄낸 놀라운 성공의 열쇠를 다음과 같이 요약했다.

> 극단적으로 좋은 성과와 관련해 한 가지 흥미로운 점은 만약 상위 15개 성과를 얻게 해준 결정들을 뺀다면, 꽤 평범한 성과에 그쳤을 수 있다는 점이다. 이렇듯 성공은 과잉 투자 활동 덕분에 이룬 게 아니었다. 그것은 비분산, 많은 인내, 그리고 몇 차례의 집중적이고 과감한 행동의 조합을 통해 달성한 결과다.[49]

버핏은 초창기 몇 년 동안 더 매력적인 주식을 찾으면 갖고 있던 주식을 기꺼이 팔았다. 다만 1등 경영진이 경영하는 1등 회사 주식에 투자하는 방식으로 전환한 이후로는 자주 갈아타는 거래를 선호하지 않았다.

이 투자에서 저 투자로 다소 자주 이동하면 더 큰 세후 수익을 낼 수 있다. 수

년 전 찰리와 내가 바로 그렇게 했다. (그러나) 이제 우리는 수익이 다소 줄어들더라도 진득하게 투자하는 것을 선호한다. 이유는 간단하다. 멋진 비즈니스 관계를 맺는 경우가 아주 드물지만 그런 관계가 너무나 즐겁다 보니 그런 모든 관계를 유지하고 싶기 때문이다. 비록 그런 관계가 최고까지는 아니더라도 좋은 재정적 성과를 내줄 것이라고 느껴서 우리는 쉽게 그런 결정을 내렸다.[50]

왜 더 많은 사람들이 그의 투자 철학을 모방하지 않는다고 보는지 묻자 버핏은 이렇게 대답했다.

인내심이 필요하기 때문이다. 인내심이 있는 사람은 많지 않다. 또 사람들은 천천히 부자가 되기보다는 내주에 복권에 당첨될 거라는 약속을 받는 걸 더 좋아한다. (음악인) 거스 레비Gus Levy가 자신은 단기적이 아닌 장기적으로 탐욕스러웠다고 말하곤 했던 식이다. 그리고 당신이 단기적으로 탐욕을 부린다면, 아마도 장기적으로 좋은 결과를 얻지 못할 것이다.[51]

버핏은 "나는 항상 경영대학원 학생들에게 구멍을 20개만 뚫을 수 있는 펀치카드를 가지고 있으면 투자를 더 잘할 수 있을 거라는 말을 해준다. 확실하게 투자할 곳을 정할 때마다 구멍 하나를 뚫는 것이다. 평생 훌륭한 투자 아이디어가 20개나 떠오르기란 쉽지 않다"고 덧붙였다.

요약

버핏이 말하는 성공 투자를 위한 15가지 자질
1. 우수한 투자자로서의 기질과 지적 틀을 가져라

워런 버핏의 레슨

버핏은 그레이엄의 책에 그런 기질과 지적 틀에 대한 설명이 모두 들어있다고 말했다. 예를 들어, 시장을 당신의 주인이 아니라 종으로 간주하고, 안전마진을 생각하고, 주식을 기업의 일부 지분으로 여기고, 대중의 영향을 받지 말아야 한다는 것이다.

2. 회계를 이해하라

회계는 전문 비즈니스 용어다. 경영진이 발생주의accrual accounting(기업 회계의 기본원칙 중 하나로 현금의 수불과 관계없이 자산이나 부채 증감 같은 실질적 거래가 발생하는 시점에서 거래를 인식하는 방식-옮긴이) 규칙을 따르면서 제대로 처신하는지 알 수 있을 만큼 회계를 잘 이해하고 있어야 한다. 현금흐름과 경제적 수익 창출력에 집중하라.

3. 열정적이고 열린 마음을 가져라

버핏은 천천히 부자가 되고, 지나치게 서두르지 말고, 탐욕에 사로잡히지 말라고 조언한다.

4. 신뢰의 영역 안에 머물러라

당신이 무엇을 이해하고 있는지 알고, 모르는 것을 기꺼이 인정하고 넘어가라. 모든 것에 전문가가 될 필요는 없다. 단지 이해하는 것만 정확히 이해하고 있으면 된다.

5. 독립적으로 생각하라

주식을 소유하는 이유를 적고, 기업이 당신 생각대로 움직이는지 감시하라. 유행하는 것을 모방해야 한다는 부담감에서 벗어나라. 가격 움직임에 흔들리지 말고 기업의 가치창조 동인에 집중하라.

6. 인내심을 갖고 장기적으로 생각하라

주식시장이 3년 동안 문을 닫았어도 개의치 않고 편안하게 갖고 있을 주식에 투자하라. 버핏은 "그런 주식을 찾을 때 우리는 배우자를 찾을 때 적절하다고 생각하는 태도를 취한다. 즉, 관심과 열린 마음을 갖고 적극적으로 찾아야 하지, 서둘러 찾아봤자 소용이 없다"라고 말했다.[52] 단기 수익에 집착하거나 주식시장을 예측하려고 하지 마라.

7. 육감이나 감정이 아닌 지식과 사실을 통해 확신하라

확신은 바닥에서 두려움에 질려 매도하지 않도록 막아줄 것이다.

8. 투자할 기업의 종류에 대해 융통성을 가지되 항상 가격에 신경을 써라

9. 관련 투자 자료를 읽어라

연간 보고서, 주요 신문, 거래 잡지, 성공한 투자자들이 썼거나 그들에 관한 고전적인 투자 서적을 읽어라.

10. 성과표가 아닌 기업에 집중하라

투자할 기업을 제대로 찍으면 주가는 장기적으로 알아서 올라갈 것이다. 거시경제나 시장 분석가가 아니라 기업 분석가처럼 생각하라.

11. 거시적 예측이나 마켓 타이밍에 시간을 낭비하지 마라

최고의 부자들은 자신이 투자한 기업에 집중했다. 흥미롭더라도 자신과 무관하거나 모르는 주제에 시간을 낭비하지 않았다.

12. 기업의 가치를 평가할 줄 알아라

그렇지 않으면 감정이 오락가락하는 '미스터 마켓'의 봉鳳이 될 것이다.

13. 미국의 미래에 대해 낙관하라

템플턴, 린치, 버핏 모두 미국의 미래에 대해 주저 없이 낙관했다. 자유 시장에서는 사람들이 가진 재주가 법규에 따라 보상되기 때문이다.

14. 도전과 하는 일을 모두 즐겨라

버핏은 "어떤 면에서 버크셔 해서웨는 캔버스이며, 나는 그 위에 내가 원하는 모든 것을 그릴 수 있다. 그리고 그것은 그림을 파는 게 아니라 내가 정말 그리고 싶은 그림을 그리는 과정"이라고 말했다.[53]

워런 버핏의 레슨

15. 적절한 영웅을 골라라

버핏은 "내게 당신의 영웅이 누구인지 알려주면 당신이 어떻게 될지 말해줄 수 있다"고 말했다. 신중하게 영웅을 골라라.

버핏의 투자 기준에 따른 점검표

3P: 기업 전망prospect, 사람peopole, 기업의 주가 전망price prospects

기업 전망

- 기업을 이해하는가? 이해하지 못하는 기업에 투자하는 흔한 실수를 피하라. 이해하기 쉬운 기업인가?
- 장기적인 전망이 양호하고, 수익 창출력이 커지고 있는가?
- 일관된 수익 창출력을 증명해줬나? (3할 타자처럼) 이미 성과가 검증된 기업인가?
- 유형자산 수익률이 매력적인가? 부채가 거의 내지 전혀 없고 ROE가 양호한가? 가장 매력적인 기업은 적은 자산으로 많은 돈을 버는 기업이다. 멋진 기업을 고르는 데 집중하라.
- 기업이 지속 가능한 경쟁우위를 가지고 있는가? 버핏은 "100미터를 빨리 헤엄치려면 스트로크에 공들이기보다는 물의 흐름에 따라 수영하는 게 훨씬 더 똑똑한 방법"이라고 말했다.[54]
- 진입 장벽이 높은가?
- 기업에 인플레이션을 이겨낼 수 있는 가격 결정력이 있는가?
- 사람들이 기업의 제품이나 서비스를 필요로 하거나 원하는가? 고객들은 다른 비슷한 대체품이 없다고 생각하는가? 제품이 가격 규제를 받지 않는가?
- 고객들이 충성스러운 추종자 역할을 해주는가?

- 경쟁사들로부터 존경을 받는가?
- 잉여현금흐름을 창출하고, 성장하기 위해 추가 자본 투입이 사실상 불필요한가?
- 간접비가 저렴한가?
- 기업이 안정적이고 예측 가능하며 지속적인 변화에 영향을 받지 않는가? 제품의 반복 구매율이 높은가?
- 10년 후에 기업이 어떻게 될지를 아주 잘 아는가?
- 주가가 반토막이 났더라도 투자한 기업에 불만이 없는가? (버크셔 해서웨이조차 주가가 이만큼 떨어진 적이 몇 차례 있었다)

사람

- 사람들의 과거 성과는 어떠한가? 과거 성과는 사람들의 능력을 알아보는 최고의 방법이다.
- 경영진은 오너 지향적인가? 그들은 주주를 파트너로 대하나? 솔직하고 투명하게 알려주나?
- 경영진을 좋아하고, 신뢰하며, 존경하나? 그들은 성실함을 드러내 주나?
- 경영진이 자신의 개인적인 헌신을 증명해 보여주고, 일반적인 경영 지식을 가지고 있는가?
- 경영진이 정직하고 유능한가?
- 경영진이 하는 일을 즐기나? 열정적으로 일하나?
- 비용을 절약하나?
- 경영진은 주가와 기업 가치 사이에 큰 괴리가 생겼을 때 주식을 매수하나?
- 경영진은 자신이 알 있는 것, 즉 자신의 능력 범위에서 벗어나지 않나?
- 그들의 과거 자본 배분 성과는 어떠한가? 얻은 보상을 주주들에게 되돌려

워런 버핏의 레슨

주는가, 아니면 그것으로 자기 배를 채우는가?

- 경영진의 기만적이고 오만하고 무사안일한 태도, 반복적인 상각과 구조조정, 경영진의 높은 이직률에 주의하라.

가격(주가)

- 미래 현금흐름의 현재가치를 벤치마크 장기 국채 금리로 할인한 내재가치 추정치와 비교해보면 현 주가가 매력적인가?

- 안전마진이 적절한가? 계산이 빗나가도 주가가 확실히 매력적인가?

- 시간이 흐르면 주가 움직임이나 이동 평균이 아닌 기업의 실적이 기업의 가치를 결정하게 된다. 버핏은 "(기업의) 시장 가치는 오랜 시간이 지나면 기업의 가치를 꽤 잘 추종하게 되지만, 어떤 특정 해에는 그러한 관계가 변덕스럽게 선회할 수 있다"고 말했다.[55]

- "적절한 기업을 좋은 가격에 사는 것보다 훌륭한 기업을 적정 가격에 사는 것이 훨씬 더 낫다"[56]

- 분명해질 때까지 기다려라. 그것이 당신에게 (사달라고) 소리를 지르나? '팻 피치'를 기다려라.

- 가치에 투자하되 성장이 가치의 구성요소라는 사실을 명심하라. 버핏은 "아무도 관심을 보이지 않을 때 관심을 가져야 한다. 인기 있고 잘 나가는 주식을 사면 안 된다"고 말했다.[57]

- 주가가 하락한 이유가 구조적이지 않고, 고칠 수 있는 일시적인 문제 때문인가, 아니면 영구적이고 구조적인 문제 때문인가?

- 다른 사람이 두려워할 때 주식을 사고(이때 가격이 좋아지기 때문에), 다른 사람이 욕심을 부릴 때 두려워하라. 인기가 없는 주식을 무작정 사는 건 금물이다.

CHAPTER 23

'경이적인 투자자' 워런 버핏

투자자, 버크셔 해서웨이의 CEO, 자선사업가, 합리적 투자 사상의 멘토이자 교사로서 버핏이 이룬 업적은 그 어떤 말로도 제대로 설명하기에는 부족하다. 버핏은 회사의 펀더멘털에 대한 지식, 사람을 관리하고 성격을 평가하는 능력, 규율 잡힌 투자 원칙, 자본 배분 능력 면에서 모두 뛰어난 투자자다.

버핏에게는 사람들의 성격을 빠르게 간파하는 탁월한 능력이 있다. 그는 사람을 만나면 항상 세 가지, 즉 '지성, 에너지, 성실함'을 찾는다면서 "특히 무엇보다 성실하지 않은 사람이라면 똑똑한지, 아니면 에너지가 넘치는지를 무시해도 된다"고 덧붙였다. 이 세 가지를 모두 간파할 수 있는 능력을 소유한 덕분에 버핏은 단 한 차례의 악수나 한 페이지짜리 법적 합의서만 갖고도 거래를 성사시킬 수 있었다.

우리가 앞에 나온 점검표에서 보았듯이, 버핏은 투자하기 전에 일명 3P라고 알려진 사람, (기업에 대한) 전망, 그리고 가격이란 세 가지 핵심 요소들을 확인한다.

> 사업의 경제성과 같이 사업을 하게 될 사람들이 어떤 사람인지를 제대로 이
> 해해야 한다. 그들(버크셔의 경영진)은 그들이 하는 사업을 사랑해야 한다. 그들
> 은 자신이 창조적이고, 자신이 그린 대로 (사업이) 되고 있다고 느껴야 한다.
> 나는 그림에 개입하지 않고, 그저 그들에게 더 많은 캔버스를 주고 더욱 광채
> 가 나도록 해줄 뿐이다. 어쨌든 우리 관점에서 그것은 그들이 그리는 그림이
> 다. (중략) 모든 분위기는 윗사람의 태도에 따라 달라진다. 윗사람이 회사 일
> 을 자기 일처럼 느끼고 신경 쓰지 않는다면, 아랫사람도 마찬가지로 신경 쓰
> 지 않을 것이다. 한편 윗사람이 많은 관심을 쏟는다면 그런 태도는 조직 전
> 반에 퍼져나갈 것이다. (중략) 계약이 당신을 보호해주는 게 아니다. 당신은
> 사람들에 대해 신뢰를 가져야 한다. [1]

버핏은 종종 자신이 좋아하고, 신뢰하고, 존경하는 임원들과 같이 일
하고 싶다고 말한다. 버핏에 대해 버크셔의 경영진 또한 그런 감정을
느낀다는 것은 의심할 여지가 없다.

버핏이 기업 인수 대금을 꼼꼼히 따져보지만, 돈 문제에 있어 버크
셔 직원들을 신뢰한다. 버크셔의 경영진은 심지어 그에게 예산조차 제
출하지 않는다. 버핏의 신뢰는 그에 대한 존경, 충성, 신뢰를 통해 자기
가 세운 회사 일처럼 열정적으로 일하는 버크셔의 경영진에 의해 몇
배로 되돌려받는다. 버핏은 자신의 업적을 깎아내리면서도 다른 사람
들이 돋보일 수 있게 영감을 주는 멋진 방법을 가지고 있다. 버크셔의
경영진은 버핏을 존경하기에 그를 실망시키고 싶어 하지 않는다. "우
리는 사람들을 많이 신뢰하는데, 나는 사람들에게 신뢰감을 줄 때, 더

많은 것을 얻을 수 있다고 생각한다."²

에이브러햄 링컨은 항상 사람들을 불신하다가 비참해지기보다는 사람들을 신뢰하다가 가끔 실망하는 편이 차라리 더 낫다고 말했다. 버핏의 철학도 비슷하다.

> 우리는 답답한 관료주의로 인해서 너무 느리게, 혹은 전혀 내리지 못한 결정으로 인해 눈에 안 보이는 거액의 비용을 부담하기보다는 몇 가지 잘못된 결정으로 인해 생기는 눈에 보이는 비용을 감수하고 싶다. (중략) (따라서) 찰리와 나는 자본 배분, 기업 위험 통제, 경영진 인선과 그들에 대한 보상 결정에 관련된 일만 할 것이다.³

버핏은 연례 서한에서 항상 동료들에 대한 칭찬을 아끼지 않았다. 버핏은 단순하고 명쾌하게 경영진마다 다른 보상 체계를 설계했다. 어떤 보상 체계든 경영진에게 자기 주도하에 회사의 성장을 도모하고, 비용을 최소한도로 아끼고, 그래서 남은 돈은 버핏이 적절하다고 생각하는 곳에 할당할 수 있게 되돌려 주는 문화를 장려한다는 공통점이 있다.

버핏은 자신은 두 가지 일만 한다고 말한다. 하나는 자본을 배분하는 일이고, 나머지 하나는 이미 경제적으로 풍족해 일할 필요가 없는 버크셔의 경영진에게 동기를 부여하는 일이다.

> 버크셔 경영진의 4명 중 3명은 경제적으로 풍족한 삶을 살고 있다. 따라서 내가 할 일은 이들이 아침 6시에 기상해서, 그들이 가난했던 초창기에 가졌던 뜨거운 열정을 가지고 일할 수 있도록 회사 업무에 관심을 갖게 도와주는

워런 버핏의 레슨

것이다.[4]

버핏의 후계자가 극복해야 할 가장 큰 도전은 합리적으로 자본을 배분하고, 자본 배분만큼 중요한 버핏의 경영 능력을 모방하는 일일 것이다.

뛰어난 사업가로서의 버핏의 명성, 그의 귀감이 되는 진정성, 그리고 버크셔의 탄탄한 자본력 때문에 기업들은 전통적인 자금조달 경로를 통해 자금을 조달할 수 없을 때 그의 도움을 구한다. 버크셔는 수익성이 높은 금융 지원 조건 덕에 많은 이윤을 챙긴다. 뱅크오브아메리카, 골드만삭스, 제너럴 일렉트릭General Electric, 다우 케미칼Dow Chemical 등 1998년 금융위기 여파로 재정 압박에 시달리다가 급하게 돈을 구해야 했던 기업들은 버크셔로부터 투자를 받아 자금을 조달했다. 그들은 버핏의 투자를 받았다는 점에서 일종의 후광효과를 누렸다.

단, 이러한 후광효과를 누리기 위해선 비싼 대가를 치러야 했다. 버크셔는 2008년 제너럴 일렉트릭과 골드만삭스로부터 양사의 보통주를 매입할 수 있는 권리인 '신주인수권warrant'과 함께 10퍼센트의 고정금리를 제공하는 우선주를 매입하는 투자를 단행했다. 다우 케미컬은 자회사인 롬앤하스Rohm and Haas에 필요한 자금을 확보하기 위해 버크셔로부터 투자받은 돈에 8.5퍼센트의 고정금리를 지급했다. 이 회사는 버크셔에게 자사의 우선주를 보통주로 전환할 수 있는 권리도 부여했다. 2011년 금융위기가 닥쳤을 때 버크셔는 뱅크오브아메리카에 50억 달러를 투자하는 조건으로 이 은행의 우선주와 7억 주의 보통주를 매수할 수 있는 신주인수권을 받았다. 버크셔는 보통주가 반등하기를 기다리는 동안 벌어들인 6퍼센트의 금리 수익에 더해 신주인수권을 행사함으로써 7년도 안 돼 뱅크오브아메리카에 대한 투자 규모를 3배로 늘렸다. 버핏이 투자를 결심하게 된 데는 연준이 응급실 수술대에 오른 환자 같은 경제를 살리기 위해 막대한 유동성을 공급할 것이라는 믿음이 크게 작용했다. 그의 말이다.

다른 나라 정부들이 공포에 질려 부채를 줄이느라 안간힘을 쓰지만, 미국 정부는 (경제를 살리는) 책임을 회피하지 않을 것이라는 믿음에 기댄 투자였다.[5]

버핏은 누구나 이해할 수 있을 만큼 쉽고 명료하게 사업 원칙을 전달할 수 있는 특출한 능력을 가졌다. 가령 그가 쓴 연례 서한에는 온갖 은유와 비유적 문구들로 가득하다. 예를 들어, 그는 투자자들에게 가장 확신하는 곳에 투자를 집중하라고 조언하면서 "당신이 정말 좋아하는 회사에 가진 자산을 투자하는 것이 뭐가 문제인가? 메이 웨스트Mae West(미국의 영화배우이자 희곡작가-옮긴이)가 말했듯이 '과유불급이라 해도 훌륭한 결과를 낳을 수 있다'"고 말했다.

사람들은 버핏이 역사상 가장 위대한 투자자 중 한 명임을 인정하면서 그를 '오마하의 현인Oracle of Omaha'이라고 부른다. 꾸준한 실적과 강력한 경영진과 충성 고객과 이해하기 쉬운 사업을 가진 버크셔 해서웨이는 미국 기업들의 우상 같은 존재다. 버핏은 항상 기업의 내재가치를 중시한다. 또 M&A에 굶주린 CEO와 투자 자문관들에게는 인내심을 가지라는 현명한 조언을 해준다. 그는 불가사의한 이론을 타파하고, 상식적인 투자와 사업 원칙을 중시하는 신뢰할 수 있는 이성적 목소리를 낸다. 또 우호적인 투자를 하고, 버크셔의 경영진은 평생 친구같다. 그는 파트너십을 중시하며, 주주들을 파트너로서 존중하고 그들과 소통한다. 버크셔에서 받는 연봉은 지난 25년 넘게 10만 달러로 변함이 없으며, 보너스나 스톡옵션을 받지는 않는다.

나는 버핏이 다른 누구와도 견줄 수 없는 장시간의 멋진 기록을 내온 사람이라는 점에서 그를 '비교 불가능한 사람The Incomparable'이라고 생각한다. 이 닉네임은 버핏이 1989년 670만 달러를 주고 버크셔에서 쓸 회사 전용기를 사놓고, 그것을 겸연스레 '변명의 여지없는 대상The Indefensible(버핏은 회사가 전용기를 사는 걸 탐탁지 않게 생각했으나 자신도 직접 사게 되자 이런 말을 했다-옮긴이)'이라고 했던 말을 의도적으로 바꿔 만든 것이다. 템플턴과 피터 린치에게 그랬듯이 나는 이메일이 등장하기 전인 오래전에 버핏에게 이 책 집필 계획을 설명하는 편지를 보내면서 편지에다 내가 지은 그의 닉네임도 언급했다. 3일 후 나는 버핏으로부터 "편지 고맙습니다. 덕분에 나의 하루가 즐거웠습니다! 당신이 지어준 내 닉네임이 우리 회사 비행기 이름보다 훨씬 낫네요"라는 답신을 받았고 깜짝 놀랐다.[6]

몇 년 전 열린 투자 세미나에서 이 책을 가지고 가르쳤을 때 나는 두 가지 기호를 사용해서 버핏의 투자 스타일의 진수를 설명했다. 첫 번째는 싸고 질 좋은 프랜차이즈 상품을 통해 소비자들이 느끼는 단순한 즐거움이 투자자들에게 장기적으로 어떤 이득을 줄 수 있는지를 보여주는 예로 든 씨즈 캔디 상자였다. 소비자들이 코카콜라 음료수, 질레트 면도기, 아메리칸 익스프레스 카드 수수료, 웰스 파고 은행 수수료, 〈워싱턴포스트〉 구독료를 되풀이해서 구매하거나 내준 덕분에 버크셔는 수십억 달러를 벌어들였다.

두 번째 상징은 투자할 때 야구 선수들이 관중들로부터 "휘둘러, 이 멍청아!Swing, you bum"라는 말을 들을 때 받는 것과 같은 압박을 무시하고, 스트라이크존 한가운데로 들어오는 공, 즉 팻 피치를 칠 수 있는 상황이 오기를 기다리는 게 얼마나 중요한지를 보여주기 위해 사용한 '야구 방망이'였다. 전 야구 선수인 테드 윌리엄스Ted Williams는 저서 《타격의 과학The Science of Heating》에서 스트라이크존을 야구공 77개가 들어갈 수 있는 격자로 생각했다. 윌리엄스는 자신이 가장 좋은 지점에 들어오는 공에만 방망이를 휘두른다면 4할 타율을 기록하겠지만, 스트라이크존에 걸치기는 했으나 가장 나쁜 지점에 들어오는 공에 방망이를 휘두른다면 2할 3푼 타율에 그칠 것이라고 말했다. 팻 피치를 기다릴 수 있느냐가 이 모든 차이를 만들었다.

하지만 버핏은 야구와 달리 주식 투자는 스트라이크가 없는 게임이라고 설명했다. 투자자들은 야구 선수가 방망이를 어깨에 짊어지고 서서 팻 피치를 기다리듯 투자 기회를 기다리고 있다가 투자하면 되지만, 투자하기 아주 좋아 보이는 기업이라고 해도 그 기업을 잘 모르면 투자할 필요가 없다고 생각했다. 스트라이크로 보이는 좋은 기업에 투자할 기회를 3번 지나치더라도 야구 선수처럼 아웃이 되지 않기 때문이란 게 이유다. 버핏은 훌륭한 기업을 적정 가격에 사면 좋겠지만 훌륭한 기업을 멋진 가격에 사면 더 좋다고 말했다. 그는 수십 년 동안 사업과 투자에서 야구로 따지면 그랜드슬램, 즉 만루 홈런을 치고 있다. 그가 세운 기록은 결코 깨질 것 같지 않다. 또 그가 지성과 에너지와 성실함을 갖춘 투자의 롤모델인 만큼 단언컨대 그는 독보적인 투자자다.

CHAPTER 24

세 투자 거장의 유사점

나는 가장 똑똑하지도 않고 때로는 가장 부지런하지도 않은 사람들이 인생에서 출세하는 광경을 부단히 목격한다. 그들은 매일 밤 잠자리에서 일어났을 때보다 조금 더 현명해져 잠자리에 든다. 이런 변화는 앞에 긴 여정이 남아있을 때 특히 도움이 된다.

– 찰리 멍거[1]

템플턴, 린치, 버핏은 학습에 대한 열정이 대단하다. 템플턴은 바닷가에서 산책하는 동안에도 회사 보고서와 연구 보고서를 읽었다. 린치는 일요일 아침 교회에 가기 전까지를 포함해서 매주 80~85시간씩을 일했고, 생각이 날 때 곧바로 보려고 침대 위에 주식 차트북을 갖다 놓기도 했다. 버핏은 매일 5~7시간 동안 5종의 신문과 500페이지의 자료를 열심히 읽고 있으며, 토요일에는 사무실에 출근한다.

투자자들을 위한 '명예의 전당'이 있다면 그들은 만장일치로 1차 심사를 통과할 것이다. 명예의 전당에 들어가는 스포츠 선수들처럼 세 사람 각자 전통적인 투자 상식을 재정립하는 자기만의 독특한 스타일을 가지고 있었다. 템플턴은 신흥 시장이라는 말을 들어본 사람도 없을 때부터 신흥 시장 투자를 개척했다. 린치는 성장주나 가치주라는 말에 얽매이기를 거부하면서 충분히 열심히 노력하고 충분히 열린 마음을 갖고 뒤져보면 훌륭한 투자 대상을 찾아낼 수 있음을 증명해줬다. 그는 또한 투자 규모가 아주 커지더라도 초과수익을 낼 수 있음을 증명했다. 버핏은 "가장 효율적으로 하는 투자가 가장 똑똑한 투자"라는 자신의 멘토인 그레이엄이 해준 말이 옳다는 것을 검증했다. 버핏은 자본 배분에 통달했고, 상장회사의 일부에 투자하건 아예 회사 전체를 인수하건 관심이 없었다. 그가 자본 배분에 통달했음은 자신이 소액을 투자한 죽어가는 섬유회사를 미국 시가총액 5대 기업 중 하나로 거듭나게 만든 데서 잘 드러났다. 버핏의 천재성은 누구나 쉽게 접근하고 이해할 수 있게 자신의 사업 철학을 전달할 수 있는 능력을 통해서도 분명히 드러난다. 버핏은 경영에 거의 간섭하지 않기로 유명하기 때문에 CEO들을 관리하고 동기부여하는 능력이 그다지 알려지지 않았으나, 각 사업부의 CEO들은 그에게 최대한의 충성심을 보이고 긍정적인 성과를 내놓는다.

이 세 투자의 거장이 가진 공통점과 차이점을 검토해보면 자신만의 투자 스타일을 만드는 데 도움이 될지 모른다.

템플턴, 린치, 버핏의 유사점

어린 시절부터 이 세 투자의 거장은 모두 사업에 대한 열정적 생각과 강력한 기업가적 면모를 가지고 있다는 것을 보여주었다. 그들 모두 처음에는 돈이 별로 없었지만 재정적 안정을 추구하려는 욕망이 강했다.

템플턴은 4세 때 이미 콩을 재배하여 시골 상점에 가져다가 팔았다. 8세가 되자 비수기 때 폭죽을 사서 미국의 독립기념일인 7월 4일 직전에 원가의 5배를 받고 팔았다. 8학년 때는 고장 난 포드 트럭 두 대를 대당 10달러에 산 뒤 한 트럭의 부품을 다른 트럭에 쓰는 식으로 해서 고쳐가면서 고등학교 시절 내내 타고 다녔다. 대학 입학 전 여름에는 〈굿 하우스키핑Good Housekeeping〉 잡지를 가가호호 팔고 다녔다.

11세 때 아버지가 뇌암으로 비극적으로 세상을 떠나자 린치는 가족을 경제적으로 부양해야 할 책임감을 느꼈다. 그는 골프 캐디 아르바이트를 고등학교와 대학 생활 내내 계속했다.

버핏은 6세 때 쥬시 프루트 껌을 한 통당 2센트의 이윤을 내고 팔았다. 또 할아버지의 식료품점에서 코카콜라 6팩을 25센트에 사서 한 병당 5센트에 팔아서 한 팩당 5센트를 번 것으로 유명하다. 7세가 되자 버핏은 산타클로스에게 《채권 판매기술》이란 책을 선물로 달라고 부탁했다. 11세가 됐을 때는 아버지의 회사 이사회실 슬레이트 위에 가격을 적어놓았고, 태어나 첫 번째 주식을 샀다. 또한 유실된 골프공을 주워 팔아서 돈을 벌었고, 경마 예상표를 냈고, 하루에 최대 500부의 신문을 돌렸고, 핀볼 기계 사업을 했다.

세 사람 모두 직접 경험했거나 가족이나 친척을 통해 간접 경험한 대공황 시대의 영향을 받아서인지 경제적 자립심에 대한 욕구가 강했다. 그들은 대학 등록금을 마련하기 위해 저축하고 투자 수완을 발휘했다. 템플턴은 포커 게임에서 이긴 돈으로 대학 등록금을 일부 충당했다. 린치는 항공 화물 수송 회사인 플라잉 타이거 라인 주식을 거래해서 얻은 돈으로 와튼 대학원 등록금을 냈다. 버핏은 대학 4학년 때 그레이엄의 《현명한 투자자》를 발견하기 전까지 다양한 투자 방법을 실험했다. 그들은 고객에 대한 의무감만큼이나 경쟁이 치열한 산업에서 남들보다 뛰어나기 위해 경쟁적 도전을 즐겼다. 그들의 끈질긴 근면함과 투자 기회를 배우고 발견하고자 하는 끊임없는 열망이 합쳐져 놀라운 성과를 낳았다.

이 세 투자 거장은 눈부신 투자 실적뿐만 아니라 기업가로서의 성실함으로도 눈에 띈다. 할리우드는 월스트리트의 과오와 탐욕을 극적으로 묘사하면서 무명이나 긍정적인 비즈니스 롤모델들이 빛을 잃게 만든다. 이런 롤모델 중 대표적인 인물이 바로 성실함을 바탕으로 경력을 쌓아온 이 세 투자 거장이다. 그들은 "자신들이 심사숙고해서 한 행동에 대한 기사가 다음날 지역 신문 1면에 실렸을 때 그 기사를 배우자, 자녀, 친구들이 읽더라도 당당할 수 있는지 자문해 보라"는 살로몬 직원들에게 했던 버핏의 지시대로 부끄럽지 않은 사람들이다. 그들 모두 투자하면서 실수를 저질렀다. 린치는 "10번 중 6번만 맞아도 정말 거래를 잘하는 것이다"라고 말했다.[2] 하지만 그들의 성실함과 사업적 평판은 정전正傳으로 기록해놓을 가치가 충분하다.

굳이 자신의 패를 남에게 보여주려고 하지 않는 투자업계에서 세 거장 모두 자신의 투자 철학을 다른 투자자들과 기꺼이 공유했다. 그들은 모두 훌륭한 선생님이다. 존 템플턴의 투자에 대한 지혜는《글로벌투자Global Investing: The Templeton Way》등에서 찾아볼 수 있다. 그는 투자에 관해서보다는 영혼의 풍요로움에 대한 책을 여러 권 썼다. 린치는 투자 원칙을 이해하기 쉽게 알려주고, 일반 투자자들이 전문 투자자들에 비해서 갖는 이점을 설명해준 3권의 책을 썼다. 그는 또한 〈워스Worth〉 잡지에 정기적으로 칼럼을 기고했고, 〈배런스〉의 연례 라운드 테이블 인터뷰도 자주 했다. 린치는 자신은 사람들에게 주식을 복권이 아닌 회사를 소유하는 것으로 간주하고, 돈을 신중하게 쓰라고 가르친 사람으로 기억되기를 바란다고 말했다. 린치는 펀드매니저 생활을 접고도 오랫동안 피델리티에서 분석가와 포트폴리오 매니저의 멘토로 활동했다. 템플턴과 린치 모두 루이스 루키저가 진행한 〈월스트리트 위크〉에 자주 출연했으며, 때로는 같은 편에 함께 출연하기도 했다.

버핏은 버크셔 해서웨이 주주들에게 보내는 연례 서한을 통해서 자신의 사업과 투자 원칙을 알려주는 것을 좋아한다.

나 역시 마찬가지 생각이지만 일각에서는 그가 매년 쓰는 50통이 넘는 편지를 주의 깊게 읽어보는 편이 대학원에서 투자를 전공해서 받는 학위보다 더 가치가 있다고 말한다. 편지를 읽을 시간만 투자하면 된다. 2017년 버크셔 연례 주총에서 버핏은 어떤 사람으로 기억되고 싶냐는 질문에 이렇게 답했다.

아주 간단하다. 나는 가르치는 것을 좋아한다. 나는 공식·비공식적으로 그렇게 가르쳐왔고, 당신이 상상할 수 있는 가장 훌륭한 선생님들을 모셨다. 그래서 누군가가 내가 잘 가르친다고 생각한다면 나는 정말 기분이 좋을 것이다.

버핏은 겨우 21살이었을 때 네브래스카 대학 야간 수업 시간에 '투자 원리'를 정식으로 가르쳤다. 템플턴과 린치가 투자 관련 주요 TV 프로그램의 단골손님이었듯 버핏 또한 CNBC에 자주 특별출연하여 비즈니스와 투자에 대한 광범위한 질문에 솔직하게 답했다.

세 사람 모두 자신의 논리와 생각을 뒷받침하는 차원에서 과감한 투자 베팅을 마다하지 않았다. 템플턴은 단 한 차례 돈을 빌렸을 뿐인데, 미국이 제2차 세계대전에 참전하기 전날 미국 증권거래소의 모든 주식에 1만 달러를 투자했을 때다. 템플턴은 증시가 무려 50퍼센트 급락하자 이같은 투자를 결심했다. 그로부터 4년 후 그는 4배의 이익을 내고 팔았다. 템플턴은 투자 규제가 풀리기 전에 일본 주식에 투자했다. 투자자로서 경력에 한 획을 긋는 투자였다. 1971년 외국인 투자 규제가 해제되었을 때 이미 일본 주식은 템플턴펀드에서 상당한 비중을 차지했는데, 1970년대 초가 되자 이 비중은 60퍼센트 이상으로 확대됐다. 이런 비중 확대의 결과는 이미 잘 알려진 그대로다. 파산에 대한 우려로 크라이슬러, 패니 메이, 제너럴 퍼블릭 유틸리티즈에 대한 투자를 금기시하는 분위기가 역력했을 때 린치는 이 주식들에 대한 투자 비중을 확대함으로써 몇 배의 이익을 챙겼다. 버핏은 1962년 아메리칸 익스프레스에 순자산의 40퍼센트를 투자했고, 수년간 버크셔의 주식 40퍼센트 이상을 개인적으로 소유했다. 버핏이 운용자산 규모가 1,000억 달러가 넘는 피델리티의 콘트라펀드를 운용하는 윌 다노프에게 했던 "가장 승산이 있는 곳에 크게 걸어라"는 조언을 상기해보자. 버핏은 이 말에 주저 없이 "당신의 사실과 논리가 옳다면"이라는 조건을 덧붙일지 모른다. 세 사람 모두 투자자로서 소신을 가지고 대담하게 투자하고자 했다.

템플턴, 린치, 버핏에겐 미국 기업에 대해 확고한 낙관론자라는 공통점도 있었다. 그들은 미국의 자본주의, 혁신, 자유시장이 국민의 생활 수준을 높이고, 경제침체를 극복하고, 새로운 부의 창출 기회를 통해 스스로 재건할 수 있게 한다는 믿음을 공유했다. 루이스 루키저가 진행하는 프로그램에 게스트로 출연할 때마다 템플턴은 미국에서 누릴 수 있는 기회에 대해 낙관적이었고, 미국이 이뤄낸 축복할 만한 업적을 고마워했다. 그는 종종 "지금까지 등장한 과학자의 절반이 지금

살아 있고, 지금까지 출간된 모든 책들의 절반이 지난 60년 동안 출판되었으며, 지금까지 찾아낸 모든 과학적 발견의 절반이 금세기에 찾은 것"이라는 일련의 사실들을 강조하면서 프레젠테이션하곤 했다. 그는 항상 사람들이 하느님이 주신 능력을 추구할 수 있게 해준 미국에 대해 감사하고 고마워했다. 그는 "우리는 세계 역사상 가장 영광스러운 시대에 살고 있다는 사실을 인식할 필요가 있다"고 말했다.

린치 역시 미국 자본주의 경제에 대해 흔들리지 않는 낙관주의자였다. 그는 9·11 사태 직후 "미국의 결의와 노력과 혁신의 힘을 믿는다면 장기적인 안목을 갖고 우리의 경제 시스템을 믿어달라. 내겐 분명 그런 확신이 있다"면서 위로와 희망을 전했다.[4]

버핏은 인간의 잠재력을 발휘하는 미국의 시장 기반 시스템을 높게 평가하며 미국 기업의 미래를 꾸준히 낙관하고 있다. 그는 "지난 240년 동안 미국의 실패에 베팅하는 것은 끔찍한 실수였고, 지금도 그럴 때가 아니다"고 말했다.[5]

세 명의 투자 거장은 그들의 시간, 재능, 보물을 아낌없이 베풀었다. 템플턴은 30대부터 수입을 자선단체에 기부해왔는데 말년에 오히려 기부금을 더 늘렸다. 3장에서 언급했듯이 그는 종교 발전을 위해 설립한 템플턴 재단을 통해 수억 달러를 기부했다.

린치와 아내 캐롤린Carolyn은 캐롤린이 2015년 숨지기 전까지 박물관, 가톨릭 자선단체(특히 보스턴 도심에 있는 곳), 의료, 교육 분야에 기부하는 가족 재단을 운영했다.

버핏은 재산의 99퍼센트를 사회에 환원하겠다고 약속했다. 2006년에 그는 자신의 재산 대부분을 꾸준히 빌&멜린다 게이츠 재단에 기부하겠다는 유명한 발표를 했다. 버핏은 2000년부터 매년 자신과의 점심 시간을 경매에 부쳐 낙찰자와 함께 점심을 먹는 행사를 하는데, 낙찰자는 '점심값'을 비영리 재단인 글라이드 재단Glide Foundation에 기부해야 한다. 글라이드 재단은 1929년에 설립된 자선단체로 샌프란시스코에 기반을 두고 있으며, 빈민구호에 힘쓰고 있다. 버핏은 다른 미국의 부자들에게 그들 재산의 절반을 자선단체에 기부하도록 설득해왔다. 그는 자신과 같은 자금운용역이 '가격이 잘못 매겨진mispriced' 유가증권을 찾아내면 그 대가로 수십억 달러를 보상해주면서도 영향력 있는 교사들한테는 달랑 감사 편지만 보내주는 다소 왜곡된 시장제도를 바로잡으려고 애쓰고 있다.

세 명의 투자 거장에게는 다음과 같은 공통점이 있었다.

- 신속하고 단호하게 행동에 나섰다.
- 전적으로 집중하고, 전문적으로 경쟁했다.
- 인내심을 가졌다.
- 가치 지향적인 스타일을 고수하면서 투자 전략을 기꺼이 조정했다.
- 옵션 거래나 공매도를 주전략으로 삼지 않았다.
- 전반적 시장 동향이나 금리를 예측해야 한다는 강박관념에 사로잡히지 않았다.
- 효율적 시장 이론에 대한 학계의 시각을 무시했다.
- 이성적인 기질을 가졌다.

결론
——

세 투자 거장 사이에 다른 점도 있지만 기업에 대한 연구와 가치 평가에 있어서는 그들 모두 열정적이었고, 원칙을 따랐다. 그들은 사실과 논리가 옳다고 확신해야만 큰돈을 걸었다. 그들은 통상 뉴스에 나오는 사건에 대한 과잉 반응이나 수익 창출력에 대한 몰이해로 가격이 잘못 매겨졌을 때를 투자 기회로 삼았다. 그들은 가히 영웅적인 결과를 냈지만, 실수했을 때 이를 재빨리 인정했고, 자신의 재산을 베풀었다. 그들은 거장 투자자일 뿐만 아니라 인생에서도 훌륭한 롤모델이다.

CHAPTER 25

세 투자 거장의 투자 원칙으로 만든 '성장 피라미드'

재능과 경험이 아무리 풍부하더라도 현명한 조종사는 점검표를 확인하지 않는 실수를 범하지 않는다.

– 찰리 멍거

버크셔 해서웨이는 하나의 캔버스이며, 나는 그 위에 원하는 대로 모든 것을 그릴 수 있다. 내가 진정 즐기는 것은 그림을 그리는 과정이지 그림을 파는 일이 아니다.

– 워런 버핏[1]

미술 수업에서는 흔히 학생들에게 명작을 모사해보도록 한다. 학생은 거장 예술가의 뉘앙스를 공부함으로써 거장의 기술을 배우고 자기 것으로 만든다. 나는 루브르 박물관에 갔을 때 모나리자를 놀랄 만큼 똑같이 그리고 있는 예술가를 본 적이 있다. 인상파 화가인 클로드 모네Claude Monet는 외젠 부댕Eugene Boudin 밑에서 수학했는데, 부댕은 모네에게 캐리커처를 그리는 것은 시간 낭비니 대신 바다와 땅을 비추는 빛을 그리는 데 매진하라고 설득했다. 모네는 또한 세련된 도시적 감각의 소유자로 주위의 활기 있는 현실을 예민하게 포착하는 필력에서 타의 추종을 불허하는 인상주의 화가 에두아르 마네Edouard Manet로부터 영향을 받았다. 모네는 특히 일본 에도시대에 활약한 목판화가 가쓰시카 호쿠사이Katsushika Hokusai의 작품 등 일본 미술품 수집에 관심이 많았다. 모네는 호쿠사이로부터 영감을 받아 수련을 그린 것으로 알려졌다. 모네는 이들뿐만 아니라 동시대 예술가인 오귀스트 르누아르Pierre-Auguste Renoir, 카밀 피사로Camille Pissarro, 그리고 알프레드 시슬리Alfred Sisley와 같은 동시대 사람들로부터 영향을 받아 궁극적으로 빛, 색, 분위기를 혼합한 진정한 자신만의 스타일을 발전시켜 인상주의 그림의 거장으로 우뚝 섰다.

한 동료가 내게 "투자의 산은 여러 가지 경로로 오를 수 있다"고 말해준 적이 있다. 템플턴, 린치, 버핏은 멘토로부터 배우면서 등반을 시작했지만 각자 고유한 길을 개척했다. 템플턴은 아버지와 대공황 시대에 겪은 경험을 토대로 기회주의적 바겐 헌터가 되는 법을 배웠다. 그의 어머니는 그에게 지식을 사랑하고 진취적인 근면성을 가지고, 지리적·문화적 다양성을 인정할 수 있게 만들어 주었다. 그는 이렇게 배운 가치들을 완전히 흡수해서 세계에서 가장 매력적인 저평가주를 찾을 수 있는 자기만의 투자 원칙을 창조했다.

린치의 주식 사랑은 골프 캐디 생활 당시 고객들로부터 성공담을 들으면서 생겨났다. 그는 고객 중에서 특히 조지 설리번 피델리티 사장으로부터 많은 영향을 받았다. 린치의 강렬한 호기심, 끈질기게 '조사하고 시험해보려는' 근면성, 그리고 비전통적인 회사들에 대한 유연하고 개방적인 전략이 피델리티 입사 후 만개하면서 그는 남들이 오를 수 없는 정상에 오를 수 있었다.

버핏도 여러 멘토로부터 많은 도움을 받았지만, 자신만의 확실한 투자 경로를 만들었다. 그는 증권 중개인이자 정치인이었던 아버지로부터 무엇보다 성실함과 인성의 중요성을 배웠다. 그레이엄으로부터는 영원히 마음속에 새겨진 채 변하지 않을 투자 원칙을 배웠다. 주식을 회사의 일부 지분으로 간주하고, 주가와 내재가치 사이에 안전마진을 두고, 주식시장은 당신의 주인이 아니라 종이므로 그것의 변동성을 이용하라는 원칙 말이다. 버핏은 피셔로부터는 장기로 보유할 멋진 기업에 투자하기 위해선 '사실 수집'을 해야 한다는 것을 배웠다. 멍거로부터는 투자에 상식이란 필터를 적용해야 하고, 엉터리 경영진을 교체하기 위해 기업에 투자해봤자 무의미하고, 적절한 기업을 좋은 가격에 사는 것보다 훌륭한 기업을 적정 가격에 사는 것이 훨씬 더 쉽고도 보람이 있다는 것을 배웠다.

이 세 투자 거장은 각자 그들의 투자 거장으로부터 배운 것을 활용해서 자신만의 걸작을 만들었다. 그들 사이에서도 다른 점이 있지만 나는 그들의 공통된 모범 투자 사례를 통해서 나만의 투자 방법을 찾아낼 수 있을지 궁금했다.

웨스트 코스트West Coast 투자회사의 최고투자책임자CIO가 해준 "당신도 할 수 있다고 생각한다"는 격려 덕에 나는 25년여 전에 포트폴리오 운용 업무를 시작할 수 있었다. 나는 성장주 뮤추얼 펀드가 동종업계 실적 순위 최하위에 랭크되었을 때 그것을 운용할 매니저로 승진했다. 회사는 이미 그해 리드 포트폴리오 매니저를 세 번이나 교체한 뒤였다. 대학에서 회계학을 전공한 나는 금융학 MBA 과정을 끝마치고, CFA 자격증을 취득한 뒤 몇 년 동안 야간 CFA 강좌에서 강의하고 있었다. 나는 재무와 증권분석가로 총 13년간 근무한 경력이 있었지만 포트폴리오 매니저라는 새로운 책임을 맡을 준비가 안 됐다는 느낌을 받았다.

그러던 중 템플턴, 린치, 버핏의 성공 투자와 개인적 배경, 일하는 습관, 연구 방법, 투자 원칙 등을 소화하고 나서야 비로소 전문적으로 투자할 수 있겠다는 충분한 자신감과 준비가 됐다는 느낌을 받았다. 이 세 대가의 모범 사례는 내가 '성장 피라미드The Pyramid Growth'라고 명명한 나의 투자 과정의 밑바탕이 되었다. 이 '성장 피라미드' 과정을 4년 동안 적용하며 운용했던 뮤추얼 펀드는 모닝스타로부터 최고 평가 등급인 5성 등급을 받았다. 몇 년 후 나는 똑같은 과정을 거치며 포트폴리오 매니저 파트너들로 구성된 소규모 팀과 함께 새로운 뮤추얼 펀드를 공동 운용했는데, 이 펀드 역시 5성 등급을 받았다. 나는 '성장 피라미드' 투자 과정을 시장의 주기가 바뀔 때마다 꾸준히 여러 번 적용해본 결과 투자 위험은 낮추고 투자 성과는 높일 수 있었다. '성장 피라미드'가 투자 거장들의 실제 성공 투자 사례에서 얻은 영속적인 투자 원칙의 토대 위에 세워진 것이라서 효과가 있었다고 생각한다. 다만 어떤 투자 과정도 완전한 성공을 보장하지는 않는다. 하지만 '성장 피라미드'는 양질의 기업과 투자 원칙을 종합한 것으로, 잘만 실행하면 투자 성과를 개선하는 효과를 얻을 수 있을 것이다.

'성장 피라미드'라는 개념은 미국 스포츠 전문 매체인 ESPN이 '세기의 코치Coach of the Century'로 선정한 존 우든John Wooden 전 UCLA 농구 코치가 개발한 '성공 피라미드Pyramid of Success'에서 따왔다. 우든 코치의 '성공 피라미드'는 그가 개인과 팀이 성공하는 데 필요한 자질을 가르칠 때 쓴 교육 도구다. 피라미드의 각 블록은 열정, 근면, 자제력, 자신감, 위대한 경쟁력 등 성공에 필요한 태도나 가치를 나타낸다. 그

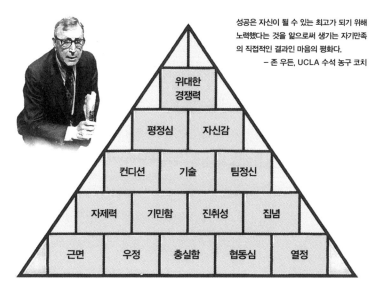

성공은 자신이 될 수 있는 최고가 되기 위해 노력했다는 것을 앎으로써 생기는 자기만족의 직접적인 결과인 마음의 평화다.
– 존 우든, UCLA 수석 농구 코치

위대한 경쟁력

평정심 ／ 자신감

컨디션 ／ 기술 ／ 팀정신

자제력 ／ 기민함 ／ 진취성 ／ 집념

근면 ／ 우정 ／ 충실함 ／ 협동심 ／ 열정

[그림 26] 존 우든이 만든 성공 피라미드의 구성 요소들

는 궁극적으로 성공을 "자신이 될 수 있는 최고가 되기 위해 노력했다는 것을 앎으로써 생기는 자기만족의 직접적인 결과인 마음의 평화"로 정의했다. 우든 코치가 만든 피라미드와 성공에 대한 정의는 내가 고등학교 1학년 시절 그의 책 《그들은 나를 코치라고 부른다They Call Me Coach》를 처음 읽었을 때부터 영감을 주었다. 그 이후로 그것은 나를 이끌어주었다. 나는 우든 코치의 마지막 8년 동안 그와 개인적으로 친분을 유지할 수 있는 영광을 누렸다.

'성장 피라미드'는 잘만 실행할 수 있다면 양질의 고속 성장을 하는 기업이 이뤄낸 성공에 동참해 경제적인 마음의 평화를 누릴 수 있게 해주기 위해 고안되었다.

투자 철학

멍거는 투자에 격자를 형태의 내적 모형을 활용하는 것이 중요하다고 강조한다. 이러한 내적 모형은 정보를 수집하고, 처리하고, 정보에 따라 행동하는 틀이 된다. 이는 강력한 투자 평가 방법을 찾을 수 있게 해주는 종합적인 지침이다. 멍거는 다음과 같이 조언했다.

> 머릿속에 모델이 있어야 한다. 또한 직·간접적인 경험 모두를 내적 모형에 배치해놓아야 한다. 외우려고 애써놓고선 외운 것을 전부 까먹어버리는 학생들을 봤을지 모른다. 그들은 학업과 인생 모두에서 실패한다. 머릿속에 있는 내적 모형 위에 경험을 걸어둬야 한다.[2]

'성장 피라미드'는 다음과 같은 7가지 내적 모형을 기초로 한다.

1. 자본 보존. 투자의 최우선순위는 자본 보존에 있다. 돈을 버는 첫걸음은 돈을 잃지 않는 것이다. 절반의 손실을 낸 투자자는 손익분기점을 맞추기 위해 몇 년이 걸리더라도 수익을 2배로 늘려야 하는 벅찬 과제를 떠안게 된다. 버핏은 "규칙 1: 절대로 돈을 잃지 말라, 규칙 2: 규칙 1을 절대로 잊지 말라"는 유명한 투자의 기본 규칙을 언급했다.

투자는 기업 위험과 가격 위험이라는 두 가지 주요 위험을 관리하는 과정이다. 기업 위험은 기업의 경쟁우위가 잠식되거나 아예 상실돼 자본과 내재가치가 영구적으로 사라지는 위험이다. 최근의 예로는 자체 개발 상품과의 경쟁으로 인한 브랜드 제품의 가격 결정력 상실, 온라인 콘텐츠의 증가로 인한 신문·잡지·케이블 방송의 구독자 수 감소, 이메일의 우편 서비스 대체, 그리고 더 저렴한 창고형 클럽과 아마존과 같은 온라인 소매업체들이 오프라인 소매업체들에 가하는 위협 등을 들 수 있겠다. 기업의 경쟁 구도는 끊임없는 경계심을 요구한다.

가격 위험은 투자자가 매력적인 회사에 과도한 가격을 지불하는 위험을 말한다. 기업의 내재가치를 보수적으로 추정하고, 주가가 내재가치 대비 적당히 하락했을 때 주식을 매입하면 가격 위험을 최소화할 수 있다. 적절한 안전마진을 가지고 주식을 매수하면 전체 포트폴리오는 하방 위험으로부터 보호받을 수 있는 장치를 갖게 된다.

2. 장기적 관점 유지. 단기적으로 주가는 세계 정치 뉴스, 통화 평가 절하, 중앙은행의 통화정책 조정, 소문, 셀사이드 분석가 추천의 변화, 환매 압박을 겪는 뮤추얼 펀드에 의한 강제 청산, 모멘텀에 따른 투기적 거래, 숏커버링short covering(주식시장에서 빌려서 팔았던 주식을 되갚기 위해 다시 사는 환매수-옮긴이), 옵션 만기, 분기말 윈도드레싱window dressing(기관투자가들이 결산기에 투자 수익률을 높이기 위해 주식을 집중적으로 사고파는 행위-옮긴이), 컴퓨터 대량 거래에 따라 움직일 수 있다. 이러한 요소들은 기업의 내재가치와 사실상 관련이 없을 수 있지만, 시장가치와 내재가치의 일시적 차이를 이용할 수 있는 기회를 줄 수 있다.

18장에서 나온 말을 재차 인용하자면, 멍거는 자신과 버핏이 그런 기회를 다음과 같이 이용했다고 말했다.

우리는 양질의 기업에 투자해 돈을 벌었다. (중략) 장기적으로 봤을 때 주식 투자를 통해 그것을 발행하는 기업보다 훨씬 더 나은 수익을 기대하기는 어렵다. ROIC가 40년 동안 6퍼센트인 기업의 주식을 사서 40년 동안 유지한다면 처음에 주식을 대폭 할인된 가격에 매입했더라도 투자 수익은 6퍼센트에서 크게 벗어나지 않을 것이다. 반대로 ROIC가 20년이나 30년 동안 18

퍼센트인 기업의 주식을 사서 20년이나 30년 동안 유지한다면 처음에 주식을 비싸게 산 것 같더라도 결과적으로 좋은 결과를 낼 수 있다.[3]

장기적으로는 주가는 기업의 수익과 현금흐름과 밀접한 상관관계가 있다. 예를 들어, 2018년 6월까지 25년 동안 존슨앤드존슨의 수익은 연평균 10.4퍼센트 성장했는데, 주가도 연평균 10.4퍼센트씩 올랐다 (아래 차트 참조).

이렇듯 기업의 장기 수익 전망에 집중하라. 템플턴의 주식 선정 방식의 핵심은 향후 5년 동안의 수익 전망치에 비해 주가가 상대적으로 가장 낮은 주식을 골라 투자하는 것이었다. 버핏은 5년의 기간별로 나

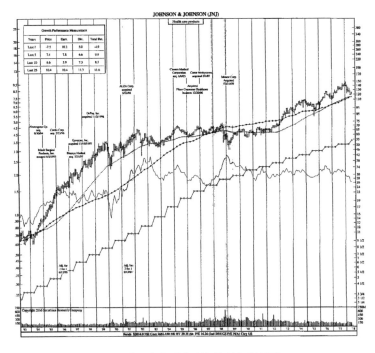

[그림 27] 존슨앤드존슨의 주가(1993~2018년)

뉘어 평가받는 걸 선호하며, 10년 안에 기업이 올릴 수익에 대해 잘 알 수 있으면 좋겠다고 말했다. 린치는 2~3년 뒤에 주가가 오를지 내릴지를 알아보려면 차라리 동전을 던져보는 편이 나을지 모르지만, 20년에 걸쳐 어떻게 될지는 비교적 예측이 가능하다고 말했다. 5년 후 수익을 100퍼센트 예측할 수는 없지만, 기업의 경쟁우위의 지속성과 사업의 예측성 등 적절한 변수에 초점을 맞춰 수익에 기반한 분석을 하는 건 가능하다는 것이다.

3. 우량주 보유. 사람마다 우량주의 의미가 다를 수 있다. 혹자는 무엇이 우량주인지는 직접 보면 알 수 있다고 말한다. 예술에서는 렘브란트와 모네의 작품이, 보석에서는 티파니와 까르띠에 제품이, 시계에서는 롤렉스가, 자동차에서는 롤스로이스가 우량주인 셈이다. 이런 제품과 브랜드는 지속적 가치를 지니는 독보적인 시장 우위를 달성했다. 당신이 투자하는 기업에서도 이처럼 양호한 특성이 있는지 찾아봐야 한다. 우량기업은 경쟁사가 모방하기 힘든 지속 가능한 경쟁우위를 가진 기업이다. 앞에서도 설명했듯이, 버핏은 이러한 진입 장벽을 회사의 '경제적 해자'라고 부른다. 경쟁우위는 특허 보호(제약·바이오 의약품), 고객 호감도가 높은 신뢰 받는 브랜드(디즈니), 규제 라이선스(무디스), 높은 이전 비용(은행), 비용 우위(코스트코), 규모와·크기의 우위(아마존), 네트워크 효과(페이스북) 등을 말한다. 경쟁우위를 확보하고 그것을 유지할 수 있는 기업은 일반적으로 자본 비용보다 ROIC가 훨씬 더 높고, 막대한 현금흐름과 주주 가치를 창출한다.

이상적인 우량기업은 지속적인 경쟁우위, 높은 ROIC, 부채가 사실상 없는 상태에서의 잉여현금흐름, 주주 중시 성향이 강하며 더할 나위 없이 성실한 경영진, 그리고 자사 제품이나 서비스에 대한 '재구매율' 예측 능력을 갖고 있어야 한다.

실제 창출한 현금보다 더 많아 보이게 회계 조작이 가능한 실적 보고를 믿어서는 안 된다. 2001년 4월 나는 휴스턴 본사에서 엔론 경영진을 만나본 후 어떻게 해서 그 회사가 수년간 흑자를 내왔다고 발표해놓고도 5년 동안 누적된 잉여현금흐름을 마이너스 상태로 만들어 세금을 거의 내지 않을 수 있었는지 알게 됐다. 엔론은 시가총액이 700억 달러나 되는 인기 있는 에너지 서비스 회사였다. 그런데 이런 일이 벌어진 적절한 이유를 듣지 못한 나는 엔론에서 손을 뗐기에 8개월 뒤 회사가 파산 신청을 했어도 다행히 손실을 피할 수 있었다.

4. 기업의 오너처럼 주식을 생각하기. 주식 소유를 가로막는 장벽은 낮지만, 기업과 기업의 경쟁우위와 위험과 가치를 이해하지 못하게 가로막는 장벽은 높다. 누구나 적절한 투자금을 갖고서 몇 번의 온라인 클릭만 하면 단 몇 초 만에 주식을 살 수 있다. 그러나 단타족이 아닌 장기 투자자가 되기 위해서는 회사와 그 회사에 투자하고자 하는 이유를 알고 투자해야 한다. 이렇게 어렵게 얻어야 하는 지식이 없다면 정보가 없는 상태에서 군중심리에 휩싸여 팔고 싶은 마음이 드는 유혹을 참아낼 수 없다. 이런 유혹은 투자하면서 필연적으로 만나는 '역풍'이다. 잘못된 정보로 인해 공포에 질려서 하는 매도는 좋지 않은 결과를 낳는다.

장기 투자자는 기업의 내재가치와 주가의 거래 가격 차이를 이해해야 한다. 주가가 1년 동안 고점과 저점 사이에서 50퍼센트씩 널뛰기하는 것은 드문 일이 아니다. 이처럼 상대적으로 안정적인 내재가치와 변동성이 큰 주가 사이에 괴리가 생긴다면 이를 수익 창출의 기회로 간주해야 한다. 주식 투자를 경영진과 파트너십을 맺는 것으로 간주하고, 경영진이 그에 따라 소통하고 행동해줄 것으로 기대하라. 당신이 정기적으로 주가를 모니터링할 수도 있더라도 투자 논리가 합당한지 확인하기 위해선 기업의 펀더멘털에 초점을 맞출 필요가 있다.

5. 옥석을 가려 집중투자하기. 내재가치 대비 매력적이라고 할 만큼 할인된 가격에 매입한 일류기업에 투자하면 위험은 낮추면서 높은 투자 수익을 창출할 수 있다. 진정 멋진 보석 같은 기업의 주가는 할인돼 거래되는 법이 드물지만 만일 그런 기업을 발견했을 경우 즉시 투자하라. 베이브 루스가 다른 모든 선발 선수들과 벤치에 앉아있던 선수들이 타석에 들어선 다음에야 타석에서 칠 기회를 갖는다면 그가 양키스 경기에 미칠 영향이 얼마나 되겠는가? 아마 거의 없을 것이다. 최고의 기업에 투자를 집중한다면 포트폴리오에서 자리만 차지하는 한계기업marginal company(재무구조가 부실해 어려움을 겪는 기업-옮긴이)을 추종하며 시간을 낭비하지 않아도 될 것이다.

6. 거래 회전율을 낮추기. 거래 회전율turnover을 낮추면 미스터 마켓이 스트라이크 존 한가운데에 공을 던질 때까지 충분히 인내심을 가지고 까다롭게 고르면서 투자할 기회를 노릴 수 있다. 이는 종종 최소 100가지 주식을 가지고 회전율이 100퍼센트나 되는 일반 뮤추얼 펀드 포트폴리오가 쓰는 것과 대비되는 전략이다. '매수 후 보유buy and hold' 전략을 쓰면 우수한 성장기업이 주는 복합적 혜택을 누리면서 자본 확충에 걸림돌이 되는 수수료와 세금을 최소화할 수 있는 장점이 있다. 〈포브스〉 선정 400대 부자 중 대다수는 다년간 뛰어난 기업에 투자함으로써 이 명단에 이름을 올릴 수 있었다.

7. 융통성을 발휘하기. 기업의 규모에 상관없이 올스타 경영진이 이끄는 최고의 기업들의 주가가 매력적인 가격으로 떨어졌을 때 투자하

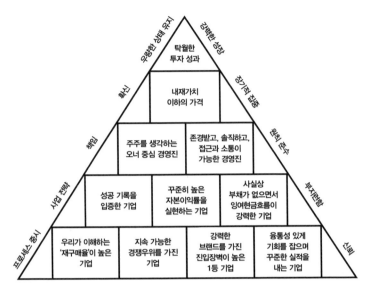

[그림 28] 투자 거장들의 성공 투자에서 얻은 투자 원칙들로 구성된 '성장 피라미드'

는 유연성을 발휘하라. 많은 전문 자금운용역은 대형 성장주가 지나치게 고평가되어 있더라도 의무적으로 그런 주식을 일정 수준 편입해놓고 있어야 한다는 정해진 규정을 따를 수밖에 없다. 하지만 당신은 규모나 범주와 상관없이 최고의 회사 주식을 최고의 가치로 사서 포트폴리오를 운용하라.

멍거는 "재능과 경험이 아무리 풍부하더라도 현명한 조종사는 점검표를 확인하지 않는 실수를 범하지 않는다"고 말했다. '성장 피라미드'는 명확하게 정의되고, 증명되고, 시대를 초월한 투자원칙에 기반한 투자 과정이자 점검표이다. 자본이익률은 높지만, 되도록 부채가 적거나 없는 잉여현금흐름을 통해 지속 가능한 경쟁우위를 확보한 일류 기업 주식을 내재가치보다 할인된 가격에 사서 포트폴리오를 구축하기 위해선 이것이 필요하다.

오늘날과 같은 구글 검색 사회에선 데이터 접근성이 편리해진 대신 정보 과부하란 문제를 겪어야 한다. 이제 정보에 접근하는 게 힘들기보다는 정보를 시기적절한 통찰과 부를 쌓아주는 실행 가능한 지식으로 변환하는 것이 과제가 됐다. 투자 후보들은 기업 임원들과 그들이 존경하는 경쟁사, 고객, 납품업자와 유통업자에 대해 나누는 논의를 포함하여 다양한 출처에서 나올 수 있다. 투자 아이디어 또한 경제지, 투자 저널, 업계 동료, 그리고 〈밸류 라인〉처럼 데이터가 풍부한 자료를 읽으면서 얻을 수 있다.

일단 투자에 적합한 후보가 정해지면 '성장 피라미드'를 통해 걸러라. '성장 피라미드'의 기준은 가장 간단한 형태로 기업의 질과 지속 가능성, 위험, 경영진의 우수성, 기업의 내재가치 대비 주가가 매력적인지 등을 평가해준다.

우량기업

투자 후보에 오른 기업이 우량기업이고 지속 가능한 경쟁우위를 가지고 있는지 판단해야 한다.

• 잘 알고 있는 기업이어야 한다

가급적 고객의 재구매율이 높은 기업이 좋다. 스트라이크 존에 들어오는 공에만 스윙해야 하는 식이다. 재구매율이 높은 기업은 반복 거래를 통해 매출이 꾸준히 유지된다. 반복 거래는 수익의 예측 가능성을 높여주고, 더욱 정확한 내재가치 추정을 가능하게 해준다. 이처럼 매출이 꾸준히 유지되는 기업은 경제 상황이 악화되더라도 꾸준한 성과를 내는 일명 '전천후'

기업이다. 경쟁이 제한적이고, 자본지출 요구는 적으나 잉여현금흐름을 창출하고, 가격 결정력을 갖춘 이상적인 기업을 찾아라. 비자와 마스터카드가 좋은 사례다. 두 회사는 결제 금액에 따라 고객이 내는 수수료로 수익을 창출한다. 고객이 신용카드나 직불카드로 결제할 때마다 이득을 본다. 거래액이 많을수록 추가 비용을 부담하지 않고도 더 높은 수수료를 챙길 수 있다. S&P와 무디스도 좋은 사례다. 양사의 신용평가 시장 점유율은 80퍼센트가 넘으며 양사가 이 시장을 양분하고 있다. 하지만 S&P와 무디스가 각자 신용등급을 매기므로, 사실은 각각 시장의 80퍼센트 이상씩 점유하고 있다고 봐도 무방하다. 국가나 기업이나 채권을 발행해 자금을 조달할 경우 조달 비용을 낮추고 순조로운 채권 발행을 위해 좋은 신용평가 등급을 받는 게 필수적이다. 현재 기업의 회사채 발행 규모는 GDP의 약 40퍼센트를 차지하는데, 경제 규모가 커짐에 따라 회사채 발행 규모도 덩달아 늘어나므로 신용등급 평가를 받아야 할 필요성도 커진다. S&P와 무디스 입장에서는 이런 신용등급 평가가 일종의 '재구매' 상품이 되는 셈이다.

• 지속 가능한 경쟁우위를 확보해놓고 있어야 한다

경쟁우위가 오래 지속될수록 기업의 투자 가치도 그만큼 오래 지속된다. 그러면 특허 보호, 신뢰받는 브랜드, 규제 라이선스, 높은 이전 비용, 비용상의 이점, 규모와 크기의 이점, 네트워크 효과 등이 경쟁우위의 좋은 예가 될 수 있다. 신규 진입기업이 가하는 위협이 낮고, 대체할 기업이 가하는 위협은 거의 없고, 고객과 납품업체를 상대할 때 강력한 협상력을 발휘하고, 경쟁사와의 경쟁 구도를 최소화할 수 있어도 경쟁우위가 생긴다. 비자와 마스터카드는 전 세계 어디서나 쉽게 이용할 수 있고, 빠르고 안전하게 거래를 처리해줄 수 있으며, 안전하고 편리한 결제 수단 역할을 해줌으로써 강력하고 신뢰받는 브랜드로서 입지를 다지고 있다. 양사는 결제 처리 능력 면에서 규모상의 우위를 십분 활용해서 결제 수수료 마진이 90퍼센트 가까이에 이른다.

- **강력한 브랜드를 무기로 높은 진입 장벽을 세워둬야 한다**

신뢰받는 브랜드는 기업의 가장 가치 있는 자산이 되고, 높은 고객 충성도를 창출할 수 있다. 고객 충성도는 신규 고객을 유치하는 데 드는 비용보다 더 수익성이 높은 재구매를 발생시킨다. 유사 대체품이 없는 특별한 제품과 서비스를 제공하는 기업을 선호하라.

- **기회가 무한한 기업이어야 한다**

시장의 동향을 이용하라. 필요하거나 원하는 제품에 대한 수요가 순풍 작용을 해줌으로써 열리는 무한한 시장의 기회로부터 수혜를 입을 수 있는 기업에 집중하라. 마스터카드와 비자가 각각 2006년과 2008년 상장했을 때 그들은 주요 경쟁자로 '현금'을 꼽았다. 현금과 수표가 전 세계 거래의 85퍼센트를 차지한다는 게 이유였다. 그들은 지금도 여전히 전 세계 거래의 85퍼센트가 현금과 수표로 이루어지고 있다고 말한다. 전자상거래가 오프라인 소매점으로부터 시장 점유율을 빼앗아가면서, 디지털 결제는 양사 같은 결제 처리 기업들에게 더 많은 성장 기회를 제공해준다.

- **성공 기록이 검증되어야 한다**

경제 위기와 경쟁사의 위협이라는 테스트를 통과한, 성과가 검증된 기업을 찾아라. 과거에 올린 훌륭한 기록이 반드시 미래의 성과를 보장해주지는 않지만 공허한 약속보다는 낫다. 버핏은 경영진의 과거 기록이 그들의 역량을 평가하는 최고의 지침이라고 말했다.

"기록이 중요하다. 인간의 자질이 중요하다."[4]

"역량에 대해 우리가 내릴 수 있는 최고의 판단은 다른 사람들이 가졌던 생각이 아니라 단순한 기록이다. (중략) 내가 트리플A에서 활약하고 있는 선수를 메이저리그로 데려와야 한다면 트리플A에서 최고의 타자로 활약한 선수를 데려오고 싶다. 즉, 나는 메이저리그에 올라가서 쓰려고 실력을 아껴두고 있다고 말하며 타율이 2할 2푼에 불과한 타자를 원하지 않는다."[5]

• 높은 ROIC를 유지해야 한다

다른 모든 조건이 똑같을 때 가장 가치 있는 기업은 더 적은 자산으로 더 많은 현금흐름과 수익을 창출하는 기업이다. 부채나 자본의 형태로 100달러를 투자해서 25달러의 현금 수익을 창출하는 회사는 100달러를 투자해서 10달러의 현금 수익만을 창출하는 회사보다 더 가치가 높다. 자본 비용보다 실질적으로 더 높은 ROIC를 창출하는 게 주주 가치 창출의 주요 동력이다. 높은 ROIC는 기업의 생산성을 나타내는 최고의 지표이자 경쟁우위가 있다는 것을 보여주는 증거이다.

• 잉여현금흐름이 풍부해야 한다

부채가 거의 내지 전혀 없어야 한다. 영업활동 현금흐름에서 기계장치 투자나 공장시설 등의 투자금액을 뺀 잉여현금흐름을 창출하는 기업은 자금 조달에 문제가 없는 기업이다. 잉여현금흐름은 배당금 지급, 자사주 매입, 채무 상환, 인수 등의 목적에 사용할 수 있다. 버핏은 버크셔가 특히 어려운 경제 상황에서 대출과 주식 발행을 통한 자금조달이 힘들어질 때 회사에 자금을 수혈하기 위해 "낯선 사람들의 호의에 의존하지 않는다"고 말했다. 부채가 없는 기업은 도산할 가능성이 낮다.

우수한 경영진

· 주주를 생각하는 오너 중심 경영진

보상 체계와 실제 행동을 통해 자신의 이익과 주주들의 이익을 일치시킴으로써, 주주들을 정당한 파트너로 대우한다는 것을 보여주는 경영진을 찾아라. 경영진이 신뢰할 수 있고, 열정적이며, 집중력이 있고, 활력이 넘치고, 비용을 의식하고, 회사를 사랑하는지 판단하라. 내 친구이자 전 파트너는 딸이 CEO와 결혼해도 자신이 행복할지 자문해 보는 식으로 경영진을 평가했다. 회사 주가가 내재가치 아래로 떨어졌을 때마다 자사주 매입에 나서는 경영진이면 좋을 것이다. 이런 자사주 매입은 나머지 주주들에게도 이롭다. 미래의 수익이 더 줄어든 수의 주식으로 분산되어 주당 가치를 높여주는 효과를 내기 때문이다. 버핏은 이렇게 말했다.

버크셔 투자조합에서 우리는 증자에만 혈안이 되어 있는 회사에 투자한 적이 없다. 그런 식의 행동은 승진에 목을 맨 경영진, 부실한 회계, 고평가된 주식, 그리고 무엇보다 완전한 부정직함을 나타내는 가장 확실한 지표 중 하나이다.[6]

버핏이 오만, 관료주의, 안일함을 각각 뜻하는 영어 단어들인 Arrogance, Bureaucracy, Complacency의 첫 글자를 따서 만든 '기업을 부패하게 만드는 ABC'에 빠진 경영진을 주의해야 한다.[7]

· 존경받고, 솔직하고, 접근과 소통이 가능한 경영진

그간 쌓아온 업적과 성실함에 대해서 특히 동료들로부터 인정받는 경영진을 찾아라. 또한 주주들과 솔직하고 투명하게 소통하는 경영진을 찾아라.

가격 vs. 가치

—

마지막으로 성장 피라미드에는 주가가 내재가치에 비해 싸게 팔리는지를 판별하는 테스트가 들어 있다.

- **내재가치 이하 가격**

    버핏은 "다른 사람이 두려워할 때는 욕심을 부리고, 다른 사람이 욕심을 부릴 때 두려워하라"고 말했다. 기업의 내재가치와 주가 사이에 불가피하게 생긴 괴리로부터 이익을 얻을 수 있는 기회를 찾아라. 내재가치는 미래의 불확실성이 가하는 위험과 (투자하느라) 소비를 미룸으로써 보상받고자 하는 투자자의 욕구를 반영해 할인한 미래 현금흐름의 현재 가치다. 채권의 내재가치는 미래의 현금흐름이 쿠폰 금리(채권에서 지급하기로 약정된 금리—옮긴이)에 따라 결정되기 때문에 계산하기 쉽다. 주식 투자자들은 주식의 미래 '수익률'을 추정해봐야 한다. 내재가치는 할인된 현금흐름, 잉여현금흐름 수익률, 현금수지 대비 기업 가치(부채와 자본), PER, 금융회사의 경우 장부가치 대비 가격 등을 이용하여 추정할 수 있다. 장기적으로 내재가치는 기업이 창출하는 현금흐름의 동향과 밀접하게 연동된다. 일시적이고, 반전 가능하고, 구조적이지 않은 요인으로 인한 거시 경제에 대한 우려나 개별 기업 이슈로 촉발된 단기 변동성은 과도한 매도 압력에 시달리는 기업의 주식을 사서 이익을 거둘 수 있는 기회를 준다.

매도 시점

—

주식은 무기한 보유하겠다고 작정하고 매수해야 한다. 그러나 변화는 불가피하며, 기업의 펀더멘털이나 주가의 변화로 포트폴리오를 변경할 수밖에 없을 수 있다. 주식 매도를 고려해야 하는 이유는 총 다섯 가지이다.

- **주가가 터무니없이 고평가됐다**

  내재가치에 비해 주가가 지나치게 비싸면 주식을 매도하라. 미래 수익을 반영한 '포워드 PER'가 지나치게 높거나 밸류에이션이 과거 범위를 훨씬 상회한다면 매도하라. 예를 들어, 주가가 10~20퍼센트 정도로 다소 고평가되어 있고, 가까운 미래에 고평가 문제가 해소되리라 확신한다면 주식을 계속 보유하라. 뛰어난 기업의 주식은 저평가되어 거래되는 법이 드물다. 나중에 더 쌀 때 다시 살 수 있으리라고 기대하고 적당히 고평가된 모범적인 회사를 팔고 싶은 유혹에서 벗어나야 한다. 그런 기회를 얻지 못하는 경우가 다반사다. 또한 투자자가 포기한 이익으로 인해 치러야 할 비용도 상당하다.

- **펀더멘털과 경쟁우위가 약화됐다**

  자본수익률과 영업이익률이 높은 기업은 경쟁을 부른다. 경쟁을 막는 장벽이 무너지고 투자한 회사에 대한 원래 기대가 더 이상 유효하지 않다면 매도하라. 침몰하는 배 같은 기업의 주식을 붙잡고 있는 걸 합리화하는 덫에 빠져서는 절대 안 된다.

- **더 높은 수익률을 올릴 수 있다는 확신을 주는 더 나은 주식을 찾았다**

  포트폴리오에 편입할 만한 새로운 투자 후보를 끊임없이 평가하라. 투자했던 주식이 영원히 살아날 기미가 보이지 않거나 가격이 너무 비싸졌다면 대체할 다른 대상을 찾아라.

- **핵심 경영진이 회사를 떠났다**

버핏과 린치는 자신들은 바보조차 경영할 수 있을 정도로 훌륭한 기업의 주식에 투자하려 한다고 말했다. 언젠가 그렇게 바보가 경영하는 일이 일어날 수도 있기 때문이다. 하지만 실제로는 경영진이 정말로 중요하다. 빈사 상태에 빠졌던 기업이 경영진 교체로 부활하는 사례가 있다. 반대로 부실하거나 오판하거나 탐욕스러운 경영진 탓에 큰 피해를 본 기업도 있다. 핵심 경영진이 퇴사할 경우 새로운 경영진을 재평가해서 그들과 보상 구조와 소통 방식과 전략을 여전히 좋아하고 신뢰하며 존경할 수 있을지 확인하라.

- **실수를 인지했다**

성장 피라미드를 적용해서 기업의 경쟁우위, 경영진의 역량, 내재가치 추정치의 지속 가능성을 평가해 보려고 최선의 노력을 기울였어도 가끔 실수할수가 있다. 가령 어떤 주식을 샀는데 기대에 미치지 못하는 바람에 손실을 제한하기 위해 매도하게 되는 경우 말이다. 매수 자격이 충분한 주식을 사지 않는 바람에 결과적으로 막대한 부를 창출할 수 있는 기회를 놓치는 실수도 최소화하라.

요약

———

성장 피라미드는 성공한 투자 대가들의 모범적 투자 사례와 시대를 초월한 사업 및 투자 원칙을 기반으로 만든 것이므로 좋은 투자 성과를 내는 데 도움을 줄 수 있는 강력한 도구다. 이것은 원칙, 올바른 판단력, 끊임없는 호기심, 그리고 인내심이 필요한 도구다. 잘만 실행하면 당신이 템플턴, 린치, 버핏에게 투자 세계에 뛰어들고 싶게 동기를 불어넣어 준 재정적 독립을 이루는 데 도움을 받을 수 있다. 세 투자 대가는 투자의 산 정상에 오를 수 있는 독자적인 길을 개척해주었다. 그들의 모범 사례를 잘만 따라서 한다면 당신도 정상에 오를 수 있다.

즐거운 여행이 되기를 바란다!

참고문헌

• Berryessa, Norman and Eric Kirzner. Global Investing: The Templeton Way. Homewood: Dow Jones-Irwin, 1988.
• Carrett, Philip L. A Money Mind at Ninety. Burlington, Vermont: Fraser Publishing Company, 1991.
• Ellis, Charles D. and James R. Vertin. Classics an Investor's Anthology. Homewood: Dow Jones-Irwin, 1989.
• Graham, Benjamin. The Intelligent Investor: The Definitive Book on Value Investing. New York: Harper & Row, Fifth Revised Edition, 1973.
• Greising, David. I'd Like the World to Buy a Coke: The Life and Leadership of Roberto Goizueta. New York: John Wiley & Sons, Inc., 1997.
• Kilpatrick, Andrew. Of Permanent Value: The Story of Warren Buffett. Birmingham: AKPE, 1998.
• Lowenstein, Roger. Buffett: The Making of an American Capitalist. New York: Random House, 1995.
• Lynch, Peter and John Rothchild. Beating the Street. New York:

Simon & Schuster, 1994.

- Lynch, Peter and John Rothchild. One Up on Wall Street: How to Use What You Already Know to Make Money in the Market. New York: Penguin Books, 1990.

- Morgenson, Gretchen. Forbes Great Minds of Business. New York: John Wiley & Sons, Inc., 1997.

- Munger, Charles T. Poor Charlie's Almanack: The Wit and Wisdom of Charles T. Munger. Virginia Beach, VA: PCA Publications, L.L.C., 2005.

- Proctor, William. The Templeton Touch. Garden City: Doubleday & Company, Inc., 1983.

- Schroeder, Alice. The Snowball: Warren Buffett and the Business of Life. New York: Bantam Books, 2008.

- Smith, Adam. Supermoney. New York: Random House, 1972.

- Tanous, Peter J. Investment Gurus: A Road Map to Wealth from the World's Best Money Managers. Englewood Cliffs: Prentice-Hall, 1997.

- Templeton, John Marks. Discovering the Laws of Life. New York: The Continuum Publishing Company, 1994.

- Templeton, Lauren C. and Scott Phillips. Investing the Templeton Way: The Market-Beating Strategies of Value Investing's Legendary Bargain Hunter. New York: McGraw Hill, 2008.

- Templeton, Sir John. Golden Nuggets from Sir John Templeton. Philadelphia and London: Templeton Foundation Press, 1997.

- Train, John. The Midas Touch: The Strategies That Have Made Warren Buffett the World's Most Successful Investor. New York: Harper & Row, 1987.

- Train, John. The Money Masters. New York: Harper & Row, Publishers, Inc., 1980.

- Sokol, David L. Pleased but not Satisfied. Sokol, 2007.

주석

들어가는 말
1 2006 Berkshire Hathaway Annual Meeting.
2 1982 Berkshire Hathaway Annual Report.

1부 존 템플턴의 레슨

Chapter 01
1 John Templeton, Discovering the Laws of Life (Continuum, 1994), 4.
2 Wall Street Week with Louis Rukeyser, November 27, 1992.
3 The Chartered Financial Analyst (CFA) charter is an investment credential awarded by the CFA Institute, the largest global association of investment professionals, to candidates that pass three sequential six-hour exams, have at least four years of qualified professional investment experience, join the CFA Institute, and adhere to the CFA Institute Code of Ethics and Standards of Professional Conduct.
4 William Proctor, The Templeton Touch (Doubleday & Company, Inc., 1983), 17.
5 Bloomberg Business News, "Templeton, 83, Heavily Weighted in Religion," Investor's Business Daily, August 30, 1996.
6 Proctor, Templeton Touch, 28.
7 Charley Ellis, "Living Legends," CFA Magazine; inaugural issue 2003

January/February; interview with John Templeton, 20.

8 The Money Men," Forbes, July 1, 1994; 24.

9 Lauren C. Templeton and Scott Phillips, Investing the Templeton Way (McGraw Hill, 2008), Foreword by John M. Templeton, x.

10 Proctor, Templeton Touch, 47.

11 Sir John Templeton, Golden Nuggets, (Templeton Foundation Press, 1987), 58, 62.

Chapter 02

1 Norman Berryessa and Eric Kirzner, Global Investing: The Templeton Way (Dow Jones-Irwin 1988), 164, © McGraw-Hill Education.

2 The Dow Jones Industrial Average didn't calculate total return, including dividends, until September 1987. The MSCI index didn't begin until 1988.

3 Jonathan Clements, "Templeton Sets Sale of Funds to Franklin," The Wall Street Journal, August 3, 1992, C19.

4 Jonathan Clements, "Templeton Sets Sale of Funds to Franklin," The Wall Street Journal, August 3, 1992, C19.

5 Wikipedia, "John Templeton," https://en.wikipedia.org/wiki/John_Templeton.

Chapter 03

1 Proctor, Templeton Touch, 97.

2 Proctor, Templeton Touch, 64.

3 Lawrence Minard, "The Principle of Maximum Pessimism," Forbes, January 16, 1995; 68.

4 Stepane Fitch, "Sir Real," Forbes, May 28, 2001; 136.

5 Outstanding Investor Digest, February 14, 1992.

6 Proctor, Templeton Touch, 72.

7 Proctor, Templeton Touch, 79.

8 Berryessa and Kirzner, Global Investing, 123, © McGraw-Hill Education.

9 Wall Street Week with Louis Rukeyser, November 16, 1990.

10 Proctor, Templeton Touch, 81.

11 Wall Street Week with Louis Rukeyser, December 8, 1978.

12 Wall Street Week with Louis Rukeyser, October 23, 1987.

13 Outstanding Investor Digest, February 14, 1992.

14 "Sir John Templeton......n investing in a World in Radical Change," Bottom Line/Personal Franklin/Templeton Distributors, September 15, 1993.

15 Proctor, Templeton Touch, 98.

16 Proctor, Templeton Touch, 85.

17 Proctor, Templeton Touch, 91.

18 Wall Street Week with Louis Rukeyser, August 14, 1987.

19 Proctor, Templeton Touch, 94.

20 Wall Street Week with Louis Rukeyser, October 23, 1987.

21 Wall Street Week with Louis Rukeyser, April 8, 1994.

22 The Independent Institute, "Dinner to Honor Sir John Marks Templeton," http://www.independent.org/events/transcript.asp?id=51

23 Proctor, Templeton Touch, 111.

24 Proctor, Templeton Touch, 110.

25 Tim W. Ferguson, "Long View Sees Global Gain, No Surge in Wall Street Graft," The Wall Street Journal, September 24, 1991.

26 Proctor, Templeton Touch, 114

27 Sam Zuckerman, "Templeton Sees Opportunities in Global Chaos," San Francisco Chronicle, October 2, 1998.

28 Proctor, Templeton Touch, 110.

29 AIMR (now CFA Society) newsletter on John Templeton's acceptance speech for receiving the first AIMR Award for Professional Excellence, May 21, 1991.

30 Dean Rothart, "Pioneer in World-Wide Investing Still Believes Emerging Markets Offer Best Opportunities," The Wall Street Journal, March 25, 1985.

31 Charles Ellis with James Vertin, Classics: An Investor's Anthology (1989) 745-747.

32 Adam Levy, "When John Templeton Speaks, Investors Listen," Bloomberg, June 16, 1993.

33 Tim W. Ferguson, "Long View Sees Global Gain, No Surge in Wall Street Graft," The Wall Street Journal, September 24, 1991.

34 Wall Street Week with Louis Rukeyser, March 30, 1990.

35 Wall Street Week with Louis Rukeyser, November 27, 1992.

36 Outstanding Investor Digest, February 14, 1992, excerpted from the Templeton Funds annual meeting.

Chapter 04

1 Berryessa and Kirzner, Global Investing, 142, © McGraw-Hill Education.

2 Berryessa and Kirzner, Global Investing, 123, © McGraw-Hill Education.

3 Berryessa and Kirzner, Global Investing, 125, © McGraw-Hill Education.

4 Wall Street Week with Louis Rukeyeser May 22, 1981.

5 Berryessa and Kirzner, Global Investing, 49, © McGraw-Hill Education.

6 Berryessa and Kirzner, Global Investing, 124, 126, © McGraw-Hill Education.

7 Berryessa and Kirzner, Global Investing, 124, © McGraw-Hill Education.

8 John Train, The Money Masters (Harper & Row 1980), 172.

9 Berryessa and Kirzner, Global Investing, 191, © McGraw-Hill Education.
10 Berryessa and Kirzner, Global Investing, 125, © McGraw-Hill Education.
11 Wall Street Week with Louis Rukeyser, December 8, 1978.
12 Train, Money Masters, 172.
13 Wall Street Week with Louis Rukeyser, November 16, 1990.
14 Berryessa and Kirzner, Global Investing, 47, © McGraw-Hill Education.
15 Wall Street Week with Louis Rukeyser, May 22, 1981.
16 Wall Street Week with Louis Rukeyser, December 8, 1978.
17 Wall Street Week with Louis Rukeyser, November 27, 1992.
18 Berryessa and Kirzner, Global Investing, 137, © McGraw-Hill Education.
19 Wall Street Week with Louis Rukeyser, January 11, 1980.
20 Wall Street Week with Louis Rukeyser, May 22, 1981.
21 Berryessa and Kirzner, Global Investing, 137, © McGraw-Hill Education.
22 Outstanding Investors Digest, February 14, 1992.
23 Wall Street Week with Louis Rukeyser, November 16, 1990.
24 Wall Street Week with Louis Rukeyser, November 27, 1992.
25 Wall Street Week with Louis Rukeyser, November 27, 1992.
26 Outstanding Investors Digest, February 14, 1992.
27 Outstanding Investors Digest, February 14, 1992.
28 Associated Press, "Profits Belong to Steady Investors, Advises Financial Guru Templeton," Investors' Business Daily, 1990.
29 Gene G. Marcial, "I Have Never Seen So Many Stocks......o Undervalued," Business Week, November 5, 1990.
30 Lawrence Minard, "The Principle of Maximum Pessimism," Forbes, January 16, 1995.
31 Wall Street Week with Louis Rukeyser, October 23, 1987.
32 Outstanding Investors Digest, February 14, 1992.

Chapter 05

1 Berryessa and Kirzner, Global Investing, 209, © McGraw-Hill Education.
2 The Wall Street Journal, September 9, 1983.
3 Berryessa and Kirzner, Global Investing, 176, © McGraw-Hill Education.
4 "Sir John Templeton......n investing in a World in Radical Change," Bottom Line/
Personal Franklin/Templeton Distributors, September 15, 1993.
5 Wall Street Week with Louis Rukeyser, September 9, 1983.
6 Wall Street Week with Louis Rukeyser, November 16, 1990.
7 Sir John Templeton, "16 Rules for Investment Success," World Monitor, February 1993.
8 John Templeton's Memorandum to Clients, February 15, 1954.
9 John Templeton's Memorandum to Clients, February 15, 1954.

10 Berryessa and Kirzner, Global Investing, 200, © McGraw-Hill Education.

11 Wall Street Week with Louis Rukeyser; September 13, 1985.

12 Templeton letter to clients 1959.

13 Wall Street Week with Louis Rukeyser, September 9, 1983.

14 Wall Street Week with Louis Rukeyser, January 6, 1989.

15 Wall Street Week with Louis Rukeyser, December 8, 1978.

16 Wall Street Week with Louis Rukeyser, November 27, 1992.

17 Wall Street Week with Louis Rukeyser, December 8, 1978.

18 Wall Street Week with Louis Rukeyser, December 8, 1978.

19 Proctor, Templeton Touch, 66.

Chapter 06

1 Berryessa and Kirzner, Global Investing, 137, © McGraw-Hill Education.

2 Wall Street Week with Louis Rukeyser, June 18, 1982.

3 Berryessa and Kirzner, Global Investing, 137-138, © McGraw-Hill Education.

4 James H. Stewart and David R. Hilder, "Union Carbide Could Face Staggering Gas-Leak Damage Claims, Experts Say," The Wall Street Journal, December 6, 1984.

5 Berryessa and Kirzner, Global Investing, 138, © McGraw-Hill Education.

6 Berryessa and Kirzner, Global Investing, 138, © McGraw-Hill Education.

7 George Anders, "Carbide's Destiny Shaped by Holders," The Wall Street Journal, January 7, 1986.

8 George Anders, "Carbide's Destiny Shaped by Holders," The Wall Street Journal, January 7, 1986.

9 George Anders, "Carbide's Destiny Shaped by Holders," The Wall Street Journal, January 7, 1986.

10 George Anders, "Carbide's Destiny Shaped by Holders," The Wall Street Journal, January 7, 1986.

11 Wall Street Week with Louis Rukeyser, June 18, 1982.

12 By a Staff Reporter, "Alcoa, Reynolds and Alcan Post Quarterly Losses," The Wall Street Journal, January 21, 1983.

13 Wall Street Week with Louis Rukeyser, May 22, 1981.

14 Wall Street Week with Louis Rukeyser, May 22, 1981.

15 Junius Ellis, "Templeton: Buy Stocks in War, Buy Bonds If There's Peace," Money, February 1991; 179.

16 Junius Ellis, "Templeton: Buy Stocks in War, Buy Bonds If There's Peace," Money, February 1991; 179.

17 Wall Street Week with Louis Rukeyser; December 8, 1983.

18 Pamela Sebastian, "The Next Bull Market May Be Strong One, Templeton Believes," The Wall Street Journal; November 21, 1985.

Chapter 07

1 John Marks Templeton, Discovering the Laws of Life Continuum Publishing Company 1994), 221-222.

2 Edwin A Finn, Jr., "Some Brave Investors Play the Stock Markets Of the Third World," The Wall Street Journal, October 31, 1985.

3 John Marks Templeton, Discovering the Laws of Life Continuum Publishing Company 1994), 281-282.

4 Eleanor Laise, "Trailblazing Investor Spotted Market Opportunities Where Others Weren't Looking," The Wall Street Journal; July 12-13, 2008; A12.

02 피터 린치의 레슨

Chapter 08

1 Peter Lynch, Beating the Street (Simon & Schuster, 1994), 141.

2 Peter Tanous, Investment Gurus (Prentice Hall, 1997), 116.

3 Peter Lynch, One Up on Wall Street (Penguin Books 1990).

4 Peter Lynch, One Up on Wall Street (Penguin Books 1990), 30.

5 Interview with KQED, "Betting on the Market" May 1996.

6 Tanous, Investment Gurus, 123.

7 Lynch, One Up on Wall Street, 32.

8 KQED interview, "Betting on the Market" May 1996.

9 Christopher J. Chipello, Michael Siconolft and Jonathan Clements, "Both Fidelity Investors and Firm Are at Sea as Magellan Boss Goes," The Wall Street Journal, March 29, 1990.

10 Digby Diehl, "Peter Lynch – The sage of the stock market shows how to buy, sell—and retire at age 46," Modern Maturity, January-February, 1995.

11 Tanous, Investment Gurus, 120.

Chapter 10

1 Lynch, One Up on Wall Street, 51.

2 National Press Club speech; October 7, 1994

3 Pamela Sebastian and Jan Wong, "Fidelity Is Scrambling to Keep Flying High as Magellan Slows Up," The Wall Street Journal, August 15, 1986.

4 Jaye Scholl, "Neff and Lynch: Contrasting Styles, Comparable Success," Barron's, August 10, 1987.

5 Jaye Scholl, "Neff and Lynch: Contrasting Styles, Comparable Success," Barron's, August 10, 1987.

6 Lynch, One Up on Wall Street, 86.

7 "Peter Lynch? Who's Peter Lynch?," Business Week, May 20, 1991.

8 Christopher J. Chipello, "Manager Seeks Old-Line Growth Stocks," The Wall Street Journal, August 29, 1988.

9 Tanous, Investment Gurus, 117.

10 Wall Street Week with Louis Rukeyser, October 29, 1982.

11 National Press Club speech; October 7, 1994.

12 Lynch, One Up on Wall Street, 93.

13 Lynch, Beating the Street, 27.

14 Peter Lynch speech to the National Association of Investors Corporation (NAIC) October 15, 1998.

15 Peter Lynch speech to the National Association of Investors Corporation (NAIC) October 15, 1998.

16 Wall Street Week, September 1992.

17 Peter Lynch speech to the National Association of Investors Corporation (NAIC) October 15, 1998.

18 Peter Lynch speech to the National Association of Investors Corporation (NAIC) October 15, 1998.

19 Barron's, 7/22/85.

20 Peter Lynch speech to the National Association of Investors Corporation (NAIC) October 15, 1998.

21 Wall Street Week with Louis Rukeyser, January 5, 1990.

22 Peter Lynch, "Mind Your P's and E's," Worth, February 1996.

23 Peter Lynch, "The Second-Half Effect," Worth, June 1994.

24 Peter Lynch, "The Second-Half Effect," Worth, June 1994.

25 Peter Lynch, "The Second-Half Effect," Worth, June 1994.

26 Peter Lynch speech to the National Association of Investors Corporation (NAIC) October 15, 1998.

27 Lynch, One Up on Wall Street, 41.

28 National Press Club speech; October 7, 1994.

29 KQED Interview "Betting on the Market," May 1996.

30 Peter Lynch, "The Stock Market Hit Parade," Worth, July/August 1994.

31 Peter Lynch speech to the National Association of Investors Corporation (NAIC) October 15, 1998.

32 Lynch, Beating the Street, 45.

33 Lynch, One Up On Wall Street, 292.

Chapter 11

1 Lynch, One Up On Wall Street, 235.

2 Outstanding Investors Digest, November 25, 1992.

3 Wall Street Week with Louis Rukeyser, November 11, 1990.

4 Tanous, Investment Gurus, 114.

5 Wall Street Week with Louis Rukeyser, March 1984.

6 Peter Lynch, "The Stock Market Hit Parade," Worth, July/August 1994.

7 Constance Mitchell, "Small Firms Fueled Top 1st-Quarter Funds," The Wall Street Journal, April 6, 1989.

8 Wall Street Week with Louis Rukeyser, February 1985.

9 Outstanding Investor Digest, November 25, 1992.

10 Lynch, Beating the Street, 161.

11 Wall Street Week with Louis Rukeyser, November 16, 1990.

12 Lynch, One Up on Wall Street, 214.

13 Wall Street Week with Louis Rukeyser, January 10, 1986.

14 Interview with Charlie Rose; December 4, 2013.

15 Tanous, Investment Gurus, 121.

Chapter 12

1 Wall Street Week with Louis Rukeyser, March 1984.

2 Lynch, Beating the Street, 157.

3 Wall Street Week with Louis Rukeyser, March 1984.

4 Peter Lynch speech to the National Association of Investors Corporation (NAIC) October 15, 1998.

5 Wall Street Week with Louis Rukeyser, March 1984.

6 Lynch, One Up on Wall Street, 256.

7 Lynch, One Up on Wall Street, 258.

8 Digby Diehl, "Peter Lynch–The sage of the stock market shows how to buy, sell—and retire at age 46," Modern Maturity; January-February 1995.

9 Lynch, One Up on Wall Street, 150.

10 Lynch, One Up on Wall Street, 152.

11 Lynch, One Up on Wall Street, 153.

12 Wall Street Week with Louis Rukeyser, October 29, 1989.

13 Kathryn M. Welling, "Lynch Lore, The Magellan Magician Tells How He Does It," Barron's, July 22, 1985.

14 Wall Street Week with Louis Rukeyser, November 16, 1990.

15 Alan Abelson, "Our Roundtable: Where Do We Go from Here?" Barron's, July 20, 1992.

16 Digby Diehl, "Peter Lynch – The sage of the stock market shows how to buy, sell—and retire at age 46," Modern Maturity; January-February 1995.

17 KQED Interview "Betting on the Market," May 1996.

18 Lynch, Beating the Street, 12.

19 Wall Street Week with Louis Rukeyser, March 1984.

20 Wall Street Week with Louis Rukeyser, March 1984.

21 Wall Street Week with Louis Rukeyser, September 18, 1992.

22 KQED interview "Betting on the Market," May 1996.

23 Digby Diehl, "Peter Lynch–The sage of the stock market shows how to buy, sell—and retire at age 46," Modern Maturity; January-February 1995.

24 Wall Street Week with Louis Rukeyser, Jan. 27, 1989.

25 Forbes Great Minds of Business (John Wiley & Sons, 1997), 88.

26 "Barron's Roundtable 1988," Barron's, January 25, 1988.

27 KQED Interview "Betting on the Market," May 1996.

28 KQED Interview "Betting on the Market," May 1996.

29 Peter Lynch speech to the National Association of Investors Corporation (NAIC) October 15, 1998.

30 Peter Lynch, "What's next?," The Wall Street Journal, October 1, 2001.

31 Peter Lynch speech to the National Association of Investors Corporation (NAIC) October 15, 1998.

32 Forbes, Centennial issue, September 28, 2017.

33 Tanous, Investment Gurus, 115.

34 Forbes Great Minds of Business, 108.

35 Forbes Great Minds of Business, 115.

36 Outstanding Investor Digest, Nov. 25, 1992.

37 Outstanding Investor Digest, Nov. 25, 1992.

38 Peter Lynch, "How to Invest a Million," Worth, March 1997; 61.

39 Tanous, Investment Gurus, 124-125.

40 Tanous, Investment Gurus, 125.

Chapter 13

1 Lynch, One Up on Wall Street, 246.

2 Tanous, Investment Gurus, 123.

3 Wall Street Week with Louis Rukeyser, October 29, 1982.

4 KQED interview "Betting on the Market," May 1996.

5 Wall Street Week with Louis Rukeyser, February 1985.

6 Kathryn M. Welling, "Lynch Lore, The Magellan Magician Tells How He Does It," Barron's, July 22, 1985.

7 Lynch, Beating the Street, 110.

8 Barron's, July 22, 1985.

Chapter 14

1 Interview with Charlie Rose, Dec. 4, 2013.

2 Douglas R. Sease & Robert L. Simpson, "Chrysler, Having Cut Muscle as Well as Fat, Is Still in a Weak State," The Wall Street Journal, July 15, 1983.

3 Douglas R. Sease & Robert L. Simpson, "Chrysler, Having Cut Muscle as Well as Fat, Is Still in a Weak State," The Wall Street Journal, July 15,

1983.

4 Lynch, Beating the Street, 111.

5 Lynch, Beating the Street, 111.

6 Amanda Bennett, "After Three Bad Years, Many Auto Executives See Permanent Scars," The Wall Street Journal, August 16, 1982.

7 KQED interview "Betting on the Market," May 1996.

8 Wall Street Week with Louis Rukeyser, October 1982.

9 Wall Street Week with Louis Rukeyser, October 1982.

10 Lynch, One Up on Wall Street, 203.

11 Wall Street Week with Louis Rukeyser, October 1982.

12 Lynch, One Up on Wall Street, 203, 244.

13 Lynch, One Up on Wall Street, 260.

14 Kathryn M. Welling, "Last but Not Least," Barron's, January 13, 1986.

15 Kathryn M. Welling, "Last but Not Least," Barron's, January 13, 1986.

16 Staff reporter, "Fannie Mae Sees 'Healthy' Increase in 1986 Earnings," The Wall Street Journal April 8, 1986.

17 Lynch, Beating the Street, 264.

18 Kathryn M. Welling, "Lynch Lore, The Magellan Magician Tells How He Does It," Barron's, July 22, 1985.

19 Wall Street Week with Louis Rukeyser, September 18, 1992.

20 Kathryn M. Welling, "Premier Pickers," Barron's, January 23, 1995.

21 Peter Lynch, "The Next Oil Boom," Worth, February 1995, 43.

22 Peter Lynch, "Self-Service," Worth, October 1996, 49.

Chapter 15

1 Paul Katzeff, "Fidelity's Will Danoff Outperforms with Focus On 'Best-Of-Breed' Stocks," Investor's Business Daily, March 7, 2016.

2 Digby Diehl, "Peter Lynch..." Modern Maturity; January-February 1995.

3 Forbes Great Minds of Business, John Wiley & Sons, 1997; 109

4 Gerard A. Achstatter, "Fidelity's Peter Lynch: How He Conducted the Research That Made His Fund Best," Investor's Business Daily, February 2, 1998.

5 Peter Lynch, "What's next?," The Wall Street Journal, October 1, 2001.

6 Forbes Great Minds of Business, John Wiley & Sons, 1997; 114.

7 Forbes Great Minds of Business, John Wiley & Sons, 1997; 94.

03 워런 버핏의 레슨

Chapter 16

1 New York Security Analysts luncheon honoring Benjamin Graham,

November 1994.

2 Outstanding Investor Digest, September 24, 1998, transcripts of 1998 Berkshire annual meeting.

3 Nicole Friedman, "Buffett Sings the Praises of Israel Bonds," The Wall Street Journal, June 23, 2017.

4 Charley Ellis, "Living Legends," CFA Magazine; inaugural issue January/ February 2003, Interview with Warren Buffett, 21.

5 Adam Smith, Supermoney (Random House, 1972), 181.

6 L.J. Davis, "Buffett Takes Stock," The New York Times Magazine, April 1, 1990; 17.

7 The Wall Street Journal, March 24, 2010.

8 Berkshire Hathaway Annual Report, 1988; 41.

9 Smith, Supermoney, 182.

10 Good Morning America, transcript of interview by Charles Gibson with Warren Buffett, May 16, 1991.

11 "And Now, A Look at The Old One," Fortune, October 16, 1989; 98.

12 Smith, Supermoney, 194.

13 L.J. Davis, "Buffett Takes Stock," The New York Times Magazine, April 1, 1990; 62.

14 Train, Money Masters.

15 Adam Smith's Money World television show, interview with Warren Buffett, June 20, 1988; 7-8.

16 Adam Smith's Money World television show interview with Warren Buffett, May 22, 1990; 10.

Chapter 17

1 Buffett Partnership, Ltd., Letter to Limited Partners 1957.

2 Buffett Partnership, Ltd., Letter October 9, 1967.

3 Buffett Partnership, Ltd., Letter January 1968.

4 Buffett Partnership Ltd., Letter May 29th, 1969.

5 Buffett Partnership Ltd., Letter December 5, 1969.

6 Robert Lenzner, "Warren Buffett's idea of heaven: 'I don't have to work with people I don't like," Forbes, October 18, 1993; 42.

7 Buffett Partnership Ltd., Letter, January 18, 1965.

8 CNBC Squawk Box Transcript, March 3, 2014.

Chapter 18

1 Alice Schroeder, The Snowball, Warren Buffett and the Business of Life (Bantam Books 2008), 63.

2 Benjamin Graham, The Intelligent Investor (Harper & Row, Publishers Inc., Fourth Revised Edition, 1973), Preface.

3 Warren E. Buffett, "Benjamin Graham 1894-1976," Financial Analysts Journal, November/December 1976.

4 Charley Ellis, "Living Legends," CFA Magazine; inaugural issue January/February 2003, interview with Warren Buffett, 21.

5 Graham, Intelligent Investor, 286.

6 Graham, Intelligent Investor, 110.

7 Schroeder The Snowball, 130.

8 Schroeder The Snowball, 135.

9 Schroeder The Snowball, 166.

10 John Dorfman, "Eyewitness to History," The Wall Street Journal, May 28, 1996.

11 Karen Richardson, Mr. Maguire Trades One Stock All Day Long," The Wall Street Journal, November 12-13, 2005.

12 John Dorfman, "Eyewitness to History," The Wall Street Journal, May 28, 1996.

13 Douglas Martin, "Patience? This Man Practically Invented It," The New York Times, November 11, 1995.

14 Philip L. Carrett, A Money Mind at Ninety (Fraser Publishing Company 1991), 210.

15 Forbes, "How Omaha Beats Wall Street," November 1, 1969.

16 Berkshire Hathaway Annual Meeting May 1997.

17 Philip Fisher, Common Stocks and Uncommon Profits (Business Classics, 1984 Revised Edition), 11.

18 Outstanding Investor Digest, September 24, 1998, transcripts of 1998 Berkshire annual meeting.

19 CNN Interview with Pattie Sellers, Sr. Editor-At-Large Fortune, November 7, 2013.

20 Graham, Intelligent Investor, Appendix reprinted from the Fall 1984 issue of Hermes, Magazine of the Columbia Business School, 1984.

21 CNN Interview with Pattie Sellers, Sr. Editor-At-Large Fortune, November 7, 2013.

22 CNN Interview with Pattie Sellers, Sr. Editor-At-Large Fortune, November 7, 2013.

23 Outstanding Investor Digest, May 5, 1995, transcript of Charlie Munger's lecture to USC School of Business April 14, 1994.

24 CNBC interview with Becky Quick, May 5, 2014.

25 Business Week, "Warren Buffett is breaking his own rules," April 15, 1985.

26 Robert Lenzner, "Warren Buffett's idea of heaven: 'I don't have to work with people Idon't like,'" Forbes, October 18, 1993; 42.

27 Robert Lenzner and David S. Fondiller, "The not-so-silent partner,"

Forbes, January 22, 1996; 79.

28 Whitney Tilson (lighted edited), "Three Lectures by Warren Buffett to Notre Dame Faculty, MBA Students and Undergraduate Students," Spring 1991.

29 Buffett Partnership Ltd., Letter January 25, 1967.

30 Buffett Partnership Ltd., Letter February 25, 1970.

31 Charlie Munger, "Vice Chairman's Thoughts – Past and Future," from letter commemorating 50 years of Berkshire Hathaway, 1994 Berkshire Hathaway Annual Report.

32 James Grant, "Free advice for Warren Buffett," Grant's Interest Rate Observer, September 23, 1994.

33 United States of America Financial Crisis Inquiry Commission Interview of Warren Buffett, May 26, 2010.

34 Dow Jones News, "Billionaire Buffett Takes a Swipe at Trust Fund Kids," October 3, 2000.

Chapter 19

1 Daily Journal Annual Meeting, February 15, 2017.

2 Adam Smith's Money World television show, June 20, 1988.

3 CNBC interview October 24, 2012.

4 Stephen Gandel and Katie Fehrenbacher, "Warren Buffett's All-in Clean-Energy Bet," Fortune, December 15; 201.

5 Berkshire Hathaway 2009 Annual Report.

6 Buffett Partnership Ltd. Letter, January 25, 1967.

7 Buffett Partnership Ltd. Letter, January 25, 1967.

8 Buffett Partnership Ltd. Letter January 24, 1968.

9 Buffett Partnership Ltd. Letter, January 20, 1966.

10 Buffett Partnership Ltd. Letter October 9, 1967.

11 Buffett Partnership Ltd. Letter January 24, 1968.

12 See Breeze, an internal See's Candy, Special Historical Issue 1995.

13 United States of America Financial Crisis Inquiry Commission interview with Warren Buffett May 26, 2010.

14 Whitney Tilson (lighted edited), "Three Lectures by Warren Buffett to Notre Dame Faculty, MBA Students and Undergraduate Students," Spring 1991.

15 2006 Berkshire Annual Meeting.

16 See Breeze.

17 See Breeze.

18 See Breeze.

19 See Breeze.

20 Scott Chapman letter of October 21, 1995 to Richard Van Doren, VP

Marketing See's.

21 Schroeder, Snowball, 345-346.

22 Berkshire Hathaway 1991 Annual Report.

23 Berkshire Hathaway 2015 50th Anniversary Book.

24 Outstanding Investor Digest, May 5, 1995, transcript of Charlie Munger's lecture to USC School of Business April 14, 1994.

25 Berkshire Hathaway 1983 Annual report.

26 Berkshire Hathaway 1991 Annual report.

27 Outstanding Investor Digest, June 23, 1989, transcripts of 1989 Berkshire Hathaway annual meeting.

28 Outstanding Investor Digest, June 30, 1988, transcripts of 1988 Berkshire Hathaway annual meeting.

29 Berkshire 2016 Annual Meeting.

30 Berkshire 2009 Annual Report, 9.

31 Berkshire 2008 Annual Report, 7.

32 Berkshire 2016 Annual Report, 12.

33 The first year that Berkshire presented BHE's summary financial statements when it was first permitted to consolidate the business.

34 BNSF Video News Interview with Warren Buffett by BNSF CEO Matt Rose, December 3, 2009.

35 Berkshire Hathaway 2016 Annual Meeting comments.

36 United States of America Financial Crisis Inquiry Commission interview with Warren Buffett, May 26, 2010.

Chapter 20

1 As of March 13, 2017.

2 F. McGuire, "Fidelity's Will Danoff Is the $108 Billion Man Who Has Beaten the Market," The Wall Street Journal, October 22, 2016.

3 Jack Otter, "Fidelity's Will Danoff: 7 Stocks He Likes Now," Barron's, April 1, 2015.

4 2006 Berkshire annual meeting.

5 Berkshire Hathaway 2009 Annual Report.

6 United States of America Financial Crisis Inquiry Commission Interview with Warren Buffett, May 26, 2010.

7 Outstanding Investor Digest, December 18, 2000, transcript of 2000 Berkshire annual meeting.

8 1996 Berkshire Hathaway annual meeting notes.

9 Outstanding Investor Digest, December 18, 2000, transcript of 2000 Berkshire annual meeting.

10 Carol Loomis, "Mr. Buffett on the Market," Fortune, November 22, 1999.

11 2006 Berkshire Annual Meeting.

12 Outstanding Investor Digest, December 18, 2000, transcript of 2000 Berkshire annual meeting.

13 1996 Berkshire Hathaway annual meeting notes.

14 1996 Berkshire Hathaway annual meeting notes.

15 Outstanding Investor Digest, June 22, 1992, transcripts of 1992 Berkshire Hathaway annual meeting.

16 Outstanding Investor Digest, May 5, 1995, transcript of Charlie Munger's lecture to the USC School of Business in 1994.

17 Outstanding Investor Digest, April 18, 1990, transcript of Buffett's lecture to Stanford Business School.

18 Staff Reporter, "American Express Says '63 Net Rose 11% to a Record," The Wall Street Journal, January 6, 1964.

19 Staff Reporter, "American Express Says '63 Net Rose 11% to a Record," The Wall Street Journal, January 6, 1964.

20 Berkshire Hathaway 2015 Edition 50th Anniversary Book, letter from Warren Buffett to Howard Clark, President American Express dated June 16, 1964.

21 Staff Reporter, "American Express Holders Assail Concern Fort Its Involvement in Salad Oil Scandal," The Wall Street Journal, April 29, 1964.

22 Smith, Supermoney, 193.

23 Berkshire Hathaway 2015 Edition 50th Anniversary Book, letter from Warren Buffett to Howard Clark, President American Express dated June 16, 1964.

24 L.J. Davis, Buffett Takes Stock," The New York Times Magazine, Business World April 1, 1990; 62.

25 L.J. Davis, Buffett Takes Stock," The New York Times Magazine, Business World April 1, 1990; 62.

26 Interview on CNBC's "Squawk Box," February 27, 2017.

27 Outstanding Investor Digest, December 18, 2000, transcript of 2000 Berkshire annual meeting.

28 Leah Nathans Spiro and David Greising, "Why Amex Wooed Warren Buffett."

29 Berkshire Hathaway 1995 Annual Meeting.

30 Berkshire Hathaway 1997 Annual Report.

31 Berkshire Hathaway 1994 Annual Report.

32 Smith, Supermoney, 193.

33 Whitney Tilson (lighted edited), "Three Lectures by Warren Buffett to Notre Dame Faculty, MBA Students and Undergraduate Students," Spring 1991.

34 Michael J. McCarthy, "Coke Stake of 6.3%, 2nd Biggest Held in Soft-

Drink Giant, Bought by Buffett," The Wall Street Journal, March 16, 1989.

35 David Greising, I'd Like the World to Buy a Coke (John Wiley & Sons, Inc., 1997).

36 Coca-Cola 1980 annual report.

37 John Huey, "The World's Best Brand," Fortune, May 31, 1993.

38 John Huey, "The World's Best Brand," Fortune, May 31, 1993.

39 John Huey, "The World's Best Brand," Fortune, May 31, 1993.

40 Berkshire Hathaway 1985 Annual Report.

41 Betsy Morris, "Coke Hopes Old Pro Is Still 'Real Thing," The Wall Street Journal, October 12, 1988.

42 Michael J. McCarthy, "Buffett's Thirst for Coke Splits Analysts' Ranks," The Wall Street Journal, Heard on the Street, March 17, 1989.

43 Michael J. McCarthy, "Buffett's Thirst for Coke Splits Analysts' Ranks," The Wall Street Journal, Heard on the Street, March 17, 1989.

44 Berkshire Hathaway 1989 Annual Report.

45 Berkshire Hathaway 1990 Annual Report.

46 Berkshire Hathaway 1993 Annual Report.

47 Berkshire Hathaway 1993 Annual Report.

48 Outstanding Investor Digest, Berkshire Hathaway Annual Meeting notes, June 30, 1993.

49 Berkshire Hathaway 1997 Annual Report.

50 Berkshire Hathaway 1993 Annual Report.

51 Meeting with Muhtar Kent in Atlanta at Coca-Cola's annual meeting April 29, 2015.

52 John Huey, "The World's Best Brand," Fortune, May 31, 1993.

53 Berkshire Hathaway Annual Report 1996

54 WSJ Live video, Warren Buffett on Meeting GEICO's Lorimer Davidson, August 24, 2014.

55 Schroeder, Snowball, 137.

56 Warren E. Buffett, "The Security I Like Best," The Commercial and Financial Chronicle, December 6, 1951.

57 Berkshire Hathaway 1995 Annual Report.

58 Robert Lenzner, "I don't have to work with people I don't like," Forbes, October 18, 1993.

59 Berkshire Hathaway 1995 Annual Report.

60 Graham, Intelligent Investor, 288-289.

61 Schroeder, Snowball, 430.

62 John Train, The Midas Touch (Harper & Row, 1987), 23.

63 Roger Lowenstein, Buffett: The Making of An American Capitalist (Random House, 1995), 196.

64 Schroeder, Snowball, 430.

65 Lowenstein, Buffett, 199.

66 Berkshire Hathaway Annual Report 1980.

67 Berkshire Hathaway Annual Report 1980.

68 Berkshire Hathaway Annual Report 2016.

69 Outstanding Investor Digest, June 30, 1988, transcripts of 1988 Berkshire Hathaway May 23, 1988 annual meeting.

70 Schroeder, Snowball, 437.

71 Suzanne Woolley with Joan Caplin, "The Next Buffett," December 2000.

72 Berkshire Hathaway annual report 1985; 10.

73 Timothy D. Schellhardt and Leslie Scism, "Buffett to Buy Rest of Geico for $2.3 Billion," The Wall Street Journal, August 28, 1995.

74 Berkshire Hathaway 1995 Annual Report, 10.

75 Schroeder, Snowball, 430.

76 Schroeder, Snowball, 430-431.

77 Berkshire Hathaway 2002 Annual Report.

78 Robert A. Bennett, The New York Times, "The Banker Who Would Be Scrooge," Dec. 3, 1989.

79 Bennet, The New York Times, "Banker," Dec. 3, 1989.

80 "Moody's Sees More California Loan Problems Banking," Los Angeles Times, July 1990.

81 John R. Dorfman, "Wells Fargo Has Bulls and Bears, So Who's Right?," The Wall Street Journal, Nov. 1, 1990.

82 Wells Fargo 1994 Annual Report.

83 Berkshire Hathaway 1990 annual report, 16.

84 Berkshire Hathaway 1990 annual report, 17.

85 Gary Hector, "Warren Buffett's favorite banker," Forbes, October 18, 1993; 46.

86 Outstanding Investor Digest, November 25, 1992.

87 Outstanding Investor Digest, August 10, 1995; 6.

88 Outstanding Investor Digest, August 10, 1995, transcripts of 1995 Berkshire Hathaway annual meeting.

89 Outstanding Investor Digest, August 10, 1995, transcripts of 1995 Berkshire Hathaway annual meeting.

90 John R. Dorfman, "Wells Fargo Has Bulls and Bears, So Who's Right?," The Wall Street Journal, Nov. 1, 1990.

Chapter 21

1 Berkshire Hathaway 2014 Annual Report, 24.

2 Berkshire Hathaway 2014 Annual Report, 25.

3 CNBC Interview with Becky Quick, October 18, 2010.

4 CNBC interview with Becky Quick, October 18, 2010.

5 CNBC Interview with Becky Quick, October 18, 2010.

6 Anthony Bianco, "Salomon and Revlon: What Really Happened," Business Week, October 12, 1987.

7 Anthony Bianco, "Salomon and Revlon: What Really Happened," Business Week, October 12, 1987.

8 Charlie Munger interview with BBC: Charlie Munger Reveals Secrets to Getting Rich.

9 Berkshire Hathaway Annual Report 1990.

10 Carol J. Loomis, "Warren Buffett's Wild Ride at Salomon," Fortune, October 27, 1997.

11 Carol J. Loomis, "Warren Buffett's Wild Ride at Salomon," Fortune, October 27, 1997.

12 Carol J. Loomis, "Warren Buffett's Wild Ride at Salomon," Fortune, October 27, 1997.

13 Gary Weiss, "Behind the Happy Talk at Salomon," Business Week, November 11, 1991.

14 Lawrence Malkin, "5 Top Officers Leave Salomon As Buffett Takes Control of Firm," The New York Times, August 19, 1991.

15 Warren E. Buffett, "Salomon, Inc. A Report by the Chairman on the Company's Standing and Outlook," The Wall Street Journal, October 29, 1991.

16 Warren E. Buffett, "Salomon, Inc. A Report by the Chairman on the Company's Standing and Outlook," The Wall Street Journal, October 29, 1991.

17 Andy Kilpatrick, Of Permanent Value—The Story of Warren Buffett (AKPE, 1998 Edition), 422.

18 Warren Buffett's opening statement before the Subcommittee on Telecommunications and Finance of the Energy and Commerce Committee of the U.S. House of Representatives, May 1, 2010.

19 Berkshire Hathaway 2014 Annual Report, 41.

20 Berkshire Hathaway 2012 Annual Report, 8.

21 Berkshire Hathaway 2010 Annual Report, 11.

22 Berkshire Hathaway 2009 Annual Report, 7.

23 Berkshire Hathaway 2012 Annual Report, 11.

24 Berkshire Hathaway 1999 Annual Report, 11.

25 David L. Sokol, Pleased but not Satisfied (Sokol, 2007).

26 Sokol, Pleased but not Satisfied.

27 Brian Dumain, "Warren Buffett's Mr. Fix-it," Fortune, August 16, 2010.

28 Serena Ng and Erik Holm, "Deal 'Itch' Gets Scratched," The Wall Street Journal, March 15, 2011.

29 Peter Lattman and Geraldine Fabrikant, "A Conspicuous Absence at

Berkshire Meeting," The New York Times, April 26, 2011.

30 Warren E. Buffett, "Warren E. Buffett, CEO of Berkshire Hathaway, Announced the Resignation of David L. Sokol," March 30, 2011.

31 Warren E. Buffett, Memo to Berkshire Hathaway Managers, December 19, 2014.

32 Outstanding Investor Digest, September 24, 1998, transcript of 1998 Berkshire annual meeting.

33 Berkshire Hathaway 2016 Annual Report.

34 Berkshire Hathaway 1998 Annual Report.

35 CNBC Interview with Becky Quick, May 2017.

36 CNBC Interview with Becky Quick, February 26, 2018.

37 Berkshire Hathaway Annual Meeting May 6, 2017.

38 2000 Berkshire Hathaway Annual Meeting.

39 2017 Berkshire Hathaway Annual Report.

40 Berkshire Hathaway 2015 Annual Report.

41 Outstanding Investor Digest, December 31, 2004, transcripts from May 1, 2004 Berkshire Hathaway Annual Meeting.

42 On stage interview at Coca-Cola annual meeting with CEO Muhtar Kent, April 24, 2013.

43 Devon Spurgeion, Shirley Leung, and Patricia Callahan, "When Business Isn't Usual," The Wall Street Journal, September 24, 2001.

Chapter 22

1 University of Nebraska Business magazine, Fall 2001.

2 YouTube, Charlie Rose interview with Warren Buffett and Carol Loomis on her new book "Tap Dancing to Work," www.youtube.com/watch?v=9syL5Z53akY, November 26, 2016.

3 Alex Crippen, "Warren Buffett Shares His Secret: How You Can 'Tap Dance to Work'," CNBC, November 21, 2012.

4 Brent Schlender, "Gates & Buffett," Fortune, July 20, 1998.

5 YouTube, NDTV India Prannoy Roy interview with Warren Buffett and Ajit Jain, https://www.youtube.com/watch?v=oZ1fiQmQlsE

6 USC Commencement Speech May 1, 2007.

7 Outstanding Investor Digest, June 23, 1989, transcripts of 1989 Berkshire Hathaway annual meeting.

8 Bloomberg, August 27, 2013.

9 Cynthia H. Milligan, "Warren Buffett," Nebraska Business, University of Nebraska – Lincoln Alumni Business magazine, Fall 2001.

10 Benny Evangelista, "Playing Bridge with Buffett," San Francisco Chronicle, August 27, 1998.

11 Benny Evangelista, "Playing Bridge with Buffett," San Francisco

Chronicle, August 27, 1998.

12 Schroeder, Snowball, 623.

13 Charlie Munger, "Vice Chairman's Thoughts – Past and Future," Berkshire Hathaway 2014 Annual Report.

14 Schroeder, Snowball, 417.

15 Schroeder, Snowball, 632.

16 Outstanding Investor Digest, September 24, 1998, transcripts of 1998 Berkshire annual meeting.

17 Outstanding Investor Digest, Year End 2003 Edition, transcripts of 2003 Berkshire annual meeting.

18 Notes from 1988 Berkshire Hathaway annual meeting.

19 CNBC Interview with Becky Quick, May 2017.

20 Outstanding Investor Digest, April 18, 1990, Buffett's lecture at Stanford Business School.

21 Carol J. Loomis, "Should You Leave it all to the Children?" Fortune, November 21, 2012.

22 Schroeder, Snowball, 523.

23 May 2017 interview with CNBC.

24 Adam Smith's Money World television show, May 22, 1990.

25 Outstanding Investor Digest, May 5, 1995, transcript of Charlie Munger's lecture to USC School of Business April 14, 1994.

26 Warren E. Buffett, "Look at All Those Beautiful Scantily Clad Girls Out There!" Forbes, November 1, 1974.

27 Warren E. Buffett, "You Pay a Very High Price in the Stock Market for a Cheery Consensus."

28 Warren E. Buffett, "Mr. Buffett on the Stock Market," Fortune, November 22, 1999.

29 Warren E. Buffett, "Mr. Buffett on the Stock Market," Fortune, November 22, 1999.

30 Warren E. Buffett, "Mr. Buffett on the Stock Market," Fortune, November 22, 1999.

31 Berkshire Hathaway 2001 Annual Meeting.

32 Outstanding Investor Digest, transcripts of 2000 Berkshire Annual meeting, December 18, 2000.

33 Outstanding Investor Digest, September 24, 1998, transcripts of 1998 Berkshire Annual Meeting,

34 Outstanding Investor Digest, September 24, 1998: transcripts of 1998 Berkshire Annual Meeting.

35 Fortune, April 4, 1994.

36 "The top 25", Forbes, October 13, 1997; 153.

37 Warren E. Buffett, "Why I Like to Think of Stocks Like Farms," Fortune,

March 17, 2014.

38 1998 Berkshire Hathaway annual meeting notes.

39 Outstanding Investor Digest, June 22, 1992, transcripts from 1998 Berkshire Hathaway annual meeting.

40 The Business World, April 1, 1990.

41 1996 Berkshire Hathaway Annual Report.

42 Outstanding Investor Digest, June 30, 1993, transcripts of 1993 Berkshire Hathaway annual meeting.

43 Outstanding Investor Digest, June 23, 1994, transcripts of 1994 Berkshire Hathaway annual meeting.

44 Buffett Partnership Ltd. Letter, January 20, 1966.

45 Buffett Partnership Ltd. Letter, January 20, 1966.

46 1996 Berkshire annual meeting notes.

47 Outstanding Investor Digest, September 24, 1998, transcripts of 1998 Berkshire annual meeting.

48 Outstanding Investor Digest, September 24, 1998, transcripts of 1998 Berkshire annual meeting.

49 Outstanding Investor Digest, December 31, 1994, transcripts from Wesco Financial annual meeting on May 5, 2004.

50 Outstanding Investor Digest, April 18, 1990, Buffett's lecture to Stanford School of Business.

51 Adam Smith's Money World television show, June 20, 1988.

52 Berkshire Hathaway 1992 Annual Report.

53 D.C., "Simple Pleasures," Financial World, April 3, 1985.

54 Outstanding Investor Digest, May 24, 1991.

55 Berkshire Hathaway 1981 Annual Report.

56 Berkshire Hathaway 1989 Annual Report.

57 Ann Hughey, "Omaha's Plain Dealer," Newsweek, April 1, 1985.

Chapter 23

1 Cynthia H. Milligan, "Warren Buffett," Nebraska Business, University of Nebraska – Lincoln Alumni Business magazine, Fall 2001.

2 Colleen Leahey, "Buffett's Promise," Fortune, October 5, 2014.

3 Berkshire Hathaway 2009 Annual Report.

4 Brent Schlender, "Gates and Buffett," Fortune, July 20, 1998.

5 United States Financial Crisis Inquiry Commission Interview with Warren Buffett, May 26, 2010.

6 Letter to author, November 7, 1994.

Chapter 24

1 Charlie Munger, USC Law Commencement speech May 2007.

2 Forbes Centennial issue, September 28, 2017.

3 Wall Street Week with Louis Rukeyser, April 8, 1994.

4 Peter Lynch, "What's Next?", The Wall Street Journal, October 1, 2001.

5 Berkshire Hathaway 2015 Annual Report.

6 Lynch, Beating the Street, 141.

7 Interview with Adam Smith, interview with John Templeton and Warren Buffett, https://www.youtube.com/watch?v=_eLRAhjOwyg.

8 Good Morning America #1284 May 16, 1991, Interview with Charles Gibson

9 Adam Smith interview with John Templeton and Warren Buffett, https://www.youtube.com/watch?v=_eLRAhjOwyg.

10 Charley Ellis, "Living Legends," CFA Magazine; inaugural issue January/February 2003; interview with Warren Buffett, 21.

11 Financial Intelligence Report, February 2005; 4.

12 Charlie Munger's comments at the 2017 Daily Journal annual meeting.

13 Jason Zweig, "Buffett advice: Buy Smart......nd Low," Money, May 6, 2008, from a two-hour press conference with Warren Buffett and Charlie Munger during the Berkshire Annual Meeting weekend.

14 Wall Street Week with Louis Rukeyser, November 16, 1990.

15 Carol Loomis, Fortune, "Mr. Buffett on the Stock Market," November 22, 1999.

16 Gregory Zuckerman and James P. Miller, "Berkshire Hathaway Hits Bumps," The Wall Street Journal, June 24, 1999.

17 Jonathan R. Laing, Barron's, "Is There Life After Babe Ruth?" April 2, 1990.

Chapter 25

1 D.C., "Simple Pleasures," Financial World, April 3, 1985.

2 Charles Munger, A Lesson on Elementary Worldly Wisdom as It Relates to Investment Management and Business, speech given to The University of Southern California Marshall School of Business, April 14, 1994.

3 Charles T. Munger, Poor Charlie's Almanack –The Wit and Wisdom of Charles T. Munger (PCA Publications, L.L.C. 2005), 193.

4 Berkshire Hathaway Annual Meeting, May 3, 2008.

5 Outstanding Investor Digest, May 24, 1991, transcripts of Berkshire Hathaway 1991 annual meeting.

6 2014 Berkshire Hathaway Annual Report

7 2014 Berkshire Hathaway Annual Report

더 레슨

초판 1쇄 발행 | 2022년 6월 10일

지은이 스콧 A. 채프먼
옮긴이 이진원
발행인 이종원
발행처 (주)도서출판 길벗
출판사 등록일 1990년 12월 24일
주소 서울시 마포구 월드컵로 월드컵로10길 56 (서교동)
대표전화 02) 332-0931 | **팩스** 02) 322-0586
홈페이지 www.gilbut.co.kr | **이메일** gilbut@gilbut.co.kr
기획 및 책임편집 이치영(young@gilbut.co.kr) | **영업마케팅** 정경원, 김도현
웹마케팅 김진영, 장세진, 이승기 | **제작** 이준호, 손일순, 이진혁 | **영업관리** 심선숙
독자지원 윤정아, 최희창

교정교열 김은혜 | **디자인** 김종민
CTP 출력 및 인쇄 금강인쇄 | **제본** 금강제본

ISBN 979-11-6521-976-5 (03320)
(길벗 도서번호 070475)
정가 : 25,000원